## 《列国志》编辑委员会

主　　任　陈佳贵
副 主 任　黄浩涛　武　寅
委　　员　（以姓氏笔画为序）
　　　　　于　沛　王立强　王延中　王缉思
　　　　　邢广程　江时学　孙士海　李正乐
　　　　　李向阳　李静杰　杨　光　张　森
　　　　　张蕴岭　周　弘　赵国忠　蒋立峰
　　　　　温伯友　谢寿光
秘书长　　王延中（兼）　谢寿光（兼）

中国社会科学院重大课题
国家"十五"重点出版项目

# 列国志

GUIDE TO THE WORLD STATES

中国社会科学院《列国志》编辑委员会

## 希腊

宋晓敏 编著

社会科学文献出版社
SOCIAL SCIENCES ACADEMIC PRESS (CHINA)

希腊行政区划图

希腊国旗

希腊国徽

雅典帕特农神庙

无名战士纪念碑前的卫兵

俯瞰雅典城

曼代奥拉修道院

桑托林岛的民居

2004年雅典奥运会体育场夜景

比雷埃夫斯港

里奥—安提利翁跨海大桥

米科诺斯岛的风车

克里特岛的克诺索斯宫殿

议会大厦前的喷泉

希罗德·阿提库斯剧场

科林斯运河

佩特雷的狂欢节

克里特岛居民的传统服饰

伊卡里亚岛海边的教堂

扎金索斯岛的「蓝洞」

# 前　言

自1840年前后中国被迫开关、步入世界以来，对外国舆地政情的了解即应时而起。还在第一次鸦片战争期间，受林则徐之托，1842年魏源编辑刊刻了近代中国首部介绍当时世界主要国家舆地政情的大型志书《海国图志》。林、魏之目的是为长期生活在闭关锁国之中、对外部世界知之甚少的国人"睁眼看世界"，提供一部基本的参考资料，尤其是让当时中国的各级统治者知道"天朝上国"之外的天地，学习西方的科学技术，"师夷之长技以制夷"。这部著作，在当时乃至其后相当长一段时间内，产生过巨大影响，对国人了解外部世界起到了积极的作用。

自那时起中国认识世界、融入世界的步伐就再也没有停止过。中华人民共和国成立以后，尤其是1978年改革开放以来，中国更以主动的自信自强的积极姿态，加速融入世界的步伐。与之相适应，不同时期先后出版过相当数量的不同层次的有关国际问题、列国政情、异域风俗等方面的著作，数量之多，可谓汗牛充栋。它们

对时人了解外部世界起到了积极的作用。

当今世界,资本与现代科技正以前所未有的速度与广度在国际间流动和传播,"全球化"浪潮席卷世界各地,极大地影响着世界历史进程,对中国的发展也产生极其深刻的影响。面临不同以往的"大变局",中国已经并将继续以更开放的姿态、更快的步伐全面步入世界,迎接时代的挑战。不同的是,我们所面临的已不是林则徐、魏源时代要不要"睁眼看世界"、要不要"开放"问题,而是在新的历史条件下,在新的世界发展大势下,如何更好地步入世界,如何在融入世界的进程中更好地维护民族国家的主权与独立,积极参与国际事务,为维护世界和平,促进世界与人类共同发展做出贡献。这就要求我们对外部世界有比以往更深切、全面的了解,我们只有更全面、更深入地了解世界,才能在更高的层次上融入世界,也才能在融入世界的进程中不迷失方向,保持自我。

与此时代要求相比,已有的种种有关介绍、论述各国史地政情的著述,无论就规模还是内容来看,已远远不能适应我们了解外部世界的要求。人们期盼有更新、更系统、更权威的著作问世。

中国社会科学院作为国家哲学社会科学的最高研究机构和国际问题综合研究中心,有11个专门研究国际问题和外国问题的研究所,学科门类齐全,研究力量雄厚，有能力也有责任担当这一重任。早在20世纪90年代初，中国社会科学院的领导和中国社会科学出版社就提出编撰"简明国际百科全书"的设想。1993年3月11日，时任中国社会科学院院长的胡绳先生在科研局的一份报告上批示："我想，国际片各所可考虑出一套列国志，体例类似几年前出的《简明中国百科全书》，以一国（美、日、英、法等）或几个国家（北欧各国、印支各国）为一册，请考虑可行否。"

中国社会科学院科研局根据胡绳院长的批示，在调查研究的基础上，于1994年2月28日发出《关于编纂〈简明国际百科全书〉和〈列国志〉立项的通报》。《列国志》和《简明国际百科全书》一起被列为中国社会科学院重点项目。按照当时的计划，首先编写《简明国际百科全书》，待这一项目完成后，再着手编写《列国志》。

1998年，率先完成《简明国际百科全书》有关卷编写任务的研究所开始了《列国志》的编写工作。随后，其他研究所也陆续启动这一项目。为了保证《列国志》这套大型丛书的高质量，科研局和社会科学文献出版社于1999年1月27日召开国际学科片各研究所及世界历史研究所负责人会议，讨论了这套大型丛书的编写大纲及基本要求。根据会议精神，科研局随后印发了《关于〈列国志〉编写工作有关事项的通知》，陆续为启动项目

拨付研究经费。

为了加强对《列国志》项目编撰出版工作的组织协调，根据时任中国社会科学院院长的李铁映同志的提议，2002年8月，成立了由分管国际学科片的陈佳贵副院长为主任的《列国志》编辑委员会。编委会成员包括国际片各研究所、科研局、研究生院及社会科学文献出版社等部门的主要领导及有关同志。科研局和社会科学文献出版社组成《列国志》项目工作组，社会科学文献出版社成立了《列国志》工作室。同年，《列国志》项目被批准为中国社会科学院重大课题，国家新闻出版总署将《列国志》项目列入国家重点图书出版计划。

在《列国志》编辑委员会的领导下，《列国志》各承担单位尤其是各位学者加快了编撰进度。作为一项大型研究项目和大型丛书，编委会对《列国志》提出的基本要求是：资料详实、准确、最新，文笔流畅，学术性和可读性兼备。《列国志》之所以强调学术性，是因为这套丛书不是一般的"手册"、"概览"，而是在尽可能吸收前人成果的基础上，体现专家学者们的研究所得和个人见解。正因为如此，《列国志》在强调基本要求的同时，本着文责自负的原则，没有对各卷的具体内容及学术观点强行统一。应当指出，参加这一浩繁工程的，除了中国社会科学院的专业科研人员以外，还有院外的一些在该领域颇有研究的专家学者。

现在凝聚着数百位专家学者心血、约计200卷的《列国志》丛书，将陆续出版与广大读者见面。我们希望这样一套大型丛书，能为各级干部了解、认识当代世界各国及主要国际组织的情况，了解世界发展趋势，把握时代发展脉络，提供有益的帮助；希望它能成为我国外交外事工作者、国际经贸企业及日渐增多的广大出国公民和旅游者走向世界的忠实"向导"，引领其步入更广阔的世界；希望它在帮助中国人民认识世界的同时，也能够架起世界各国人民认识中国的一座"桥梁"，一座中国走向世界、世界走向中国的"桥梁"。

《列国志》编辑委员会<br>2003年6月

# CONTENTS

# 目 录

希腊国务部长序 / 1

希腊驻华大使序 / 1

自　　序 / 1

## 第一章　国土与人民 / 1

第一节　自然地理 / 1
　　一　地理位置 / 1
　　二　行政区划 / 2
　　三　地形特点 / 9
　　四　河流与湖泊 / 13
　　五　气候 / 14

第二节　自然资源 / 16
　　一　矿产资源 / 16
　　二　植物和动物 / 17

第三节　居民与宗教 / 19
　　一　人口 / 19
　　二　语言 / 24
　　三　宗教 / 26

第四节　民俗与节日 / 30

# CONTENTS

# 目 录

  一　民俗 / 30
  二　节日 / 40
 第五节　国旗、国徽与国歌 / 43
  一　国旗与国徽 / 43
  二　国歌 / 44

## 第二章　历　史 / 45

 第一节　上古简史 / 45
  一　史前希腊 / 45
  二　城邦的兴起 / 52
  三　古典时代 / 59
  四　马其顿王朝和希腊化时代 / 64
  五　罗马统治下的希腊 / 67
 第二节　中古简史 / 68
  一　拜占廷帝国时期 / 68
  二　奥斯曼帝国统治下的希腊 / 71
 第三节　近代简史 / 73
  一　独立战争和第一共和国的建立 / 73
  二　奥托一世在位时期，从君主专制向
    君主立宪制的转变 / 76
  三　乔治一世在位时期 / 79
  四　第一次世界大战 / 83

# CONTENTS
# 目 录

第四节　现代简史 / 85
　　一　第二共和国时期 / 85
　　二　1935年政变和君主制的复辟 / 86
　　三　梅塔克萨斯独裁时期 / 87
　　四　第二次世界大战和内战 / 88
第五节　当代简史 / 91
　　一　非完全议会制的建立 / 91
　　二　军事独裁时期 / 95
　　三　第三共和国时期 / 97
第六节　著名历史人物 / 100
　　一　历代国王 / 100
　　二　著名政治家 / 102
　　三　文学家和艺术家 / 105

## 第三章　政　　治 / 108

第一节　国体和政体 / 108
　　一　政治制度的演变 / 108
　　二　宪法 / 116
第二节　国家机构 / 120
　　一　总统 / 120
　　二　总理和中央政府 / 122

# CONTENTS

# 目 录

  三　地方权力 / 130

  四　公务员制度 / 133

第三节　立法与司法 / 135

  一　立法 / 135

  二　司法 / 138

第四节　政党和利益集团 / 142

  一　政党制度 / 142

  二　主要政党 / 145

  三　利益集团 / 148

## 第四章　经　济 / 151

第一节　概述 / 151

  一　战后经济的发展 / 151

  二　经济特征及其发展水平 / 162

第二节　农业 / 169

  一　概况 / 169

  二　农业特征及其存在的问题 / 172

  三　农牧渔林业 / 175

第三节　工业 / 181

  一　概况 / 181

  二　工业部门 / 183

# CONTENTS 目 录

第四节 商业与服务业 / 193
    一 海运业 / 194
    二 零售商业 / 197

第五节 交通与通讯 / 198
    一 交通 / 198
    二 通讯 / 204

第六节 财政与金融 / 209
    一 中央财政与公共债务 / 209
    二 税收 / 213
    三 金融 / 216

第七节 旅游业 / 222
    一 概况 / 222
    二 主要城市与岛屿 / 225

第八节 对外经济关系 / 235
    一 对外贸易 / 236
    二 对外投资和外来投资 / 239
    三 对外援助 / 242

第九节 国民生活 / 243
    一 国民生活 / 243
    二 劳动就业 / 246
    三 社会保障制度 / 248

# CONTENTS
# 目 录

## 第五章　教育、科学、文艺和卫生 / 261

### 第一节　教育 / 261
一　教育发展简史 / 261
二　教育管理体制 / 263
三　教育体系 / 264

### 第二节　科学技术 / 272
一　概述 / 272
二　管理体制和科技政策 / 274
三　研究机构 / 277
四　国际科技合作 / 280

### 第三节　文化艺术 / 281
一　文学 / 281
二　戏剧和电影 / 292
三　音乐和舞蹈 / 297
四　美术和雕塑 / 301
五　文化设施 / 307

### 第四节　医药卫生 / 314
一　发展概况 / 314
二　管理体制 / 316
三　医疗卫生体系的结构 / 317

# CONTENTS

# 目　录

　　　　四　医疗服务的种类 / 320
　　第五节　体育 / 323
　　　　一　足球 / 324
　　　　二　篮球 / 325
　　　　三　排球 / 327
　　　　四　其他项目 / 327
　　第六节　新闻出版 / 328
　　　　一　报纸 / 329
　　　　二　杂志 / 331
　　　　三　广播电视 / 332
　　　　四　图书出版 / 335

## 第六章　军　　事 / 337

　　第一节　防务政策的演变 / 337
　　第二节　国防体制与国防开支 / 340
　　　　一　国防领导体制 / 340
　　　　二　军队指挥机构 / 341
　　　　三　国防开支 / 342
　　第三节　军种与兵种 / 343
　　　　一　陆军 / 344
　　　　二　海军 / 344

# CONTENTS
# 目 录

    三　空军 / 345

    四　准军事部队和驻外兵力 / 345

    五　武装力量的现代化 / 346

第四节　军事训练和兵役制度 / 347

    一　兵役制度 / 347

    二　服役训练 / 349

第五节　国防科技和国防工业 / 350

第六节　对外军事关系 / 352

    一　对外军事关系概述 / 352

    二　希腊维和行动 / 357

## 第七章　对外关系 / 359

第一节　外交政策沿革 / 359

    一　1974 年以前的外交政策 / 360

    二　1974 年后的民主改革和欧洲政策的出台 / 361

    三　20 世纪 80 和 90 年代关于加入欧共体的争论 / 362

    四　后冷战时代外交政策的欧洲化 / 363

第二节　希腊同欧盟的关系 / 367

    一　希腊的欧洲政策及其入盟 / 367

    二　冷战后期的希腊与欧盟 / 371

    三　1990~1995 年进入欧盟时代 / 372

# CONTENTS

# 目 录

第三节　同美国、俄罗斯大国的关系 / 376
 一　与美国的关系 / 376
 二　同俄罗斯的关系 / 380

第四节　希腊与邻近国家和地区的关系 / 383
 一　与土耳其的关系 / 383
 二　与前南斯拉夫马其顿共和国的关系 / 389
 三　与阿尔巴尼亚的关系 / 391
 四　与保加利亚的关系 / 393
 五　与其他巴尔干邻国的关系 / 394
 六　与中东的关系 / 398

第五节　与中国的关系 / 399
 一　双边政治关系的良好发展 / 399
 二　双边经贸关系的发展 / 401
 三　在文化、科技、军事等方面的双边交往与合作 / 403

**附　录**　中国的希腊文化年活动一览表
（2007～2008）/ 404

 一　戏剧（THEATRE）/ 404
 二　歌剧（OPERA）/ 405
 三　舞蹈（DANCE）/ 406

# CONTENTS

# 目 录

四　音乐（MUSIC）/ 407
五　展览（EXHIBITIONS）/ 410
六　电影（CINEMA）/ 412
七　书展（BOOKS）/ 413
八　会议（CONFERENCES）/ 413
九　讲习班（WORKSHOP）/ 414
希腊中心 / 414
希腊中心活动计划 / 415

**主要参考文献 / 418**
　一　中文文献 / 418
　二　英文文献 / 419
　三　网站 / 420

# 希腊国务部长序

希腊与中国的交往,一直是相互尊重和十分友好。两国都有悠久的历史,对人文价值也有同样深刻的理解。本书是第一部介绍当代希腊的中文书籍,必将对加深两国的此种关系有所裨益,特别是它的出版恰遇一个千载难逢的时机。一方面,在雅典举办 2004 年奥运会之后,北京将举办下一届奥运会,两国人民有理由互相增加了解;另一方面,希腊有诸多崭新的内容,值得读者去重新发现,并产生喜爱和崇敬之情。

希腊以一种全新外向的视阈进入 21 世纪,在国内大胆施行改革,利用其相对优势和颇具政治意义的地理位置,取得了经济快速增长和许多方面的卓越成就。希腊业已成为通往东南欧的重要门户,给 1.6 亿人口的大市场带来希望。这得益于希腊在海运业、能源业以及基础设施方面的领先地位;在金融方面希腊也扮演了重要角色,作为投资者,其领域更为广泛;凭借具有竞争力的产品和服务,希腊在国外市场的地位也举足轻重。

希腊本着合作的精神来扮演上述的角色,在推进周边地区的稳定和繁荣上,有了更大的余地和影响力。因此,国际合作伙伴们普遍将希腊看做是和平的灯塔和可信赖的合作者,在未来的挑

战中将继续发挥作用。

我希望这本书带领读者到 21 世纪的 "神奇希腊" 作一次神奇的旅行。当我们两国的人民走得更近、心意相连时，便架起了又一座桥梁，将世界上两个相距遥远的国度连接起来。

塞奥多洛斯·鲁索普洛斯
希腊共和国国务部长兼政府发言人
2007 年 6 月 18 日

# Greek Minister's Preface

Greece and China, that share a common sense of long history and deep understanding of humanitarian values, have always been tied together with a strong bond of friendship and respect. The first Chinese book on contemporary Greece comes to only strengthen this bond, especially since it is published at a very exciting time: on the one hand, the happy coincidence of the Beijing Olympics taking place right after the Athens 2004 Games is yet another reason for the two peoples to learn more about each other. On the other hand, my country offers brand new reasons why to be rediscovered, loved, and respected.

Entering the 21$^{st}$ century with a fresh extroverted outlook, Greece has implemented bold domestic reforms and capitalized on her several comparative advantages and geo-political position to achieve brisk economic growth and impressive results on a plethora of fronts. Her leading presence in maritime, energy, or infrastructure; her role as a primary financial player and major investor in the broader region; and her effective presence in foreign markets through competitive products and services make Greece a promising gateway to South-Eastern Europe and its market of 160 million people.

希腊

Playing out the above role in a spirit of cooperation, we enjoy increased leverage in our neighborhood to promote stability and prosperity; Greece is, therefore, widely viewed by her international partners as a beacon of peace and a reliable player that will continue to deliver with regards to upcoming challenges.

I hope that this book will take its readers on a wonderful journey through the Wonderful Greece of the 21$^{st}$ century. As our peoples come closer, yet another bridge between two distant corners of the world is built.

Theodoros Roussopoulos
Minister of State and Government Spokesman
18 June 2007

# 希腊驻华大使序

中国社会科学院推出一套关于世界主要国家概况的系列丛书，其中一册专涉希腊，对此我表示热烈的祝贺。

宋晓敏副研究员在列国志《希腊》一书中，从各个层面向中国读者介绍了希腊，其内容涵盖国土与人民、历史、经济、军事、教育、科学、文学艺术、卫生和外交关系。对她付出的努力及取得的成就，我表示最高的祝贺。

深孚众望的中国社会科学院，以及成功地将此项目变为现实的作者，有理由为此感到骄傲。

希望其他机构和作者以此为范例，效法其事，使中希双方业已存在的相互理解得到进一步加强。

米哈依勒·坎巴尼斯  
希腊共和国驻华大使

2006 年 12 月 13 日于北京

# Greek Ambassador's Preface

I would like to express my warm congratulations to the Chinese Academy of Social Sciences for the initiative to publish a book dedicated to Greece, part of a series of books about the major countries in the world.

My best congratulations also to Ms. Song Xiaomin, Associated Professor at the Institute of European Studies, CASS, and writer of this "Country Studies-Greece" for her efforts and accomplishment of bringing a book to the Chinese readers that can provide an overall view of the country and the people, as well as the history, economy, military, education, science, literature and arts, health and diplomacy.

The prestigious Chinese Academy of Social Sciences and the writer, who have successful worked to make this project a reality, worth to be justifiably proud for their endeavor.

It is my hope that their good example will be emulated by others, writers and institutions, so that the mutual understanding

希腊

between China and Greece be further enhanced.

Michael Cambanis
Ambassador of the Hellenic Republic
Beijing, 13 December 2006

# 自　序

希腊是一个难以用语言描绘的国家。昔日的它，笼罩着耀眼的光环。历史学家誉之为西方文明的摇篮，哲学家视之为西方哲学的"精神家园"，政治学家则称之为西方民主制度的发源地，古希腊巨子柏拉图、亚里士多德等人的著作，时至今日，仍被学者们奉为圭臬。古希腊语是世界上最为古老的语言之一，而诸多的西方文学形式，如叙事诗、戏剧和散文等，都由希腊人创造，数学、经济学等多门自然科学，也都始于希腊。

昨日的希腊，似一颗被尘土湮没的珍珠，在外族统治者的压迫下，埋得太深太久。一直到20世纪下半叶，它仍然被希腊史学家李察·克罗格称作是"一个错过进化的国度"。从公元前146年开始，希腊被罗马人占领，成为罗马帝国的一个省。公元395年，罗马帝国分裂，希腊成为拜占廷王朝的心脏地区。在这一时期，希腊人不再将自己称为"希伦人"（hellenes），而改称"罗美伊人"（即罗马帝国臣民）。但希腊语仍然是拜占廷帝国的官方语言，而古希腊文化是当时拜占廷文化的重要组成部分。1453年，土耳其人攻下君士坦丁堡之后，希腊沦落于奥斯曼帝国的统治近400年之久。在异族统治下，希腊人通过东正教会秘密向子孙传授希腊语、希腊文化和历史，同样是借助修道院和宗教仪式，古希腊和拜占廷的文化传统得以保留下来。

## 希腊

18世纪末，在欧洲启蒙思想的影响下，希腊人的民族意识进一步复苏。1821年，爆发了反抗奥斯曼土耳其人的民族独立革命。在各地起义取得初步胜利之后，希腊人并没有去巩固胜利果实，而是过早陷入了内部派系的权力斗争，由此消耗了实力。7年的奋战没有换来胜利果实，最终，在英国、俄国和法国联合出兵干预下，才打败了土耳其。1830年，土耳其正式承认希腊独立。然而，新成立的第一共和国犹如昙花一现。1831年，首任总统被刺杀后，英、俄、法三大保护国为希腊送去了巴伐利亚17岁的奥托王子，担任希腊的国王。民主共和制度立足未稳，希腊即在外力的压迫下，建立了君主政体。此后长达百年的时期里，君主制的存废，成为保王党和共和党争执的源头，也是国内政局不稳的重要原因。1927年废除君主制、恢复共和政体之后，希腊迈向民主政治，但其前进的步伐先后为梅萨塔克斯将军的独裁统治及第二次世界大战和内战所打断。等到硝烟散尽、民众憧憬和平安宁的生活，上校军团的独裁，却如梦魇般降临。

真正迈入稳定的民主共和国时期，是在1974年。希腊这个西方城邦民主制的诞生地，现代民主制的建立历程，却是如此的漫长和曲折，让人感叹风云变幻、造化弄人。最近30年里，希腊重建民主政治的历程，也是其融入欧洲一体化的过程。伊格内修斯曾在《国际先驱论坛》上宣称："在希腊身上体现了欧盟的成功。"在欧盟各项基金的援助下，近年来，希腊经济以每年超过3%的国内生产总值增长率持续高速增长，它与爱尔兰一道，成为欧盟发展最快的国家，其人均国内生产总值目前已达到两万美元左右。

今日的希腊重新焕发青春的活力，再度呈现迷人的光彩。

如今，它是一个旅游胜地，每年游客人数超过本国人口。"阳光、海水和大石头"被誉为希腊的三大瑰宝，再加上"西方文明的摇篮"、"神话的国度"和"奥运会的发祥地"等美名，希腊吸引了众多游客前来文化朝圣。这里有文明古都雅典、北方重镇塞萨洛尼基、狂欢节之乡帕特雷和世界奥林匹克运动的发源地——奥林匹亚，还有禁止女性入内的中古文化村——阿索斯圣山，以及爱琴海上如群星闪烁的岛屿，处处引人入胜，使人流连忘返。

希腊又是一个海运强国。这个在历史上享有盛誉的"航海民族"，很早就开始了海上贸易。正是凭借庞大的商业船队和强大的海军，古希腊成为地中海一带最有影响力的海上强国。自希腊建立独立的民族国家以来，海运业延续了悠久的传统，成为国内经济发展的发动机，也成为当代希腊国际地位的象征。希腊的船队，无论是船只数量还是载重吨位，均处于世界领先地位。目前，希腊商业船队在欧盟国家中排名第一、世界排名第五。全世界将近23.5%的油轮为希腊所有，该数目相当于日本和美国油轮的总和。希腊船队大约满足了世界运输总需求的16.3%，其中包括中国70%的原油和天然气运输量。

希腊经济的成功，也体现于移民模式的转变。传统上希腊是一个移民输出国家。长期以来，移民汇款连同旅游业、海运业一起，是支撑国内经济的三大支柱，也是平衡其一般贸易逆差的重要来源。从20世纪70年代后期开始，随着经济形势的好转，外出移民数量急剧下降，外来移民人数迅速增加。据官方最新统计，希腊现有外来移民80多万人，占总人口近7.5%，在欧盟国家中位居前列。

在被称为"欧洲火药桶"的巴尔干半岛上，希腊是唯一一个具有欧盟、北约和欧安组织等多重身份的国家，同时也是该地区经济水平最高、政治最为稳定的国家。冷战结束后，面对频繁发生的波黑危机、科索沃战争，希腊通过参与联合国和欧盟的国际维和行动，为维护巴尔干地区的稳定和安全，做出了重要的贡献，同时也提升了自身的国际地位。难以想象的是，仅仅30多

年前，它自己还是一个内外冲突不断，需要大国调停和保护的国家。希腊当前的成就，来源于其成功的"欧洲化"政策。欧盟成员国的身份，使它获得了源源不断的资助，近10年里希腊国内经济的增长，主要依赖于欧盟资金的投入，带动国内消费的增长。希腊每年从欧盟获得的援助资金，达到国内生产总值的3.3%。

同样，借助于欧盟共同安全和防务政策的框架，希腊将自身的安全牢牢地绑在欧盟这驾"和平号"马车上。也正是基于一致表决的欧盟外交政策原则，希腊与夙敌土耳其的关系得到了缓和。随着新世纪的到来，巴尔干地区的安全局势变得愈加复杂，希腊的外交舞台也变得更加宽广，随着其外交活动日趋活跃，希腊作为东南欧地区最主要的稳定器的作用，越来越明显。

在文化领域，希腊的影响远远超出了这个13万平方公里、1100万人口的小国。除了许多人耳熟能详的古希腊神话、荷马史诗、埃斯库罗斯的悲剧、阿里斯托芬的喜剧之外，不能不提的还有两位诺贝尔文学奖得主塞菲里斯和埃利蒂斯，以及在《佐尔巴斯的一生》中塑造了经典希腊人形象的卡赞扎基斯。他们的成就，表明在当代世界文学史上，希腊人也留下了浓重的一笔。

希腊是一个需要用心去体会的国家。它古老而又年轻、高贵而又质朴，复杂而又简单，充满历史的艰辛，而又焕发着活力和热情。对于笔者而言，希腊确实是一个难以捉摸，而又充满魅力的国度。

在本书付梓刊印之前，我要特别感谢中国社会科学院欧洲研究所刘立群和吴国庆两位研究员。是他们的细心指点和严谨审读，使该书避免了许多舛误之处。还要感谢中国社会科学院世界历史研究所的胡玉娟博士为书中"历史"一章提出了很多宝贵的意见。在写作过程中，本人参考了国内外学者关于希腊的一些著述，其中主要的已在书后的参考文献中列出，但难免会有一些疏漏缺失，对于这些专家著述给予我的启发和帮助，在此一并致谢！

我也衷心地感谢希腊驻华使馆提供的帮助，其中有大使米哈依勒·坎巴尼斯（Michael E·Cambanis）先生，负责文化事务的艾兰娜（Elena Avramidou）女士，还有新闻参赞思代流斯·郭吉地斯（Stelios Korkidis）先生、新闻随员薇莉·科西亚微路（Vassiliki Cossiavelou）女士和海恩福（Euthymios Athanasiadis）先生。特别是海恩福先生，以无比的耐心为我释疑解惑，并调动他在学术界和外交界的资源，为我找寻多个专题的英文材料。没有他的热诚相助，这本书的面世可能要更晚一些。最后要感谢希腊使馆新闻办公室的伊万尼斯·玛瑞诺鲁（Ioannis Marinoglou）先生为本书提供了他本人拍摄的一些精美图片。

由于成书仓促，资料难觅，加上本人学识和能力有限，书中难免会有不少错误和纰漏之处，欢迎各位同仁和读者批评指正。

# 第一章

# 国土与人民

## 第一节 自然地理

### 一 地理位置

**希**腊共和国（The Hellenic Republic），简称希腊（Greece）。位于欧洲巴尔干半岛最南端，西北紧邻阿尔巴尼亚，两国交界线长282公里；北同马其顿共和国和保加利亚相邻，接壤的边界线分别长246公里和494公里；东北与土耳其欧洲部分相接，两国边界线长为206公里。在自西向东蜿蜒1228公里的陆地边界线上，分布着1/5的水域面积，其中217公里为河流、26公里为湖泊。其西南濒临伊奥尼亚海，东临爱琴海，南面隔着地中海与非洲大陆相望。希腊身居连接欧洲、亚洲和非洲三大洲的十字路口，是东西方文化交汇、融合的门户，地理位置十分重要。

希腊地处东经19°22′41″～29°38′39″、北纬34°48′11″～41°45′01″之间，东西最长处有992公里，南北最宽处为793公里。领土总面积为131957平方公里，与邻国阿尔巴尼亚大小近似，大致相当于英国的英格兰。希腊是地中海上的"千岛之国"，其国土的15%为岛屿。除巴尔干半岛的南端（亦被称为希腊半岛）

**希腊**

之外，海域上分布着 2000 余个大大小小的岛屿，它们犹如众星捧月一般环绕着大陆。希腊也是欧洲海岸线最长的国家，如果将这些岛屿计算在内，海岸线总长达到 15021 公里。境内多山，80% 的国土为山地，将近 67% 的面积在海拔 200 米以上，13% 的面积在海拔 1000 米以上，因而被称为欧洲继挪威、阿尔巴尼亚之后的第三大山地国家。其主要山脉为阿尔巴尼亚、马其顿和保加利亚境内山体的延伸，国内海拔最高点为 2917 米的奥林匹斯山峰。整个国土呈盆地、山谷和平原相间的地形，沙土、泥灰土和黏土形成的土壤表层，占总面积的 20% 左右。

## 二　行政区划

公元 20 世纪 70 年代中期，希腊恢复民主制后，于 1975 年颁布新宪法，对行政体制作了明文规定，将中央政府以下的行政单位分为两级：一是中央政府派驻地区（省）的行政机构；二是地方自治政府（local self-government），如市镇一级的行政机构等。从 20 世纪 80 年代早期开始，希腊重新调整地方行政体制，先后于 1986 年和 1994 年颁布议会法令，推动地方分权改革。这项改革分两个阶段：第一阶段，设立行政大区，实现区一级行政管理的现代化，加强区行政机构规划地区发展的作用，确保行政部门之间的协调，促进地方政府的合作；第二阶段，将传统体制下由中央任命的省行政机构改为直接民选的自治政府，促使省政府更为有效地参与政治生活，促进地方经济发展，为市民提供高质量的公共服务，并增加地方文化的认同。至此，希腊的行政区划大致分为三级：即行政大区（Region）、省（Prefecture）和市镇（Municipality，含村社，Commune）。行政大区属于中央派驻地方的行政单位，在法律上不具有独立法人地位，而是属于中央政府的一个组成部分；地方自治政府分为省和市镇（包括村社）两级，其中省为第二级地方自治政府，市镇为第一级地方自治政府，但它们之间不存在上下级的隶属关系。

### （一）大区

为了下放中央政府的行政权力，从1987年开始，希腊将全国划分为13个行政大区（参见表1-1）。每一个大区由相邻的几个省组成。大区的行政首脑为秘书长，由内阁任命，作为政府在大区一级的代表，贯彻政府发展大区经济的政策，监管省和市镇两级地方自治政府，主要是监督地方政府行为的合法性。大区一般不设自治政府，但设有大区议会（Regional Council）作为最高决策机构，由大区秘书长担任议会主席，其他成员包括大区下属的各省省长，以及来自市镇自治政府以及社会各行业协会（如商业联合会、工业联合会、公务员联合会、劳工总联合会、农业合作联盟全国联合会）的代表。1997年，希腊实施新一轮行政改革，旨在强化大区管理机制、提高大区的地位和作用，充分利用大区的地理优势，实施全国和欧盟层面上的有关社会经济发展的政策。中央政府的目标是逐渐将行政权力下放到大区一级，而中央政府的权力将集中于政策制定。

大区的行政事务管理机构是区政委员会（General Directorate），具体执行大区秘书长和大区议会的各项政策。区政委员会下设10个司，规划和管理大区的发展、公共建设、医疗卫生、城市建设、环境规划、林业管理、农业生产、地方事务等。该机构由大区秘书长任命的理事长（general director）领导，任期3年，机构的行政管理人员由地方选举产生，不再由中央直接任命。

### （二）省

省是希腊的第二级地方行政单位。

如果从地理区划上来看，每个大区由相邻的2~7个辖区组成，据此，全国可以划分为54个辖区（英文Prefecture，希腊文

## 希腊

表1-1 希腊各大区概况（2001）

| 编号 | 大区名称 | 面积（平方公里） | 人口（万） | 首府 | 所属的省/辖区 |
|---|---|---|---|---|---|
| 1 | 东马其顿—色雷斯大区（East Macedonia-Thrace） | 14157 | 61.11 | 科莫蒂尼市（Komotini） | 埃夫罗斯省（Evros）<br>罗多彼省（Rodopi）<br>卡瓦拉省（Kavala）<br>克桑西省（Xanthi）<br>兹拉马省（Drama） |
| 2 | 中马其顿大区（Central Macedonia） | 18811 | 187.20 | 塞萨洛尼基市（即萨洛尼卡市）（Thessaloniki） | 哈尔基季基省（Chalkidiki）<br>伊马夏省（Imathia）<br>基尔基斯省（Kilkis）<br>派拉（佩拉）省（Pella）<br>皮埃里亚省（Pieria）<br>塞雷省（Serres）<br>塞萨洛尼基省 |
| 3 | 西马其顿大区（West Macedonia） | 9451 | 30.15 | 科扎尼市（Kozani） | 弗洛里纳省（Florina）<br>格雷韦纳省（Grevena）<br>卡斯托利亚省（Kastoria）<br>科扎尼省 |
| 4 | 伊庇鲁斯大区（Ipiros） | 9203 | 35.38 | 约阿尼纳市（Ioannina） | 约阿尼纳省<br>阿尔塔省（Arta）<br>普雷韦扎省（Preveza）<br>塞斯普罗蒂亚省（Thesprotia） |
| 5 | 色萨利大区（即塞萨利大区）（Thessaly） | 14037 | 75.39 | 沃洛斯市（Volos） | 卡尔季察省（Karditsa）<br>拉里萨省（Larisis）<br>马格尼西亚省（Magnisia）<br>特里卡拉省（Trikkala） |
| 6 | 伊奥尼亚群岛大区（即爱奥尼亚群岛大区）（Ionian Islands） | 2307 | 21.30 | 科孚市(Corfu)（即克基拉岛）（Kerkyra） | 凯法利尼亚省（Kefallonia）<br>科孚省<br>莱夫卡斯省（Lefkada）<br>扎金索斯省（Zakinthos） |

续表 1-1

| 编号 | 大区名称 | 面积（平方公里） | 人口（万） | 首府 | 所属的省/辖区 |
|---|---|---|---|---|---|
| 7 | 西部希腊大区 (West Greece) | 11350 | 74.05 | 帕特雷市（即佩特雷市）(Patras) | 埃托利亚阿卡纳尼亚省 (Atoloakarnania)<br>阿哈伊亚省 (Achaia)<br>伊利亚省 (Ilias) |
| 8 | 中部希腊大区 (Central Greece) | 15549 | 60.53 | 拉米亚市 (Lamia) | 埃维亚省 (Evia)<br>埃夫里塔尼亚省 (Evrytania)<br>福基斯省 (Fokida)<br>弗西奥蒂斯省 (Fthiotida)<br>维奥蒂亚省 (Voiotia) |
| 9 | 阿提卡大区 (Attika) | 3808 | 376.18 | 雅典市 | 雅典周边大雅典<br>比雷埃夫斯 (Piraeus)<br>东阿提卡<br>西阿提卡 |
| 10 | 伯罗奔尼撒大区 (Peloponnese) | 15490 | 63.89 | 特里波利斯市 (Tripolis) | 阿尔戈利斯省 (Argolida)<br>阿卡迪亚省 (Arkadia)<br>科林斯省 (Korinthia)<br>拉科尼亚省 (Lakonia)<br>麦西尼亚省 (Messinia) |
| 11 | 北爱琴海大区 (North Aegean) | 3836 | 20.62 | 米蒂利尼市 (Mitilini) | 希俄斯省 (Chios)<br>莱斯沃斯省 (Lesvos)<br>萨摩斯省 (Samos) |
| 12 | 南爱琴海大区 (South Aegean) | 5286 | 30.26 | 埃尔穆波利市 (Ermoupoli) | 佐泽卡尼索斯省 (Dodekanisa)<br>基克拉泽斯省 (Kyklades) |
| 13 | 克里特大区 (Crete) | 8336 | 60.11 | 伊拉克利翁市 (Iraklio) | 干尼亚省 (Chania)<br>伊拉克利翁省<br>拉西锡省 (Lassithi)<br>雷西姆农省 (Rethymno) |

为 Nomos）。这个辖区概念笼统地称为"省"或"州"。但真正享有省的名称和地位的只有 51 个，阿提卡大区下属的 4 个辖区（大雅典、比雷埃夫斯、东阿提卡和西阿提卡），仅设立了 1 个"阿提卡省"。1994 年，希腊颁布议会法令，在省一级成立地方自治政府，经普选产生 50 个，其中 45 个自治省的名称与边界和原来的辖区相同，而在大雅典 – 比雷埃夫斯（Athens-Piraeus）、兹拉马 – 卡瓦拉 – 克桑西（Drama-Kavala-Xanthi）和罗多彼 – 埃夫罗斯（Rhodope-Evros）辖区设立了大联合省自治权力机构，其管辖的范围一般包括两个以上的辖区。有 48 个省分别建立了由省议会、省长委员会、省长和省长助理组成的省自治机构。

省议会（prefectural council）为一省的最高自治权力机构，按省内的人口规模设置 21~43 名议员，并由议员选举产生 3 人主席团，任期两年。省长委员会由省长或省长任命的副省长担任主席，由议会以无记名投票方式选出 4 至 6 名成员，共同负责编制政府预算和招标事项。省长一般为省议会多数党的领袖，并作为省政府的代表，执行省议会的决议，同时也是省行政管理机构的最高行政长官。

在省一级，一般都设有一个省政委员会（General Directorate）作为最高行政管理机构，其下设 15 个处（directorate），除了计划和项目处之外，分为 5 个片，每 1 个片由 1 个省级委员会领导，它们分别是：

（1）行政管理、财政、贸易、交通和通讯委员会；
（2）公共建设工程、环境、工业和能源委员会；
（3）农业、畜牧业、渔业和林业委员会；
（4）教育、文化、旅游和体育委员会；
（5）卫生、福利和就业委员会。

此外，还有经济和社会发展委员会作为咨询机构，由来自第一级地方自治行政机构和各行业协会的代表组成。

省不仅是行政单元，也是选区单位。议会的 288 个议席就是通过每个省的人口情况进行分配的。此外，位于中部马其顿区最东端的阿索斯山区为希腊主权辖治下的一个僧侣自治区，全称"圣山阿索斯神权共和国"。虽然常常和省份并列进行人口和经济地理的统计，但不属于省级行政单位。阿索斯山区按区内20所修道院划分的管辖区进行管理，其行政权由各修道院代表组成的圣教团行使。

### （三）市镇

市镇和村社是希腊第一级地方行政单位，传统上也是全国最基层的行政单元。

从历史上来看，市镇和村社的分合几经变动。19世纪30年代，希腊独立后成立的现代政府取消了以前的村社，在600个市镇建立了地方政府。1912年，为了使地方政府更为有效地提供公共服务，又恢复了村社，并且和市镇一起成为第一级地方政府。而1997年的行政改革通过强制性法令撤销大部分村社，再次恢复以市镇为主的旧行政区划。至1999年，国内共设置了1033个一级地方行政单位，其中市镇为900个、村社133个（参见表1-2）。从地方选举来看，市镇自治权力机构的规模也呈现了扩大的趋势。近10年来，随着行政管理改革的深入，市镇和村社的数量每年都会发生变化，多数情况是几个村社合并为一个市镇，少数村社直接升级为市镇。

市镇的自治行政机构类似于省，一般由市议会、市长委员会、市长组成市自治政府。超过2000人以上的市镇，增设1~9名副市长，由市长从市议会成员中挑选并任命，任期两年。市议会为最高决策机构，对所有市政事务做出决定，当然，有法律明文规定或者由市议会绝对多数成员同意转交市长委员会的事项除外。所有经市议会签署的决定，将在第一时间发布在市政府公告栏上，同时送呈大区秘书长审定其合法性。

市议会按市的规模设置11~41名议员，他们由普选产生，任

## 希腊

表 1-2　市镇分布概况 (1999)

| 大区名称 | 辖区 | 市镇 | 村社 | 市镇人口(人) | 村社人口(人) |
|---|---|---|---|---|---|
| 东马其顿-色雷斯大区 | 5 | 47 | 8 | 554630 | 15866 |
| 中马其顿大区 | 7 | 126 | 8 | 1699858 | 9119 |
| 西马其顿大区 | 4 | 44 | 17 | 283501 | 9514 |
| 伊庇鲁斯大区 | 4 | 57 | 19 | 329642 | 10087 |
| 塞萨利大区 | 4 | 93 | 11 | 722346 | 12500 |
| 伊奥尼亚群岛大区 | 4 | 33 | 6 | 191783 | 1952 |
| 西部希腊大区 | 3 | 72 | 2 | 706572 | 1115 |
| 中部希腊大区 | 5 | 89 | 6 | 574513 | 7767 |
| 阿提卡大区 | 4 | 91 | 33 | 3456094 | 67313 |
| 伯罗奔尼撒大区 | 5 | 100 | 7 | 601950 | 5478 |
| 北爱琴海大区 | 3 | 35 | 1 | 198945 | 286 |
| 南爱琴海大区 | 2 | 45 | 13 | 252208 | 5273 |
| 克里特大区 | 4 | 68 | 2 | 539413 | 641 |
| 总计 | 54 | 900 | 133 | 10111455 | 146911 |

期4年。市长委员会由市长或市长任命的副市长担任主席，一般拥有2~6名委员，由市议会秘密选举产生，任期两年。该机构主要负责编制预算和招标事项。市政府每月至少召开一次市政会议，并向公众开放，会议代表由市长、市长委员会成员和市议员组成。一般而言，与会人数需达到总数的1/3。

市长作为市政府的代表，由市民直接选举产生，任期4年，其主要职责是执行市议会的决议，同时作为市镇的最高行政首脑，领导本市最高行政管理机构。需要说明的是，市长并非市议会的成员，但可以要求列席议会的会议，并参与讨论。市一般平均人口在1万人以上，如果超过15万，可以下分为几个市区，设立单独的市区行政机构。首都雅典作为全国最大的城市，拥有300万人口，据此，全市又分成7个市区，各区拥有独立的市区议会。

### 三 地形特点

**希**腊国土主要由巴尔干半岛南端和沿海大大小小的半岛和岛屿组成，地形极为复杂多样，其典型特征是海洋环绕着群山、谷地和平原相间、海岸线绵延曲折，处处皆有深入内陆的海湾。内陆地势由西北向东南倾斜，盆地和平原许多为山地切割成碎片状，沿海地势比较平缓，土壤肥沃的平原主要分布于此。

境内多山，是希腊最为突出的地形特点。其山地面积约占国土总面积的80%，将近67%的面积在海拔200米以上，13%的面积在海拔1000米以上。这个特点是由其地理位置决定的。希腊大陆地处巴尔干半岛南端。而"巴尔干"一词源于土耳其语，本义即是指"山"。来自北部邻国阿尔巴尼亚、马其顿和保加利亚的山脉向南延伸构成国内地形的骨架。最主要的一支是位于西部的品都斯山脉，被称为希腊的"脊梁"，它从阿尔巴尼亚入境由北而南纵贯整个大陆，越过科林斯湾，一直抵达南部的伯罗奔尼撒半岛，全长270多公里，宽40～60公里，平均海拔2650米。另一支名为罗多彼山脉，位于东北部保加利亚和希腊交界处，山体广阔，呈东西走向，走势相对平缓。相较于欧洲著名的山脉而言，希腊山势不高，但海拔2000米以上的山峰也有20多座。全国最高峰是位于中部塞萨利盆地的奥林匹斯山，海拔2917米，气势雄伟，直插云霄，山顶终年积雪，云遮雾绕，相传是希腊神话中天上诸神及人类的至尊——宙斯的家园。第二高峰斯莫利卡斯山（Smolikas），海拔2637米，位于希阿边境；第三高峰沃拉斯山（Voras），海拔2524米，位于其与前南斯拉夫马其顿共和国的交界处。希腊的山地崎岖不平，多为岩石地貌，耕作条件比较差。

三面环海、岛屿众多，是希腊地形的第二个特点。希腊大陆

## 希腊

坐拥伊奥尼亚海和爱琴海，有2000多个岛屿遍布其中，按其地理位置，可划分为两组：大陆以西的伊奥尼亚群岛和大陆以东的爱琴海诸岛。前者包括科孚岛（Corfu）、莱夫卡斯岛（Levkas）、凯法利尼亚岛（Kefallinia）和扎金索斯岛（Zakinthos）以及其他较小的岛屿；后者有西部的埃维亚岛和北斯波拉泽斯群岛（Northern Sporades group）、北部的萨莫色雷斯岛（Samothrace）、利姆诺斯岛（Limnos）和莱斯沃斯岛（Lesbos），东南部的希俄斯岛（Chios）和佐泽卡尼索斯群岛（Dodecanese Islands，有的译为多德卡尼斯群岛），以及南部的基克拉泽斯群岛（Cyclades group）和克里特岛。其中，克里特岛是希腊最大的岛屿，科孚岛和罗得岛（Rodos）分列第二和第三。自古以来，希腊人即有"航海民族"之称，其原因在于他们和海洋的亲密接触。希腊三面环海，无论在内陆还是岛屿，任何一地与海洋的距离都不超过100公里。难以计数的海湾、海峡锲入内陆和岛屿，形成许许多多个小半岛和海角，使希腊在地中海国家中拥有最长的海岸线，在世界上跻身前十位。得天独厚的航海条件，以及内陆资源的不足，使希腊的先祖早在远古时期即已开始航海事业。在著名的荷马史诗中，就有关于东地中海和小亚细亚之间漫长而危险的航程的细致描述。

平原稀少，多为山地切割，是希腊地形的第三个特点。希腊的平原主要分布在河谷和沿海地带。较大的冲积平原有中部希腊的塞萨利平原，位于品都斯山脉东侧，奥林匹斯山以西；北部希腊有马其顿平原，东北方有西色雷斯平原。伯罗奔尼撒的东南部有斯巴达大平原，位于泰日托斯山脉和帕尔农山脉之间，沿埃夫罗塔斯河谷延伸，是半岛上较大的平原。位于雅典东南方的马拉松平原是较为典型的沿海平原，面积不大，但知名度很高，它是古代著名的马拉松战役的主战场，也是世界马拉松比赛的发源地。

# 第一章 国土与人民

如果粗略来分，希腊由次大陆式的北部希腊和地中海沿岸的南部希腊（包括周围的岛屿）所构成。但由于地形过于复杂，传统上希腊被细分为9大地理区域，其中6个位于大陆：北部从东往西依次为色雷斯区、马其顿区和伊庇鲁斯区；往南是塞萨利区和中希腊区，最南端为伯罗奔尼撒区，由具有3000多年文明历史的伯罗奔尼撒半岛构成。其余的3大海岛区域为伊奥尼亚区、爱琴海区和克里特岛区。

色雷斯区位于希腊大陆的东北部，习惯上称为"西色雷斯"或"希腊的色雷斯"，以示与保加利亚和土耳其境内的古色雷斯部分地区相区别。该区的西北角和东边以埃夫罗斯河（Evros）为界与土耳其相隔；北部与保加利亚接壤，边界横亘着东西走向的罗多彼山脉（Rodopi）；西边以奈斯托斯河（Nestos）为界与马其顿区相邻；南临爱琴海，海上屹立着萨莫色雷斯岛，也属于色雷斯区。

马其顿区所在地是历史上有名的马其顿王国的发祥地，因而沿用此名，虽然面积比以往大为缩小，但仍然是希腊目前最大的地理区域。马其顿区北部与阿尔巴尼亚、马其顿共和国和保加利亚接壤；西南与塞萨利区相连，东南面临爱琴海，西面和东面分别为伊庇鲁斯区和色雷斯区。南部沿海的哈尔基季基半岛（Khalkidhiki）犹如一只小手伸入爱琴海的北部。卡桑德拉（Kassandra）、锡索尼亚（Sithonia）和圣山（Athos）三个狭长的半岛恰似张开的三根手指。马其顿区西边为品都斯山脉和南巴尔干山脉所包围，东边则有肥沃的萨洛尼卡平原。

伊庇鲁斯区位于希腊本土的西北部，西濒伊奥尼亚海；北部与阿尔巴尼亚接壤，南端与中希腊区相连；从西向东延伸的品都斯山脉成为天然的东部边界，与马其顿区和塞萨利区相隔，同时也成为与外部联系的屏障。时至今日，伊庇鲁斯区仍然是希腊最为偏僻的地区。贫瘠的土地、落后的耕作、几百年的外族统治和

## 希腊

治理不善,使这个地区成为全国的欠发达区域,也是人员外流最多的一个地区。

从伊庇鲁斯区向东穿过品都斯山脉的分水岭便到了塞萨利区。该区拥有全国最为肥沃的大平原——塞萨利平原。平原四周高山环绕,东北面矗立着全国最高峰——奥林匹斯山。全国第三大河皮尼奥斯河(Pinios)从品都斯山脉的中部向东流入塞尔迈(Thermaikos)海湾,这里是全希腊最好的农业区之一,盛产粮食,畜牧业也很发达。

塞萨利区的南端毗邻中希腊区,该区东西两边坐拥爱琴海和伊奥尼亚海,有埃维亚岛(Euboea, Evvoia)与大陆一水之隔,最窄的地方仅有61米。在该区的东南角,首都雅典宛如一颗明珠镶嵌在肥沃的阿提卡平原上,在这个最为繁华的地区,居住着全国近一半的人口。

再往南是伯罗奔尼撒半岛,它通过一条狭长的科林斯地峡与阿提卡相连,最窄的地方仅6公里宽。在肉眼难辨的地图上,人们常常误以为伯罗奔尼撒是一个独立的岛屿。

古代米诺斯文明的发源地——克里特岛是全希腊最大的岛屿,在地中海地区名列第五。该岛地处爱琴海的最南端,与北非大陆相望,距离小亚细亚也很近。岛上高山和丘陵相杂,间有富饶的山谷。北部沿海有狭长的平原。南部海岸山崖陡峭,如削尖的刀锋插入海面。

处于希腊和土耳其之间的爱琴海是"西方文明的摇篮",其南部以克里特岛为界,东北通过达达尼尔海峡、马尔马拉海和博斯普鲁斯海峡与黑海连接,这里曾是苏联通往世界各地必经的海运通道,地理位置非常重要。在爱琴海海域中点缀着各种形状的岛屿,其中绝大多数为希腊所有,统称爱琴海岛区(The Aegean Islands)。

从阿尔巴尼亚南部到伯罗奔尼撒半岛的伊奥尼亚海域,散布着一长串大大小小的岛屿，被称为伊奥尼亚岛区（The Ionian Islands）。该区有4个大岛，最北端是科孚岛，为伊奥尼亚区的第二大岛，隔着狭窄的科孚海峡与大陆相望。往南几英里，靠近中希腊区海岸的莱夫卡斯岛，是4个大岛中面积最小的岛。再往南，正对着帕特雷海湾（Patraikos）的凯法利尼亚岛（Kefallinia），是伊奥尼亚区最大的岛屿，该岛的东北角是历史上有名的伊萨基（Ithaki），荷马史诗《奥德赛》的主人公便是伊萨基的国王。如今这个小岛仍然吸引着许多游客来探幽访胜。处于最南端的扎金索斯岛（Zakinthos），是该地区的第三大岛。

四　河流与湖泊

山地与盆地、平原相间的地形条件使希腊的河流大多狭窄、曲折、流速急促，少有流量大而流速平缓的长河。而且很多河流是季节性干涸，不具备航行和灌溉的条件。较大的河流主要集中于希腊北部，一些有名的大河大多发源于北部邻国。希腊第一大河是阿利阿克蒙河（Aliakmon），全长297公里，流经塞萨利平原，流入萨罗尼克海湾（Saronic Gulf）；第二大河为阿谢洛奥斯河（Achelous），全长约220公里；第三大河为皮尼奥斯河（Pinios），约长205公里。但名气最大的三大河流却是埃夫罗斯河（Evros）、奈斯托斯河（Nestos）和斯特里亚马河（Strymonas）。埃夫罗斯河是希土边境界河，流经希腊的总长度为204公里；奈斯托斯河源自保加利亚境内的里拉山脉的科拉罗夫峰，流经希腊130公里，从萨索斯岛东北方的陆地入海；斯特鲁马河源于保加利亚，流经希腊的长度为118公里。这三条河流虽然源远流长，但若按希腊境内的长度来计，只能屈居第四、五、六位。还有一条非常有名的河流叫阿克修斯河，乃是原南斯拉夫瓦尔达尔河的下游。在古希腊，埃夫罗斯河、奈

斯托斯河以及阿克修斯河都是巴尔干半岛的重要的航道。如今的斯特里亚马河，仍是保加利亚首都索非亚进入爱琴海的重要通道。

希腊境内仅有21个湖泊，其中14个为人工湖，而且面积都不大，其累积的总和只有598.90平方公里。最大的湖泊名为特里霍尼斯（Trichonis），位于希腊半岛西南部的中希腊大区，表面积有95.84平方公里；第二大湖为哈尔基季基半岛上的沃尔维（Volvi），总面积为70.35平方公里，坐落于中马其顿大区；第三大湖是弗洛里纳省的韦戈里蒂斯湖（Vegoritis），表面积为54.31平方公里，位于西马其顿大区。

五　气候

一　提起希腊，人们印象中是一个夏日度假胜地，似乎没有冬天。而实际上希腊属于典型的亚热带地中海气候，夏季炎热干燥，平均气温为23~41℃，冬季温和湿润，平均气温为0~13℃。一年也有分明的四季。每年的4~5月，当春天来临时，希腊岛屿和内陆的野花竞相开放，为这个蓝白底色的文明古国增添了缤纷的色彩。

一进入6月，雨量明显减少，气候开始变得干爽。希腊的夏天迎来了旅游高峰期。因为受到低气压的影响比较小，天气变得炎热而干燥。在沿海地区和各个岛屿，因为北风带来的凉爽，使夏天的感觉并不闷热。特别是爱琴海上风和日丽，十分适宜出海畅游，马其顿和色雷斯的山区则受到通过河谷长驱直下北部冷空气的影响，呈现更为温和的大陆性气候。而伯罗奔尼撒南部和克里特岛的山顶上由于海拔较高依然白雪皑皑，一派冬日景象。

到了9月，虽然海滩上的游人仍是流连忘返，但是海风开始变得肆虐而狂暴，从10月份开始雨量渐渐增多，希腊的秋季只维持了短短的两月。

11月至次年3月,北大西洋的低气压移到希腊,带来了雨水和温和的天气。由于冬季雨水最多,希腊原野一片新绿,山上仙客来花争芳斗艳,与夏日相比完全是另一种风情。从巴尔干东部吹向爱琴海的冷空气也会到达马其顿和色雷斯。低气压还会从南部带来更加温暖的空气,使北部的塞萨洛尼基和南部的雅典在一月份的平均气温相差4℃。飓风带来的低气压使希腊西部和南部拥有一个温暖、没有霜冻的冬天。

具体到各个地域,因为海拔高度的不同和距离海洋的远近,呈现了不同的气候特点。一般来说,以品都斯山脉为分水岭,其西部和东部具有不同的表征:西部四季温暖、年温差小、降雨丰富;东部年温差较大、降雨少、气候较干旱。希腊大陆的北部和中部地区,受大陆型气候的影响比较大。比如马其顿、伊庇鲁斯、色雷斯以及伯罗奔尼撒高地的部分地区属于带有大陆性特点的地中海型气候,这种特点比沿海地区更为明显。大陆性气候的影响主要表现在气温和降水上。一年之中,20~30天的霜冻天气是很常见的,冬季降水比较丰富,气候温湿,夏季温度很高,较为干旱。在山区,更为常见的是寒冷的冬季气候,降雨只发生在秋季和夏季。海上诸岛则呈现另一种气候类型,那里夏季干旱、冬季温暖潮湿,春秋季短暂,四季不甚分明。总的来看,中部和南部的气候特点和海岛相近。全年日照时数可达3000小时以上。在希腊本土,年降水量主要集中于冬季,降水最多的山区可达每年1500毫米。但海岛降水较少,著名大岛克里特岛年降水量只有500毫米左右。

希腊的气温是由北而南逐渐升高,在冬天尤甚。但由于地理位置的不同会影响到实际的温度。比如,6月份夏天的最高温度可能会出现在希腊东部的塞萨利地区,而冬天1月份的最低温度出现在南部伯罗奔尼撒半岛的山区。此外,地理高度也是影响气

温的一个重要因素。在海拔 600 米的山峰上，即使是位于伯罗奔尼撒的南部地区和克里特岛，也是一年之中至少有几个月为白雪覆盖，霜冻时间达 40 天之久。其降雨量各地也不一样，大致是东部平原的雨量最少，沿海地区最为丰沛。其中伊庇鲁斯因为处于品都斯山脉的上风口，常年浸润伊奥尼亚的海风，雨水充足。

希腊是太阳神阿波罗的故乡，阳光充足是它另一个显著的气候特征，年均日照时间达到 3000 小时。

## 第二节 自然资源

### 一 矿产资源

数亿年前，希腊大陆是一片沉睡于伊奥尼亚海与小亚细亚半岛之间的汪洋大海底部的沉积岩层。北接迪纳拉山脉，向南延伸至巴尔干大陆。大约在 1.4 亿年前，这片沉积岩渐渐破浪而出，形成南北走向的山脉，与克里特岛、土耳其山地连成一片。3500 万年前，在世界最大的山脉喜马拉雅山、阿尔卑斯山及比利牛斯山的形成时期，剧烈的地壳运动使这片刚刚隆起的陆地分崩离析，地表岩层陷落，爱琴海上由此出现了星罗棋布的岛屿。距今 40 万年以前，又陆续形成部分陆地。到公元前 13 世纪前后，地震和火山的爆发频仍，至今仍属于地震多发地带。旷日持久的地壳运动和种种地理变化，形成了今日希腊种类丰富的矿产资源。目前，希腊是世界上最大的珍珠岩、膨润土（皂土）、火山灰和浮石的供应国之一。铝土矿的储藏量也比较大，已探明储量约 1.2 亿吨，估计储藏总量为 5 亿吨。大理石品种多样，产量较大，自古以来驰名天下。希腊还拥有很多稀有矿产品种，如镍、铬、镁、铀、金等。在 20 世纪 70 年代末，在北部兹拉马附近发现大量铀矿。近年来色雷斯地区的黄金开采增长很快。

相对于蕴藏丰富的品种而言，希腊的矿产量不高，但50%以上的矿产品出口海外，目前是欧盟国家中重要的矿产出口国，其中石棉、铀、铝土矿、镍矿产品在西欧及世界居重要地位。

希腊能源资源有限，主要有褐煤和石油两种。其中褐煤已探明储量为54亿吨，估计储藏总量为70亿吨。由于褐煤的品质和热量较低，对环境污染程度高，主要用于火力发电。虽然，海底石油资源较为丰富，主要分布在爱琴海北部和伊奥尼亚海域，但由于勘探和开采能力有限，远不能满足国内需求。

二　植物和动物

希腊多山，地表崎岖不平，地貌呈现多种多样的形态，加上地中海式的地理环境和气候，十分适合林木的生长。希腊的树林主要有松类（如松树和冷杉）和落叶类（橡树、山毛榉树、枫树等）两种，占地面积330万公顷，覆盖率为25%。面积较大的森林区分布在希腊的北部，如色雷斯、马其顿和伊比鲁斯的山区，还有爱琴海北部和东部岛屿以及伊奥尼亚群岛。其中，65%的森林区为国家所有。据官方统计，全国树种共有200多种，数量最多的是山毛榉树，其次为栗子树，橄榄树和橘子树也十分常见，邻近河流和湿地则生长着成片的白杨、柳树和松树。这些森林是希腊也是全欧洲珍贵的自然遗产，为不计其数的动植物提供了生存和进化的环境。从生物的多样性来看，希腊花卉种类之丰富，仅次于欧洲的伊比利亚半岛，哺乳动物和鸟类的濒危品种之多，在欧洲名列前茅。

类型多样的生态系统是由地质环境的多样性和拼图式的微型

## 希腊

气候决定的,这种地形和气候的多样性在希腊通过一个小小的地理区域即能表现出来。从北爱琴海海岸到罗多彼山峰,选取一个150公里的横断面,即可发现,里面浓缩了地中海、中欧、斯堪的纳维亚等不同区域的地形和气候的特点。希腊动植物品种之繁多,可以想见。仅植物一类即汇集了地中海、中欧和里海三种类型。据最新统计,希腊大陆和诸岛屿的野生植物共有6000余种,已确定名称的有5500种,其中相当一部分仅见于希腊。每年春天和初夏,漫山遍野开满了姹紫嫣红的鲜花:银莲花、剑兰、鸢尾、郁金香、百合、水仙花、番红花、芫荽,等等,数不胜数,许多野花不知其名。希腊也因此被植物学家称作"生物的天堂"。

在希腊栖息着900多种动物,既有欧洲、亚洲种类,也有非洲类型,许多品种为希腊独有。它拥有欧洲国家中最为丰富的淡水鱼类,共计107个品种,有37种仅发现于希腊;爬行类动物59种,为欧洲之冠;另有18种两栖动物,其中大约有60%生活在湿地(沼泽)中。鸟类407种,有240种栖息在希腊本土;哺乳动物116种,其中57种属于濒危物种。

目前,希腊已成为众多濒危动物的庇护所。为了保护生物的多样性,政府制定了特别保护行动计划,为国内罕有的地中海海龟、僧海豹和棕熊提供自然栖息之地;为北部林区的野猫、貂鼠、狍、狼、山猫等,南部森林的豺、野山羊、刺猬等设立了保护区。

20世纪30年代起,希腊政府已开始致力于建立各种自然生态区域,并将它们纳入专项保护计划。经过半个多世纪的努力,目前已建有7种保护区:11个国家公园,占地65000公顷,最为有名的是位于奥林匹斯山的国家公园;19处森林保护区,占地33000公顷;以及11个湿地、51个自然保护区、113个重要的鸟类保护区和300个生物群落区等。

## 第三节 居民与宗教

### 一 人口

希腊国家统计局2005年最新公布,全国现有人口11082751人,其中男性5486632人,女性5596119人,女性所占比例略大于男性。相对于其国土面积和经济水平,希腊的人口规模偏大,但近年来,人口增长趋缓。1971~1981年间,人口增长幅度为11.1%,1981~1991年下降为4.7%,1991~2001年略有上升,达到6.7%(参见表1-3)。从联合国公布的人口报告来看,从1998年开始,希腊人口年平均增长率出现负值,估计至2015年,每年平均人口增长率仅为-0.1%。

表1-3 希腊人口构成(1971~2001)

| | 人 口 统 计 | | | |
|---|---|---|---|---|
| | 1971 | 1981 | 1991 | 2001 |
| 总人口 | 8768372 | 9739589 | 10259900 | 10964020 |
| 男性 | 4286748 | 4779571 | 5055408 | 5431816 |
| 女性 | 4481624 | 4960018 | 5204492 | 5532204 |
| 0~14岁 | 2223904 | 2307297 | 1974867 | 1666888 |
| 15~64岁 | 5587352 | 6192751 | 6880681 | 7423889 |
| 65岁以上 | 957116 | 1239541 | 1404352 | 1873243 |
| 占总人口的百分比 | | | | |
| 男性(%) | 48.89 | 49.07 | 49.27 | 49.54 |
| 女性(%) | 51.11 | 50.93 | 50.73 | 50.45 |
| 0~14岁(%) | 25.36 | 23.69 | 19.25 | 15.20 |
| 15~64岁(%) | 63.72 | 63.58 | 67.06 | 67.71 |
| 65岁以上(%) | 10.92 | 12.73 | 13.69 | 17.08 |

资料来源:希腊国家统计局,http://www.statistics.gr。

具体来看,希腊人口具有如下特征。

(一)人口呈现老化趋势

现有数据表明,希腊人口呈现老化趋势,出生率下降、死亡率略有上升,是其人口变化的首要特征。1981年,希腊人口出生率为14.5‰,2003年降至9.5‰。同期的人口死亡率从1981年的8.9‰上升为2003年的9.6‰。事实上,自第二次世界大战结束以来,希腊的人口出生率一直在下降。1951年高峰期人口出生率为20.3‰,1981年仅为14.5‰,但仍然高于欧洲国家的平均出生率。1984~1991年人口出生率从12.7‰下降为10.1‰,希腊开始步入低出生率国家行列。在20世纪50、60年代,人口出生率的下降和家庭普遍倾向要两三个小孩有关,一方面是为了避免住房紧张和收入不足,另一方面父母希望为孩子提供更好的教育。从70年代开始,出生率降低的原因更趋复杂,城市化的发展、婴儿死亡率的降低、流产的增加和父母受教育程度提高、移民、女性劳动力增长等都是作用其中的重要因素。

(二)人口的年龄结构正在经历重要变动

未成年人口的比例不断下降,劳动力人口缓慢增长,老龄人口增长的幅度增大。这对于国内的社会保障、税收、卫生医疗体系、劳动力需求以及养老造成了很大的压力。从具体数据来看,1971年,14岁以下人口占总人口比例为25.36%,1981年下降为23.69%,1991年为19.25%,2001年仅为15.20%。1971年,15~64岁(劳动力年龄组)人口占总人口的比例为63.72%,1981年为63.58%,1991年上升为67.06%,2001年为67.71%。1971年,65岁以上人口占了总人口的10.92%,1981年增长为12.73%,1991年为13.69%,2001年上升为17.08%。

再来看劳动力的储备情况,14岁以下人口占总人口的比例从1928年的32%下降为2001年的15%。而且,一次次的移民浪潮，将年轻而有活力的劳动力从农村推向城市，由国内迁往国外，劳动力分布不均和流失现象进一步加剧。以雅典为例，这个城市聚集了大量的劳动力，占总劳动人口的67.1%，65岁以上的人口占总人口的10.7%。而在农村，劳动力人口的比例仅为59.8%，老龄人口占了17.2%。在年龄结构上呈现的这种特点和欧盟其他成员国相比具有很大的相似性。

（三）平均寿命的增长和婴儿死亡率的下降反映了居民生活水准的提高

1960年，希腊男性的平均寿命为67岁，女性的平均寿命为70岁。1982年，男性的平均寿命达到72岁，女性的平均寿命为76岁。1990年女性平均寿命达到79.5岁，男性的平均寿命为74.6岁。1998年，女性的平均寿命增至80.7岁，2000年，男性的平均寿命达到75.5岁。婴儿的死亡率下降也非常快，从1960年的50‰降至1982年的14‰。1990年持续下降为9.7‰，到2000年降至6.1‰。虽然人的寿命延长了，但是因为年龄结构的变化，死亡率在20年中增加了19.2%，从1960年的7‰人上升为1982年的9‰。进入20世纪90年代，其增长速度有所减缓，1990年死亡率为9.3‰，1999年达到9.8‰。

（四）人口分布不均衡，城乡差异悬殊

从2005年的数据来看，希腊将近有2/3的人口居住在城市。仅是雅典和萨洛尼卡两大城市的人口就占了总人口的38%。首都雅典人口达到3190336人，约占全国总人口的30%。

1951年，希腊的平均人口密度为每平方公里57.84人，1971年为66.45人，1981年为73.8人，2001年增至83.08人。这个数字只具有相对意义，因为希腊相当一部分国土是山地，无人居住，而大城市中人满为患，城乡人口分布失衡。20世纪80年代，约有86%的人口居住在希腊大陆，其余为海岛居民。这些年来，岛上居民人数不断下降，许多人为了寻找更好的发展机

会移居大陆和其他地区。与此同时，大城市正在经历"失控的城市化"，中等城市的发展陷入"停滞"。雅典已成为吸纳南部地区和周边岛屿移民的引力中心，而萨洛尼卡则是北部居民迁徙的首选之地，其他城市的人口发展则严重滞后。即使有些城市显示了增长的迹象，但远远赶不上雅典和萨洛尼卡的增长速度。希腊的城市化发展是以牺牲农村为代价的。和城市相比，农村的经济效益更低，各种商业服务不齐全、就业不充分、生活水平低下。而城市工业化和服务行业的发展又为向往城市生活的村民们提供了发展的机会。内战的难民营生活、在国外输出劳务的经历，加上媒体的宣传和亲戚朋友的样板，更是激发了村民们迁往城市的渴望。1971~1981年，有28万人从农村移居雅典和萨洛尼卡。而农村吸收的移民的人数和城市相比，可以说是微乎其微。到了80年代中后期，随着旅游业的发展，农村的迁出人口逐渐减少。

## （五）移民是希腊人口模式的一个重要特征

从希腊本土向外移民的传统可以追溯至公元前8世纪，当时希腊开始向地中海、黑海的东岸和西岸进行海外殖民。尽管各个时代具体的政治和经济原因各不相同，但近3000年来，人口过剩、对外贸易、改善生活是对外移民的主要动因，而且各个时期发生的移民浪潮都是由历史事件引起的。15世纪，拜占廷帝国的衰亡、奥斯曼土耳其人的入侵，促使大批希腊人移居国外，躲避外族的统治。在奥斯曼帝国统治的400年中，为了便于与远如俄罗斯的敖德萨（Odessa）和法国的马赛等地开展贸易，一些希腊人迁往地中海沿岸。19世纪的移民潮则与埃及和小亚细亚出现的新市场有关。20世纪，继第二次世界大战、内战对国内经济和社会生活造成严重破坏，至60年代中期的经济衰退引发了一波又一波的移民浪潮。而移民回国的三次浪潮则分别发生于19世纪30年代希腊独立初期、20世纪20年代约定希土人口互换的《洛桑条约》签订之后，以及20世纪末国内经济的快速发展期。与此同时，由于俄罗斯、保加利亚、土耳其和埃及关于少数民族权利政策的变动也导致少数移民阶段性的回流。

1890年以前，希腊移民的流向主要为地中海沿岸地区。到了20世纪，迁移的方向发生了重要变化，首选的目的地主要为经济发达的欧美国家，比如德国、澳大利亚、加拿大和美国。1944~1974年，大约有100万希腊人移民海外，其数量远远超出回流的人数。60年代初期，大约2/3的移民迁往西欧，主要为劳务输出人员，其中80%的劳工前往西德。1973年，其人数达到43万。从1974年开始，随着希腊经济形势的好转，移民数量急剧下降。20世纪70年代后期，希腊迎来了移民回潮，主要对象为内战时期去西欧的政治难民和客工，每年从西欧回国的人数在3000人至5000人左右。从1987年开始，大约有3.7万居住在苏联的希腊裔人回到希腊，90年代初以每年2000~5000人的流量回到祖国。据估计，现仍有50万希腊裔人留在当时的苏联地区，目前，在这些移民目的地国家都建有相当规模的希腊人社区，尤以美国居多，据估计，具有希腊血统的美国公民人数大约在300万左右。

进入20世纪90年代之后，希腊人口变化呈现了新的特点，即外来移民的增加正在改变希腊的人口结构。1990年代初，大约有50万外国公民居住在希腊，也就是说，国内总人口的5%和劳动力人口的7.5%是外国人。据官方最新统计，希腊现有外来移民80万人，占人口总数近7.5%，在欧盟位居前列。如果加上没有登记在册的非法移民，这个数字可能高达10%。大约一半的移民为阿尔巴尼亚人，其余的有库尔德难民，还有来自中东、印度次大陆和非洲的经济移民。雅典于2003年公布的一项报告预测，2015年，希腊人口将达到1420万，其中非希腊族裔将占据总人口的1/4，共计350万人。

## 二　语言

### （一）民族

希腊民族是世界上最古老的民族之一。现代希腊人多属于欧罗巴人种地中海类型。早在8000年前，在今日希腊境内便有原始人类居住，此后又有新的移民迁入。公元前3000年代末至公元前2000年代初，讲希腊语的各部族——亚该亚人、爱奥尼亚人和多利亚人相继进入希腊半岛，并于公元前1000年前后定居于此，他们是现代希腊人的祖先。公元前8~6世纪，这些民族征服并同化了当地居民后，逐渐形成希腊民族的自我认同，自称"希伦人"。公元前146年，希腊被罗马征服；公元395年后成为拜占廷帝国的一部分，自15世纪起又为奥斯曼土耳其帝国所统治。这一期间，希腊民族的成分发生重大变化。公元6~7世纪有大批斯拉夫人南下，进入希腊定居，并逐渐被同化，成为希腊民族的一部分；此后，又有保加尔人、瓦拉几亚人以及阿尔巴尼亚人（13~15世纪）和土耳其人（15~19世纪）相继融入。

### （二）语言

希腊的官方语言和全国通用的语言是现代希腊语，使用人数占全国人口的98%。希腊语是世界上最为古老的欧洲语言之一，属于印欧语系的单独语族，距今已有3000多年的历史。古希腊语的文献最早发现于公元前15世纪克里特岛上克诺索斯王宫中的泥板文书（属线形文字B），这种线形文字B是当时迈锡尼时代使用的希腊语文字。公元前8世纪，希腊人根据闪米特语文字模式，创建了24个新字母表，该文字体系后来成为现代欧洲所有字母的直接或间接的祖先。当时的古代希腊语主要有四种方言：西部希腊方言、伊奥尼亚方言、伊奥尼亚-阿提卡方言和阿尔卡底-塞浦路斯方言。其中以雅典为中心的阿提卡方言随着亚历山大帝国的兴起,在整个希腊语地区(希腊大陆、爱琴海岛屿和邻近小亚细亚地区)广泛传播,因而被称为"共同语"。

公元1世纪随着基督教在地中海沿岸的传播,希腊共同语成为《圣经》传布的主要工具。公元5世纪,西罗马帝国灭亡后,建立了拜占廷帝国,希腊共同语在此时演变为中古希腊语。15世纪,奥斯曼土耳其帝国占领希腊后,在本土和爱琴海岛屿一带,开始流传由中古希腊语演变而来的近代希腊语。它有两种形式:一种是口语,称为"民间语",另一种是"纯语",比较接近古希腊语的书面语,后被定为官方语。1829年,民族独立战争胜利之后,政府将一种"净化的希腊语"(希腊原文为"Katharévusa")定为官方语言。它从纯语变化而来,既符合古希腊的语法,同时对其形式加以变通。这种现代希腊语的倡议者为国内知识界领袖科拉伊斯(Adamantios Koraes,1748~1833)。当时的希腊刚刚恢复独立,政府希望通过这种语言形式来弘扬古希腊文化,从而激发民族的自豪感。而这种硬性规定却引发了一场大辩论,将当时的知识界分裂为两大派别:一派主张使用广为民众喜爱的民间口语(通俗语言);一派主张继承融入了"伯里克利"精神的古代希腊语。这是希腊史上有名的"语言争论",实质上反映了独立之后希腊重构民族认同的冲突与融合。在当时,采用何种形式的希腊语与建立怎样一个独立的、现代的希腊的主张是一脉相承的。

1834年和1836年,政府先后颁布法律,确立了"净化的希腊语"作为官方语言的地位。但是语言的争论并没有平息,通俗语和"净化的希腊语"同时在坊间流行。政府文件、新闻媒体、教育领域一律使用"净化的希腊语",民间则用通俗语交谈,并出现了一大批使用通俗语创作的文学家。1974年军人政府垮台后,该项法律条款被取消。1976年,卡拉曼利斯政府颁布了新的法律,规定由通俗语替代"净化的希腊语"作为标准

的现代希腊语,从而确立了民间口语作为官方语言的地位。到了20世纪80年代,随着义务教育制的普及、通信手段的日益发达以及日益加快的城市化,通俗的现代语不仅取代了"净化的希腊语",而且在许多地区代替方言成为第一语言。

在希腊境内,仍有一小部分穆斯林人[其中一些讲土耳其语,还有一些讲"波马克语"(Pomak)]居住在色雷斯地区,其人数大约在10万人左右。在这个地区生活的穆斯林人口占整个色雷斯地区总人口的1/3以下。除此以外,在希腊还居住着少量的吉普赛人,信奉伊斯兰教。

三 宗教

在历史上,"是希腊人就是东正教徒",东正教在希腊享有国教的地位。直到1975年颁布的新宪法规定,东正教是希腊传统的主流宗教(established religion),以取代过去的"国教"的字眼。这表明希腊正式承认宗教的多元化,但在现实生活中,东正教仍然是希腊最主要的宗教,据统计,全国的东正教教徒大约占总人口的98%。宪法明文规定,东正教享有一定的特权:

(1)希腊共和国总统和副总统必须是东正教教徒,他们的就职宣誓应在教堂依据东正教礼仪进行;

(2)东正教的宗教节日成为国定的假日及举行重要庆祝活动和仪式的日期;

(3)禁止由东正教改信其他宗教,禁止任何对国家宗教造成危害的行为,但是其基本法律对这种"改宗行为"没有做出明确界定,包括如何禁止;

(4)未经允许,不准改动和翻译《圣经》(希腊版本);

(5)承认希腊东正教会的自治地位;

(6)在政府制订或颁布涉及教会组织或管理方面的任何法

令规章之前必须征询宗教会议的意见。教会不仅从法律上得到政府的保护，而且接受政府资助。政府为神职人员支付薪水、拨给教会预算、同时管理教会的财产。

此外，通过征收各种捐税直接拨付于宗教事业：在小学和中学实施宗教教育；资助高等院校神学院系学生的学习。与此相应，教会同意由国家教育和宗教事务部监管。

作为希腊的主流宗教，东正教教会在政治和社会政策上拥有很大的发言权。为了维护自己的特权，教会一直反对动摇原有的社会秩序的社会改革。同时，它强调维护传统的价值，其中之一是在对待妇女的态度上，教会认为妇女在价值观和行为上都应遵从教义。

1981年，泛希腊社会主义运动党政府上台后，呼吁改革国内的陈规陋习，宣布实施政教分离。在教会的强烈反对下，政府的措施收效甚微。唯一成功实施的是将世俗婚姻合法化。但是，教会仍然只承认宗教婚姻，反对东正教徒和非东正教徒的结合，并且利用它在教育和宗教事务部的影响，迫使政府作出妥协，原来政府的立法只承认世俗婚姻是唯一合法的形式，宗教婚姻只是一种可以选择的仪式。在教会的压力下，这两种形式都给予合法化。从1983年开始，大约有95%的婚礼是在教堂举行，选择世俗礼仪的对象主要为非东正教教徒。而整个20世纪80年代，在政府与教会的关系上被广泛争论的还有教会的财产所有权问题，90年代讨论的中心已深化为教会的改革以及未来的角色转变，等等。但相对于其他政教分离的欧洲国家而言，政府与教会的关系在希腊政治中仍然占据比较重要的地位。

据历史文献记载，基督教是于公元1世纪传入希腊的，当时成立的希腊教会是基督教会最早的成员。但基督教合法地位的确立是在公元313年，当时的罗马皇帝君士坦丁一世颁布《米兰诏书》，宣布每个人都可以自由信奉自己选择的宗教，基督教信

徒也享有同样的待遇。狄奥多西一世在位期间，进一步把基督教定为罗马帝国的国教。公元395年，罗马帝国分裂为东、西罗马帝国。随着罗马帝国的分裂，基督教也分化为以希腊语地区为中心的东正教和以拉丁语地区为中心的天主教。至此，无论从语言、文化和政治上讲，东、西罗马帝国开始了不同的历程。

东罗马帝国定都君士坦丁堡之后，这个城市的主教理所当然就成为君士坦丁堡教会的牧首，这在东正教内是最高职位。当时他的地位仅在罗马的大主教（教皇）之下。但是东正教会认为自己应该居于基督教会的首位，并享有普世基督教会的领导权，而罗马大天主教（教皇）则声称自己在所有基督教主教中的首席地位是"独一无二"的，此后的几百年中，东正教和天主教为争夺领导权，展开了激烈的斗争。直至公元1054年，两派各自宣布将对方逐出教会，这标志着基督教彻底分裂为两派，天主教和东正教从此处于隔离的状态。

在希腊历史上，祖国的概念是和宗教紧密相连的。"作为希腊人"和"作为东正教徒"的密切联系从拜占廷时代和奥斯曼统治时期即已开始。在拜占廷时期，东正教会和拜占廷帝国的利益合为一体。教会听命于拜占廷皇帝，一般由皇帝倡议召开宗教会议，颁布教令，但同时皇帝会将部分决定权留给主教。奥斯曼帝国时期，土耳其统治者并没有将自己的帝国看作是一个多民族、多语言和多元政治掺杂的混合体。他们更相信世界是由正教徒（穆斯林）和异教徒（东正教、亚美尼亚基督教、犹太教）组成。从他们统治巴尔干半岛的第一天起，君士坦丁堡牧首即被苏丹授予管理东正教事务的权力。同时伊斯兰教认为，世俗权力和宗教权力是不可分割的，所以当时希腊的东正教牧首集宗教领袖与地方行政长官于一身，上对苏丹负责，其拥有的权力比拜占廷时期更大，其管理的教会事务更具有世俗性，而且，不可避免地受到世俗利益的影响。虽然，东正教会和牧首一直受到奥斯曼统治者的控制，但另一方面，它通过修道院和礼拜仪式一直保持着古希腊和拜占廷的传统，其神职人员常常利用其特殊地位秘密向儿童教授希腊语、希腊文化及历史。

1830年希腊正式独立后，东正教会于1833年宣布自治，脱离君士坦丁堡牧首的管辖。1850年，获得君士坦丁堡牧首的正式承认。此后，随着希腊疆域的不断扩大，东正教会的力量也在壮大。目前，国内的东正教教会可以分为三类：自治教会，拥有78个主教教区；半自治的克里特教会，有8个主教教区；佐泽卡尼索斯群岛的4个主教教区和"圣山阿索斯神权共和国"由君士坦丁堡牧首直接管辖。在20世纪80年代中期，自治教会的78个教区主要由雅典总主教领导的主教大会（The Holy Synod）管理，该大会每年一次在雅典召开，参加者为各个教区主教。雅典总主教为雅典和全希腊的首席主教，他和其他主教一样都是由主教大会选举产生。而日常的行政管理则由12名主教组成的主教会议担当，由雅典总主教担任主席。克里特教会具有半自治性质，但仍属君士坦丁堡牧首管辖。它的最高权力机构是设在克里特首府伊拉克利翁的主教大会，由克里特教会大主教和8个教区主教组成，大主教担任主席。佐泽卡尼索斯群岛教会直接隶属于君士坦丁堡牧首的管辖。圣山神权共和国也是如此，但它在国内享有自治区的地位，所有行政事务都由修道院相关机构处理。最高权力机构是由该修道院团体的20个代表组成的圣教团（Holy Community），这些代表分为4个5人小组，轮流执政一年。

国内第二大宗教是伊斯兰教，奥斯曼帝国统治时期传入希腊。1923年按照《洛桑条约》规定，约有40万居住在希腊的土耳其穆斯林被遣返。据20世纪90年代的统计，希腊有穆斯林大约13万人，主要属于逊尼派，约占总人口的1.3%。全国伊斯兰宗教事务由希腊大穆夫提管理。

其他宗教还有天主教、新教、犹太教等，其信徒约占希腊总人口的 0.7%。1992 年，希腊已经建有 4 个罗马天主教的大主教教区，其中两个直接受梵蒂冈的罗马教皇管辖，还有 4 个主教教区和设于萨洛尼卡的 1 个名誉主教区。全国大约有 5 万罗马天主教徒，大部分为当年在爱琴海和伊奥尼亚海群岛定居的威尼斯移民的后代。在希腊还有希腊礼天主教会和亚美尼亚天主教会设立的一些小教区，拥有少量的信徒。基督教新教教徒有 5000 名，主要信仰福音教。第二次世界大战前，在希腊大约有 7.5 万名犹太人，主要生活在萨洛尼卡地区。在纳粹占领期间，大约有 6 万犹太人被处死或送到集中营。至 20 世纪 90 年代初期，希腊的犹太人口仅剩 5000 人，主要聚居在雅典。

## 第四节　民俗与节日

### 一　民俗

#### （一）服饰

在希腊丰富多彩的文化史上，服装是最具华美色彩的一章。其民族服装的特色可以追溯至古希腊和拜占廷时期。虽然每个地区都有风格各异的传统民族服装，但式样大致相同。大至衣料、结构，小至图案、零饰都很类似，但从服装局部的形状、颜色和刺绣仍然可以分辨出不同地区的风格。在大陆地区，女式服装的主要特点是以棉衬衣作为基本的里子，外罩一件无袖的马甲，通常使用毛料制成，有长有短。有的地区是手织的毛料，有的地方是使用机织的产品。颜色各异，但黑白两色较为普遍。有些城市则使用更为考究的天鹅绒。女性服装上还有一些重要的搭配，比如围裙、腰带、头饰，等等。从古至今，希腊人以束腰为美。无论男女，腰带是服装上不可或缺的部分。而头饰主要是各种质地、各类颜色的大头巾,通常分为印花和刺绣两种。妇女们还会在胸前、头上、颈端等地方戴上珠宝饰物。在很多地区,我们甚至可以通过一个女子的头巾辨别她的年龄和婚姻状况。比如,在伯罗奔尼撒半岛阿卡迪亚(Arkadia)地区的村庄中,年轻的未婚妇女通常身着白色的服装,包着颜色鲜艳的印花头巾。年纪稍大的也戴着相似的头巾,但颜色一般为明黄色。年长的妇女戴着绿色或深棕色等深色系列的头巾。寡妇的头巾则是黑色的。而且,按照出席的场合、从事的活动以及季节的不同,头巾的系法也是花样百出。

男士的传统服装在结构上与女性的类似,比如他们的衬衫在剪裁、结构上和女性的衬衣非常相似。外面罩着马甲,有的地方下面配短裙,着长筒袜、长靴,在腰带上或胸前佩戴珠宝饰物。这种民族服装的特点和风格,可以从守卫雅典纪念碑的士兵所穿的"福士大奈拉"欣赏到:多褶的白色漏斗状宽松袖筒、刺绣深蓝色的毛料紧身长马甲,雪色百褶短裙,白色长筒袜和红色皮靴,令人印象深刻。传统的男士服饰通常是身份和地位的象征,也常用以区分不同的职业,比如,在斯基罗斯岛(Skyros),牧羊人和渔夫穿着在颜色和风格上就有着明显的不同。希腊人一般都拥有至少 2~3 套不同风格的衣服。一类是日常家居服,以手工制作为主,简单朴素。另一类是节日盛装,一般使用好的机织品,配以华美的装饰。对于妇女而言,最为精致、昂贵和最为迷人的是新娘服。当然,穷人和富人的衣着区别也是显而易见的,贫穷的村民一般是身穿手织的棉料或毛料服装,式样简单。富人的服装面料更为讲究,比如,使用丝绸或进口的精纺毛料,通常佩带黄金饰品。

### (二)饮食

1. 饮食特点

希腊的烹饪已有几千年的历史。相传在公元前 350 年,希腊

## 希腊

的美食家已经写出历史上第一部烹饪著作。祖先食用的菜蔬，例如葡萄叶包饭等等，今日的希腊人仍然在享用。因地处东西方文化交汇点的缘故，希腊饮食传统既有东方的影响，也有西方的熏陶。在古代，波斯人为希腊带来了中东美食，如酸奶酪、米饭，以及用坚果、蜂蜜和芝麻做成的糖果等。公元前2世纪，罗马帝国入主希腊，意大利的面条和沙司也随之登堂入室。而南部希腊因为靠近中东地区，其烹饪深受阿拉伯人的影响，桌上菜肴往往是孜然、桂皮、多香果粉、丁香粉等调料唱主角。14世纪末，土耳其人又将咖啡引入希腊。而500年前美洲大陆的发现使希腊人餐桌上多了土豆。

希腊人的主打食物是新鲜蔬菜和水果，也偏爱鱼类和海鲜，肉类居后，一般作为配菜，点缀在菜蔬中间。比较而言，家在沿海和岛屿地区的，喜食蔬菜和海鲜，而内陆人家常用牛羊肉和奶酪做菜。和其他国家相比，希腊饮食的一个特点是喜用橄榄油，年人均橄榄油消费量居世界首位。有的希腊人甚至在煮饭时都会加入橄榄油，煮出的米饭色泽黄亮、香气四溢。另一个特点，是极为讲究各种调味料的使用，在一道简单的生菜沙拉上，往往要浇上橄榄油、柠檬汁、大蒜、胡椒，等等，用调料调匀后，再配以乳白色的羊奶奶酪。传统的希腊饮食重视蔬菜、谷类、水果、豆类和鱼的搭配，因此，被营养学家推举为世界上最健康的饮食方式之一。

2. 风味菜肴

三五位知己，一碟小菜，几杯酒，海阔天空地神聊，这是希腊人理解的"快意人生"。这种原料简单、制作方便的小菜味道爽口，通常被装在小碟中，上在主餐之前，美其名曰"开胃小菜"，常以乌佐酒（ouzo）或基普罗酒（tsipouro）相配，招待亲朋好友。其中，最出名的小菜为"希腊式沙拉"，用新鲜的西红柿、橄榄、黄瓜、洋葱、绿椒、羊乳酪和橄榄油搅拌而成。最常见的小菜名为察齐基（Tzaziki），将原味酸奶酪和小黄瓜丝、橄榄油、大蒜泥、柠檬汁、胡椒一起调成泥状后，以饼或面包蘸食，酸味加上适当蒜泥，相当开胃，再配以油炸的土豆和肉丸子，是最为典型的希腊菜肴。此外，在希腊餐桌上常常见到的还有鱼子酱和各种油炸的奶酪、肉丸子。希腊的埃塔也非常有名，它是一种雪白的山羊奶酪，奶味醇厚，希腊人平日的餐食，从开胃菜、主菜到点心，都离不开它的点缀。

希腊的主菜美味可口，一般以肉食和海鲜为主。其中最为有名的是穆萨卡（Moussaka），这道著名的菜肴是以土豆为主料，层层浇上茄子、洋葱、切碎的牛肉、面粉和奶酪，状如方糕。还有科科里茨（Kokoretsi），由小羊的内脏烘烤而成，是当地人非常喜爱的菜肴，也是复活节时的大餐。希腊人酷爱在冬天喝汤。最有特色的是在复活节享用的迈林特萨（Mayiritsa），放入小羊肉、鸡蛋和柠檬等慢慢煮成，味道鲜美。还有用羊肚子煮成的帕萨（Patsa），被当地人认为是最好的解酒汤。

3. 进餐习俗

希腊的一天，常常是从一杯既浓又甜的咖啡开始的，早餐通常很简单，面包、奶酪、新鲜水果加上咖啡而已。这种咖啡，味道独特，放入杯中的不仅有砂糖，还有煮过的咖啡碎末，在整个杯底形成浓浓的甜浆。它由土耳其人传入希腊，在别国被称为土耳其咖啡，如今已成为希腊人的最爱。在农村，一天中的主餐是午饭，通常在下午两点左右开始，其后是长长的午休时间。在城里，晚餐是正餐，时间一般在晚上9点，甚至10点。一般而言，一顿典型的希腊大餐包括一道热的肉菜或是海鲜，一个热汤、一杯葡萄酒，加上一小篮面包。海鲜以烤章鱼最为普遍，还有乌贼、大虾、红鲢鱼也极为常见。肉食则以羊肉为原料，其中羊肉串烧是希腊的传统菜肴，将羊肉块腌渍后烤之，也可夹杂着蔬菜成串烤，吃法简单、味道鲜美。主食除面包、马铃薯之外，还有

少量的米食、面食，奶制品则以羊奶、羊乳酪为主。

希腊是一个东正教国家，多数希腊人严格遵守宗教节日的禁忌。例如，在圣周、四旬斋的星期三和星期五等斋戒日，不食鱼、肉、蛋、奶。在节庆则大快朵颐，圣诞节烤火鸡，复活节烤全羊，并用煮熟的鸡蛋染成红色，互相敲击，祈求好运来临。在新年制作大大的圆面包，放上硬币，谁吃到硬币，就会交上好运。希腊又是一个充满阳光的国度，当地人偏爱在户外用餐。除了自家的庭院，街上的露天酒馆和咖啡吧也是希腊人常去光顾的地方。

### 4. 酒神的故乡

希腊是酒神狄俄尼索斯（Dionysos）的故乡。相传，葡萄酒文化的传播始于希腊，在酿酒业方面，也是欧洲的先驱，早在5000年前兹拉马地区就产生了酿酒工艺。公元前7世纪，希腊的葡萄酒连同葡萄栽培技术渐渐传到海外。如今，国内酿造的葡萄酒仍然拥有世界一流的品质。

其中，历史最悠久并深得人们喜爱的酒叫做蕾契娜（Retsina）。这是一种用优质葡萄生产的淡黄葡萄酒，饮用时有一种独特的松香味。相传，古人曾用山羊皮囊装入葡萄酒，无意中将木塞中的松脂溶入酒中，反而成了一壶好酒。后来，人们在酿酒时将葡萄装入新做的留有松脂香味的木桶，永久地留住了这种偶然相遇的香味。

希腊最有特色的酒是乌佐酒，酒精含量较高，入口即有火烧的感觉，有一种浓郁的茴香味，俗称"希腊火酒"，本地人通常在酒中加入冰块饮用，有时兑以白水。还有一种基普罗酒，酿造工艺和味道与乌佐酒类似，是款待好友必不可少的饮品。希腊不少地方例如克里特岛和其他北方地区，都有家酿的基普罗酒，烈度很高。马夫罗达尼（Mavrodafni）甜酒产于伯罗奔尼撒的佩特雷，颜色黑红，味道醇正，堪与葡萄牙的波尔图酒相媲美。这种酒不仅口感好，而且有助于消化，是夜饮的上佳选择。

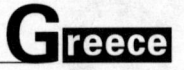

在希腊，无论富人和穷人，每餐都不能缺少葡萄酒。他们相信，好的葡萄酒不仅营养丰富，还能软化血管，是最好的保健酒。每年，各地依然流行葡萄酒节，以祭祀仪式感谢酒神，节庆时载歌载舞，场面热闹非凡。希腊的白、红、淡红色等葡萄酒，产地不同，口味各异。目前，国内有51%的葡萄园都在种植酿酒用的葡萄，每年葡萄酒的总产量约5亿升，在欧盟名列前10位。其中，克里特岛与桑托林岛是葡萄酒的两大著名产地。

(三) 居住

除了斯巴达人，古代希腊城邦的人们都热衷于建造公共建筑，并为其建造和装饰贡献了最好的艺术和技巧。公元前5世纪，希腊的建筑艺术即已达到当时世界的最高水平。但是希腊人自己居住的房屋却非常简朴，以至于当时的游人不解地询问，为什么能够设计和建造宏伟壮丽的帕特农神庙的希腊人，却甘于居住简陋的小屋呢？即使是那些为许多华丽的公共建筑捐助的富豪，其住所的规模和装潢都不甚张扬，更谈不上奢华。古希腊人的回答是，他们更喜欢将大量的时间花在公共场所，住所对自己而言，只是一个睡觉的地方而已。虽然，现代的希腊人比他们的帕特农神庙时代的祖先居住得更为舒适，但是很多人对于房子的观念依然没有太多的改变。至今，和其他欧洲国家相比，希腊人的住房面积都比较小，布置简单，没有太多别国居民认为是必须的家电和生活用具。20世纪50年代以前，在希腊的乡村和岛屿上，两层平顶或者穹顶小楼的住宅较为普遍，楼上楼下各有一间房，有一个室外的楼梯相互连接。楼下的房间一般用作贮藏室或饲养家禽。住家在楼上，一家人生活在一个房间里，几乎没有私密空间。主要的家具除了床，就是围墙摆放的几件家具。50年代之后，才开始出现客厅，主要用于接待来访的客人。

内陆上的居民则更喜欢斜顶房屋，上面铺着褐红色的瓦片。无论是乡村还是城镇，内陆还是岛屿，格子状的葡萄藤架是房顶

上不可缺少的一部分，宽敞的阳台上还栽有花花草草。阳台之下、房屋之间隔着狭窄弯曲的胡同，宛若迷宫，一般通往城镇中心广场和教堂。希腊人还喜欢将宅居外墙涂上纯净的白色，将门窗涂成爱琴海的蓝色，一座座、一排排房屋鳞次栉比地密布在山坡上，和天地、海洋浑然一体，呈现了一种返璞归真的美丽。

### （四）婚姻

希腊人具有很强的家庭观念。无论在乡村还是城市，若一个成年人到了适婚年龄还未成家，则会被视为"另类"。一般在结婚前，儿女都和父母生活在一起，父母对子女的择偶也具有相当大的影响。

对于希腊人而言，婚姻意味着授予成人期待已久的一种地位。通过婚姻，女人可以建立自己的家庭，成为孩子的母亲，同时接受男人的保护，男人通过婚姻延续家族的血脉，甚至可以增添家产。婚姻在个人生活甚至在社会生活中占据非常重要的地位，因此希腊人对待婚姻的态度比较审慎，在步入婚姻的神圣殿堂之前一般要经过双方，确切地说是双方家长的考验。希腊的传统婚姻是"父母授命"，一般是男方家庭考察女方。首先是观察女孩的行为举止，因为这是个人教养和性格的直接反映。其次是女方个人和家庭的名誉。再次是健康状况、年龄、容貌和财产。但是随着时代的变迁，这种传统的婚姻方式已发生了很大的变化。年轻人对于婚姻拥有越来越多的自主权。经济的发展与教育水平的提高，也在悄然改变希腊人的家庭观念。

20世纪80年代后期，一项对在校学生的调查表明，越来越多的青年不再接受传统的观念。比如，父亲是家中唯一的养家糊口之人，女性的职责就是当一个家庭主妇和好母亲，等等。绝大多数年轻人认为夫妻关系应该是平等的，妻子应该拥有自己的事业，父亲在抚养子女上，与母亲负有同样的责任。与此同时，长辈与孩子之间的关系也在发生变化。一方面，城市中的年轻人越来越受到同伴的影响，另一方面，电视和互联网络的发达冲淡了家庭成员之间的交流。

即便如此,希腊对于家庭的重视度仍然高于其他的欧洲国家。20世纪90年代的一项调查表明,希腊15岁以上的包括已婚人口占67%,在欧盟国家中比例最高。女性结婚年龄比较低,平均为23.5岁,在25~29岁已婚妇女中,大约有40%为家庭主妇。在绝大多数妇女心目中,家庭仍然占据首要位置。虽然离婚率急剧上升,据统计,在1970年为4%,1998年上升为17%,但与北欧国家相比,仍然属于比例较低的国家。20世纪90年代初,未婚同居的人数为2%,非婚生子的人数为3%,处于欧盟国家中最低水平。希腊的婚姻状况,参见表1-4。

表1-4 希腊的婚姻状况(1971~2004)

| 人数统计 | 1971 | 1981 | 1991 | 2001 | 2004 |
| --- | --- | --- | --- | --- | --- |
| 已婚总人数 | 73350 | 71178 | 65568 | 58491 | 51377 |
| 已婚人数/千人 | 8.3 | 7.3 | 6.4 | 5.3 | 4.6 |
| 离婚总人数 | 3675 | 6349 | 6351 | 11184 | 12307 |
| 离婚人数/1千已婚人数 | 50.1 | 89.2 | 96.9 | 191.2 | 239.5 |
| 新生儿总人数 | 141126 | 140953 | 102620 | 102282 | 105655 |
| 新生儿人数/千人 | 16.0 | 14.5 | 10.0 | 9.3 | 9.6 |
| 死亡总人数 | 73819 | 86261 | 95498 | 102559 | 104942 |
| 死亡人数/千人 | 8.4 | 8.9 | 9.3 | 9.4 | 9.5 |

资料来源:希腊国家统计局,http://www.statistics.gr。

(五)习俗

1. 风俗习惯

绝大部分的希腊人都是东正教徒,不言而喻,受洗日是希腊人一生中最为重要的日子。洗礼通常在孩子出生后的40天到1岁的时间内进行。在此之前,婴儿没有名字,一律唤作"宝宝",受洗之前甚至不能以"人"相待。受洗时,孩子被脱光衣服,全身裹在一块白色的大毛巾中,随后,牧师对洗礼盘中的清

## 希腊

水施予祝福，并在水中加入教父教母带来的橄榄油。尔后将婴儿浸入水中，为时三次，一边念叨孩子的名字。牧师为圣餐和婴儿衣着祈福后，由家中最年长者对着橄榄油送上声声祝福。婴儿从牧师手中领受圣餐后，穿上白色的衣服，牧师将金色的十字架项链挂在婴儿颈中，并为他施行第一次圣餐礼。仪式行至最后，孩子父母亲吻教父教母之手，并接受客人们最美好的祝福。受洗仪式结束后，又在家中或餐馆举行庆典，款待各路亲朋好友。

大部分希腊人的名字选自圣徒之名。因此每当圣徒的生日来临时，取有这个名字的人就会接受朋友和家人们的祝福，此为圣名日庆典。在希腊，命名日要比生日更重要。

从前的希腊盛行订婚仪式，如今这种风俗已慢慢淡化，但在雅典等大城市之外的乡镇特别是农村仍然随处可见。女儿出嫁，父母必须赠送嫁妆，比如母亲、祖母、姑母手织的刺绣品、床上用品，等等，还有为其布置一新的新房。在农村，一栋楼房常常从曾外祖母手中一直传至曾外孙女，就像一位老妇人告别人世所作的临别嘱咐那样：

> 等我死后，我将我的房子传给我的曾外孙女。当然我的女儿和她的丈夫在生前仍然可以在这儿居住，楼上独立的套间是送给我的外孙女的嫁妆，她和她的家庭在此生活。我的孩子和她们的孩子都在这个房子里出生，我也将在这儿归天。

在婚礼当天，新娘由朋友或家人帮助梳妆、打扮，并在结婚仪式开始时由家人交给新郎。男方代表和女方代表在教堂将结婚花冠交给牧师，请他在花冠上划以十字，再戴在新人的头上。新郎和新娘的花冠上用细绳相连，表示两人已结为伉俪。庆典中间，大家翩翩起舞，客人们将米和杏仁糖果、包好的白糖撒向新人，祝福他们开始甜蜜的生活。结婚仪式结束后，大家赶往饭店，载歌载舞，饮酒相庆。婚礼过后，新人奔赴蜜月之旅。

2. 礼仪与禁忌

希腊人具有南欧人直率热情、礼貌好客的性格，有句谚语叫"不管你是谁，人也罢，神也罢，来客都当神接待"。据希腊神话传说，万神之尊宙斯喜欢微服出游，由此颁布诏令，天下臣民，对客人或陌生人的造访应予以王侯般的礼遇。因为造访者说不定就是乔装改扮的天神，甚至就是宙斯。与此同时，希腊人十分讲究分寸，在饮食上食不过饱、饮不过量，待人接物讲究"适度"。和友邻意大利人相比，希腊人善于克制自己，在公共场合极少听到尖叫之声，虽然天天喝酒，但很少烂醉如泥。一般不会主动结交朋友，但却会热诚接待找上门的朋友和客人。见面时，一般热情握手以示问候，朋友之间，无论男女，以拥抱和亲吻面颊作为见面礼节。

希腊人还有古希腊城邦公民的气质，喜欢讨论政治、辩论问题，经常为此辩的面红耳赤，乐此不疲。也喜欢热闹的夜生活，常常呼朋唤友，去餐馆、咖啡馆欢宴闲聊，既歌且舞、尽兴而归。所以，希腊人有睡午觉的习惯。一到中午，大小商店关门闭客，万人空巷。

对于希腊人，不可贸然伸出手掌，张开五指，否则被视为极具侮辱性的动作。若对人久久地凝视，也被视为不怀好意。当众打喷嚏和用手帕擦鼻涕也是很不礼貌的行为。

在希腊，很多人相信"邪恶之眼"的存在。一旦你得到赞扬，哪怕是默默的仰慕，"那只眼"就会不经意地到来。不仅身体受到伤害，心理情绪也会发生消极变化。避邪的办法是挂上一颗蓝色的珠子，画上一个眼睛或戴上蓝色的手镯。蓝色可以驱除"邪恶之眼"，但希腊人同样相信，有着蓝眼睛的人也可能是抛出"邪恶之眼"的人。当然，吐唾沫可以驱赶恶魔和灾祸。当别人谈到坏消息时，希腊人会轻吐唾沫三次，并念念有词：

"ftou，ftou，ftou"。当别人称赞自己的孩子时，也会在他的身边吐上三次唾沫，以防"邪恶之眼"上身。此外，大蒜在希腊被认为是镇邪、避邪的宝物，因此，在一些希腊人家中，经常可以看到角落中悬挂着一串大蒜，而且大蒜和洋葱被公认具有治病的药效。

如果别人要小刀，希腊人不会自己递过去，而是放在桌子上，让其他人拿过去。因为他们相信，如果自己递过去，会和对方结怨、打架。如果两人碰到一起开口谈的是同样的事情，会被认为是两人发生冲突的预兆，必须马上说"摸红"，同时触摸身边能找到的任何红色的物件才能幸免。

在希腊，东正教牧师享有极高的威望。希腊的牧师除了主教之外可以是已婚人士，但是授予神职之后不能结婚。他们一般留着长头发、大胡子，头戴高高的黑帽子，身穿长袍，袖子极为宽大。如果在路上遇见牧师，一般人会上前亲吻他的手。但另一方面，希腊人相信，如果在同一天遇到牧师和黑猫，则表明会有坏运气降临。"13"在许多西方国家被认为是一个不吉利的数字，在希腊也是如此，唯一不同的是，希腊人忌讳星期二的13日而不是星期五的13日。

## 二 节 日

希腊的各种节日名目繁多，而且多数与东正教有着密切的关系，据此可以分为宗教和世俗节日两种。宗教节日以儒略历来计算。

### （一）宗教节日

**圣显节**

儒略历1月6日，为基督现身、恶魔被驱逐到地下的节日。各教堂都要举行祝祷圣水仪式，即把一枚祈祷过的十字架投入水中，尔后信徒们争饮"圣水"。在河、湖、海边，则把这枚十字架投入波涛中，身强力壮的青年们纷纷下水捞取，捞到十字架者，被视为上帝的宠儿，受到人们的称羡。

### 圣母领报节

儒略历3月25日，又称天使报喜节，是纪念玛利亚借圣灵受孕而生耶稣的节日。

### 复活节

希腊最大的节日，又被称为"节日中的节日"。一般定在每年春分第一个月圆日后的星期日，如果月圆日恰是星期日，则推迟一周。复活节活动开始于耶稣受难的星期五，这天，教会专门举办耶稣受难和下葬的仪式。然后在乡村的街道和城市的街区游行。在克里特，还举行焚烧犹大肖像的活动。复活节星期六的夜晚至复活节星期天是这个节日的高潮。当午夜的钟声响起，教堂的蜡烛都在这一刻熄灭，人们在静夜中体会耶稣穿过地下时包围的黑暗。接着一位牧师高高举起一个点燃的蜡烛，和周围的信徒们分享神圣的光明，随后，教堂的全部信徒依次点着手中的蜡烛，还有立在院子中的人群，接着在教堂周围燃放烟火。凌晨，人们手持教堂里点燃的蜡烛回家，用蜡烛头上的黑烟在家里的大门上画出"十"字祈求好运。午夜过后，每家每户的亲人和朋友团聚在一起，品尝迈林特萨等美味佳肴。

### 圣乔治节

4月23日，是东正教圣使乔治的纪念日，他是牧羊人的守护神。在这一天，农村和一些海岛上的居民会举行不同形式的庆祝活动，如剪羊毛比赛、赛马和其他民间歌舞比赛等。

### 主升天节

儒略历5月~6月，传说耶稣基督于复活后的第40天升天。因此，希腊在复活节后第40天，即儒略历5月1日至6月4日之间来庆祝这个节日。

### 圣母升天节

儒略历8月15日，这是复活节后最重要的宗教节日，有些

类似于中国的中秋节。在外面奔波的希腊人都选择这一天回家和亲人团聚。在某些偏僻的山村,每个家庭的长女都会身着传统服装,展示作为嫁妆的金币串成的饰物。

**圣诞节**

东正教会和西方教会因为历法不同,所以纪念耶稣基督诞生日也不同。东正教使用的历法是旧历,即儒略历,一般将12月25日作为圣诞节的开始。传统上是布置一些木船,在小船的周围装饰鲜花和其他东西,船中放上礼物。但现在这些习俗和西欧国家越来越相似。这一天既有宗教上的大庆典,也有一些音乐盛典,同时又是购物的节日。小孩们唱着圣诞颂歌,挨家挨户去要钱、糖果和礼物。总的而言,其庆祝的盛况不如复活节。

(二)世俗节日

**新年**

1月1日,也是圣瓦西里节(纪念圣徒瓦西里)。这一天全家欢聚一堂,分吃新年糕点,里面一般藏有硬币,谁吃到硬币,谁在来年就有好运降临。孩子们在这一天也会收到许多新年礼物。

**妇女当政日**

1月8日,希腊北部地区色雷斯的一些村庄为纪念圣徒多梅尼卡所设。在这一天,男女将互换角色,主妇们穿上节日盛装,聚集在公共场所庆祝节日,男士们则在这一天主持家务、洗衣、做饭、给孩子喂奶,体验妇女操持家务的辛苦。

**狂欢节**

1月31日~2月22日,这是大斋节前的欢乐宴会和游乐活动,有些地方的庆祝活动还包括战车游行和化装舞会,当地人成群结队戴上怪面具、或以油彩涂抹,装扮成神话中的主角,载歌载舞,在街道上游行。

**国庆节(独立纪念日)**

3月25日,庆祝1821年开始起义,反抗土耳其人,争取民族独立的周年纪念日。一般在全国举行盛大阅兵式，民众集会游行，教职人员也会参与其中，以示东正教在这个国家享有不可动摇的地位。

**国际劳动节**

5月1日，也是希腊传统的花节。这是属于城市的节日，一般城里人去乡下野餐和采花。一些左翼政党也会举办活动庆祝节日。

**跳火节**

每年5月21～31日，北方地区的一些村庄及萨洛尼卡附近的村落为纪念君士坦丁及其母亲圣海伦举行跳火节。参加跳火的村民白天戒斋祷告，日落以后在村中燃起篝火。火熄后，表演者在铺平的火炭上赤足跳舞、奏乐。

**航海周**

每年6月末到7月初，以大海为生的沿海希腊居民开始庆祝航海周。在其最后一天，沃洛斯等地还模拟神话中寻找金羊毛的远航船队进行表演。

**民族抵抗纪念日**

10月28日，这一天的庆祝活动有军队游行和民间舞蹈。又称"不"节。是纪念梅塔克萨斯将军在第二次世界大战期间，以最为简短的"不"字断然拒绝了墨索里尼要求占领希腊的最后通牒。

## 第五节　国旗、国徽与国歌

一　国旗与国徽

希腊国旗呈长方形，长与宽的比例为3∶2。旗面自上而下由蓝、白相间和相同宽度的横条组成。蓝条有5道，白条有4道。这9道横条分别代表希腊爱国格言"不自由、

# 希腊

毋宁死"的9个音节。国旗左侧上方有一个蓝色正方形，上有白色十字图案。蓝色代表希腊的天空和海洋，白色代表自由，白十字代表希腊人信仰的东正教。希腊国旗的图案和颜色是1822年在埃皮达罗斯召开的第一届国民议会确定的。

希腊国徽的主体是一个近似方形的盾徽。蓝色的盾面上为一个白色十字，象征希腊人民对东正教的信仰；盾面由两枝底部交叉的橄榄枝环抱，象征和平。

## 二　国歌

希腊国歌的歌词，是希腊杰出的诗人索洛莫斯在独立战争期间创作的诗歌《自由颂》，其歌词号召希腊人民为争取民族独立而战斗。它发表于1824年，当年在各地广为传播。1828年，经著名作曲家曼特扎罗斯谱曲后，多年来一直作为战地歌曲传唱。1864年，《自由颂》被定为希腊国歌，沿用至今。

《自由颂》共有158节，在当时只有前面的24节作为国歌的歌词。但因为内容太长，奏国歌和升降国旗时一般取第一、二节。其中文译文如下：

> 我会始终把你认出，因你握剑锋芒露。大地带着搜寻视图，以勇敢精神环顾。希腊先烈抛头颅，把自由精神唤出。古老勇气，正在复苏，啊，自由，向你欢呼！古老勇气，正在复苏，啊，自由，向你欢呼！古老勇气，正在复苏，啊自由，向你欢呼！

# 第二章

# 历 史

## 第一节 上古简史[①]

**希**腊是希腊人对其居住地的通称,在古代不是一个国家的名称,最初指传说中希腊人始祖所居住的希腊半岛中部偏北地区,后来范围逐步扩大到希腊半岛、爱琴海诸岛,乃至所有希腊人聚居之地。希腊本土实际上是指三面环海的希腊半岛,它在北部与欧洲大陆相连。爱琴海位于古代希腊的东部,海中岛屿众多,它们和小亚细亚沿岸构成了东部希腊的地域。

公元前3000年代末到公元前2000年代初,讲希腊语的各部族,埃奥利亚人、爱奥尼亚人、亚该亚人和多利亚人进入希腊半岛,并于公元前1000年左右定居于此,由此成为现代希腊人的祖先。

### 一 史前希腊

#### (一) 石器时代

**旧**石器时代对应的地质时代是更新世或称之为冰川期,其时间范围在距今200万年前至12000年前。在这个

---

① 本章"上古简史"一节主要参考了国内相关的历史教科书和古代希腊史网站。

## 希腊

漫长的时期所发生的地质和气候变化对现代希腊-爱琴海地区具有决定性的影响。就在这个时期，考古学发现了在希腊地区最早居住的人类——智人的生活痕迹，他们主要聚居于北希腊的哈尔基季基地区。

这一时期的希腊远古居民以采集植物的根茎、果实以及可食的软体动物为生，还进行有限的狩猎活动，主要是在茂密的森林和沿海的平原进行。当时的居民已经知晓某些动物，比如鹿的季节性活动。旧石器时代的希腊人通常是以血缘关系聚居，一般维持在 10~30 人左右。其早期的社会行为和组织形式通常表现为以集体的方式制作粗糙的石器、打猎、切割和保存猎物。当时的居民已经学会使用由粗石、兽骨、动物角制成的多种工具，比如手斧、箭、刀刃、针、抹刀等。这些工具和武器成为希腊远古居民展现人类艺术的初始形式。从旧石器时代的晚期开始，在智人的洞穴出现了埋葬的习俗。

中石器时代（始于 11000 年前，结束于公元前 7000 年左右）的希腊居民通常居住在沿海的空地和洞穴中，仍以采集渔猎为主。公元前 8000 年左右，希腊居民开始驯养猪等动物，在浅水和远海中使用渔钩等捕鱼。在这个时期，制作石器的水平有了很大的提高，石器普遍变小、变细，在希腊地区出现的几何形状的细石器主要采用燧石和黑曜石制成，其他还有薄片类、齿状和凹槽形的石器。除此之外，还出现了使用动物骨和鹿角制成的渔钩、针、抹刀和由帽贝制成的小勺。这个时期呈现的重要特点是：生产方式从采集渔猎逐渐向系统的农业耕作过渡。居民开始建造用石头为地基的房子，相对固定的居所极大地影响了这一时期的社会文化。人们比以前更为注重个人的妆饰，他们用石头、兽骨和贝壳制成首饰，这些护身符和衣服的饰件成为中石器时代希腊居民的制作水平和艺术创造力的典型反映。居民们和旧石器时代一样，仍然以血缘关系聚居，一般以 10~

30人为一个群体。但固定的群体生活显示了人类初期的合作和社会团结。与旧石器时代相比,埋葬习俗发生了一些变化,火葬开始出现。

大约在公元前7000年,希腊地区进入新石器时代。这一时期的居民已经开始系统的农业耕作、饲养牲畜、原料和产品的交换、制作陶器,其艺术形式也表现出更加多样的特点。在靠近水源的地方最早出现了原始农业。居民们将房子建在低矮的小山上,其早期的形式是以柱子围成墙壁的棚屋。从中期开始,变成由石头地基、用泥砖围成的墙构成的房子。这些住所一般都是独门独户的一层平房。早期由大约50~100人组成的氏族部落,或大家庭构成了社会组织的基本单位。从晚期开始,氏族成员的数目达到100~300人,核心家庭成为氏族社会组织的基本形式。这个阶段的经济特点是有组织的粮食生产开始出现。主要耕作的谷类食物有小麦、大麦、黍、黑麦、燕麦等,还有小扁豆、豌豆、鹰嘴豆,同时种植的还有亚麻。它和羊毛一起成为衣物纺织的基本材料。畜牧业主要是驯养绵羊、山羊、牛、猪和狗。渔猎虽然没有退出历史舞台,但已退居次要地位。不管是农业的耕作、收割和碾磨,还是纺织、编织、制陶等都是使用石头和骨制的工具。在这个时代,陶器成为农夫和牧民每日生活不可或缺的器皿。

农耕经济的发展,带来了爱琴海和巴尔干地区的商品交换,同时出现的还有生产的专业化,如陶器和海菊蛤壳饰物的制作等。这既给生产方式带来了变化,也促使公有经济向私有制转变。

(二)爱琴文明(公元前20世纪~公元前12世纪)

公元前3000年代初,希腊爱琴地区进入早期青铜时代。公元前2000年代的中、晚期青铜时代,先在克里特岛、后在希腊半岛(迈锡尼)出现了最早的文明和国家,统称爱琴文明,亦

称克里特-迈锡尼文明。

### 1. 克里特文明

在希腊远古诸文明中,克里特文明最早兴起。克里特岛与埃及、巴勒斯坦等地仅一海之隔,即使在交通工具很原始的远古,航程亦数日可达。因此,两河流域文化对克里特文明具有很深的影响。根据考古发现,学者们将克里特文化的发展分成前王宫时期(约公元前3000年~公元前2000年)、古王宫时期(约公元前2000年~公元前1700年)、新王宫时期(约公元前1700年~公元前1450或1380年)和后王宫时期(约公元前1450年或1380年~公元前1100年)。

克里特岛的最早居民来自小亚细亚和叙利亚一带,在新石器时代就定居于此。公元前3000年左右,又有一些使用青铜器的部族来到此地,与当地居民混居。他们不仅掌握了造船和航海技术,在制陶水平上也有了很大的提高,很快克里特就发展为地中海区域的贸易中心。经济的发展同样带来了阶级的分化,在公元前2000年左右,克里特人从氏族公社进入国家形成时期,有了类似古埃及和古巴比伦那样的社会组织。这是古王宫时期的开始,也是克里特文明的形成和初步发展期。

从发现的遗址看,最初的国家主要兴起于克里特岛的中部和东部地区,有克诺索斯、法埃斯特、马里亚、古尔尼亚等。其中以克里特岛中部北岸的克诺索斯和中部南岸的法埃斯特最强盛,并拥有海港。这两个城邦均建有规模宏大的宫殿,两地之间有道路相通,纵贯克里特岛。在古王宫末期,克诺索斯统一了克里特岛的大部分,并大规模发展海上贸易,成为地中海的霸主。按希腊神话克里特岛有米诺斯王的传说,英国考古学家亚瑟·伊文斯将克诺索斯的王朝称为米诺斯王朝,克里特文化亦被命名为米诺斯文明。克里特此时出现了欧洲地区最早的文字——线形文字A,至今仍未被释读。

这一时期的农业和手工业已有分工。农作物以大麦、小麦、橄榄、葡萄为主。在手工业方面，陶器、青铜器和金银器数量大为增加，工艺日益精美。其中，以发现地命名的卡玛瑞斯的陶瓶薄若蛋壳、图案精美，其制作水平之高，在同时代罕有匹敌。克里特的造船业也很发达，商船来往地中海各地，还有相当数量的海军舰只，成为各城市的主要防卫力量。克里特的工商业和海运的发达进一步促进城市的兴旺，这是希腊古代文明发展的一个重要特点。但克里特一开始便以王宫为政治中心，统一后王权更有加强，王宫建筑越来越富丽豪华，表明它的城市是王朝统治的中心，这是和日后实行共和政治的城市国家的一个最大差别。

公元前1700年起，克里特岛进入新王宫期，也是克里特文明的繁荣期。此时克诺索斯的米诺斯王朝不仅统治克里特岛，还包括基克拉泽斯群岛，米诺斯的商业和殖民点则遍及整个爱琴海地区。

此外，克里特和埃及的联系也更为密切，商业交往更趋频繁。凭借海外商业的发达和海军的强大，米诺斯王朝建立了海上霸权。

克里特首都克诺索斯此时拥有8万人口，已成为地中海的最大城市。它不仅是米诺斯王朝的政治、宗教和文化中心，也是经济中心。其王宫建筑堪称克里特文明杰出的代表，在古希腊传说中享有"迷宫"之誉。

据现有的考古材料发现，米诺斯王朝统治奴役大量奴隶和农民，其制度与古代东方各国的奴隶制相似。公元前1450年左右，讲希腊语的亚该亚人占领了克诺索斯王宫，这是克里特文明衰落的标志，也是希腊古代文明史的一个分水岭。自此，爱琴文明的中心便转移到希腊本土的迈锡尼地区了。

2. 迈锡尼文明

迈锡尼文明是希腊本土青铜文明的通称，大约形成于公元前

## 希腊

1500年。希腊本土的早期文化开始是独立地发展着,但文明程度远不如克里特。到了公元前2000左右,迈锡尼等城市相继兴起,并直接受到克里特文明的影响。迈锡尼人和克里特的米诺斯人不属于同一民族,他们于公元前2000年左右从欧洲内陆由北而南进入希腊的,在历史上被称为亚该亚人,其语言属印欧语系,是今日希腊人的祖先。

迈锡尼文明的中心是迈锡尼城,位于伯罗奔尼撒半岛东北部。迈锡尼王国,在希腊诸国中最为强大。其他王国还有伯罗奔尼撒中部的斯巴达和西部的派罗斯(pylos),以及中部希腊的雅典、底比斯(Thebes)等。迈锡尼文明在充分吸收克里特文明的同时,也具有自己的一些特点,如城堡坚固、陆地作战力强,喜用马拉战车,尚武精神突出,等等。出土文物显示,亚该亚人使用青铜制造的农具和武器,造船业和商业都相当发达。在海外贸易方面,迈锡尼较克里特也是有过之而无不及。埃及、叙利亚、腓尼基、塞浦路斯以及意大利南部、利巴拉群岛等地都有迈锡尼陶器出土,数量皆超过各地曾发现的克里特陶器。

在爱琴海地区和希腊本土,迈锡尼文明的分布也较克里特文明为广泛、众多,现已发现的当地大大小小的迈锡尼文明遗址在1000个以上。"国王"(实际上是部落联盟首领)和贵族占有大量土地,并为自己修筑大型王宫和陵墓。考古发现的迈锡尼遗址主要就是当时的国王居住的城堡,它的城墙用巨石环山建成,城堡有宏伟壮观的"狮门",城内建有豪华王宫。城堡下面平川地带有广阔的市区,富商大贾和百业工匠居住其间,其繁荣富庶不下于克里特的克诺索斯。在迈锡尼时代还出现了线形文字B,从地下挖掘的记载这些文字的泥板上来看,当时已出现公有奴隶和私有奴隶,属于奴隶制社会。

到公元前1450年,迈锡尼人入主克诺索斯王宫,克里特处于迈锡尼文明的影响之下。公元前1200年左右,迈锡尼人向海上扩张,与特洛伊人发生了矛盾。迈锡尼国王阿伽门农统帅希腊半岛境内的联军,远征位于小亚细亚西岸的特洛伊城,经过10年的战争,终于摧毁了特洛伊。这次远征是希腊境内各部落的第一次统一行动,打破了过去部落间的隔绝,促进了他们之间的交往和融合。但不久之后,巴尔干地区又发生部落大迁徙,迈锡尼文明在新的挑战之下开始衰落。公元前1180~公元前1125年,同属于希腊语支的多利亚人陆续南下,进入希腊半岛和一些爱琴海岛屿。公元前1125年左右,多利亚人逐步征服了雅典以外的中希腊和伯罗奔尼撒各国,摧毁迈锡尼城,迈锡尼文明消逝在黑暗时代中。古希腊历史进入荷马时代。

(三) 荷马时代 (公元前11世纪~公元前9世纪)

迈锡尼被多利亚人摧毁之后,希腊本土出现了三四百年的经济衰退、文化落后的时期(公元前12世纪~公元前8世纪)。迈锡尼时代原有的城邦、豪华的王宫、发达的工商业荡然无存,迈锡尼人使用的线形文字也绝迹了,反映它的历史情况的文献主要来源于荷马史诗,因而又称"荷马时代"。

造成上述经济和文化倒退的原因,主要是入侵的多利亚人,原居住于北部内陆山区,社会发展较落后,仍然处于半农半牧的原始部落状态。多利亚人毁灭迈锡尼之后并未建立自己的国家,而是仍然按照部落氏族统治的原则定居于各地,他们摧毁了王宫、王陵,破坏了手工业和商业等。因此,从公元前1100年~公元前800年间,希腊各地又退回到原始社会时期,这是一个相对落后的黑暗时代。

这一时期的文献极少,但留下了两部著名史诗:《伊利亚特》和《奥德赛》,相传作者为盲诗人荷马,这两部诗作实际上是特洛伊战争之后数百年来希腊民间文学发展的结晶。其题材都和特洛伊战争有关。《伊利亚特》记述希腊最英勇的将领阿喀琉斯因迈锡尼王阿伽门农夺其女奴而愤然退出战场,使希腊联军连

遭失败,待他最亲密的战友也阵亡后,他才投入战斗,击毙特洛伊主将赫克托。《奥德赛》则介绍伊萨基(Ithaki)国王奥德修斯在攻破特洛伊后漂泊10年、历经艰险回国的故事。从史诗描述的社会生活来看,荷马时代的希腊不再存在奴隶制国家,人们生活在氏族部落组织中。当时的生产活动局限于农牧业,工商业中断,文字绝迹,文化没落,因为当时制造彩陶的技艺失传,线条简单的几何图形的陶器代替了原来的彩陶,所以这一时期又称"几何陶时期"。

在政治生活上,荷马时代还盛行着原始民主制。公社最高权力属于民众大会。参加这个会议的是部落全体成年男子。会议多半在需要决定重大问题如作战、媾和及迁徙的时候召开。实际上,民众大会的权力为贵族所掌握,并不属于普通成员。在民众大会以外,还有常设的行政机构议事会,其成员由氏族贵族组成,部落内大事须经它们议决。部落的首领被称为"巴赛勒斯",他是全部落的军事首领,由选举产生,实际上往往为某一贵族家族(王族)世袭。他的主要职责是统军作战,也掌管宗教祭祀。

荷马时代相对于迈锡尼文明来说,确有回复到原始社会的倒退的一面,但另一方面,它也有一个很重要的积极因素,那就是多利亚人将铁器引进希腊,遂使希腊地区进入铁器时代。铁器的使用使当时的农业生产出现很大的突破,在希腊出现了农耕经济。与此同时,生产工具的改进也为日后城邦文明的复兴奠定了物质基础。到荷马时代后期,经济发展与人口增长皆呈现上升趋势,而且速度在加快。到荷马时代结束时,希腊在各地建立了古典城邦。

二 城邦的兴起(古风时代,公元前8世纪~公元前6世纪)

公元前8世纪是希腊地区在爱琴文明灭亡后重新普遍出现国家的时期,此时的国家皆以一个城市或市镇为中心，结合周围农村建成，一城一邦，独立自主，故称希腊城邦。在荷马时代之末，随着铁器的普遍使用，希腊社会发展速度加快。从公元前9世纪晚期到8世纪初，雅典和希腊中部的优卑亚岛的铁器和青铜器生产已有很大发展，和东方的海运贸易与文化交往业已恢复。在希腊社会内部，阶级分化明显，奴隶逐渐增多，建立城邦——早期的奴隶制国家的条件已经成熟。率先建立城邦的是邻近东方文明的小亚细亚沿岸和爱琴海诸岛，以及希腊本土的雅典、优卑亚岛等文化最发达地区，继之有多利亚人占据的伯罗奔尼撒半岛和克里特岛等地，中希腊和北希腊也迅速赶上，纷纷建城立国。在公元前750年~公元前700年间，众多的城邦涌现于希腊地区。

希腊城邦建立之后，便有海外殖民运动的开展，主要范围在爱琴海北岸、黑海沿岸、意大利南部、西西里岛、法国南部、西班牙东部以及北非的昔兰尼地区。据统计，在此期间参加殖民的希腊城邦共有44个，在上述各地共建殖民城邦至少在139座以上。这种海外殖民活动，其范围之广泛与影响之深远在古代是没有先例的。希腊的海外殖民不仅和古代一般的民族迁移不同，更与近现代的资本主义殖民侵略有别。从过程上看，海外殖民通常是由某一城邦发起，它就称为母邦。母邦把部分公民迁移到海外某地另立家园，它就是子邦——殖民城邦。因此，这种殖民活动是城邦（母邦）为解决自身发展问题而采取的措施，也可以说是古风时代国家形成和扩散过程的一种表现形式。殖民城邦和母邦在政治经济关系上都是平等的。所有子邦都是希腊世界的新成员，它们在政治、经济、文化各方面都和希腊本土诸邦相类似，殖民城邦最集中的海外地区——意大利南部就有"大希腊"之称。

海外殖民不仅缓解了希腊城邦发展过程中的内在矛盾，还大大促进了整个希腊世界的经济发展、尤其是商品经济的发展。子邦和母邦、殖民地区和希腊本土之间频繁的经济往来使希腊的商

业贸易受惠良多。希腊本土可从殖民地区获得粮食及铜、铁、锡等原料，同时以本土所产手工业产品和橄榄油、葡萄酒之类相互交换，双方的获利使希腊世界的奴隶制商品经济获得较为充分的发展，这是海外殖民为希腊文明作出的重大贡献。

广泛密切的贸易联系还进一步扩大了海外市场，使希腊世界向东连接埃及、叙利亚、巴比伦等东方文明地区，更南通非洲，北出黑海，西抵中欧和西欧内陆，构成了一个海洋与大陆交错、东方与西方连接的前所未有的地中海最大贸易圈和经济圈，远远超过爱琴文明的规模。对外联系的扩大不仅有助于公民集体的稳定和城邦制度的巩固，而且随着经济发展出现的工商业奴隶主阶层的壮大，加强了平民阵营的力量，有助于平民反对贵族的斗争和民主政治的建立。几乎和殖民运动同步发展的文化交流使希腊广泛吸收了东方文明的成果，不仅使殖民运动最为兴盛的公元前7世纪在希腊史上拥有"东方化时期"之称，而且扩大了希腊人的眼界，丰富了他们对世界和历史的认识。

古风时代的希腊，特别是在经济发达地区，手工业和商业已从农业中分离出来，制陶业和外贸发展远远超过了荷马时代。采矿、冶铁、锻造业、造船业发展也很快。此时的希腊人能造50桨200乘员的三列桨战舰，也能造载重几百吨的商船。城市普遍兴起，并成为各邦的政治文化中心。它外有城墙、塔楼的设防工事，内有祭坛、神庙、集市和集会广场。古风时代新增的半圆形露天剧场，对后世的建筑和艺术影响巨大。

在希腊诸个城邦之中，斯巴达的领土面积最大，它的国家制度也很有特色。早在荷马时代之初，南侵的多利亚人便把伯罗奔尼撒南部的斯巴达作为他们盘踞的重要地区，他们经过很长时期才完全征服了原有居民，到公元前9世纪末开始建立国家。建国之初斯巴达有一位名叫来库古的伟人主持国政、订立法制，逐渐形成了其特有的国家制度，它的特点是：其一实行双王制。双王制是斯巴达部落遗制的发展，国王身兼大祭司、大将军和行政首脑三种职能。战时一王率军出征，另一王留守家园。其二是贵族元老议事会。元老议事会负责向公民大会提交议案，并有权宣布解散大会，掌握城邦实权。其三，设立监察官会议。其四，举行公民大会，它是名义上的最高权力机关，由30岁以上的男性公民组成，每月十五（月圆时）召开一次。其五，日常生活军营化。为了让斯巴达公民完全脱离生产专搞军事操练，国家在经济方面提供保证，把全国土地按户分给公民，世袭占有，但不得买卖。耕种土地则由被征服的居民——国家奴隶（希洛特）承担。这种制度经过百年的发展和完善，使斯巴达最终形成了贵族寡头统治的政体。

公元前8世纪中期到公元前7世纪中期，斯巴达对其邻邦美塞尼亚进行了两次大规模的战争，终于完全征服其地，将其居民变为希洛特人。土地国有和奴隶国有制度成为斯巴达经济生活的基础，也决定了斯巴达特殊的阶级结构。以平等人自称的斯巴达公民是居于统治地位的奴隶主阶级，耕种土地的希洛特则是主要的被剥削阶级。除此之外，庇里阿西人构成斯巴达国家的第三阶级，他们没有公民权却有人身自由，有自己的土地、作坊和店铺，从事农工商业。

在社会习俗方面，自称"平等人"的斯巴达男性公民必须按国家要求终生过着严格的军事生活，其全民皆兵、重武轻文的程度在世界历史上可谓空前绝后。每个斯巴达男性公民从小就受到几乎不近人情的体育和军事训练。严酷的军训制度，使斯巴达拥有了希腊世界中实力最强、纪律最严的军队。但其他文化建设则完全被忽视了，以至于在辉煌的希腊古典文明中，所有重大文化建树皆与斯巴达人无缘。

在对外关系方面，斯巴达凭靠其强大的陆军，在伯罗奔尼撒半岛上也以霸主自居。伯罗奔尼撒半岛上的各个城邦，除阿戈斯和西北部阿卡亚少数小邦外，都被斯巴达纠集起来组成了伯罗奔尼撒同盟。所谓的伯罗奔尼撒同盟实际上应称为斯巴达同盟，是由斯巴达分别与盟邦签订双边盟约组成，因此斯巴达是同盟当然的核心和领袖。斯巴达还利用同盟影响各邦的发展，使其也建立起和斯巴达类似的贵族寡头的统治。

当时，唯一能和斯巴达相匹敌的是雅典城邦。雅典位于中希腊的阿提卡半岛，大约和斯巴达同时建国立邦，领土面积相当。相传在公元前9世纪~公元前8世纪，提修斯统一了形成于荷马时代的4个部落，并进行了一系列改革，它的中心内容是废除阿提卡各城镇的议事会和行政机构，设立以雅典为中心的中央议事会和行政机构。将部落成员划分为贵族、农民和手工业者三个等级，规定只有贵族才能担任官职。在这一漫长的改制立法的过程中，雅典城邦国家逐步成形。

在雅典建国之初，其国家的首脑仍然是国王，此后在城邦国家的发展过程中，王权逐渐衰落、贵族逐渐独揽大权。大约在公元前9~公元前8世纪，贵族们从贵族中选举了一名军事执政官辅佐国王，实则分割了国王的部分军权。后来公民们又从米顿泰德氏（Medontids）家族中选出一名执政官（Archon-Regent）以取代国王的地位，这标志着雅典王政时代的结束，贵族共和制的开始。以执政官为首，保留的国王（后改称王者执政官，Archon Basileus）和军事执政官为辅组成的"三官共治"，一直维持到公元前683年，那年又增加了六位负责立法和司法的执政官，形成"九官共治"。公元前7世纪时，首席执政官改称"名年执政官"（Archon Eponymous，以其名纪年，故名）。此时中央议事会已成为贵族会议，只有贵族才能参加，各执政官由议事会从贵族中选定，交公民大会通过。执政官最初是终生职务，后改为十年一任，到公元前683年改为一年一任，雅典的贵族政治至此达到顶峰。

这一时期，雅典的执政官多达9人：首席执政官或"名年执政官"作为国家元首，执掌内政；王者执政官主持节日庆典、宗教仪式并管理氏族事务；军事执政官统理军务；最后6名司法执政官管理司法和整编法令。九官执政制度使贵族对国家政治的垄断无孔不入，他们包揽官职、自订法律，在政治上压迫平民群众，经济上则通过高利贷、土地兼并和债务奴隶制使贫苦的农民、手工业者屡屡破产、流离失所。这时雅典的政治完全是贵族寡头的统治。氏族贵族的过分专横，激化了平民反对贵族的斗争。公元前632年爆发了基伦（Cylon）暴动，后被镇压。公元前594年，平民下层为摆脱债务酝酿起义，贵族被迫同意推举梭伦为立法者推行改革。当时雅典的阶级矛盾异常尖锐，政局动荡。不满的平民群众已准备铤而走险，武装起义一触即发，而贵族统治阶级依然顽固不化。此时社会上已出现了一批靠经营工商业致富的奴隶主，他们大多出身平民，有钱而无势，也对贵族统治不满，政治上逐渐站到平民一边。梭伦作为工商业奴隶主的代表，提出以整个城邦的利益为重，以改革方式解决平民备受压迫的各类问题。

梭伦改革的第一项重大措施是颁布《解负令》，即解除债务以及由于负债而遭受的奴役。根据这个法令，平民所欠公私债务一律废除，雅典公民沦为债奴者一律解放，同时在公民中取消债务奴隶制。此外，还规定公民个人占有土地的最高限额，防止土地过分集中，通过保护小农而使城邦体制获得健康发展。第二项重大改革措施是按土地收入的财产资格划分公民等级，取消以前的贵族、农民、手工业者三级之分。这项政治改革使工商业奴隶主的等级提高而获得掌握政权的机会，使他们上升为统治阶级。第三项措施是设立新的政权机构，限制贵族会议的权力。新机构中最为重要的是400人会议，由4个部落各选100人组成，除第四等级外，其他公民都可当选。400人会议获得了原属贵族会议

的众多权力,并成为公民大会的常设机构。相对于贵族会议权力地位的降低,公民大会从原先的形同虚设逐渐恢复了它作为城邦最高权力机关的地位。第四项改革措施则包括那些奖励国外技工迁居雅典等促进工商业的法规。这一系列发展工商业的措施突出体现了工商业奴隶主的要求。

梭伦的各项改革,把雅典引上了建立奴隶制民主政治和发展奴隶制工商业的道路,这也符合当时希腊城邦发展的要求。在梭伦改革后的百余年间,雅典始终遵循着他开辟的这条道路,继续推行一些民主改革,终于使雅典成为一个经济繁荣、国力强大、政治民主、文化昌盛的居领导地位的希腊城邦。

梭伦离任后,雅典城邦内部派别斗争又趋激烈,出现了代表贵族的平原派、代表农民的山地派和代表工商业者的海岸派。斗争的结果是山地派的领袖、曾为梭伦之友的庇西特拉图在雅典建立了僭主统治。他于公元前560年第一次政变上台,历经三次进退之后从公元前541年开始牢固统治雅典。公元前527年庇西特拉图逝世后,他的两个儿子继位统治了18年,直到公元前510年被平民推翻。将近半个世纪的庇西特拉图僭主政治在雅典历史上也写下重要的一章。

庇西特拉图保留了梭伦改革成果,使公民大会、400人会议和民众法庭得以继续发挥作用,并且采取了各项措施帮助农民,同时积极发展工商业和外贸。庇西特拉图掌权期间,雅典的经济和文化都有较大发展。各种陶器、葡萄酒和橄榄油畅销于地中海、黑海沿岸。雅典开始成为希腊建筑和雕塑艺术的中心。庇西特拉图不仅出资组织隆重壮观的节日庆典,还把许多诗人请到雅典,荷马史诗就是在当时编定的。

庇西特拉图去世之后,他的两个儿子即位后未能继续其父的"仁政",专制的黑暗引起人民越来越大的不满,公元前510年,贵族出身的平民领袖克利斯提尼推翻了他们的统治,并于公元前

508~公元前507年针对梭伦改革犹未深入触动的雅典选举体制作了较为彻底的改革,把雅典民主政治推进了一大步。其主要内容如下。

(1)废除传统的4个血缘部落而代之以10个新的地区部落,按新部落体制进行选举。

(2)新设500人议事会取代梭伦的400人会议。其成员是所有公民不分等级皆可担任,比400人会议更民主。

(3)创立十将军委员会。从公元前501年开始,由各个地区部落各选一名德高望重的富人担任,一年一任,十位将军轮流统率军队。

(4)实行陶片放逐法(陶片是指选票),它是按公民投票来决定是否对某一公民实行政治放逐,因投票时把定罪人的名字写在陶片上而得名。

克利斯提尼改革结束了平民反对贵族的长期斗争,肃清了氏族制残余,完成了贵族共和向民主共和制的过渡,在世界文明史上首创了城邦民主制。在当时的百年之间,雅典由于一系列民主改革而跃升为希腊世界中居领导地位的城邦,其经济、政治和文化的实力已可使它在即将到来的波斯帝国的入侵中接受空前严重的挑战。

### 三　古典时代(公元前5世纪~公元前4世纪中期)

公元前5世纪初期,希腊城邦内部虽有争斗,但没有外来威胁,城邦政治和文化得以相对自由地发展。不久,东方的波斯帝国开始强大,先后占领了希腊位于小亚细亚的一些城市。

公元前500年左右,被征服的米利都等城邦发动起义,反抗波斯人对小亚细亚沿岸希腊城邦的统治,并向希腊本土求援。雅典等城邦派出了援军。起义被波斯镇压后,波斯大军便以雅典援

## 希腊

助起义为由，渡海入侵希腊。公元前492年，大流士派遣海陆军组成的波斯军队沿色雷斯海岸南下，海军行至阿陀斯海角时遭遇大风暴，两万名海军葬身鱼腹。陆军途径色雷斯时，因当地人抵抗激烈而不得不返回，损失巨大。这是希腊波斯战争的开始。

公元前490年，波斯军队攻占了爱勒特里亚，并于9月在距雅典40公里的马拉松登陆，遭到米太亚德（Miltiades）指挥的雅典军队的顽强抗击，以少胜多战胜了波斯军队，这是希腊历史上著名的马拉松大捷。

公元前480年，波斯国王薛西斯一世亲率大军50万发动了第三次入侵。31个城邦在斯巴达的统一领导下奋起迎敌，在中希腊的主要道口温泉关，斯巴达王李奥尼达（Leonidas）率领联军和波斯陆军主力进行了首次大战，后因寡不敌众，多数希腊士兵撤离，李奥尼达和300名斯巴达战士以及1100名志愿兵几乎全部战死。随后，波斯军队席卷中希腊各邦，攻占了雅典。

公元前480年秋，希腊联军和波斯海军在萨拉米湾（Salamis）展开决战。希腊海军充分利用了有利地形、发挥了小型战舰机动灵活的特点，重创波斯舰队，薛西斯率军匆忙撤回亚洲。以萨拉米湾之战为转折点，希腊联军逐步控制了战局。公元前479年，波斯最后一支陆军在普拉提亚战役中被歼，希腊本土全境获得解放。公元前478年~公元前449年，希腊人乘胜追击，进一步解放爱琴海上和小亚细亚沿岸的希腊城邦，使整个希腊世界摆脱波斯统治。公元前449年，波斯同意缔结和约，波斯承认小亚细亚各希腊城邦的独立，历时43年的希波战争遂正式结束。

普拉提亚战役后，雅典成为希腊联军中最具慑力的强国，它的海军是和波斯继续作战的最重要力量，据此使雅典逐渐凌驾各邦之上，建立了自己的霸权。公元前478年底至477年初，雅典组织中希腊、爱琴诸岛和小亚细亚的一些城邦建立了海上同盟。初期，同盟的本部和金库设于提洛岛，遂命名为提洛同盟，后来因为爱琴海的制海权受到威胁，公元前454年将本部和金库一起移到了雅典。由此，更加重了雅典在同盟中的权势。公元前6世纪后期，伯罗奔尼撒半岛上的城邦以斯巴达和科林斯为中心结成了伯罗奔尼撒同盟。虽然不如提洛同盟强大，但多少保持了势力均衡。

在希波战争中，雅典的民主政治不断取得新的进展。公元前443年，伯里克利开始连任首席将军，雅典进入历史上的黄金时代，又称"伯里克利时代"。公元前5世纪，雅典的政治制度又有了新的发展，出现了古典时代民主制度的一种典型。首先，各级官职除了将军之外向一切公民开放，并都以抽签方式产生。其次，民主政治的主要机构公民大会、500人会议和民众法庭握有充分的权力。特别是公民大会，这时已成为名副其实的国家最高权力机关。它实行的是直接民主制，即所有公民都直接参加拥有国家最高权力的公民大会。再次，贵族会议丧失了一切政治权力，只处理与宗教有关的事务。贵族左右政坛的特权被取消，取而代之的是工商业奴隶主。

雅典民主政治在古代历史上已发展到空前绝后的地步。但作为奴隶制民主政治，它的局限性仍然相当明显。首先，是广大奴隶群众毫无权利可言，而且雅典公民各个等级都是大大小小的奴隶主，他们无不支持城邦对奴隶的专政，在经济上对奴隶剥削的苛酷亦不下于其他古代国家。其次，这个民主政治的范围即使在自由民中也是很有限的，妇女皆不能参政，外邦人也无任何权利，这就使一半以上的自由民与它无缘。再次，雅典对内虽行民主，对外、特别是对提洛同盟的盟邦是极端专横残暴的，毫无民主可言。由于城邦只给自己公民享受权利，公民权本身变成一种特权，公民范围不见扩大反而缩小，非公民获得公民权相当困难，这也就堵塞了雅典在民主政治上的发展。

公元前5世纪，奴隶制经济在希腊已得到相当充分的发展，

但希腊世界的经济发展并不平衡,奴隶制度亦不尽相同。就希腊本土而言,在伯罗奔尼撒半岛的内陆以及中、北希腊的西部与北部地区,经济发展比较落后,奴隶劳动尚未普遍使用。在奴隶制国家建立较久和奴隶制经济比较发达的地区,奴隶制度又分为两大类型,即斯巴达型和雅典型。斯巴达型以农业为主,工商业不发达,实行土地国有制,使用国有的农业奴隶。雅典型奴隶制经济虽也以农业为基础,但工商业比较发达,农业生产也成为商品经济的一部分,葡萄、橄榄等经济作物的生产在农业中占有重要比重。土地、奴隶、手工业作坊等重要生产资料归奴隶主私人所有,奴隶多通过市场买卖而来,使用于社会生活的各个方面。雅典型奴隶制经济在希腊世界比斯巴达型更为普遍和重要,它代表着希腊奴隶制经济发展的主要方向。雅典是当时希腊各邦中经济最发达的,不仅包括奴隶在内的人口总数和工农业生产居全希腊之冠,它的产品还远销整个地中海区域和黑海地区,它使用奴隶的普遍和发展程度之高,是整个古代奴隶社会已臻发达阶段的一个反映。

公元前4世纪被称为城邦危机时期,希波战争后的和平只持续了50年,随后爆发了伯罗奔尼撒战争(公元前431年~公元前404年,其中公元前421年~公元前415年一度休战)。战争的起因是科林斯和科西拉(Corcyra)的争斗,雅典支持科西拉,斯巴达支持科林斯,由此引起提洛同盟和伯罗奔尼撒同盟之间的战争。战争席卷希腊全土,历时20余年。各国为此筋疲力尽,直接导致了希腊城邦的衰败。希腊古典文明亦由全盛走向衰落。开战第二年,雅典发生了瘟疫,全城1/4人口由此丧命,公元前429年,最高指挥官伯里克利也被瘟疫夺去性命,而战争仍在继续,最后以斯巴达一方胜利而告终。

伯罗奔尼撒战后直到公元前4世纪末,各城邦经济在战乱之中仍在继续发展。和大奴隶制经济的流行相伴随的是,贫富分化亦趋激烈,小农和独立手工业者处境艰难、破产日多,贫苦公民数目明显膨胀。作为古典城邦体制基础的小农与手工业者的经济以及兵农合一的公民兵制此时已遭严重破坏,广大贫民与大奴隶主的矛盾日趋尖锐,城邦内部的阶级斗争再次高涨起来。许多城邦都爆发了贫民起义,有时奴隶亦响应参与,共同开展反抗大奴隶主的斗争。

随着城邦内部矛盾的加剧,希腊政治家有关公民内部团结共谋福利的梦想遭到破灭。无论是从加强对内镇压还是对外侵掠考虑,希腊奴隶主都感到城邦无用而把眼光转向王权统治。与此同时,城邦之间的争霸斗争愈演愈烈,最终走向王国和帝国政体。

伯罗奔尼撒战争结束、斯巴达成为希腊霸主之后,又引发新的矛盾。一方面,是失败的雅典和原提洛同盟各邦的不满,以及伯罗奔尼撒同盟内的科林斯、底比斯等大邦对斯巴达独断专横的抵制;另一方面,还有波斯的从中利用,挑拨离间。在此背景下,公元前395年~公元前387年间爆发了科林斯战争,雅典、科林斯、底比斯、麦加拉等城邦在波斯的暗中支持下联合起来向斯巴达宣战。此战使斯巴达穷于应付,遂向波斯请和,由波斯出面拢合双方缔结《安塔西达和约》。雅典乘机恢复了海军,在衰败中渐有起色,但波斯的插手却使小亚各地的希腊城邦又接受了波斯的统治,希腊人在小亚细亚的胜利成果丧失殆尽。

公元前378年,雅典组织了第二次海上同盟,挫败了斯巴达的武装干涉。公元前371年,斯巴达在全希腊盟会上宣布除伯罗奔尼撒同盟之外,解散其他同盟。这引起底比斯的再度反抗。此时底比斯民主派领袖佩罗庇达和伊帕密南达相继执政,渐趋强盛,并恢复了以它为首的彼奥提亚同盟。公元前371年,底比斯在留克特拉战役中痛歼斯巴达军,次年杀入伯罗奔尼撒,解散其同盟,斯巴达虽未亡国,却已失去一切强权地位。但底比斯的霸权未能长久,当时已组成第二次海上同盟的雅典对底比斯的强大

深感不安,反而和斯巴达联合抵制底比斯。公元前362年,底比斯和雅典、斯巴达的军队激战于曼丁尼亚,底比斯主将伊帕密南达阵亡。战后,底比斯的霸权逐渐衰落。随后,雅典又重蹈覆辙,它的霸主行径引发同盟战争(公元前357年~公元前355年),雅典失败后,第二次海上同盟亦告解体。这几十年中,各邦的混战和同盟的分合层出不穷,始终未能找出摆脱战乱和危机之路,城邦体制的生命力已见枯竭,而城邦危机却为马其顿王国的兴起及其控制希腊提供了方便。

四 马其顿王朝和希腊化时代(公元前4世纪晚期~公元前34年)

当希腊各邦在霸权的争夺中打得筋疲力尽的时候,偏居北方的马其顿迅速强大起来。在希腊先进城邦的影响下,从公元前5世纪起,它已经加入希腊诸国的贸易圈,接受先进的生产技术和文化。国内奴隶制经济的发展,使奴隶主统治者有了对外扩张的要求。到了公元前4世纪,国王腓力二世推行了一系列改革,使马其顿成为全希腊的强国。西边的伊利里亚、伊庇鲁斯、东边的色雷斯、北边的派奥尼亚,都在它的势力范围之内。这时的希腊各邦,没有一个能阻止马其顿的南下。

从公元前355年起,马其顿已经开始干预希腊各邦的争斗。腓力二世的扩张活动,得到了雅典亲马其顿势力的支持,因为他们指望腓力能够稳定动荡的社会,领导全希腊去攻打波斯,用掠夺东方来解救奴隶制城邦的危机。公元前338年,在中希腊的克罗尼亚,马其顿军队打败了以雅典和底比斯为首的希腊盟军。这是一次决定希腊城邦命运的战役。公元前337年,腓力二世在科林斯城召开全希腊会议,成立了"希腊联盟"(又称科林斯联盟),奥林匹斯山以南的所有城邦(斯巴达除外)和许多岛国都成了联盟的成员。腓力二世被推选为同盟的最高领袖,全权统帅军队。从此之后,腓力二世领导的军事王国的统治取代了各自独立的城邦格局。

一年之后,腓力二世在他女儿的婚宴上被刺死。其子亚历山大继位,年仅20岁。亚历山大不仅承袭了王位,成为全希腊的最高统治者,而且完成了父亲征服东方的遗愿。公元前334年,亚历山大率军渡过赫沦斯滂海峡东侵。初次出征,亚历山大的目的在于征服小亚细亚,可是随着军事形势的有利发展,转而计划征服整个波斯帝国。公元前333年,亚历山大军队在叙利亚击败大流士三世亲率的10万多波斯大军。

此后,马其顿军队所向披靡,迅速攻占了腓尼基和巴勒斯坦。是年11月,亚历山大进入埃及,受到当地祭司的欢迎,并尊奉他为"埃及的法老"、"阿蒙神之子"。亚历山大在尼罗河口亲自勘选了以他命名的亚历山大里亚城的城址。这是他在东方建立的第一座城市。

公元前331年,马其顿军队进入两河流域北部,同年10月,在高加美拉(Gaugamela)和波斯军队展开决战,波斯全军溃败。亚历山大的大军继续攻占巴比伦、苏撒(Susa)和波赛波利斯(Persepolis),并焚毁了波赛波利斯王宫,这是波斯帝国灭亡的标志。亚历山大一面掠夺东方的财富,一面成为波斯皇朝的实际继承人。公元前327年,亚历山大的扩张欲进一步膨胀,企图进一步吞并整个印度地区,后因将士思乡厌战,被迫沿印度河南下,于公元前325年回到巴比伦。历时10年的东征方告结束。公元前323年的夏天,正当计划进攻阿拉伯半岛的前夕,亚历山大突染疾病而亡,时年33岁。

亚历山大以马其顿国王的身份进入亚洲,但每到一地就自认为是当地原来统治者的继承人,他所建立的帝国,在很多方面沿袭波斯帝国的旧规。他继承了波斯的专制政体,采用波斯的服饰和朝仪。他保留了波斯帝国的行省制度,起用不少波斯旧臣担任

## 希腊

行省的总督。他还保留了埃及的宗教习惯,并且自居为神。亚历山大死后,他的帝国很快就崩溃了。经过长期的纷争,他的几名旧将在帝国的废墟上建立了好几个国家,其中,三个较大的王国为马其顿王国(公元前276年~公元前164年),托勒密王国(埃及,公元前305年~公元前30年)和塞琉古王国(叙利亚,公元前305年~公元前64年)。后两个王朝在社会和政治制度方面,基本上还是沿袭了埃及和波斯的传统,在地理和文化区域上不归属于希腊。亚历山大暴亡的消息使希腊各城邦掀起了反马其顿王朝的新高潮。马其顿王国统治者从亚洲调回援军,镇压了骚乱。

公元前322年,马其顿王朝在雅典扶植起贵族寡头政权,使雅典在希腊政治生活中不再具有重要意义,其影响仅限于文化方面。在一些原先经济文化落后的边远城邦,反抗马其顿的斗争还在继续。从公元前314年中希腊的埃托利亚同盟和南希腊稍后组成的阿卡亚同盟,长期领导反抗马其顿的斗争,直至罗马征服希腊为止。

亚历山大的东征和他的庞大帝国的建立在历史上留下了深远的影响。希腊和古代亚非在经济和文化上的接触,不是从亚历山大建立帝国后才有的。但从亚历山大帝国的时期开始,特别是在其之后,这种接触更为频繁和广泛。在西方历史学上,把亚历山大开始东征到塞琉古一世的一个时段称为"希腊化时期"(公元前4世纪末~公元前1世纪),以此表明希腊对西亚以及整个地中海世界的影响。亚历山大东征的经济结果是开拓了比以前远为宽广的东西贸易的通路。希腊的商人和殖民者经济追随马其顿士兵的足印,活跃在亚非的各个城市里经营贸易。亚历山大在亚非各地曾经建立好几十个城市,虽然这些城市在初建时多半是军事据点,但其中有一部分在后来发展为商业中心,像亚历山大里亚城在托勒密王朝时期成为地中海最大的商港。

亚历山大的东征也促进了东西方文化的交流。在他的远征军中有工程师、哲学家、地理学家等专门人才。他们沿途收集资料、绘制地图,与当地哲人交往,这些活动不仅丰富了古代科学研究的资料,也扩大了人们知识的范围。此时,希腊精湛优美的建筑和雕刻技术也传播到亚非国家,特别是集中于亚非各国由希腊人所建立的外族王朝的宫廷。在西亚和北非历史悠久的天文学和数学知识,也弥补了希腊人在这一方面的不足。在思想方面,由于东西知识的融会使哲学家的眼界比以前开阔。他们已经否定了亚里士多德时代希腊人和"蛮人"之间的界限,认为凡是人都可以用理性追求人生的幸福。这种超越种族和国界的对"人"的看法,无疑是亚历山大帝国以后欧、亚、非诸文化交互渗透的历史现实在思想上的反映。

亚历山大东征之后,在马其顿王朝控制下的希腊城邦制度已经没落,后期希腊的雅典和斯巴达虽然曾力图保持城邦的制度,但种种努力付诸东流,到了公元前146年,希腊全境都落入罗马统治之下,从此希腊的历史归入罗马的范围。

五 罗马统治下的希腊

当希腊人在阿提卡形成雅典城邦的时候,地中海中部亚平宁半岛上的古代意大利人,也在拉丁平原形成另一个城邦,它就是历史上有名的罗马。古代意大利人在种族上和希腊人同出一源。他们和希腊人一样,包含不少部族,其中之一是拉丁人。据传说,他们于公元前8世纪中叶,在第伯河下游建立了罗马城。后来历史上所称的罗马人,因这个城而得名。大约在公元前509年,罗马人废除了"王政",建立了罗马共和国。到公元前4世纪后叶,罗马开始走上扩张道路。公元前215年~公元前205年,公元前200年~公元前197年和公元前171年~公元前168年,罗马发动了三次马其顿战争,随着马其顿的三战三败,马其顿帝国最终瓦解。公元前148年,罗马将马其顿变成罗马的一个行省。公元前146年,希腊中南部也并入马其顿的行省。从此

希腊作为罗马帝国的属地,进入一个"罗马治下的和平"时期。公元前27年,希腊成为罗马帝国的亚该亚行省,省会设在科林斯。

虽然希腊各城邦在政治上丧失了自由,但希腊人所拥有的古老文化和灿烂文明使他们成了征服者的老师。罗马人从希腊人那儿学习了哲学、修辞学、诗歌、雕塑和科学。希腊的经济特别是文化继续得到了发展和繁荣。公元1世纪后期到2世纪初,基督教在希腊迅速传播。

## 第二节 中古简史

### 一 拜占廷帝国时期

公元4世纪,罗马的奴隶制危机重重,庞大的帝国开始衰落,其政治、经济、文化中心向东转移。公元330年,罗马皇帝君士坦丁扩建了希腊的拜占廷城,将它定为自己的首都"新罗马城",并以他的名字命名为"君士坦丁堡"。公元395年,狄奥多西一世把整个罗马帝国分为东西两部分,东部交给大儿子阿卡丢治理,西部交给二儿子霍诺留掌管。从此,罗马帝国变成两个独立的国家——东罗马帝国和西罗马帝国。东罗马帝国的首都仍为君士坦丁堡,西罗马帝国的首都为罗马。在后来的1200年中,东罗马帝国——因为君士坦丁堡以前曾叫拜占廷,也被称作拜占廷帝国——作为罗马帝国的继任者继续发展。在语言文化上,拜占廷帝国继承了希腊的传统,而在法律、军事和行政管理上仍然沿袭了罗马的习惯。

公元4世纪末,狄奥多西一世把基督教定为罗马帝国的国教。罗马帝国分裂之后,基督教也分化为以希腊语地区为中心的东正教和以拉丁语地区为中心的天主教。拜占廷城的小主教成为君士坦丁堡的牧首(总主教)。公元381年召开的宗教会议授予

## 第二章 历史

他在罗马教廷直接管辖下的东正教会的最高职权。但无论是东正教会还是罗马天主教会都认为自己应该享有普世基督教会的最高领导权，为此两派展开了激烈的斗争，直至1054年的公开分裂。与罗马教会不同的是，东正教会宣称不仅和拜占廷帝国的利益相一致，而且会服从帝国的意志。这意味着罗马帝国分裂之后，希腊的利益是和拜占廷皇帝连在一起的。在这一时期，希腊语成为帝国的官方语言，希腊文化也成为拜占廷文化的重要组成部分。但是另一方面，君士坦丁堡取代雅典成为希腊人的生活中心，希腊成为罗马帝国的一个省区。希腊人不再将自己称为"希伦人"（hellenes），而改称"罗美伊人"（即罗马帝国臣民）。

拜占廷帝国时期，希腊地区遭受到不同部族的侵扰。公元3世纪，一些哥特人曾经南下袭击北部地区，直至雅典。公元4世纪末，西哥特人侵入希腊半岛，但没有造成这些部族的迁徙定居。从公元6世纪开始，斯拉夫人的频繁入侵对希腊地区造成很大影响。先是袭击抢劫，随后是大规模地迁徙定居。公元580年左右，约有10万斯拉夫人侵入特萨利亚和伊利里亚（Illyricum）并开始在希腊定居。

公元8世纪，斯拉夫人已经布满希腊各地，以至于当时的希腊大陆被称为斯拉夫人之国（slavinia，slav-land）。对此拜占廷一方面动用军事力量促使斯拉夫人归顺，另一方面，用基督教感化斯拉夫人，兴建修道院和教堂，实行同化政策。双管齐下的政策使斯拉夫人逐步与当地的希腊人融为一体。到了公元10世纪，许多斯拉夫人后裔在拜占廷朝廷高居要职。在拜占廷帝国时期，除了斯拉夫人，希腊半岛还生活着其他迁居于此的非希腊种族，如保加利亚人（Bulgars）和瓦拉几人（Vlachs）。其中瓦拉几人是多瑙河南北两岸地区罗马移民和拉丁化居民的后裔。

从公元11世纪开始，希腊地区又受到北部诺曼人的入侵。1081～1084年间，诺曼人攻占了科孚岛、攻克了都拉索，侵入

希腊内地直至特萨利亚。公元12世纪,诺曼人的侵扰和抢劫使拜占廷帝国不得不求助于威尼斯,但是对于威尼斯的日益强大又心存忌惮,两国之间的合作和冲突日益复杂。

在拜占廷帝国时期,希腊沿海各城市商业繁荣。当时地中海的运输商几乎都是希腊人。希腊商船经营着君士坦丁堡与西方之间的大量贸易,其中最为重要的是丝绸贸易。希腊中部和南部的各城市成为丝绸业的贸易中心。

公元12世纪,科穆宁王朝统治时期,封建制度已有相当大的发展。相比之下,拜占廷帝国统治下的希腊政治状况不尽如人意。由于朝廷的横征暴敛,希腊内部各大势力互相倾轧,爱琴海岛屿饱受海盗的侵袭,人民生活不得安宁。

公元1203年,君士坦丁堡被十字军攻陷,拜占廷帝国领土随即被瓜分,整个希腊地区分裂为几个领土大小不一、时间长短不齐的王国。法兰西弗兰德的鲍德温伯爵被选为罗马尼亚拉丁帝国皇帝,管辖一个幅员不大的帝国,包括马尔马拉海两岸地区和附近的一些岛屿,首都仍为君士坦丁堡。1261年为尼西亚帝国所灭。马其顿、色萨利和希腊中部建立了萨罗尼加(萨洛尼卡)王国,国王为十字军头目蒙费拉的博尼法斯,这个王国只存在了19年(1204~1223年),最后为伊庇鲁斯专制君主国吞并。到1246年为止,它的大部分领土先后被尼西亚希腊帝国兼并。提佛和雅典的大片土地被分给法兰克贵族奥东·德拉罗什,称为雅典公国,此后,又经过几个统治者的更替后,于1456年为土耳其人占领。伯罗奔尼撒为法国的杰弗里和威廉占领,建立了亚该亚侯国,公元1432年被土耳其吞并。在十字军入侵拜占廷之时,拜占廷皇室成员——迈克尔·科穆宁占据了伊庇鲁斯,建立了专制君主国,亦被称为希腊人的帝国。1449年,该地区被划入奥斯曼帝国的版图。

此外,威尼斯人和热那亚人还侵占了不少地方,但都比较分散。而拜占廷帝国的历史通过拜占廷皇帝的女婿泰奥多雷·拉斯卡利斯建立的尼西亚希腊帝国得到了延续。他以小亚细亚的尼西亚城为中心，于1204年建国后不久收复了在欧洲的一些领土，使帝国的北部与保加利亚王国接壤，1246年兼并了萨罗尼加和伊庇鲁斯帝国，1261年攻克君士坦丁堡，合并了罗马尼亚帝国。拜占廷帝国的东山再起虽没有收复拜占廷的全部领土，至少，帝国中心和大片领土重又回到拜占廷手中。这期间，奥斯曼帝国在安纳托利亚西北部崛起。1453年，尼西亚希腊帝国为奥斯曼土耳其人所灭。

从1204年起到奥斯曼土耳其来犯，在这段时期里，希腊历史失去了它的统一性，希腊史变成了许多独立国家的国别史。

## 二 奥斯曼帝国统治下的希腊

公元1356年，奥斯曼帝国开始进军欧洲。不久之后开始攻打色雷斯。1360年，占领了阿德里安堡，并将首都从小亚细亚的布鲁萨迁移到这个城市。公元15世纪，在土耳其的进攻下，马其顿、萨罗尼加、雅典公国相继陷落。1453年，土耳其人攻下君士坦丁堡之后，几乎已经统治了整个希腊大陆。爱琴海岛屿在坚持一个多世纪之后，终于抵抗不住，归顺奥斯曼土耳其王朝。

在奥斯曼土耳其帝国统治时期，希腊地区又恢复了统一局面，它作为土耳其的属地，成为帝国的一个行政省。1470年，按照土耳其的军事原则（military line），希腊被划分为6个"散贾克"（Sanjak），随着克里特等地的攻陷，又增加到11个。每个"散贾克"下面分成几个"卡扎"，相当于县。在行政管理上，基本实行了"米勒特"（millet）制度，即苏丹统治下的非穆斯林教徒，比如信奉东正教的希腊人，可以作为一个单独的民族，享有一定的自治权，但地方管理权力机构必须对中央负责。按照伊斯兰教教规，宗教与世俗事务不作区分。

因此，奥斯曼帝国通常利用希腊教会来管理希腊人，东正教

会由此成为奥斯曼帝国统治希腊的一个工具。苏丹任命驻君士坦丁堡的总主教（牧首）为希腊最高的宗教领袖，管理东正教教徒，与此同时，他也是希腊世俗事务的管理者，征收赋税、审判案件，直接对土耳其当局负责。地方行政事务则由牧师和地主等当地的贵族进行管理。"米勒特"制度在行政上为希腊带来了很大程度上的自治权力，只要缴纳了税款，土耳其统治者对其他事务，比如商业和教育，都是权力下放。但在经济上，由于土耳其统治者的盘剥压榨，使希腊普通民众的生活变得十分困难。在税收上，按帝国规定，非穆斯林臣民必须缴纳人头税。农民要缴纳土地税，税率大概为收获物的 1/3 到 1/10 不等。商人要缴纳进出口税，基督徒所上缴的税额是穆斯林的两倍。在军事上，土耳其人带来了本国的贾尼塞里（Janissary）制度：每隔 5 年或更短的时间内，在基督徒家庭出生的 5 个男孩中或每户出 1 人交给土耳其官员，送到君士坦丁堡，经过军事训练后培养成穆斯林，参加苏丹的近卫军。

进入 17 世纪后，奥斯曼帝国已经显露衰败的迹象，帝国内部政治腐败，苏丹对各个行省的控制越来越弱。在这个时期，希腊的一部分精英分子，亦被称为法纳尔人，在土耳其宫廷占据了越来越重要的职位。到了 18 世纪，比如像伯罗奔尼撒总督、摩尔达维亚公爵等都是由法纳尔人担任。在经济上，原本以农业为主的希腊在这个时期发生了明显的变化。由于土耳其人把商业贸易视为低等职业，遂由希腊人填补了这个空位。17 世纪初，希腊人在奥斯曼帝国内外的商业和航运方面取得优势地位。商业和航海业的活跃促进了生产的发展，农业生产也有了提高，手工业生产发展也很快，并趋向于从家庭经济中分离出来，大手工业走向工厂化，商业合作社也逐步形成。

18 世纪经济发展的结果是形成了新的商业阶级。在土耳其统治的后期，希腊除了法纳尔贵族集团、高级主教之外，还有各地方的乡绅包括新兴的商业阶级、船主、侨居国外的大商人和银行家，构成了希腊的上层阶级。而当时在西方，尤其是欧洲，兴起了对希腊古典文化的学习和研究的热潮。国外文化的输入，到本土上层阶级弘扬民族文化的需要，促使古希腊文化在本土开始复兴。崇尚自由、开明的新古典文化的传播，启蒙了本土人民的民族意识，这是1821年独立战争的思想基础。18世纪末，希腊商人已经垄断了爱琴海的商业，他们的资金源源不断地流回希腊大陆，资助本土的教育和文化事业的发展。在从法国大革命发端的民主和革命思潮的影响下，希腊国内兴起了发扬民族文化、继承古典传统的运动。

在奥斯曼帝国统治希腊的300多年中，最先起来反抗土耳其统治的是"克莱夫特"（Klefts）。"克莱夫特"是一伙被土耳其人称为匪徒，而被希腊人、特别是山区人称为英雄的人。他们的主要目标无疑是针对土耳其统治者。但在有些情况下，他们也抢劫平民，与一般的强盗行为无异。而在希腊民间流传的歌谣和传说中，他们往往以爱国战士和英雄的面目出现。"克勒普特"的武装斗争源于15世纪末，在18、19世纪引燃了民族主义者的反抗运动。为了镇压这些"匪徒"，土耳其当局组织了一些叫"阿马托利"（Armatoli）的希腊民兵。但是经过一段时间后，这两者变得很难区分，而且互相转化。随着奥斯曼帝国的衰落，这两支武装队伍逐渐成为独立战争的核心力量。

## 第三节 近代简史

一 独立战争和第一共和国的建立（1821~1832）

公元1814年，希腊商人在俄罗斯的敖德萨秘密组织了民族解放团体"友谊社"（Philiki Hetairia）。当时希

腊人认为自己还没有足够的力量独自推翻土耳其人的统治，他们希望联合塞尔维亚、保加利亚人共同起义。但塞尔维亚人在1815年已经取得事实上的独立，当时的塞尔维亚统治者拒绝了友谊社领导人布普西兰底斯的建议。

1821年春天，友谊社领导人布普西兰底斯计划同罗马尼亚的法纳尔执政官、土耳其贵族阿里·帕夏（Ali Pasha of Janina）以及阿尔巴尼亚穆斯林组成巴尔干反土耳其联盟，从布加勒斯特出发，举行起义。但在俄罗斯的反对下，起义遭到失败。这些反抗土耳其统治的活动虽然是在希腊大陆以外的巴尔干地区发生的，但实际上成为希腊本土起义的信号。

1821年3月25日，在友谊社的号召下，帕特雷大主教日尔马诺在伯罗奔尼撒的帕特雷市中心的圣乔治广场宣布起义，从而拉开了希腊独立战争的序幕。参加起义的有当地贵族、"克勒普特"的武装战士以及当地的志愿人员共3000多人。经过几小时的激烈战斗，攻下了土耳其的军事堡垒，占领了卡拉夫里塔。此后，每年的3月25日成为全希腊的独立日。在此期间，伊庇鲁斯、马其顿、色萨利等地以及克里特、塞浦路斯、希俄斯等大小岛屿都举行了起义。

初战告捷的原因，一方面，是由于土耳其军队正在伊庇鲁斯攻打闹独立的阿里·帕夏，无法抽身前去镇压起义者。另一方面，是由于得到了西欧国家亲希腊力量的支持，这是一个重要原因。当时，巴黎、伦敦以及意大利、德国的许多城市都组织了泛希腊主义委员会。在英国诗人拜伦等知名人士的鼓动下，为支持希腊革命进行募捐。英国、法国、瑞士、意大利等国的热血青年不顾本国政府阻挠，志愿前往希腊参加战争，在国外的侨民也纷纷回国支持革命。

在起义取得初步胜利之后，希腊人并没有去巩固胜利果实，而是过早地陷入了派系斗争。当时加入独立战争队伍的成分比较复杂，先有从下层民众走出来的"克勒普特"、"阿马托利"、教会，还有随着反抗土耳其运动的深入人心，而加入这场战争的法纳尔人、地主和商人。他们各自的阶级立场、利益不同，造成了彼此之间对战争的战略、战术甚至战后建立的政治制度的看法上的分歧。其中主要有两派，其一为"军队"派，以"克勒普特"领导人科洛科特罗尼斯为首，这一派主张使用游击战的"克勒普特"模式，依靠对宗教的热情来推动战争，战后建立寡头政体，维持教会的中心作用。其二是"文官"派，或称为"欧洲"派。他们希望采用欧洲模式，使用正规军队和作战计划，以理性的民族主义作为战争的动力，主张在希腊建立一个世俗和自由的立宪政体。起义之后，摆脱土耳其统治的各地区又分别建立了不同派系掌权的权力机构和政府，由于他们之间的冲突使希腊的局势更加混乱。

1822年初，有各派代表参加的第一次国民会议，通过了一部仿效法国大革命时期的宪法。但是建立一个中央集权政府的提议被否决。各地区的决定权仍为各自的掌权者所保留。1823年，第一部宪法被重新修订，三个地方政府也决定合并为单一中央政府。但在建立中央政府过程中，发生了派系斗争。1824年，各派的纷争演变为内战。

而土耳其军队在1822年打败阿里·帕夏之后，开始腾出手来镇压希腊革命。土耳其当局把君士坦丁堡的牧首处以绞刑以示惩罚，在收复起义地区之后，大开杀戒，希俄斯岛上的希腊人无一幸免。土耳其的暴行在欧洲的民众中引起了极大的反响，包括拜伦在内的许多欧洲仁人志士来到希腊投入战争，声援希腊民族解放运动。

欧洲列强也开始重视希腊问题，他们担心希腊的独立战争会破坏大国之间的力量平衡，于是在1823～1825年间，开始插手希腊事务。在希腊抵抗组织中也相应的形成了亲俄、亲英、亲法三种政治派别。希腊形势进一步复杂起来。

独立战争的转机发生于1825年，苏丹派遣埃及的土耳其军队从非洲经由克里特进攻伯罗奔尼撒。埃及军队不仅镇压了克里

特岛起义,而且血洗了普萨拉岛。形势的剧变使欧洲大国感到了危机。俄国、英国和法国决定联手干预,尽快结束这场战争,建议苏丹在奥斯曼帝国版图内给予希腊自治地位。1827年,土耳其统治者拒绝调解,俄英法三国派出联合舰队在纳瓦利诺湾(Navarino)消灭了土耳其舰队。1828年,曾任俄国外交官的卡波蒂斯特里亚(Loannis Capodistria)出任希腊第一共和国总统。1830年,俄、英、法迫使土耳其签署伦敦协议书,正式承认希腊的独立。当时希腊的国土只拥有伯罗奔尼撒半岛、中部希腊的一部分(拉米亚以南)、爱琴海南部的基克拉泽斯群岛和斯波拉泽斯群岛(也译为基克拉迪群岛或斯波拉提群岛),绝大部分希腊人仍然处于奥斯曼帝国的统治之下。

在此后的几十年中,收复领土和解放土耳其人统治下的希腊人成为希腊人民的"伟大理想",也是希腊政府外交政策的首要目标。

希腊的首任总统——卡波蒂斯特里亚企图通过中央集权的方式来建立现代的政治体制,并试图解除"克勒普特"的武装,在国内结怨很深,终于导致1831年11月9日被暗杀。群龙无首的希腊陷入混乱的无政府状态。欧洲列强再次坐到一起商议希腊问题。1832年5月11日,签署了第二次伦敦协议书,宣布希腊为君主制国家,受英、法、俄三国保护。随后,经过三国权衡考虑,推选巴伐利亚国王路易一世17岁的奥托王子作为希腊的国王。此外,同意希腊北部的边界扩大到阿尔塔海湾至沃洛斯。1833年2月6日,奥托王子在3个摄政王和3500名巴伐利亚士兵的陪同下来到希腊的新首都纳夫普利翁。

二 奥托一世在位时期,从君主专制向君主立宪制的转变(1833~1862)

奥托在位初期,全国人口只有80万人,居住在大约4.75万平方公里的领土上。城市到处可见残垣断壁、商业贸易停滞不前、经济凋敝的景象。至少有2/3的橄榄树、葡萄园被毁,作为国内经济基础的农业遭到严重破坏,经济上的萧条使国内的财政危机迟迟得不到解决。奥托王朝的摄政者们希望通过税收来缓解困境,转嫁到人民头上的负担使民众生活处境艰难。

在政治上,奥托的摄政者们照搬了欧洲模式,在行政管理上摈弃原来的地方分权传统,取而代之以中央集权的官僚制度。1834年,全国被划分为10个大辖区、59个小辖区、468个县,这三级地方长官全部由国王任命。在司法上,建立了巴伐利亚式的制度,没有沿用在希腊具有悠久历史的习惯法。在宗教上,东正教教会虽然于1833年宣布"独立",但仍然服从政府的管辖。希腊大主教由信奉罗马天主教的奥托国王任命。奥托王朝建立的君主专制制度和希腊人在独立战争时期为之奋斗的"立宪制共和国"目标相去甚远。再加上农民对土地分配的要求没有得到满足,民众对奥托国王及其摄政者们的不满日益增长。从1835年开始至1842年,国内每年都会发生武装叛乱,而且愈演愈烈。国内派系斗争非但没有随着民族国家的独立得到遏止,而且与国外势力紧紧纠缠在一起。亲英派拥护立宪制;亲法派也希望尽快制定新的宪法,但又主张民族统一的外交政策;亲俄派认为奥托政府控制东正教教会对以"东正教徒的保护人"自居的俄罗斯来说是一种挑战,他们希望奥托退位,并寻找一位能满足俄罗斯利益的代理人。

1843年9月,亲俄派和亲英派发动了一场不流血的军队政变迫使奥托制定新的宪法。11月,奥托召集国民议会起草宪法。1844年3月,宪法生效,标志着君主立宪制的诞生。按照宪法规定,希腊设立两院制的立法机构。下议院和君主以及参议院同时享有立法权。下议院议员通过全国25岁以上有资产的男性选举直接产生。参议院议员由国王任命,实行终身制。从1844年开始,希腊成为立宪制国家,但是,其政治制度上的现代性与落

后的经济及其社会结构，不可避免地存在矛盾。而且由于缺乏法律上的保障和"个人政治"痼疾难消，削弱了议会代表制的有效性。国王仍然保留了很大的权力：比如，任命和撤销政府部长、解散议会、发布行政命令的权力，对立法拥有否决权，等等。

奥托在位时期，希腊经济发展缓慢，政治事务由三个政治派别把持，他们由地方的权贵和军队首领组成，背后分别受到英国、法国和俄罗斯三个保护国的支持。因此，无论是希腊的国内事务还是对外政策，英法俄三国都扮演了决策者的角色。在文化和教育领域，却焕发着勃勃生机。1834年，王国的首都从纳夫普利翁迁到雅典。1837年成立了雅典大学，它是东南欧和中东地区建立的第一所大学。完整的教育体制粗具雏形，与此同时，图书和报纸出版业发展迅速。

在独立的希腊王国境内，其人口仅占奥斯曼帝国境内希腊人的1/3，其余的希腊人散居在近东和整个巴尔干半岛的南部。希腊梦想有朝一日能收复失地，解放奥斯曼土耳其统治下的希腊人，建立一个以君士坦丁堡为首都的大希腊。1954年，克里米亚战争爆发，俄罗斯和土耳其的交战使希腊看到了统一的希望。在希腊人聚居的克里特、伊庇鲁斯、塞萨利和马其顿地区相继爆发民族起义，要求和希腊王国统一。奥托国王对他们的起义给予了坚定的支持，并期望从土耳其手中夺回这些地区。但是希腊的做法没有得到英国和法国的支持，它们派兵占领了比雷埃夫斯港，以阻止希腊卷入与土耳其的战争，趁机扩大领土范围。失去英法保护国的支持后，奥托国王在国内的地位日渐下降，更由于他支持奥地利镇压争取独立的意大利，而招致更大的民怨。奥托国王在位后期，国内信奉"自由主义"的新生代政治力量逐渐在希腊政坛中发挥重要影响，他们先后于1862年的1月和10月发动军事政变。在英法俄三国的默许下，奥托于1863年退位，回到巴伐利亚。

## 三 乔治一世在位时期（1863～1913）

**公**元1863年，英、法、俄三国选择了丹麦国王的第二个儿子，18岁的威廉姆·乔治王子继任希腊国王。为了表示对他的支持，英国于1864年将自己的保护地伊奥尼亚群岛归还希腊。同年，国民议会制定了新宪法，宪法规定行政权和立法权分开，并在宪章中申明希腊为"君主治下的民主国家"，对君主的权力作了严格的限定，取消参议院，实行一院制议会，议会拥有立法权，议会代表由直接的无记名投票产生，并采用了比例代表制代替过去的选区代表制，但仍然为国王保留了任命政府部长的权力。乔治国王常常利用这种权力干涉政治事务，或任命在国会只得到少数人支持的政府，或当得到多数支持的政府与王室意见相左时，强迫他们辞职。19世纪60年代的希腊，个人政治比以往更为盛行。选举经常是通过贿赂的手段产生，组成的政府经常受到骚乱和流血的威胁。1865～1875年期间，希腊共举行了7次大选，组建了18个政府。

1874年，著名政治改革家特里库皮斯（Charilaos Trikoupis）在报纸上发表文章批评国王信任少数派政府，并指出这是政局不稳的重要原因。同时他要求国王同意由获得议会多数信任的领袖组成政府。如果没有一个政党获得大多数议员支持，国王可以解散议会，并要求大选。1875年，国王最终同意特里库皮斯的建议，接受了"议会原则"。1882年，特里库皮斯正式出任希腊政府总理。此后的20年中，国内开始形成两党竞争和执政制度。特里库皮斯领导的自由党和泽利扬尼斯（Theodore Deliyanis）领导的保守党轮流执政。相对而言，泽利扬尼斯的思想比较传统，而特里库皮斯却是西方化和现代化的主要倡议者。他认为希腊最迫切的目标是发展经济、增强军事力量，使希腊成为真正的现代国家。在他的任期中，积极推行政治和经济改革。在政治上，提

倡实行稳定的政党制度，改变根源于海盗和土匪行径的松散的政治组织和崇尚暴力斗争的政策；改组军队和警察，规范文官任命制度；确定司法中立原则，保护法官不受免职干扰；在选举制度上，扩大选区范围，强调议会代表不能为个人利益服务。在经济上，扩大出口，发展交通运输和农业；推动国家工业化，发展纺织业。在教育领域，大力推广公共教育。

19世纪60年代末，希腊经济有了较大的发展。1864年宪法改革后，政府为了争取选民的信任，将土地分配给农民耕种，1880年，又取消了什一税，提高了农民的生产积极性。1881年，土地肥沃的伊庇鲁斯和塞萨利平原并入希腊，使国内农业产量有了较大的提高，农村人口购买力显著增加。经济作物葡萄干、橄榄油、烟草等的出口为希腊带来了宝贵的外汇，并用于进口小麦和制造业产品。

19世纪80年代，特里库皮斯的改革为工业发展创造了良好的环境。在其任上，建立了新银行，以吸引国外希腊侨民的投资；积极推动基础设施的建设，新建了铁路、修建了现代公路、港口，开辟科林斯海峡，等等。1875～1900年间，国内工厂使用的蒸汽机器增加了250%。在希腊的工业化和城市化进程中产生了资产阶级，店主、教师、律师、医生、中层政府官员、军官构成了社会的中间阶层。希腊的生活习俗、衣饰礼仪、建筑风格都明显受到了西欧的影响。

特里库皮斯改革的财政支持主要来自外国的贷款。但是，1885～1886年出兵克里特岛导致的外交危机，以及因为马其顿和色雷斯归属问题和与新独立的保加利亚进行的军事竞争导致外债急剧上升。虽然政府试图通过征收商品税和关税、提高土地税、垄断食盐和火柴的买卖来增加公共收入，却无法填补巨大的亏空。1893年，面对外债高筑的局面，特里库皮斯被迫宣布国家破产，并在西方列强的坚持下，成立国际金融委员会，以接管希腊庞大的外债。同年，农业危机接踵而至。法国宣布向希腊出口的农产品征收保护性关税。再加上政府提高的土地税，使农民收入锐减。经济的衰败引发了大规模的移民潮。

1890～1914年，估计有35万希腊人移民海外，大约占总人口的1/7。其中多数为希腊农民，主要移居美国。也正是从这时起，移民从国外汇来的款项成为希腊主要的外汇收入。

自希腊独立以来，民族统一主义——"伟大理想"（希腊文megali Idea、英文Great Idea）成为国内一股重要的政治思潮，继而左右了19世纪希腊外交政策的导向。但是收复领土、扩大希腊国界意味着缩小奥斯曼帝国的边界，也影响到欧洲列强在巴尔干半岛的势力范围的分配。再加上国内政治派别的不同主张，使这个问题显得格外错综复杂。在乔治国王统治初期，最先提出的是收复克里特岛。当时岛上的希腊人已多次发生起义，要求与希腊合并。但是，由于得不到俄国和英国的支持，使克里特岛的归属问题迟迟未能解决。1881年5月，在特里库皮斯领导的希腊政府的游说下，欧洲列强达成协议，同意塞萨利和伊庇鲁斯的阿尔塔地区划归希腊所有。这是希腊在19世纪获得的面积最大的领土。

1896年，克里特岛发生了暴乱，土耳其人屠杀希腊人的消息传到国内后，又一次激起了民族主义情绪。次年，以泽利扬尼斯为首的希腊政府向土耳其宣战。在装备精良的土耳其士兵面前，希腊军队显然缺乏精心的准备。战败后，在保护国的干涉下，希腊将北部边界的一些战略据点交还土耳其，并支付战争赔偿金。但克里特岛在土耳其的疆域内获得了自治地位。国王的次子乔治王子被任命为高级专员，受英国委托管理克里特。

19世纪末，希腊边界的另一个重要的问题是马其顿地区的归属。马其顿的人口极为复杂，主要由希腊人、保加利亚人、塞尔维亚人、阿尔巴尼亚人、土耳其人以及瓦拉几人构成。当奥斯

## 希腊

曼帝国对巴尔干领土的控制日益衰弱之时,希腊、保加利亚以及塞尔维亚等国都企图将马其顿占为己有。尤其是保加利亚和希腊在这方面的争夺尤为激烈。双方在马其顿各有自己支持的非正规武装力量,它们之间的游击战时有发生。1908年,土耳其爆发"青年土耳其党人革命",苏丹被废黜,青年土耳其党上台执政。土耳其新政权以战争相威胁,要求希腊不得干预克里特、马其顿的政治,并再次提出将克里特问题交给大国处理。

克里特和马其顿问题的失败使希腊人民要求建立强有力的政府,以解决民族统一问题。1909年8月28日,一批军队的上层军官效仿青年土耳其党组成军团,在雅典郊区游行示威,要求国王和议会撤销康士坦丁王储的职务、更换政府、重组军队等。10月18日,在军团的要求下,来自克里特岛的自由党人埃莱夫塞里奥斯·维尼泽洛斯(Eleftherios Venizelos)受托重新组阁。1911年上半年,在他的建议下,召开了国民议会,对1864年宪法作了重要修改,例如,保障公民自由权利、加强司法的独立性、免受政党政治的干扰等。在这部宪法中首次提出为所有人提供强制性的免费教育。

维尼泽洛斯正式出任总理后,在国内推行了一系列的改革:在政治上,制定了推动政府机构现代化的措施,在中央和地方政府、司法和教育机构中推行公共管理的改革,并设立了更为专业化的部门,限制政府对经济的干预,等等;在军事上,接受了法国和英国的军事援助,用于改良军事装备;在社会领域,制定了妇女和儿童的最低工资标准,取消间接税,实行新的所得税制度。维尼泽洛斯的改革为希腊政治带来了新的气象。经过多年的动荡不安之后,国内社会开始出现和谐团结的气氛。

在外交上,维尼泽洛斯开展积极的外交政策,使希腊成功加入反抗奥斯曼帝国的巴尔干联盟。在1912年,希腊同塞尔维亚、保加利亚结成巴尔干联盟,10月17日和18日,三国相继向土耳其宣战,第一次巴尔干战争爆发。1913年5月,土耳其宣布投降。1913年7月,阿尔巴尼亚独立。巴尔干联盟成员国从土耳其手中得到了除阿尔巴尼亚和东部色雷斯以外的欧洲领土。由于在领土分配上产生的矛盾,一个月之后,爆发了第二次巴尔干战争。希腊、塞尔维亚联合罗马尼亚击败了保加利亚。从这两次巴尔干战争中,希腊获得了南伊庇鲁斯、卡瓦拉以西的马其顿地区、克里特和萨摩斯岛,使本国领土增加了70%,总面积接近13万平方公里,人口从280万增至480万。这个时期的希腊成为巴尔干半岛上举足轻重的国家,它比以往任何时候都更接近"伟大理想"。1913年3月18日,国王乔治一世在塞萨洛尼基巡访时遭一疯汉刺杀身亡,康士坦丁王储继任王位,史称康士坦丁一世。

四 第一次世界大战（1914～1923）

公元1914年8月,奥地利进攻塞尔维亚,第一次世界大战爆发,在希腊是否参战的问题上,维尼泽洛斯总理和国王产生了严重分歧。总理认为希腊作为塞尔维亚的盟国,应该加入协约国以对付土耳其的进攻。国王作为亲德的一方,认为中立的立场更符合希腊的利益。而在国内围绕着种种政治、经济和外交的问题,业已形成自由和保守、共和与保王主张相对立的维尼泽洛斯派和反维尼泽洛斯派。两种主张和派别的对抗一直持续到第二次世界大战。

1915年3月6日,维尼泽洛斯被罢免。继轴心国德国与保加利亚军队攻进马其顿之后,法国从南部攻占了比雷埃夫斯。10月4日,保加利亚向塞尔维亚宣战,作为塞尔维亚盟国的希腊,在国王的中立立场的坚持下,拒绝出兵援助塞尔维亚。次日,英法军队在萨洛尼卡登陆。1916年9月,维尼泽洛斯回到克里特号召希腊人加入协约国,将保加利亚人赶出马其顿地区。10月,

## 希腊

维尼泽洛斯在塞萨洛尼基组织了临时政府,而以国王为首的雅典政府支持亲德力量,并发表了针对协约国的抗议书。1917年6月10日,协约国正式通知国王,要求他立即退位。12日,国王次子亚历山大王子继任王位。27日,维尼泽洛斯和他的政府一起返回雅典。7月2日,希腊正式向轴心国宣战。1918年9月,在英法意各国军队的联合行动下,希腊军队赶走了马其顿的敌人,并向塞尔维亚、保加利亚进军。9月30日,保加利亚请求停火。一个月后,土耳其也宣布投降。

第一次世界大战结束后,希腊根据1919年11月27日签订的《讷伊条约》(Treaty of Neuilly)和1920年8月签订的《塞夫尔条约》(Treaty of Sevre),得到了保加利亚名下的东色雷斯和奥斯曼帝国治下的西色雷斯,收复了马其顿东部地区并得到了士麦那(Smyrna,土耳其伊兹密尔的旧称)5年管辖权。作为相应的让步,希腊同意北伊庇鲁斯并入阿尔巴尼亚。此外,根据国际条约规定,佐泽卡尼索斯群岛、塞浦路斯由欧洲大国托管。1919年,土耳其爆发了民族革命,苏丹政权被推翻,基马尔组织了新政府。希腊急忙向士麦那地区派出军队。

1920年10月25日,亚历山大国王意外死亡。3个星期后,维尼泽洛斯在大选中失利后离任。反对维尼泽洛斯的保王党在370席中赢得246席成为多数党。12月5日,公民投票赞成亚历山大国王之父康士坦丁一世复位。1921年3月,为了平息土耳其当地民族主义力量的反抗,同时也为了接收士麦那,希腊在英国的支持下攻入土耳其,并一路到达萨卡里亚河(Sakarya River),接近安卡拉,但由于补给线过长、后勤供应不上,终于不敌于基马尔的军队。

此后,希腊的军事和政治形势每况愈下。1922年3月,希腊宣布接受英国的和平协议进行撤军。此时,土耳其乘机进行军事反击,9月,占领士麦那,并屠杀了3万多名希腊人和亚美尼亚裔基督教徒。大约150万希腊居民一夜之间变成了无家可归的难民。这场战役被希腊人称为"小亚细亚的灾难"，不仅使希腊人在小亚细亚的千年存在成为历史，而且大批难民涌入希腊，拉开了一场悲剧的序幕。在国内，希腊军队的惨败引发了一场军事政变。康士坦丁一世第二次退位，其长子乔治二世继位后，在不到两年的时间内也被迫离位。维尼泽洛斯派成立了革命委员会以军法审判小亚细亚陆军司令等人在内的8名政治人物与军人，其中6人被处决，史称"6人刑案"。它进一步挑起了维尼泽洛斯的支持者与反对者之间原有的长期斗争。

1923年7月，希腊与土耳其在洛桑召开和平会议，并签订了《洛桑条约》，将东色雷斯和士麦那地区划归土耳其。土耳其境内的希腊人和希腊境内的土耳其人被强制交换。约有110万希腊人迁至希腊王国，38万左右的穆斯林移居土耳其，还有将近10万希腊难民从十月革命后的俄罗斯及保加利亚回到祖国。同样作为例外，自愿留在西部色雷斯的土耳其穆斯林和君士坦丁堡的东正教人口免予交换。条约对这些少数民族的宗教信仰自由和使用母语进行教育的权利，以及公民权利和生命财产的安全作了相应保障。

## 第四节 现代简史

### 一 第二共和国时期（1924~1935）

公元1924年1月2日，希腊召开国民议会，决定废除君主民主制。4月13日的全民公决通过了该项决定，并确认希腊为共和国。自此，希腊进入短暂的第二共和国时期。这一时期的政治局势极不稳定，一方面，维尼泽洛斯派政府外部有保王派的阻挠，内部又陷入派系的纷争。10年战乱已使经济

陷于崩溃状态,更由于难民的涌入,使国家不堪重负。土地分配、就业机会更为紧张,社会内部矛盾剧增。但另一方面,通过这次人口的交换,明显地改变了希腊的种族比例。希腊由此成为巴尔干国家中种族单一性最高的国家。

20年代的希腊,经济贫困、社会动荡,和土耳其的紧张关系一直未能得到缓解。内忧外患,为潘加洛斯将军（General Pangalos）1925年的政变创造了机会。但将军专政未满两年,其独裁政权亦因一次军事政变而垮台。希腊随即举行了首次比例代表制选举。新的议会诞生后,随即组成了由维尼泽洛斯派及其反对派联合执政的"多党共治"的政府。1928年,维尼泽洛斯再度当选总理,任期4年。希腊政坛暂时恢复稳定。在其任上,维尼泽洛斯着手修复和邻国的关系。尤其和基马尔领导的土耳其共和国建立了积极的外交关系,与意大利以及新独立的南斯拉夫签订了友好协议,与保加利亚及阿尔巴尼亚的关系也有所改进。维尼泽洛斯的外交政策意欲为希腊打造一个良好的经济环境。但是1929年席卷而来的世界经济危机使其振兴经济的努力付诸东流。欧洲大国纷纷采取了贸易保护主义政策,这对希腊严重依赖国外贸易和资金的外向型经济而言,无疑是雪上加霜。希腊的大宗出口商品烟草、橄榄油以及葡萄干等农产品销量锐减,国内经济振兴乏力。

二　1935年政变和君主制的复辟

公元1932年,维尼泽洛斯领导的自由党以微弱优势赢得大选,由于缺少保王党的支持,政府无法在国会中获得多数席位。1933年3月,又举行新的大选,察尔扎里斯（Panayis Tsaldaris）为首的人民党及其盟友以多数票当选。这是自1922年以来第一个走马上任的保王党政府。维尼泽洛斯的支持者,即1922年政变的发起人普拉斯蒂拉斯上校（Nikolaos Plastiras）

不甘心落败，遂再次发动政变，企图以武力达到目的，却以惨败收场。这场政变断送了1926年潘加洛斯独裁政权被推翻之后的短暂稳定，国内政坛再次充满了暴力和不稳定的因素。6月，维尼泽洛斯遭到枪手暗杀，未遂。1935年3月，为避免遭到保王党的清算，维尼泽洛斯派军官又一次策动政变，但仍以失败告终。维尼泽洛斯随同普拉斯蒂拉斯流亡法国。

事后，在军队和政府部门，亲维尼泽洛斯的人员遭到整肃。在1935年6月的大选中，人民党在没有对手的情况下，获得压倒性胜利。10月，在极端保王派的要求下，察尔扎里斯总理被迫下台，同时宣布废除共和政体。11月3日，公民投票赞成恢复君主制。在英国流亡近12年的乔治二世回到希腊，再度登基。在他的授意下，于1936年1月举行了一次比例代表制选举，人民党及其保王阵线、自由党及其盟友平分秋色，分获国会143席和141席。希腊共产党（KKE）第一次获得6%的选票，控制15个议席，发挥制衡的力量。当时的国防部长帕帕戈斯将军（Alexander Papagos）向国王表示无法和共产党人共事，国王担心引发政变，将他撤职后，继而任命了梅塔克萨斯将军（John Metaxas）。1936年4月，梅塔克萨斯出任总理。

## 三　梅塔克萨斯独裁时期（1936～1939）

公元1936年，正值资本主义国家经济大萧条时期，国内的劳工运动风起云涌，梅塔克萨斯以解决劳工纠纷为名，建立了独裁政权。这恰好与1930年代巴尔干半岛的独裁形势相契合。

一方面，梅塔克萨斯模仿希特勒和墨索里尼的法西斯主义，鼓吹以命令和纪律为基石的"第三希腊文明"，创建民族青年团（National Youth Organisation），取消了政党和工会，罢工和游行示威被宣布非法，严格的新闻审查制度被强制执行。与此同时，

建立了高效的警察系统以驱逐反对派,尤其是共产党。

另一方面,为了消除工人的不满,梅塔克萨斯采取了一系列增加福利和社会保障的措施,如提高工资水平、改善工作条件等。在他统治期间,由维尼泽洛斯于1930年制定的社会保障法第一次得到实施。为了减轻农业税收负担,启动了公共建设工程,为了减轻农民债务,提高了小麦收购价格。在全球经济恶化的背景下,希腊的失业率稳步下降。20世纪30年代末,希腊人均收入相比20年代中期增加了45%。

梅塔克萨斯意在效仿意大利的法西斯模式,建立其独裁政权,但却缺乏政治意识形态和社会阶层的支持,他所建立的,其实只是粗暴的家长式独裁。在其5年统治期间,共产党和社会党人被残酷镇压、迫害以及驱逐出境。自由党和民主党的政治家或知识分子,但凡对"至高无上的领袖"及其功绩有所质疑,一律给予同等惩罚。

## 四 第二次世界大战和内战(1940~1949)

公元1939年9月,第二次世界大战爆发,为乔治国王及其保护国英国支持的梅塔克萨斯政府力图保持中立地位。但是意大利墨索里尼将希腊视为好捏的软柿子,决意拿下后向希特勒表功。1940年8月,意大利潜水艇用鱼雷袭击停泊在蒂诺斯港(Tinos)的希腊巡洋舰,蓄意挑衅。10月28日,意大利驻希腊大使下达墨索里尼的最后通牒,要求希腊允许意军占领其境内战略要地。梅塔克萨斯则以最为简短的"不"字断然拒绝(这一日后来成为希腊的法定节日)。即日,意大利军队越过希阿边界,双方正式交战。1月之内,得到民众支持的希腊军队迅速展开反攻,将意军逐回阿尔巴尼亚。

1941年1月底,梅塔克萨斯逝世。继任者科里济斯(Alexandros Koryzis)显然缺少前任强而有力的领导手腕。1941年4月6日,

## 第二章 历 史

希特勒为了拿下巴尔干翼侧以成功入侵苏联，遂以迅雷不及掩耳之势进攻南斯拉夫和希腊。尽管有英国军队的支援，希腊军队还是很快被击垮。希腊总理自杀身亡。4月22日，伊庇鲁斯指挥官措拉格拉将军（General Tsolakoglou）在未经政府授权的情况下，擅自与德国谈判并达成休战协议。4月27日，雅典沦陷。6月，克里特岛沦陷，乔治国王及其政府连同剩余部队逃往埃及。53天后，整个希腊被德国、意大利和保加利亚军队占领。

轴心国占领希腊长达4年之久。其中德国主要占据了交通要道和战略要地，保加利亚进驻了色雷斯和马其顿东部领土，其余地区由意大利控制。由措拉格拉将军领导的伪政府负责行政管理和安全事务。德国和意大利对希腊的苛政和经济剥削使希腊人遭受了前所未有的饥荒和寒冷。1941年和1942年的冬天，夺走了大约20万难民的生命。

自希腊被占领之日起，自发的抵抗运动开始萌芽。但是真正担负起抵抗重任的唯一的武装力量是共产党。1941年9月，希腊共产党联合了社会党等4个党派建立了左翼民族解放阵线（EAM）。1942年2月，民族解放阵线宣布成立全国人民解放军（ELAS），并很快成为国内最大的抵抗组织，拥有150万兵力。相比之下，其他的抵抗运动的力量要弱小得多，比如1941年9月建立的希腊共和全国联盟（National Republican Greek League，EDES），它主要以西北部的伊庇鲁斯为活动中心，成员有3万。其余还有民族和社会解放组织等。当时全部抵抗组织的成员中有72%属于民族解放阵线——全国人民解放军。

从1942年夏开始，英国——希腊当时唯一的盟友决定联合希腊各个抵抗组织在其指令下统一行动，并于11月成功破坏了来往萨洛尼卡和雅典铁路的戈尔戈波塔莫斯高架桥（Gorgopotamos Viaduct）。这是当时已沦陷的欧洲地区抵抗运动中最为辉煌的反抗行动之一。1943年意大利军队投降后，希腊抵抗运动组织陷

## 希腊

入内部派系斗争中,英国倾全力支持亲西方的希腊共和全国联盟。这是希腊内战的第一回合。1944年3月,以希腊共产党为主体的民族解放阵线宣布成立民族解放政治委员会,开始为成立临时政府做准备。1944年末,随着战事的结束,同盟国已经在考虑战后权力的分配格局。当时英国的首相丘吉尔前往莫斯科和苏共中央总书记斯大林谈判,希望以承认罗马尼亚为苏联的势力范围来确保英国在战后希腊的地位。10月,双方签订著名的《"百分比"协定》。当时希腊的各个抵抗组织包括希腊共产党都不知内情。同月,德国军队撤出希腊,在苏联的授意下,希腊共产党接受了如下安排:避免冲突,积极参与由一个温和的共和党人乔治·帕潘德里欧(Georgios Papandreou)组建的联合政府,接受新政府中6个并不重要的内阁部长位置。

帕潘德里欧组建新政府后,其首要任务是解散抵抗军事组织(主要是民族解放阵线),以国家正规军取而代之。1944年11月,认为自己是英国眼中钉的民族解放阵线代表退出内阁。12月3日,民族解放阵线在雅典发动了一场大规模的示威运动,但遭到政府军包括英国军队的镇压。双方的斗争持续了33天,最后于1945年1月停火,2月12日签署《瓦吉萨协定》(Varkiza Agreement),这是内战的第二回合,希腊共产党遭受了沉重的军事打击。

为了不至于使公共舆论倒向共产党一边,英国说服国王由雅典大主教克里斯托鲁斯出任摄政王,并由普拉斯蒂拉斯上校取代帕潘德里欧重新组阁。1945年初,共产党的战时联盟破裂,共和党人、保王党人在全国性的反共运动中保持沉默。经过两任政府的更迭后,1946年3月,人民党主导的右翼联盟获得选举胜利,察尔扎里斯(Dino Tsaldaris)组成新政府。1946年9月举行的公民投票中,有2/3的选民赞成恢复君主制。乔治二世返回希腊。从1945年开始一直到1947年,希腊始终笼罩在"白色恐怖"之中。

1946年2月12日，希腊共产党开始发动武装起义，12月成立希腊民主军团（Democratic Army）。和政府军的作战主要集中在马其顿和色雷斯地区，共产党整个军队不到3万人，而它的对手却是由美国进行武装和培训的、数量为其10倍的希腊国民军。在南斯拉夫、保加利亚和阿尔巴尼亚等共产主义邻国的帮助下，希腊共产党在第一年占领了境内3/4领土。1947年12月，共产党宣布成立临时民主政府。雅典政府随后宣布了战时法，并宣布共产党为非法组织。当时，英国在战后的萧条中尚没有恢复元气，无暇兼顾希腊的事务。而美国在杜鲁门主义者的支持下，转身变为希腊的保护国。在其强大的经济和军事援助下，希腊的军事形势开始逆转。

正在关键时刻，国际形势也发生了重要变化。1948年，南斯拉夫被逐出共产党和工人党情报局，由于当时的希腊共产党是站在莫斯科一边，铁托决定关闭由希腊游击队控制的希南边界。失去了外援和避难所后，希腊共产党军队的士气遭到沉重打击。1949年8月，希腊国民军发起最后的反击，民主军团溃败后退回阿尔巴尼亚边界。10月，希腊共产党宣布停战。内战最终结束。持续9年的战争不仅严重破坏了国内经济，导致70万人——将近全国10%的人口无家可归，而且对其政治造成的消极影响一直持续到20世纪70年代。

## 第五节 当代简史

### 一 非完全议会制的建立（1950~1967）

公元20世纪40年代是希腊当代史上最为灰暗的时期，经久不息的战火尤其是内战改变了国内的社会和政治环境。一方面，抵抗运动和内战都在极大程度上动员了人民，使

群众登上了政治舞台的中心，1952年通过的宪法首次赋予妇女选举权。但另一方面，在政治上，政党的立场变得更为保守。1936年以前，在希腊政坛上，主要表现为改革的自由党和保守的保王党之间的争斗，具体来说是维尼泽罗斯派和反维尼泽罗斯派的斗争，广泛而言是主张共和制和君主制支持者之间的纷争，那么，现在已为共产主义者和反共产主义者之争所取代。无论是国内政治还是对外政策，希腊内战后成立的新政府，其首要目标即是遏制共产主义。维尼泽洛斯派在内战时已倒向保王党，于1947年因乔治二世的去世而继任王位的保罗国王已完全控制了军队和政府。在经济上，希腊并没有像其他欧洲国家一样在第二次世界大战结束后马上投入经济建设，而是忙于围堵"内战"，来自于美国的援助大部分都用于军事领域。这一时期的希腊实际上已成为美国的附庸国，但凡重要的军事、经济或政治决策，都要获得美国的许可。

1950年2月，希腊取消了自1947年实行的军事法，3月大选后组成了一个由察尔扎里斯领导的右翼人民党和三个中间政党：即索弗克里斯·维尼泽罗斯（Sophocles Venizelos，前首相埃莱夫塞里奥斯·维尼泽洛斯的儿子）领导的自由党、普拉斯蒂拉斯将军领导的全国进步中间派联盟、帕潘德里欧领导的以自己名字命名的党的联合政府。由于在内战战俘处置的问题上存在严重分歧，新政府仅维持了半年即宣告解散。9月大选后产生的中间联合政府则遭到美国的干涉，致使1952年11月再次举行大选，帕帕戈斯将军领导的希腊联盟（Greek Rally）获得压倒性胜利，组成保守党政府。自此，希腊进入右翼政党统治时期，一直持续到1963年。这一时期，希腊的政府、司法、教育部门乃至军队都为右翼保王党人所把持。

凭着对议会多数议席的控制，帕帕戈斯政府有效地制止了保守党内部的争执，着手重建战后经济，首先恢复了德克拉马

## 第二章 历　史

（希腊货币）的信用，并实施了贬值措施，配合紧缩的财政计划，放宽政府管制，刺激了私人企业的发展，从而开创了战后国内财政稳定和经济增长的新时期。

在外交领域，帕帕戈斯政府采取了向西方倾斜的政策。1952年，希腊加入北大西洋公约组织，1953年通过《巴尔干和约》的签订恢复了与南斯拉夫、土耳其的友好关系。1955年5月，土耳其爆发伊斯坦布尔希腊裔族群的暴乱，希土关系交恶。9月，塞浦路斯发生动乱。在这个希土关系持续恶化的非常时期，帕帕戈斯总理因病去世。保罗国王任命在当时并不十分有名的保守党政治家——康斯坦丁·卡拉曼利斯（Constantine Karamanlis）为总理，他将希腊联盟重组为全国激进联盟（National Radical Union）后，参加了1956年2月举行的新一轮大选，也是第一次允许妇女投票的全国大选。获胜后，卡拉曼利斯开始为其8年的执政，他基本上延续了上一届政府的政策，但是更注重于经济的发展。

1959年，希腊申请成为欧洲经济共同体的联系国。这不仅是出于加强希腊和西欧国家在文化和经济上的联系的考虑，也是卡拉曼利斯政府希望欧共体能为本国提供一个巨大的市场，为促进国内经济的发展和现代化提供必需的资金。1961年7月9日，希腊正式成为欧共体的联系国。在外交上，卡拉曼利斯面临的一个重要挑战是塞浦路斯问题。塞浦路斯是希腊本土以外最后一个希腊裔占多数的地区。自1878年以来，塞浦路斯岛屿一直受英国管辖。岛上80%以上的希腊裔人希望与祖国希腊合并。1955年，塞浦路斯战士民族组织领袖格里瓦斯将军（Georgios Grivas）在塞浦路斯大主教玛卡里奥（Makarios）的默许下，发起统一运动。而塞浦路斯的土耳其裔在土耳其的支持下要求分裂。1959年初，在卡拉曼利斯的主张下，达成了一个妥协的方案，即塞浦路斯独立协议。该协议规定：塞浦路斯成为一个独立的共和国，

## 希腊

设立一个希腊裔总统和一个土耳其裔副总统,两人对外交、国防和安全事务都有否决权。在议会的议席中,希腊裔占70%,土耳其裔占30%,在军队方面,希腊裔占60%,土耳其裔占40%。英国对岛上的两个英军基地保有永久的主权。希腊和土耳其有权在塞浦路斯驻扎少量军队。英、希、土三国是这项协议的保证国。

虽然危机由此得到了解决,但是,国内许多民众不满卡拉曼利斯对土耳其做出的妥协,导致1958年大选时全国激进联盟丢失了很多选票。但另一个更重要的一个原因,是1951年成立的左翼民主联盟(United Democratic Left,实际上以共产党人为主)赢得了24.4%的选票。1961年,卡拉曼利斯决定提前大选,虽然取得了胜利,但是,帕潘德里欧领导的中间派联盟(Union of the Centre)声称这次选举是"暴力和欺诈"的结果,宣布选举无效。虽然没有确切的证据表明卡拉曼利斯和军队以及警察合谋操纵选举。但在随后的两年中,帕潘德里欧始终揪住不放,控告执政政府的不合法性。1963年5月,左翼民主联盟代表兰布拉基斯(Grigorios Lambrakis)被刺杀,使执政党和反对党的冲突进一步升级。来自左翼和其他政党的抗议、国际舆论的批评,还有和王室之间累积的矛盾的爆发,使卡拉曼利斯愤然辞职。

1963年11月,希腊重新举行大选,无论是全国激进联盟还是中间派联盟都没有获得议会的绝对多数。左翼民主联盟的议席在两者之间发挥了平衡作用。对于该结果的不满使帕潘德里欧提出辞职,迫使1964年2月再次举行大选,中间派联盟如愿以偿获得多数票,帕潘德里欧组建了单一政党的政府。自开战以来一直分裂的自由党自此联合起来选择了一条温和的保守党的路线。帕潘德里欧也成为继维尼泽罗斯以来最受欢迎的政治家。但是由于塞浦路斯的危机、党内的分裂、来自极右翼政党对其儿子(安德烈亚斯·帕潘德里欧)是极左翼组织领袖的控诉,以及王室的不支持，帕潘德里欧内阁仅仅维持了 18 个月。

1967 年 4 月 21 日，一群军官成功地发动了一场政变。上校执政团上台执政，其头目是帕帕多普洛斯上校（Georgios Papadopoulos）、马卡雷佐斯上校（Nikolaos Makarezos）和帕塔科斯准将（Stylianos Pattakos）。成员大多为中层军官，来自帕帕多普洛斯上校领导的秘密军事组织——国家青年军官联盟（EENA），其中，大部分曾经是加入极右翼希腊军官神圣契约组织（IDEAS）的成员。他们声称自己为了及时地阻止共产党人夺权而先发制人，而实际上并没有证据显示共产党要夺取政权，左翼政党对于这场政变的诧异程度并不次于其他右翼政党。1967 年 12 月 13 日，在位三年、立足未稳的康斯坦丁二世仓促地发动一次反政变，失败后逃往罗马。

## 二 军事独裁时期（1967~1974）

和以前的独裁体制不同的是，这个军人政权采取了集体独裁的方式，建立了由帕帕多普洛斯上校牵头的三人执政的"革命委员会"，并在全国实施军事法。1968 年 10 月 29 日，军人政府颁布的新宪法取代了 1952 年的宪法。它虽然保留了"君主民主制"的条款，但是国王的权力受到很大的限制。该宪法最重要的条款以及相关法令的出台乃是确认军人的地位和作用。可以说，它是军人政府为巩固权力而设计的法律工具。公民的权利包括选举权、发表政治言论、新闻自由还有很多公民自由的权利都受到压制。政府可以以危害公共秩序罪剥夺任何公民的自由。

1967~1970 年，上校军团承袭了以往军事独裁者的作风，压制民主、侵犯人权。虽然军人政权打击的主要目标是前身为共产党的左翼民主联盟成员，其打压的对象是左翼，但是按照帕帕多普洛斯的解释，左翼不仅包括共产党，也包括大部分的中间人

士，比如中间派联盟的领导人帕潘德里欧父子，甚至是一些右翼，像全国激进联盟的主席，许许多多左翼的支持者，等等。还有一些持不同政见的人也都遭到囚禁、流放或软禁。在美国的强大压力下，安德烈亚斯·帕潘德里欧获释前往美国。军人执政团的践踏人权、倒行逆施的行径，引来了西方国家的批评，但是希腊的北约盟国却不愿意将言辞上的谴责化为实际行动。考虑到希腊在地中海的重要战略位置，美国仍然在上校军团的执政期间继续向希腊提供军事援助。

这期间，帕帕多普洛斯在上校军团中逐渐积累了权力，除了总理职位，他还接管外交部、国防部、教育部等。1968年，取消革命委员会之后，帕帕多普洛斯组建了一个由自己的亲信组成的内阁，并在国内成立了一个高效的安全机构。此外，通过为国内外的投资者提供极为优厚的条件，使国内的经济继续保持20世纪50年代以来的增长趋势。

1973年，世界石油危机爆发，国内通货膨胀率急剧攀升。随着国内经济的恶化，学生带头起来反对军人政权，并于3月占领了雅典大学的法学院。5月，海军发生叛变，帕帕多普洛斯声称此次叛变有流亡海外的国王撑腰，遂宣布废除康斯坦丁二世，成立"总统议会制共和国"，并许诺恢复多党制，第二年举行大选。11月，大学生举行大规模的示威行动，占领了雅典理工学院。学生运动受到军方残忍的镇压，但同时也导致了帕帕多普洛斯的下台，由军人政权中更为强硬的约安尼季斯准将（Dimitrios Ioannidis）一派取而代之。

与此同时，因为爱琴海石油归属权的问题，希腊与土耳其的关系再度恶化。约安尼季斯政府以爱琴海石油的争端为由，企图将塞浦路斯并入希腊。1974年，土耳其率先发兵侵入塞浦路斯的北部。而国内局势一片混乱，军官们拒绝执行约安尼季斯攻打土耳其的指令。在国内国外均得不到支持的情况下，上校军团政权迅速瓦解。军队领袖和旧政府的资深人士召开会议，决定邀请前总理卡拉曼利斯回国执政，恢复民主政体。7月24日，卡拉曼利斯从国外回到希腊就任总理。

### 三 第三共和国时期（1974年至今）

卡拉曼利斯执政的目标之一是平息政治派别之间的争斗，建立一个平稳、有效的多党议会制，其主要措施是使希腊共产党合法化，国内各个政党参加公平的选举。1974年11月，希腊举行大选，有4个主要政党参加竞选：卡拉曼利斯领导的新民主党（由全国激进联盟重组而成）、中央联盟、左翼民主联盟（由希腊"国内共产党"和国外共产党组成的选举联盟）以及安德烈亚斯·帕潘德里欧新建的泛希腊社会主义运动政党。最后新民主党以54%的选票取得空前的胜利，在300个议席中赢得219席。中央联盟获得20.5%选票，泛希腊社会主义运动政党为13.6%，左翼民主联盟为9.4%。

此外，新政府的目标是解决君主制的问题。自希腊独立以来特别是在20世纪，关于共和制和君主制之间的争论常常使国内政坛烽烟四起、议会制度严重扭曲。1974年12月，希腊举行了20世纪以来第6次针对君主制存废的全民公投（前5次公投分别发生于1920年、1924年、1935年、1946年、1973年）。结果有69%的选民主张废除君主制。这个缠绕希腊政治上的"世纪之结"终于被解开。1975年，卡拉曼利斯着手对军人政府时期侵犯人权和镇压学生运动的责任人进行处理，上校执政团的三巨头以及约安尼季斯准将被判处死刑（后改为终身监禁）。希腊政权由军人向民主政府顺利过渡。同年，希腊通过新的宪法代替1952年旧宪法。

在外交领域，卡拉曼利斯政府首先关注的焦点仍然是因为塞浦路斯问题而恶化的希腊和土耳其关系。1975年2月，土耳其

## 希腊

宣布在塞浦路斯北部建立土耳其裔塞浦路斯联邦。在这一年中希腊和土耳其之间的谈判因观点分歧没有实质性的进展。1976年，土耳其政府派遣西斯米克一号调查船前往爱琴海海域进行侦测，两国战争一触即发。关于爱琴海石油的所有权问题、空中交通管制权、希腊在一些小岛上的布防问题等进一步加剧了两国的紧张关系。由于不满美国偏袒土耳其，希腊于1974年退出北约的军事一体化组织。与此同时，卡拉曼利斯积极推动希腊加入欧洲经济共同体，期望希腊成为欧共体成员后，可以弥补与传统保护人美国关系恶化带来的消极影响。1979年5月，在卡拉曼利斯的努力下，欧共体与希腊签署协定，同意希腊于1981年1月正式加入。在卡拉曼利斯执政后期，希腊与巴尔干邻国的关系也最终得到了改善。

1981年，安德烈亚斯·帕潘德里欧领导泛希腊社会主义运动政党击败了新民主党，以48%的选票获得了大选胜利，新民主党的得票率仅为36%。这是希腊政治史上的一个转折点。首先，一个左翼社会主义政党上台执政，这在希腊历史上是首次。其次，它表明在恢复民主政体后议会制度体现的稳定性。在帕潘德里欧主政期间，推动了一系列改革：在经济领域，重点发展国有经济，建立了许多国有工业；在社会领域，引入世俗婚姻和协议离婚、修改家庭法、保障妇女权利等；在政治领域，他推行了"全国和解政策"，正式承认第二次世界大战时打击轴心国占领军的抵抗运动组织，允许内战时期流亡到东欧的政治难民主要是共产党返回希腊。同样，在高等教育领域也采取民主化的改革措施，在医疗领域首次建立了全民医疗卫生体系。

1985年，泛希腊社会主义运动党（简称泛希社运党）以46%的选票赢得大选后继续第二任期的执政。为了削减累积的财政赤字和巨额外债，政府推行了严苛的经济紧缩政策，其主要内容是减少进口、削减公共开支、增加税收等。但是，国内的经济

## 第二章 历 史

形势仍在继续恶化。1988年由于帕潘德里欧本人的健康原因，以及党内的经济丑闻引起了政府信任危机。虽然议会以有效票数通过对政府的信任案。但在1989年6月的大选中，泛希社运党的失败已成定局。但由于事先政府设定了更纯粹的比例代表制，使泛希社运党取得议会的125席。新民主党获得44%的选票，却只得到144席，比过半数所需的议席少7席。由于没有任何一个政党获得议会的多数议席，希腊历史上第一次出现左右翼联合执政的局面。新政府上台后，首要措施是清除丑闻，对被指涉丑闻的泛希社运党政府部长们进行司法审判，之后再次举行大选。经过1989年11月和1990年4月两次大选，新民主党勉强组成一个微弱多数的政府。在新民主党执政的3年中，遭遇了全球经济衰退，振兴经济不力导致1993年大选失利。泛希社运党重新获得47%的多数选票，拿到170个议席。新民主党以39%的选票获得111个席位。1996年和2000年，泛希社运党继续以42%和44%的选票获得大选胜利，由于安德烈亚斯·帕潘德里欧健康状况恶化，由康斯坦丁·西米蒂斯出任总理。在其任上，为早日加入经济货币联盟，泛希社运党政府在西米蒂斯的领导下，制定了围绕各项趋同标准进行改革的经济政策，最终获得了成功，于2001年顺利加入欧元区。

虽然经济形势逐渐好转，但是失业率仍然居高不下，再加上党内的政治丑闻不断，在2004年大选中，泛希社运党败给了新民主党。3月9日，年仅46岁的新民主党主席卡拉曼利斯宣誓就任总理并组成由年轻人占多数的新一届内阁，在新政府的努力下成功举办了奥运会。近年来，希腊的经济持续以高于欧盟国家平均值的增长率高速发展，并在欧盟的框架下参与了巴尔干地区的维和与援助活动，其国际地位在冷战后的地缘新环境下进一步提高。目前，希腊是巴尔干地区经济水平最高、政治局势最为稳定的国家。

## 第六节 著名历史人物

### 一 历代国王

**奥托国王（Otto of Wittelsbach, 1815~1867）**

希腊国王，1832~1862年在位。巴伐利亚国王路易一世的次子。1815年出生于萨尔兹堡，17岁时，被希腊的三大保护国（英国、法国和俄国）推选为希腊国王，因年纪尚幼，1833~1835年间，在一个由巴伐利亚人组成的摄政委员会协助下统治希腊。1835~1843年间，他推行了君主专制制度。1843年，希腊爆发要求立宪的政变，奥托被迫同意希腊实行君主立宪制，开始实施新宪法。在位初期，奥托热衷于推动希腊的"伟大理想"运动而受到广大民众的欢迎，也因此招致了三大保护国的不满。1862年，国内发生的此起彼伏的动乱导致奥托国王退位。

**乔治一世（George I, 1845~1913）**

希腊国王，1863~1913年在位。丹麦国王克里斯提安九世的次子。奥托国王退位后，希腊三大保护国将乔治推上希腊国王的宝座，称号为"希腊人的国王"，以区别于奥托的君王专制政体。1867年，乔治一世迎娶俄皇亚历山大二世的侄女，借此加强了和欧洲王室的联系，以有利于推行以"伟大理想"为目标的外交政策。尽管，和几任总理多有龃龉，但乔治一世最终接受了"议会原则"，同意由议会多数派组阁，进一步推动了国内政治制度的现代化，也终于使自己在希腊国内站稳了脚跟。乔治一世在位期间，希腊经济得到了较快的发展，对外贸易和航运迅速增长，连接欧洲的铁路第一次接轨通车。伊奥尼亚群岛、克里特岛等相继归属希腊，使其领土面积增加了70%之多，人口增长为过去的3倍，希腊成为巴尔干半岛举足轻重的国家。1913年3月，乔治一世在访问刚刚并入希腊的萨洛尼卡时，被一名疯子刺杀身亡。

**康斯坦丁一世**（Constantine I，1868~1922）

希腊国王，1913~1917年、1920~1922年在位。乔治一世的长子。他曾在德国和雅典接受军事训练，其间娶德皇威廉二世的妹妹苏菲亚为妻。1897年，希腊与土耳其交战时，负责指挥陆军，希腊战败后成为替罪羊，在1909年军事政变中被迫辞去军队职务。随后于1911年，被维尼泽罗斯总理任命为总司令，于1912至1913年巴尔干战争期间指挥希腊军队。1913年，其父乔治一世驾崩后继位。第一次世界大战爆发后，他的保持中立的主张与维尼泽罗斯总理加入协约国的立场相冲突。导致维尼泽罗斯于1916年在萨洛尼卡成立临时政府。1917年6月，英国和法国对其施加压力，要求康斯坦丁一世退位，他被迫离开希腊，但没有正式声明放弃王位。次子亚历山大即位三年后驾崩。1920年12月，希腊全民公决同意康斯坦丁一世复位。1922年，普拉斯蒂拉斯上校发动政变，推翻了康斯坦丁一世的宝座，由其长子乔治即位。

**亚历山大国王**（Alexander，1893~1920）

希腊国王，1917~1920年在位。康斯坦丁一世的次子。1917年6月，在其父被迫离位后即位。他在位期间，内外政策大权均由首相维尼泽罗斯掌握。1920年，突然去世。

**乔治二世**（George II，1890~1947）

康斯坦丁一世的长子，于1922年即位为希腊国王，1923年12月在国内要求"废除王权、建立共和政体"的呼声下离位，但没有退位。1935年，希腊再次举行全民公决，赞成乔治二世复位。1936年，梅塔萨克斯将军建立独裁政权，乔治二世对此表示认可。第二次世界大战期间，随着克里特岛的沦陷，乔治二

世及其政府成员于1941年5月流亡国外。第二次世界大战结束后的1946年,希腊进行全民公决,同意乔治二世重新登基。但复位后6个月,乔治二世去世。由其胞弟保罗继任王位。

**保罗国王(Paul,1901~1964)**

希腊国王,1947~1964年在位。康斯坦丁一世的第三个儿子。早年随父远征小亚细亚,并出任海军军官。1924年希腊议会宣布废除君主之后,随兄长乔治二世流亡中东、英国等地。1935年回国。1941年德国军队占领希腊后,随王室流亡埃及。第二次世界大战结束后回国。1947年4月,乔治二世去世后继承王位。1951年兼任希腊陆军总司令。1964年3月去世。

**康斯坦丁二世(Constantine Ⅱ,1940~)**

希腊现代史上最后一任国王,1964~1973年在位。父亲为保罗国王,姐姐为西班牙现任王后。1956~1958年就读于希腊陆军军官学校、海军学校和空军学校。1964年继位。1967年上校军团发动政变,康斯坦丁二世仓促之下发动了一场反政变,失败后流亡意大利和英国。1967~1973年成为名义上的希腊君主。1973年6月,希腊建立共和政体,废黜国王后,不再拥有国王头衔。

## 二 著名政治家

**特里库皮斯(Kharilaos Trikoupis,1832~1896)**

近代希腊最为著名的政治家之一。曾七度出任希腊总理,任期分别为1875年、1878年、1880年、1882~1885年、1886~1890年、1892年以及1893~1895年。他是19世纪推动希腊现代化或者说西方化的最重要的代表人物。1832年出生于纳夫普利翁,其父为希腊独立时期的历史学者,曾担任希腊驻英国公使。特里库皮斯先是担任众议员,尔后出任外交部长,负责1867年与塞尔维亚签订的联盟条约。1874年7月在报上发表匿名文章，批评乔治一世授权少数派政府，导致政治危机的接连发生。特里库皮斯也因此获罪受到监禁。但最终，国王同意授予在议会取得多数信任的政党组阁的权力。1875年，他当选为总理。然而直到1882年，才获得议会多数的支持，开始实施其现代化政策。其主要措施包括吸引投资，加强基础设施的建设，例如，推进铁路建设、开通科林斯运河等，在军事上推行军队的现代化，等等。由于和泽利扬尼斯领导的保守党的交替执政，使特里库皮斯的现代化政策难以得到真正落实，也使希腊错过了近代工业化的时机。

**维尼泽洛斯（Eleftherios Venizelos，1864～1936）**

现代希腊最为杰出的政治家之一，曾于1910～1915年、1917～1920年、1924年、1928～1932年、1933年6次担任希腊总理。出生于克里特岛。早年在雅典攻读法律，后成为律师，并在1896年克里特人反抗土耳其人的起义中发挥了重要作用，他支持克里特岛与希腊王国合并，克里特岛取得自治权后，担任该岛议会的议员。他在担任总理期间进行了重要的政治、军事与社会改革，并与塞尔维亚等国建立巴尔干同盟，在1912年反对土耳其、1913年反对保加利亚的战争中，扩大了希腊王国的版图。第一次世界大战爆发后，其支持同盟国的政策和国王康斯坦丁一世的中立政策发生严重冲突，维尼泽洛斯遂在萨洛尼卡另建对立的临时政府，并于1917年迫使国王退位。维尼泽洛斯促使希腊加入同盟国并参加了第一次世界大战，战后代表希腊参加了巴黎和会。在1920年大选中遭到失败后流亡海外。后又三次出任总理，尔后退出政坛。1935年复出阻止君主政体复辟，但未能获得支持，最终逃亡法国，次年在巴黎逝世。

**乔治·帕潘德里欧（Georgios Papandreou，1888～1968）**

希腊著名政治家。曾于1944～1945年、1963～1965年担任希腊总理。早年就读于雅典大学法学院。1917～1920年期间，

就任刚并入希腊版图的爱琴海群岛的省长,并成为自由党领袖维尼泽洛斯的支持者。1923年当选为众议员,1930~1932年出任维尼泽洛斯政府的教育部部长,后于1935年创建自己的民主社会党。他在梅塔克萨斯独裁统治时流亡国外,在轴心国占领希腊时被短暂拘禁,后逃往中东,于1944年10月回到解放后的希腊并成为总理。由于他的立场反共,曾受到共产党领导的示威运动的抗议,为平息动乱,其总理一职让于普拉斯蒂拉斯将军。1950年,创立乔治·帕潘德里欧党。并于1950~1951年间和其他党派联合执政。20世纪50年代后期,他成为自由党主席,于1960年成功地改组了中间派联盟,并赢得了1964年大选。1965年,由于和年轻的康斯坦丁二世国王争夺对国防部的控制权未果,导致下台。1967年4月发生的军事政变又将他软禁。1968年,被解禁后不久的帕潘德里欧溘然离世。当时雅典有1/5的市民参加了他的葬礼,并演变成一场反抗上校军团独裁政权的群众示威运动。

**康斯坦丁·卡拉曼利斯(Konstantinos Karamanlis,1907~1998)**

当代希腊最为杰出的政治家之一,曾于1955~1963年、1974~1980年两次担任希腊政府总理,于1980~1985年、1990~1995年两次担任希腊总统。出生于马其顿,父亲原为校长,后下海经商,他的家族与政界素无来往,这是卡拉曼利斯与国内的一般政治家的不同之处。1935~1936年,卡拉曼利斯初登政坛,担任人民党众议员。其政治生涯因梅塔克萨斯的独裁统治以及敌军占领的影响而暂告中断。1946年,第二次世界大战结束后随人民党重返政坛。1952~1955年期间,在帕帕戈斯领导的政府中担任公共工程部长。帕帕戈斯去世后,被保罗国王指派为政府总理。卡拉曼利斯将希腊联盟改组为民族激进联盟,并赢得大选,从而开始了长达8年的总理任期。后因与王室的纠纷以及选民对其外交政策的不满,导致1963年的落选。随后,卡拉曼利斯在法国巴黎开始 11 年的自我流放的生涯。

1974 年,国内因塞浦路斯问题导致内乱,卡拉曼利斯应召回国,建立文人政府,自此带领希腊重建民主共和政体。在推动希腊加入欧洲经济共同体后,卡拉曼利斯参加了总统竞选,意在政权由右翼向左翼政党移交后,借此监督左翼政府,以保持希腊民主政体的稳定性。1990 年 5 月,卡拉曼利斯以 83 岁的高龄再次当选总统,1998 年以 93 岁高龄去世。

**安德烈亚斯·帕潘德里欧(Andreas Papandreou,1919~1996)**

当代希腊杰出政治家。生于希俄斯岛,是著名政治家乔治·帕潘德里欧的儿子。他与卡拉曼利斯一起主宰了 20 世纪后半期的希腊政坛。在学生时代由于被当局怀疑参加托洛茨基分子活动而被捕,1938 年获释后前往美国。后来成为美国公民,并成为加州大学柏克莱分校的顶尖学者。1959 年回到希腊,成为经济研究和计划中心的负责人。1963 年进入议会开始其政治生涯,并在其父领导的中间派联盟政府中担任部长级职位。1967 年被帕帕多普洛斯上校的独裁政府逮捕,后在美国的干涉下离开希腊。在流亡期间建立了泛希腊解放运动组织。1974 年军人政权倒台后回到希腊成立泛希腊社会主义运动政党。1981 年获得大选胜利组成第一个左翼政府。1985 年连任,后于 1991 年因政治丑闻下台。1993 年,重新当选为总理,但由于健康问题在 1996 年初辞职。几个月后去世。

## 三 文学家和艺术家

**卡赞扎基斯(Nikos Kazantzakis,1883~1957)**

希腊著名作家。生于希腊克里特岛伊拉克利翁。曾在雅典大学攻读法律。以后数年在欧洲和亚洲游历。1910 年以悲剧《领班》踏上文坛。作品有诗歌、小说、戏剧和哲学

## 希腊

论文等。著有长篇史诗《奥德修续记》(1938年),它是荷马史诗的续篇,全诗33333行,充分阐述了诗人的哲学观。著名长篇小说《佐尔巴斯的一生》(1946年)根据其自身经历写成,被译成多种文字,并改编为电影,在国际上获得了很大的反响。1950年出版的长篇小说《耶稣重返十字架》,揭露了教会和统治当局的虚伪和贪婪。1953年发表的小说《米哈里斯船长》,描写了克里特岛人民反抗殖民统治的斗争。1956年获维也纳和平奖。1957年访问中国,在归途中染疾而逝。

**塞菲里斯**(George Seferis,1900~1971)

希腊著名诗人和外交家。生于土耳其伊兹密尔市(前士麦那)。就读于雅典大学和索邦大学,长期从事外交工作。曾于1953~1957年出任驻黎巴嫩大使,1957~1962任驻英国大使。写有大量抒情诗,其创作受西欧诗人和诗歌流派的影响。1931年发表第一部诗集《转折》,它摆脱了传统诗歌的束缚,以新形式、新形象和简朴的语言出现在希腊文坛上,标志着希腊诗歌史上出现了新的转折点。1935年发表的诗集《神话和历史》,彻底摈弃传统格律和韵脚,采用自由诗体,记载了诗人对希腊神话和历史的回忆和研究心得。他还把瓦莱里、艾略特、叶芝、艾吕雅等人的作品译为希腊文。塞菲里斯是20世纪30年代希腊最杰出的诗人,是他把象征主义引进希腊现代文学。1963年获诺贝尔文学奖。

**埃利蒂斯**(Odysseas Elytis,1911~1996)

希腊著名诗人,是希腊现代诗歌运动的代表人之一。原姓阿莱普德利斯(Alepoundhelis),埃利蒂斯是其笔名。生于希腊克里特首府伊拉克利翁。求学于雅典大学和巴黎大学。后任职于广播电台,做过艺术和文学评论家。他的笔名据说包含了他的作品的三个重要主题:希腊、希望和自由。1941年参加阿尔巴尼亚反对意大利法西斯的战争。1967年希腊发生军事政变后移居巴黎。青年时代开始写诗。早期诗集《方向》(1936年)和《初升的太阳》（1943年）深受法国超现实主义的影响，主题欢快、诗意新颖。他与一些青年诗人一起成为希腊30年代新诗歌流派的主力军。1945年发表的著名长诗《献给阿尔巴尼亚牺牲的陆军少尉的英雄挽歌》，歌颂反法西斯战士，充满爱国主义精神。1959发表的最著名的作品是组诗《理所当然》，分《创世颂》、《受难颂》和《光荣颂》三部分，并荣膺国家诗歌奖。还著有《对天七叹》、《爱情的流程》、《光明树和第十四个美人》等，其作品将民族传统和现代精神结合在一起，形成独特的风格。1979年获诺贝尔文学奖。

**卡拉斯（Maria Callas，1923～1977）**

希腊著名歌唱家，享有"二十世纪第一女高音"之誉。生于纽约市一个希腊移民家庭。曾在雅典音乐学院学习，1947年在维也纳剧院演出歌剧《拉焦孔达》（La Gioconda）一举成名。她擅长演唱难度极大的歌剧女高音，特别是技巧难度很大的意大利"威尔第"时代之前的美声歌剧，在这个领域享有极高的权威。

**狄奥多拉基斯（Mikis Theodorakis，1925～）**

希腊最为著名的作曲家之一，生于希俄斯岛，求学于巴黎音乐学院。他的音乐作品主要是表达自由和平等，并创作了许多反对德国纳粹的歌曲。1954年，定居巴黎，1959年创作芭蕾舞剧《安提戈涅》在伦敦上演，获得极大的成功。1960年回到希腊后，成为希腊文化复兴运动的发起人，以诗歌和音乐为载体，为古希腊戏剧创作了大量的声乐套曲和轻歌舞剧，因其反专制统治的民主主张受到本国官方机构的严厉抨击。1967年军人政府掌权后被捕入狱，音乐作品遭禁演，在全世界的呼吁声中于1970年获释。他是一位多产音乐家，其作品几乎涵盖所有的音乐形式，包括歌曲、圣乐、室内乐、芭蕾舞剧、交响乐以及电影配乐等。电影乐曲中以1965年创作的《希腊人佐尔巴斯》最为著名。其代表作有《第七交响乐》、歌剧《变形记》，等等。

# 第三章

# 政 治

## 第一节 国体和政体

公元19世纪30年代初,希腊经过7年的艰苦斗争,建立了独立的民族国家。此后的近两个世纪中,希腊的政体历经数次更迭:从1833～1923年为长达百年的君主政体;1924～1936年建立了短暂的共和政体;1936～1941年,梅萨塔克斯将军上台后实施了独裁统治;1946～1967年恢复君主政体;1968～1974年为上校军团的独裁政权;直至1975年新宪法通过,标志着希腊进入稳定的民主共和国时期。

希腊的当代政治体制介于法国模式和德国模式之间,其国家机构由总统、议会、政府及法院组成,实行三权分立。立法权属于议会;行政权属于总统和政府;司法权属于法院,以希腊人民的名义行使审判权。经过1986年的宪法修订后,总统的权力大为缩小,行政权基本上集中于总理领导的中央政府。

一 政治制度的演变

(一) 从独立革命到君主民主制的建立 (1821～1864)

1. 革命时期的宪法和第一共和国的建立

公元1821年,独立战争开始后,希腊相继产生了一批地方政权,如西部希腊参议院、东部希腊议会 (Legal

第三章 政 治

Order of Eastern Greece）和伯罗奔尼撒参议院。应建立临时国家政府和军事组织的需要，这些地方议会表决通过了一些法律条文。1822年，来自各个地方政权的代表参加了在埃皮达罗斯（Epidaurus）召开的第一届国民议会，表决通过了希腊近现代史上第一个宪法，取名"希腊临时宪法"。这个宪法文本共有110个简短的条文，按照法国宪法的范本分成"章"和"条文"。该宪法援循代议制原则和分权原则，对政府的组织形式作了规定：国家事务管理由议会和行政机构承担，每年轮换一次，在立法工作中由两者实现权力的制衡。司法独立，尽管法官由议会和行政部门选定，但司法公正是由法庭裁决来实现。宪法同时在一些条款中写入了保障人权的内容。

一年之后，在1823年4月13日，为了将地方政府合并为单一制的中央政府，希腊召开第二届国民议会，对《希腊临时宪法》作了修订。为了强调与1822年宪法的延续性，新宪法取名《埃皮达罗斯法》，该宪法声明废除地方政府和奴隶制，并明确了立法部门的权力要稍高于行政部门，后者对法案的否决权被缩小。在保护人权方面，新宪法也有所改进：不仅希腊人的财产得到法律保护，所有生活在其领土上的居民的荣誉和安全也在其保护之下。此次议会还通过了新的选举法，规定拥有选举权的男性选民投票年龄下限从30岁降至25岁。然而，该宪法没有最终解决建立单一的中央政府中的权力分配问题，对于行政机构和议会的年度任期制未作任何变动。可以说，1823年宪法的修订不仅没有弥补原本存在的议会和政府之间的缝隙，反而对两者的权力争斗起到了推波助澜的作用，致使双方的裂隙增大，最终导致了内战。同时为境外的保护国干涉希腊的内政提供了充足的理由。

1827年，希腊独立解放运动的各派势力达成妥协，由各派代表组成的第三届国民议会在特里泽尼亚（Troizena）会上通过

了第三部宪法——《希腊政治宪法》，同时推选曾担任俄国外交官的卡波蒂斯特里亚（John Capodistrias）为希腊共和国首任总统，任期7年。议会试图从民主和自由的理念出发来建立一个稳定的政府，并首次宣布了主权在民的原则，即"民有、民治、民享"。这个核心的民主原则在1864年之后的希腊宪法中一次又一次地被重申。该宪法共有150项条款，对权力作了严格的分配，将行政权交给总统，将立法权交给代议机构，即众议院（Boule，古希腊立法会议）。总统对法案只有否决而使之搁置的权力，没有解散议会的权力。在这个宪法文本中首次出现了所谓的"议会原则"。国务大臣们，即部长们对其行政管理行为集体负责。而且，在所有宪法中，特里泽尼亚宪法对人权保护的阐述最完整，也最为详细。该宪法的通过标志着希腊进入第一共和国时期。

特里泽尼亚宪法试图将强有力的中央权威和民主架构融合起来，但是现实的情况显然违背了这部宪法的初衷。1828年1月，卡波蒂斯特里亚来到希腊组建内阁，在他的家长式威权统治下，特里泽尼亚宪法如同虚设。三年半后，卡波蒂斯特里亚被刺身亡，已经取得独立的希腊再次陷入无政府状态。

2. 君主专制时期

1833年，在保护国英国、法国和俄罗斯的支持下，来自巴伐利亚的奥托王子来到纳夫普利翁就任希腊国王，并被加冕为"希腊的天授君王"，希腊随即被宣布为独立的"希腊王国"。可以说，民主共和制度立足未稳，希腊即在外力的压迫下建立了长达百年的君主政体。在奥托的登基讲演中，他对宪法只字未提。随后在其长达10年的君主专制统治期间，国家的行政机构建设取得了初步进展，司法体系开始成形，一些基本法律也被制定出来，如商业法、刑事法，以及民事和刑事程序法，并建立了政府公报制度等。在这一时期，政府依据君王的意志行使权力，宪法形同一纸空文。

3. 君主立宪时期

1843年,雅典发生军事政变,要求奥托国王立宪,国王被迫同意。1844年,由"希腊人国民议会"制定了新的宪法,这部宪法可以称之为宪法契约,它在实质上是一部君王与国家之间的契约。该宪法以1830年法国宪法和1831年比利时宪法为模本,重新确立了立宪君主制。主要内容是确立了君主主权的原则,君王有决定国家事务的权力,但立法权应与众议院和参议院一同行使,法案经君王签字后生效。宪法还规定众议院的成员不得少于80名,由全国大选产生,议员任期3年。参议员为终身制,由国王任命,名额固定为27人,国王有权增加人选,但不能超过议会议员的半数。宪法规定,大臣们对国王负责,大臣职务由国王任命和解除,司法公正来自于国王,由他任命的法官以国王的名义来实施审判权。最后,议会还表决通过了新选举法,规定所有公民享有选举的权利(女性除外)。从这个意义上来说,1844年的宪法,是欧洲历史上第一部实行普选制的宪法。

尽管奥托国王接受了宪法,他并没有真正履行宪法规定的职责,而是竭力获取超出宪法之外的尽可能多的权力。1862年10月10日,对此极为不满的军官们再次发动政变,奥托国王被废黜。

(二)君主民主制第一阶段(1864~1922)

1. 1864年的宪法

1863~1864年在雅典举行了第二届希腊人国民议会,其任务是选举新君主,并起草新宪法,从而使君主立宪制过渡到君主民主制。尽管希腊全民公决以压倒性的多数票,选举英国王子阿尔弗雷德(Alfred)就任希腊王国国王,但他本人拒绝接受,于是希腊政府将王冠转给丹麦乔治王子,并加冕为"希腊人国王

乔治一世"。

　　1864 年制定的宪法是根据 1831 年比利时宪法和 1849 年丹麦宪法起草的，首先对人民主权原则给予明确阐述，在第 31 条款中申明所有权力来自于全国人民，当权者要按照宪法规定来行使权力，议会是唯一拥有法律修改权力的立法机构。第 44 条款还确立了问责制原则（principle of accountability），规定国王只拥有宪法和法律赋予的权力。因为参议员一向被视作君主手中的权力工具，此次宪法取消了参议院，明确了议会形式为一院制，议员由全国选民以直接、秘密的投票方式产生，任期 4 年。该宪法重申了 1844 年宪法中许多条款，比如部长大臣由国王任命或开除，并对国王负责。此外，国王保留了日常或非常时期召开议会的权力，只要得到内阁的签名同意，可以行使解散议会的权力。

　　2. 引入议会原则（introduction of the parliamentary principle）

　　1864 年宪法逐字重复了 1844 年宪法第 24 条款，即"国王任命并开除部长大臣"，这个表述意味着大臣们实际上依附于国王，而不是对议会负责。该宪法也没有提及国王必须按照议会大多数人的意见来组成内阁。这种宪法上的模糊性为乔治国王的随意干预朝政创造了机会。1864～1875 的 10 年间，王室对政治事务横加干涉，或任命在议会只得到少数人支持的政府，或当得到多数支持的政府与王室意见相左时，强迫他们辞职。1874 年，力主推行政治制度现代化的改革派领袖特里库皮斯在报上呼吁，宪法必须体现人民主权原则和议会制精神。在改革派的压力下，国王最终同意，将议会的"公开信任"（"manifest confidence"）原则加入宪法。次年，乔治一世在其演讲中，明确保证：

　　　　使所有我召唤来帮我治理国家的人，首先应得到大多数国民代表的公开信任；而且，我同意这个认可要来自议会，因为没有议会，政策就不可能和谐运作。

在君主民主制建立10年后确立"公开信任"原则，具有重要的意义。因为通过这个原则的实施避免了奥托时期君王无视宪法的专制做法。

3. 1911年宪法的创新

1864年的宪法一直沿用至1911年。在这期间，尤其是19世纪末和20世纪初，希腊的政治经济和社会状况发生了显著变化。旧政党逐渐衰落、消失，而工业化和经济的发展产生了新的中产阶级，代表其经济利益和政治诉求的政党在希腊政坛上迅速崛起。种种新的形势和变化对旧宪法产生了新要求。1909年"军事政变"后，自由党领袖维尼泽罗斯上台执政，在他的主持下对1864年的宪法作了新的修订。从严格意义上来说，不是修订，而是于1911年产生了新的宪法。其重要内容是强调人权、加强法治，并且推动机构建设的现代化。这部宪法在当时被称为"希腊人的公共法"。相较于旧宪法而言，新宪法最为重要的贡献是在人权保障方面作了详细的规定，并赋予了新的时代精神，如有效保护人身安全、税负平等、公民有集会的权利、住所不可侵犯，等等。

此外，宪法支持国家征用土地来分派给无地的农民，同时通过司法手段来保护土地权。其他重要的修改包括：建立选举法院来解决议会选举产生的争端，进一步限制议会议员兼职，重新建立最高行政法院——国务委员会（实际上在1927年宪法出台后才得以运作），改进对司法独立的保护，建立公务员终身雇用制。在这部宪法中第一次提出为所有公民提供义务性的免费教育。

（三）第二共和国（1924~1935）

1. 1927年宪法

1921年，为争夺士麦那地区爆发了与土耳其的战争，战争失利后引发了国内的军事政变，康士坦丁一世及其长子乔治二世

## 希腊

相继离位。1924年1月2日，希腊召开了第四届"国民议会"，决定废除君主制。1924年4月13日，全民公决通过了该项决议，并宣布希腊成为共和国。正当议会致力于完成确立共和政体的新宪法时，发生了潘格洛斯将军领导的军事政变。两年后，将军独裁统治被推翻，希腊随即举行了首次比例代表制选举，产生了新的议会，最终通过了1927年的宪法。

1927年宪法具有鲜明的特色，它第一次写入了社会保障的权利，如就业保护、家庭保障等，而且在个人权利的保护方面作了改进。最为重要的一点是，宪法规定国家元首由议会和参议院两院选举产生，任期5年。共和国国家元首没有立法权，但在参议院同意的情况下可以解散议会。议会和参议院拥有立法权。议会由200~250名议员组成，经直接、秘密的投票方式选举产生，任期4年。参议院由120名参议员组成，任期9年，但每三年要轮换1/3，至少9/12的参议员由公民选出，1/12由议会和参议院在每个议会任期开始时的全体会议上选举产生，余下2/12为来自各行各业的代表。当两院对某项法案有争议时，宪法规定由议会投票来决定。另一个重要内容是，对议会制作了明确保证，这是希腊宪法中首次加入该项条款，说明内阁必须"得到议会信任"。

2. 君主制的恢复

第二共和国仅仅维持了10年左右。1935年，维尼泽罗斯的支持者发动了未遂政变，导致1927年宪法被废止，1911年宪法被重新起用，而乔治国王在极其动荡的政治形势中由全民公决重新登基上台。1936年，梅塔克萨斯将军在国内建立了独裁政权，他及其继任者的统治一直持续到1941年希腊被德国军队占领。

（四）君主民主制第二阶段（1952~1967）

1. 1952年宪法

20世纪50年代的希腊，内战刚刚结束。国内对于希腊共产党的镇压、排挤而带来的政治压抑气氛并未完全消除，再加上冷战的开始导致了东西方阵营的对立，希腊加入北约后，成为美英等西方国家防范苏联的前沿阵地。在这种特殊的社会和政治背景下，于1952年出台的新宪法，总的而言带有浓厚的保守色彩，除了对政体的规定不同，对人民权利限制更多之外，大部分内容与1911年、1927年的宪法相一致。该宪法的基本创新是在君主民主制下引入议会制。立法权由国王和议会行使，行政权由国王和内阁行使，司法权由法院以国王的名义行使。国王的职责与1911年宪法的规定如出一辙，如拥有任免内阁大臣、文武官员，召集或解散议会，赦罪、减刑，对外媾和、宣战、缔结条约等权力。关于议会则没有多少新意，议会实行一院制，议员的名额由各选区的人数决定，议会总人数不得少于150名，不得超过300名。宪法规定选举权可以通过立法变成强制性的，并且通过立法，妇女也可以有投票和被选举的权利。1952年宪法是希腊王国的最后一部宪法，也是首次规定妇女享有选举权的宪法。

2. 政治危机和军人独裁

1965年7月，因为当时的政府总理老帕潘德里欧要求接管国防部一事和年轻的康士坦丁国王发生严重分歧，从而引发了第二次世界大战后最严重的政治危机。议会的职能再次成为讨论焦点，并由此形成了中央政府总理和国王以及内阁之间的对抗：国王试图控制内阁成员，而中央政府在议会得到多数支持。危机最终导致了老帕潘德里欧政府的垮台。正当希腊重新酝酿新一轮选举之时，1967年4月21日，一群年轻的军官成功地发动了一场政变，希腊由此开始了长达7年的上校军团的独裁统治，期间1968年和1973年分别通过了两个宪法文本，第二个文本规定建立非君主制的政体。由于这些宪法文本非常保守，以至于没有完全施行。

### (五）第三共和国（1974年至今）

1974年，军人政府垮台后，卡拉曼利斯回到国内就任政府总理，其执政的首要目标是重建民主制度，稳定动荡不安的政治局势。这届政府重新恢复了1952年宪法，但排除了原先的国王条款。1974年11月17日，希腊第一次举行自由的议会选举。同年12月8日，关于是否保留君主制问题，举行全民公投，结果有69.18%的选民反对君主制。困扰了100多年的政体问题从此得到彻底解决。

1975年宪法是以1952年宪法和1927年宪法为蓝本，许多条款还参考了1949年西德宪法和1958年的法国宪法。它根据当时重建民主制的需要，对个人和社会的权利作了具体的规定。宪法规定的政体是议会共和制，国家元首拥有干预政治生活的权力。该宪法还对国际组织的参加做了特别说明，为后来加入"欧洲经济共同体"铺垫了法律基石。

## 二　宪法

### （一）1975年宪法主要内容

希腊宪法崇尚司法至上的理念，遵循权力相互制衡的原则。其现行宪法于1975年6月由第五届修宪议会通过，并于1975年6月11日生效。随后分别于1986年和2001年进行了两次修订。该宪法分为四个部分，即基本条款、个人和社会的权利、国家的组织和职能以及特别的、最后的和过渡性的条款，共120条。它对希腊的政治制度、个人和社会权利作了基本规定。

在第一编"基本条款"第一章中，宪法对希腊的政体作了如下界定：希腊的政体为议会制共和国；人民主权为政府的基础；一切权力来自人民和民族，并依照宪法的规定行使；尊重和保护人的价值是国家的首要职责；希腊遵循国际法公认的准则，致力于巩固和平和正义，发展各国人民和国家之间的友好关系。在第二章教会和国家的关系中，明确规定了希腊的主要宗教为东正教。希腊东正教会独立主持自己的内部事务。

在第二编中，希腊宪法声明，尊重和保护人的自由和价值是国家义务的主要组成部分。这主要体现于"个人权利和社会权利"的规定中。例如，人身自由不得侵犯，不根据法律的规定，任何人不受起诉、逮捕、监禁或任何形式的限制；每个人的住宅不得侵犯，每个人的私生活和家庭生活不得侵犯，没有法律依据和司法部门代表在场，不得搜查住宅；言论自由和信息自由也在保护之列，如新闻自由，禁止设置审查制度和其他各种预防措施，报纸和其他出版物不得予以查封，法律另有规定者除外。希腊人有宗教信仰的自由，但是不允许改宗。此外，宪法向居住在希腊的所有人提供了生命、名誉和自由方面的全面保护。在权利方面，宪法规定，凡年满18岁的公民都有选举权，也有享受免费教育、集会、结社、组织政党以及罢工等权利。同时，公民也有纳税、服兵役、维护国家团结等各项义务。

在第三编中，希腊宪法对国家的基本政治制度和组织作了基本规定。如第一章中确认希腊国家机构由总统、议会、政府及法院组成，实行三权分立。立法权属于议会和共和国总统；行政权属于总统和政府；司法权属于法院，以希腊人民的名义行使司法审判权。所有希腊人在法律面前一律平等。在其后的章节中分别对总统、议会、政府以及司法部门的权力和职能作了细分。

第四编由特别条款、最后条款和过渡性的条款构成。主要对宪法修改的条件和程序作了如下说明：一是关于议会制共和政体、公民基本权利、总统、议会和政府的法律地位的若干条款不得修改；二是修宪提案至少要有50名议员联合提名，经议会两

次表决，其时间间隔不得短于 1 个月，而且须以 3/5 的多数票通过，才能确定需要修改的内容。一次修改之后，必须经过 5 年才能进行下次修改。

### （二）1986 年和 2001 年宪法的两次修订

1986 年修订宪法的一个目的是确定共和国总统的职责，实际上是取消了 1975 年宪法赋予总统的重大权力，如，总统不再拥有解散政府的权力。此外，只有在政府建议之下，并经议会绝大多数成员的同意，总统才能就国家的重要事项举行全民公决。在非常情况下，总统在对公众发表演说时，必须先征求政府的意见。总统批准、颁布议会通过的立法和发布设置国家机构和职能的文件的权力也被取消。关于执行和中止国家紧急状态的发布不再通过总统命令来实施，而是在政府建议的基础上通过议会决议实施。也就是说，根据 1975 年的宪法，可以将希腊的政体解释为总统议会共和制，通过这次修订后，已更多地体现为纯粹的议会共和制。总统的角色在很大程度上已成为礼仪上的象征。

2001 年，希腊议会对宪法作了大幅度的修订，修改条款达到 89 条。但实际上，多数内容已通过各项法律得到具体的实施。修订后的宪法引入了一些新的个人权利，如保护遗传学身份，保护经电子处理的个人资料，并加入了政治生活透明化的新内容，涉及政党融资、选举开支、媒体与政府关系等多种领域。宪法对议会工作程序进行了调整，加强了议会委员会在立法过程中的作用，以此避免集权化的危险。

但是，关于国家政治体制的运作方式的条款基本上未作改动。从目前而言，修订后的希腊宪法适应并体现了时代和社会变化的要求，在特定问题上可能有些保守，但总体来说，为希腊在 21 世纪的政治制度的发展提供了一个令人满意的体制框架（参见图 3-1）。

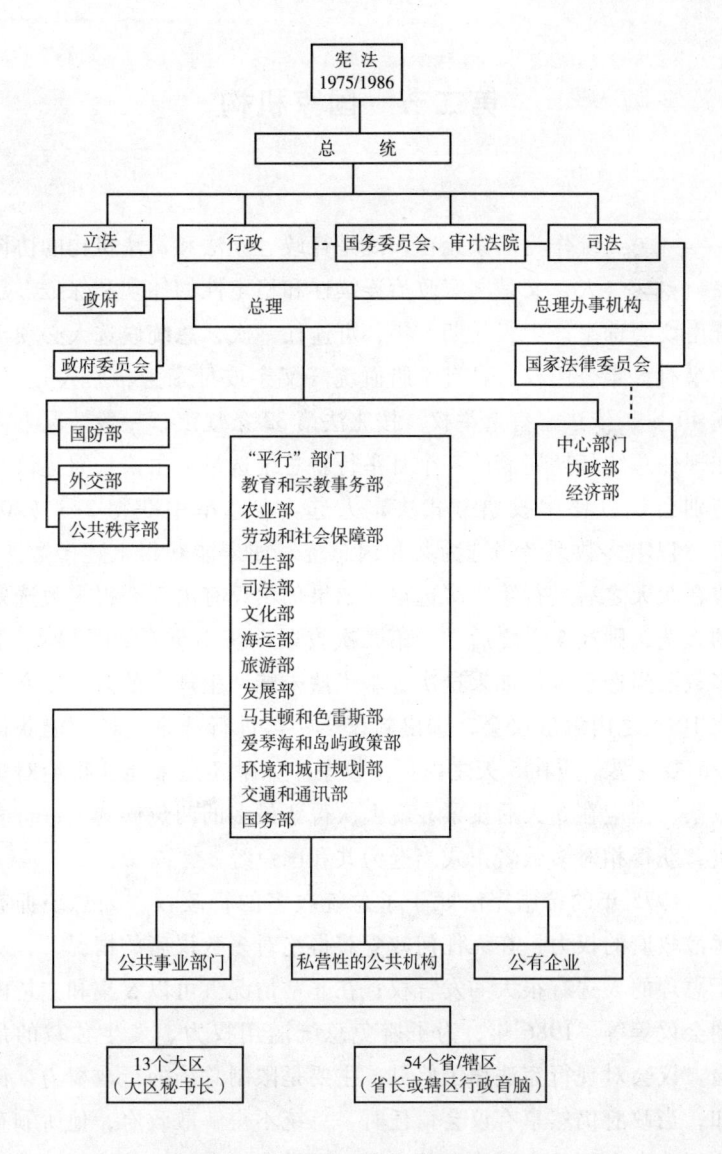

```
                    宪 法
                  1975/1986
                      │
                    总 统
        ┌─────┬──────┼──────────┬─────┐
       立法   行政──国务委员会、审计法院──司法
        │     │                        │
       政府  总理──────────────总理办事机构
        │                              │
      政府委员会                    国家法律委员会
        │                              │
     ┌──┴──┐                       ┌───┴───┐
     国防部                         中心部门
     外交部        "平行"部门        内政部
     公共秩序部    教育和宗教事务部   经济部
                  农业部
                  劳动和社会保障部
                  卫生部
                  司法部
                  文化部
                  海运部
                  旅游部
                  发展部
                  马其顿和色雷斯部
                  爱琴海和岛屿政策部
                  环境和城市规划部
                  交通和通讯部
                  国务部
        ┌─────────┼─────────┐
     公共事业部门 私营性的公共机构 公有企业
        │
     ┌──┴──┐              ┌──────┐
   13个大区             54个省/辖区
  (大区秘书长)        (省长或辖区行政首脑)
```

**图 3-1 希腊政治体制结构简图**

资料来源：OECD：Public Management：Profiles 1992。

## 第二节 国家机构

### 一 总统

总统作为国家元首，既是行政、立法和司法机构的协调人，又是国家政治连续性和稳定性的体现和保证。总统由议会选举产生，任期5年，可连任一次，总统候选人必须至少享有5年公民权、具有希腊血统（父亲或母亲为希腊人）、年满40岁、依法享有选举权。按宪法第32条规定，一般情况下应在现任总统任期届满前一个月举行新总统选举，由议长召集议会特别会议以秘密投票方式决定人选。在选举中获得2/3（200票）以上多数票者当选为共和国总统。如未能获得上述多数票，应在5天之后进行第二次选举。如果仍然没有出现获得多数选票的人选，则在5天之后进行第三次投票，获3/5（180票）以上多数票当选总统。如果这次选举仍然未能产生规定的票数，必须在10天之内解散议会，选出新议会，再进行选举。如未能获得3/5多数票，应在5天之内再次投票。如果还是未能获得绝对多数票，则应在5天后投票，就上次得票最多的两位候选人进行表决，获得相对多数者正式当选为共和国总统。

1975年的希腊宪法赋予了总统较多的行政权，如总统拥有解散政府的权力；在无任何政党获得绝对多数议席的情况下，对于总理的人选有很大的发言权；在非常情况下可以召集和主持内阁会议等等。1986年，为了避免总统滥用权力、发生独裁的危险，议会对现行宪法作了修订，主要是限制总统的行政权力，例如，当政府仍然享有议会信任时，总统不得解散政府，他所颁布的行政命令更具有形式上的意义。通过这次修订，总统的行政权基本上都转移到总理手中。总统不直接介入国家的政治决策，但是签署相关的法律出台、人事任命的总统令。

作为国家元首，总统对外代表国家，宣布战争、缔结和约、盟约、经济合作条约，以及参加国际组织或联盟的条约，但他必须将以上事项通报议会。名义上，总统也是国家军队统帅，军衔由总统授予，但指挥权由政府行使。希腊宪法第二章第30至50条款中列出了总统的各项权力和职责，但实施任何实质性的行政和立法权力的法令都必须由总理和议长副署，除了以下内容为总统的专有权力，无需任何个人或权力机构的副署。

（1）任命总理；

（2）在没有议会政党获得绝对多数议席的情况下，委派获得相对多数议席的政党领袖试探是否有可能组成以他为首的政府；

（3）在新总统选举失败需要重组新议会时，或者议会明显违背民意或者无法保证政府的稳定，或议会举行大选时，解散议会；

（4）将已通过的法案或提案送还议会；

（5）任命总统府的工作人员。

按宪法规定，总统拥有如下重要职权。

（1）有权任命总理，根据总理的提名任命政府内阁部长和副部长；如遇总理辞职或议会通过对内阁的不信任案时，由总统免去总理的职务、解散内阁；

（2）在下列情况下解散议会：连续两届政府辞职或被议会否决，或者它的组成不利于保持政府的稳定，或在获得信任投票的内阁的要求下；

（3）主持召开每年一次的议会常会，在必要时召集议会非常会议。每届议会任期的开始和结束，必须由总统本人（或通过总理）予以宣布。总统可以通过推迟其开幕或宣布休会中止议会会议一次。但时间不得超过30天，未经议会同意，不得再次中止。

（4）在特别紧急情况下，应内阁的请求，有权颁布立法性法令，但应在限定的日期中提交议会批准。在内阁的建议之下，经

议会绝对多数票数的同意，下令将紧急国事交付全民公决；在遇到非常紧急的情况下，经总理同意和副署之后发布告全国同胞书。

（5）有权公布议会关于在发生战争或国家安全和公共秩序受到威胁下实行戒严的决定，在议会缺席的情况下，可以应内阁的建议，以总统令发布。

此外，总统还拥有赦免权，可以宣布减免刑法等。

如果总统出国时间超过10天，或因疾病、死亡、辞职、免职的原因不能履行总统职务，则由议长暂时代行总统职务，如果当时议会尚在组建时，由前任议长代行，如果遭到拒绝或由于其他原因不能履行职责时，由内阁全体成员代行。

总统对其在执行职务时的作为不负法律责任，只有叛国罪、或蓄意违反宪法的行为才能受到起诉，而且必须有至少1/3的议员签名并获得议会至少2/3的多数票通过，才能对总统提出控告，并交由最高法院首席法官主持的特别法庭进行审判。

总统之下设有总统府，作为总统的办公机构。总统府设立时间不长，主要由以下6个部门组成。

（1）总统私人办公室，主要负责对外联络；
（2）法律事务局；
（3）外交事务局；
（4）军事局；
（5）经济事务局；
（6）行政事务局。

二　总理和中央政府

根据希腊现行宪法的规定，行政权属于共和国总统和政府，政府由包括总理、各部部长（严格来说，外交部部长的职位是代理部长，alternate minister）和国务部长（不分管具体的政府部门）的内阁组成。从宽泛意义上来说，政府成员还包括副部长。副部长应总理的邀请可以参加内阁会议，但不享有投票权。政府的主要职责是确定和指导国家的总政策。在国家政治制度中，政府是国家行政权力的核心，它还享有较大的立法权力。在希腊，组成现任政府的执政党一般在议会拥有多数议席，换而言之，多数议员同时又是该党派的成员，这就变成了几乎所有的议案都由政府授意。此外，宪法还授予政府提议总统发布紧急法令和解散议会、提前大选的权力。

## （一）总理

在希腊政治体制中，总理是政府首脑，也是政治决策的中心。经过1986年的宪法修订后，总统的权力大为削弱，在事实上，使国家行政权力的重心转移到总理手中。据现行宪法规定，总理的基本职责是维护政府的统一，并指导政府行为和公共事务管理活动，使政府的政策在法律规定的范围内得到实施。其最重要的权限是组阁，即提议（事实上是决定）任免政府部长和其他政府成员，并且确定部长们的职能。经总理提名，总统还可以任命一名或数名部长为副总理。在副总理缺位时，总理可根据需要，指定一名部长担任临时副总理。此外，主持政府最高委员会的工作，决定内阁决议框架下政府政策的细节，协调各个部长的工作，弥合他们之间的意见分歧，监督各个行政机构贯彻政府政策的程序，批准政府公报，也在总理职责范围之内。总理和各个部长就政府总政策的制订和实施集体对议会负责，而每个部长对各自职权范围内的活动或失职行为负个人责任。

一般而言，总理由在大选中获得绝对多数议席的政党或政党联盟的领袖出任。如果没有任何政党获得绝对多数议席，总理人选将由特殊程序产生：总统先试探获得相对多数议席的政党领袖，是否有可能组成以他为首的政府并获得议会的信任；如果未获成功，总统以同样目的再试探议会第二大党的领袖；如果仍没有结果，则议会第三大党的领袖将成为总理的人选；如果上述办

法都没有奏效，总统将召集议会所有党派的领袖，商议组成临时政府，组织新的大选。如果这样的共识都未达成的话，总统将委托国务委员会主席、最高法院、审计法院法官组成临时政府，并解散议会，举行新一届立法选举。但从1974年以来的实际情况来看，这些特殊程序几乎没有动用过。总理由共和国总统正式任命，但实际上并不需要总统的信任投票。

总理的办事机构是总理办公室（Prime Minister's Office），它直接接受总理领导，辅助总理完成监管政府和行政管理的事务。总理办公室由4个部门组成。

（1）战略计划办公室；
（2）经济和外交事务办公室；
（3）生活质量办公室；
（4）社会对话和对外联络办公室。

这4个部门是平级单位，分管政府的不同事务。各个办公室主任连同总理的法律顾问都是总理的亲信。总理办公室人员由总理发布法令进行任免，无需遵从政府部门的人事任免制度。随着总理权力的加大，总理办公室的职能也在扩大，从信息的收集来看，几乎摆脱了以往对政府部门的依赖。除总理办公室之外，内阁秘书处和国家信息中心（the National Information Service）也直接接受总理的领导，这三个核心的行政服务机构组成了一个小型的"白宫"，直接为总理服务。由此可见，总理在政府和国家行政事务中处于独一无二的核心地位。

自1928年卡波蒂斯特里亚组成现代希腊的第一届政府以来，已产生了172届政府、91位总理。其中在位最长的总理是1974年上台的康斯坦丁·卡拉曼利斯，任期13年。最年轻的是现任总理科斯塔斯·卡拉曼利斯，年仅46岁，为康斯坦丁·卡拉曼利斯的侄子。

1974年以来希腊历届政府情况，参见表3-1。

表 3-1　1974 年以来的希腊政府

| 序号 | 执政时期 | 执政党 | 总理 |
|---|---|---|---|
| 1 | 1974-07~1974-11 | 联合政府 | 康斯坦丁·卡拉曼利斯 |
| 2 | 1974-11~1980-05 | 新民主党 | 康斯坦丁·卡拉曼利斯 |
| 3 | 1980-05~1981-10 | 新民主党 | 乔治·拉利斯 |
| 4 | 1981-10~1989-06 | 泛希腊社会主义运动党 | 安德烈亚斯·帕潘德里欧 |
| 5 | 1989-06~1989-10 | 联合政府（新民主党、左翼与进步力量联盟） | 扎尼斯·察奈塔基斯 |
| 6 | 1989-10~1989-11 | | 约安尼斯·格里瓦斯 |
| 7 | 1989-11~1990-04 | 大联盟政府（新民主党、泛希社党、左翼与进步力量联盟） | 克塞诺丰·佐洛塔斯 |
| 8 | 1990-04~1993-09 | 新民主党 | 康斯坦丁·米佐塔基斯 |
| 9 | 1993-10~1996-01 | 泛希腊社会主义运动党 | 安德烈亚斯·帕潘德里欧 |
| 10 | 1996-01~2004-03 | 泛希腊社会主义运动党 | 康斯坦丁·西米蒂斯 |
| 11 | 2004-03 至今 | 新民主党 | 科斯塔斯·卡拉曼利斯 |

## （二）政府成员及其职权

希腊政府内阁主要由总理、各部部长组成。现任内阁除总理之外，共有 18 名部长和一名代理部长（外交部部长）。通常一位部长分管一个专门领域的公共事务管理部门。此外，还有 27 名副部长辅佐部长管理部门事务。虽然在法律上和部长拥有相等的地位，但他们不属于内阁成员，如果内阁讨论涉及他们管辖的事务时，通常会应邀列席内阁会议，但不享有投票权。内阁的主要职权如下：制定和执行法律允许范围之内的国家总政策，对重大政治问题作出决定；建议颁布立法性法令；起草宪法和法律规定的法令，等等。原则上，凡在选举之日年满 25 岁、享有合法选举权的希腊公民都可以被任命为政府内阁成员，并不需要具有议员资格。但是，一旦被任命为政府内阁成员，则必须在任期内停止任何职业活动。部长和副部长不得兼任其他职务。

政府一般是通过内阁会议来行使集体权力、就国家重要事务进行决策。内阁会议由总理召集并主持,每两星期举行一次,时间一般选在每月第一个和第三个星期三上午。会后发表官方公报,总结讨论的议题和作出的决定,并由政府发言人通知媒体。会议日程由内阁秘书处草拟,经总理同意并签名后执行。内阁会议的召开须达到法定的人数,即内阁成员的一半以上。所有的决定必须得到绝大多数与会人员同意后才能通过。如果同意和否决票各占一半,总理的选票将作最后拍板。

内阁秘书处(Cabinet Secretariat)是负责处理内阁公务的秘书机构,原本属于国务部。1990年,从国务部分离出来后,成为一个独立的公共服务部门,直接对总理负责。内阁秘书处由以下几个部门组成。

(1)秘书长办公室;
(2)行政和财务办公室;
(3)法律事务办公室;
(4)政府政策协调办公室;
(5)通信办公室;
(6)中央法律起草委员会。

内阁秘书处的主要职责是为政府的决策和执行做好准备工作,如拟定内阁会议日程、负责会议记录,发布公报等。同时,也起到内阁决策的监督者的作用。内阁秘书处成员由总理任免,因而一般随着内阁的更迭改换人马。内阁秘书处由秘书长统领,他是总理极为重要的助手。相较于法国总统府总秘书处而言,希腊的内阁秘书处仅仅是一个提供行政服务的机构,它的组织机制既无法保证人员的连续性,也无法发挥帮助总理决策的重要作用。

除了内阁之外,政府根据决策分不同领域的特点,也为了集中讨论专门的问题,设立了政府最高级委员会,分别由不同部门的部长组成。为首的是政府外交和防务委员会,其成员为包括外交部、马其顿和色雷斯部、爱琴海和岛屿政策部在内的9名部长。其次有8名部长组成的内阁委员会，这两个委员会的工作由总理主持。其他还有公共机构和市民社会委员会、经济和社会事务委员会、公共建设工程委员会，分别由内政部长、国民经济和财政部长、环境城市规划和公共工程部长领导。

（三）中央政府部门的设置

中央政府部门的设置，经历了以下三个发展阶段。

(1) 1833~1910年，政府总共设立了7个秘书处：王室和外交事务秘书处、司法秘书处、内政秘书处、宗教和公共教育秘书处、经济和金融秘书处、军事秘书处和海运秘书处。除了1844年通过的宪法将"秘书处"改名为"部"之外，其部门的数目一直保持不变。

(2) 1911~1951年，随着部门事务的增加，将原来统一的部门细分为几个独立的部，并设立了分管新的政府事务和公共政策的部门。1911年，农业部、商业部和工业部从经济和金融部独立出来。1914年，成立了公共交通部。1917年成立卫生和农业部。1922年，成立了邮政、电报和电话部。1935年成立劳工部。1945年，成立了公共秩序部。自此，经过一个世纪的历程，由16个部门组成的政府机构框架初步成型。

(3) 1951~2000年，在这半个世纪中，整个政府机构没有出现结构性的调整，一些旧的部门进行了合并，如内政部和总理部合并。一些新的部门伴随着新的政策领域的产生开始组建，如1955年建立了北希腊部，1988年更名为马其顿和色雷斯部；1985年成立爱琴海部；1971年建立了环境部，1980年成立新闻部。根据1976年第400号法令和1985年第1558号法令最终规定，将希腊政府部门的总数限定为19个。

希腊现政府于2004年3月经大选产生，目前设有19个部，其中内政、公共管理和权力下放部、国民经济和财政部，这两个

部属于政府的中心决策部门,后者是由原来的国民经济部和财政部合并而成。其他平行的部门有外交部、国防部、公共秩序部、发展部、环境城市规划和公共工程部、教育和宗教事务部、劳动和社会保障部、卫生和社会互助部、农业发展和食品部、司法部、文化部、交通和通讯部、海运部、旅游部、马其顿和色雷斯部、爱琴海和岛屿政策部、国务部。

希腊现政府内阁成员,参见表3-2。

表3-2 希腊现任内阁成员

| 职 务 | 姓 名 |
|---|---|
| 总理 | 科斯塔斯·卡拉曼利斯(Costas Karamanlis) |
| 内政、公共管理和权力下放部长 | 普洛科彼斯·巴夫罗普洛斯(Prokopis Pavlopoulos) |
| 国民经济和财政部长 | 乔治·阿洛格斯古菲斯(George Alogoskoufis) |
| 外交部长 | 多拉·芭科亚尼(Dora Bakoyanni) |
| 国防部长 | 万盖利斯·梅伊马拉基斯(Vangelis Meimarakis) |
| 发展部长 | 基米特里斯·修法斯(Dimitris Sioufas) |
| 环境、城市规划和公共工程部长 | 乔治·苏弗利亚斯(George Souflias) |
| 教育和宗教事务部长 | 马莉埃塔·亚纳库(Marietta Yiannakou) |
| 劳动和社会保障部长 | 萨瓦斯·齐杜利迪斯(Savvas Tsitouridis) |
| 卫生和社会互助部长 | 基米特里斯·阿弗拉莫普洛斯(Dimitris Avramopoulos) |
| 农业发展和食品部部长 | 埃万杰洛斯·瓦西阿科斯(Evangelos Basiakos) |
| 司法部长 | 阿纳斯塔西奥斯·帕帕里古拉斯(Anastasios Papaligouras) |
| 文化部长 | 乔治·沃尔伽拉基斯(George Voulgarakis) |
| 交通和通讯部长 | 米哈利斯·利亚彼斯(Michalis Liapis) |
| 公共秩序部长 | 拜伦·波利多拉斯(Vyron Polydoras) |
| 海运部长 | 马诺利斯·凯法洛亚尼斯(Manolis Kefaloyannis) |
| 旅游发展部长 | 法妮·帕里-佩特拉里亚(Fani Pali-Petralia) |
| 马其顿和色雷斯部长 | 乔治·卡兰齐斯(George Kalantzis) |
| 爱琴海和岛屿政策部长 | 亚里士多德·帕弗利迪斯(Aristotelis Pavlides) |
| 国务部长兼政府发言人 | 塞奥多洛斯·鲁索普洛斯(Theodoros Roussopoulos) |

### (四) 行政监督和咨询机构

自 20 世纪 70 年代恢复民主制后，希腊政府职能不断扩大，为了使国家的行政事务有效地运转，原有和新设的行政监督和咨询机构的职能和作用正在增大。在国内政治生活中，占据重要地位的行政监督和咨询机构主要有：国务委员会、审计法院、国家法律委员会、国家行政改革委员会等。

**国务委员会（Council of State）**

国务委员会也是希腊最高行政法院，身兼司法和咨询两种职能。这个机构是模仿法国的宪法委员会（conseil d'Etat）建立而成的。除了审理重大行政争端，还需要审查草拟的行政法律和规章制度，并提出意见。这些意见主要是针对这些法律草案是否违宪，是否和已有的法律相抵触，并提出技术层面上的修改建议。

**审计法院（Court of Accounts）**

它是一个特殊的行政法院。除了审理相关的养老金、审计和公共机构的民事责任等案件外，它的咨询职能包括以下几个方面：宣布政府有关养老金、退休金的预算；审核公共账目（政府、公共机构和地方政府）是否违法使用；向议会递交有关政府财政状况的报告；应部长的要求就咨询的事项提出意见和建议。

**国家法律委员会（Legal Council of State）**

它是政府的法律顾问机构。它所履行的咨询职能如下：对于政府涉及的法律争端给予法律上的建议；在法庭上维护政府的法律权益。对于行政机构如何依法行使行政权力提出建议。

**国家行政改革委员会（National Council of Administrative Reform）**

这是一个 2000 年刚刚成立的机构。光从名称上，即可对其职能一目了然。它为政府的行政改革而设，主要为政府提出相关的政策建议，寻求在行政政策上达成共识。其成员是来自各个职

业和利益集团的代表、专家，以及公共机构和各个党派的代表。委员会主席为内政部长。

### 三　地方权力

在希腊，地方自治的传统最早可以追溯到中世纪晚期。在漫长的外来侵略者的统治时期，希腊的"社团"精神强有力地支撑了整个民族的生存。到了19世纪初，在奥斯曼统治者的"默许"下，希腊的村社达到高度的自治。每年地方上都要举行地方行政首脑的大选。在希腊第一共和国时期，由于主张自治的地方势力及其政治代表的阻挠，卡波蒂斯特里亚试图建立一个统一的中央集权政府的计划招致失败。几百年来，多个地方权力中心并立，习惯已成自然。

1833年，在来自巴伐利亚的奥托国王及其摄政者的铁腕统治下，这种情况有了改变：首先，取消了具有几千年历史的村社，统一合并为750个市镇（Demoi）。与原来的村社相比，这些新的行政单位的职权大为缩小，主要是执行中央政府的指令。其次，按照法国模式将全国划分为10个省份，省的行政长官由国王任命，负责监督市镇的行政事务。自此之后，市镇的地位和作用越来越大。特别是1864年希腊实行世界上最早的普选制之后，连议员们都不敢忽视市（镇）长们拥有的选民。1912年，政治改革家维尼泽洛斯出任总理后，为了遏制市（镇）长们权力的膨胀和政治腐败，建立了市（镇）和村社并存的二级体制。凡是拥有常住人口300名和一所小学的村庄可以建立村社，超过1万人口的市（镇）可以成立市政府。改革的结果使全国出现了6000个市镇和村社两级行政单位。

此外，维尼泽洛斯计划通过省一级行政单位的"自治化"，在全国建立两层地方行政系统。后来由于政治环境的变迁，使这项改革不了了之。随后的几十年中，市镇一级的行政能力不断下降。

其中大部分市镇因为规模太小，不得不依赖中央政府的财政拨款。另一方面，由省府和一些半自治的政府机构掌管了市镇的行政。

20世纪50年代，希腊开始加强"地方分权"管理，即中央政府在省一级建立行政机构，将相当一部分权力下放，使它们在自己的辖区中拥有管理公共事务的权力。和市镇政府不同的是，这些行政单位的首脑由政府委派。当时的政府更希望为听命中央的省行政长官分配更多的权力。而像市镇一级的地方政府则演变为反对党发挥政治影响的平台。

1974年，上校独裁政权倒台后，希腊着手改革中央高度集权的政治体制。1975年颁布的新宪法明文规定"巩固地方分权的管理体制"，强调市镇和村社一级的地方政府是独立管理地方事务的行政机构，中央政府在国家事务上拥有管理权力，比如国防、货币政策、工业发展，等等。但事实上，当时的地方自治的情况仅仅回到了前独裁时代。资金的匮乏和有限的行政能力成为地方政府实现分权管理的两大障碍。

进入20世纪80年代后，希腊真正开始了第一阶段的行政改革。首先，确立了市镇作为推动地方经济和社会发展的主体的地位和作用，扩大了市镇政府的职权范围，比如将城市交通管理、扶持地方教育事业等权能从中央政府移交给市镇政府，市镇权力机构有权批准创办赢利企业。

其次，随着中央政府对地方行政事务的控制逐步放松，地方市镇的决策权进一步扩大，市镇之间建立了新的合作机制。然而，市镇的财政收入不足于支付管理行政事务的开支，仍然依赖于中央财政拨款。无疑，这一点是地方无法实现高度自治的根本原因。

1989年，中央政府开始着手进行财政体制改革。市镇政府的大部分国家拨款被取消，取而代之于"中央自治基金"。该基金主要由国家的部分税收组成，按照市镇人口等标准分配给地方政府。此外，越来越多的市镇通过参加欧盟和国际合作项目的方

式争取资金,以减轻传统上对政府拨款的依赖。地方分权改革促进了市民对地方事务的参与。新的参与方式应运而生,在大城市中,由直接民选产生了市区议会。在 1 万人口以上的市镇,市长常常以召开市民大会的方式讨论当地重大事务。在规模较小的市镇,每年 5 月召开一次市民大会,由市长向市民汇报前一阶段的工作。相关法律也规定市民享有城市发展规划、新工程项目、环境影响评估的知情权。任何一位市民都可以向当地的议会提出建议或要求提供当地事务的信息。

但是,改革的浪潮并没有涌向整个大陆。由于财力有限,有能力推动地方自治化的只有少数的市政府,更不用说在村社一级推行了,而当时85%的村社(5318 个)平均人口是在 1000 人以下。当地政府只能依靠中央拨款生存,无法为居民提供现代化的公共服务。唯一的解决办法是合并。从 1984 年开始,泛希社运党政府决定通过以下两种方式来解决这个问题。

(1) 以政府拨款和其他激励方式鼓励小村社之间自愿合并为市镇;

(2) 市镇之间实行新的"强强联合"。

但是,效果并不令人满意。经过 13 年的努力,目标只完成了 10%,只有 367 个小村社在中央政府的鼓励下合并为 108 个市镇。而市镇的合并结果更是在意料之外,在多数市镇中,政府内部的行政管理和人事制度几乎没有重要的变动。引入"中央自治基金"的机制也没有增加地方政府的自治能力。许多市长忙于日常事务的工作和选民建立良好的关系,根本无暇考虑地方上的战略发展。而且,缺乏第二级地方自治政府使市镇发展缺少强有力的后盾。对现状的失望促使中央政府反思改革失误的原因,随后开始 90 年代的第二阶段改革,其主要目标是在省一级建立地方自治制度。

实际上,早在百年前的 1887 年,政治改革家特里库皮斯已创设了"省议会"(prefectural councils),并将它视为"发展民主管理体制的第一步"。但三年之后即被上台的反对党撤销。百年后的1982年,泛希社运党政府执政后提议下放地方权力,推动地方自治,省一级(包括省)以下的地方政府将拥有地方事务的决策权,并设立了非直接民选的"省议会",这个行政部门当时仍然属于中央派驻地方的下属机构。

由于新民主党的反对,1986年和1990年的省"自治化"的计划先后遭到失败。直至1994年10月,政府颁布法令,省长和省议会由直接选举产生,由此正式形成第二级地方自治政府。省长主管行政事务,并由省政委员会辅佐。如果商议具有共同利益的地方事务,由两个或更多的省议会与中央政府部门的官员举行联席会议。除了首都雅典和几个大都市由法律作出特殊的规定之外,原来由中央政府管辖的省地方行政机构,大都顺利地转为省自治政府。

近年来,希腊地方分权改革日益深入,但从目前情况来看,希腊仍然属于单一制的中央集权国家,相比于其他欧盟国家,中央政府对地方行政事务的控制较多、范围较广。

四 公务员制度

如同世界上其他西欧国家一样,希腊的国家行政管理是通过一支庞大的公务员队伍来完成的。它实行的是职业型公务员制度,一般人员需经过严格的考试选拔后,才能进入公务员系列的最低职位,并依据专门的人事制度来晋升,一经录用,终身雇用,直至退休。公务员制度始于1951年,当年颁布的《公务员法》中对公务员的权利与义务作了详细规定,并强调公务员在政治上必须恪守中立、不具有政党倾向性。

希腊的公务员主要指在政府部门、地方政府部门的任职人员以及国有企业的高级管理人员,按照文化程度可以将其分为四类:A类为受过高等教育的大学毕业生,主要从事行政管理工

作；B 类为受过中等技术教育的职业技术学校毕业生，从事技术性工作；C 类为受过中等教育的高中毕业生，从事文职工作；D 类人员没有学历要求，一般是受过义务教育即可，主要从事非专业性的后勤工作。公务员的录用需经过严格的筛选程序。一般由内政部设立招考委员会，它负责报名、出考题、组织考试、评分、录用及分配到具体部门。公务员考试分为三类：

（1）普考，凡具备高中学历的人都可以参加，一经录用，即成为普通公务员；

（2）培养考，主要是为了录用高级公务员设立的考试。考生主要来源于国家行政学院。一般情况下，大学毕业生或已参加工作的普通公务员先进行该学院的入学考试，随后参加为期两年的培训，再参加培养考。一经录用即成为高级公务员。这一类人员的晋升相对较快；

（3）技能考试，主要是为特殊技术要求的部门设置的考试。为了贯彻公正、透明和择优录取的原则，希腊于 1994 年成立了人才选拔委员会，负责视察和监督公务员的录取工作。

公务员实行的是终身制，除非遇到政变或是在个别情况下比如因不正当行为、缺乏工作能力被免职。其工作的流动性非常小，对于一个公务员来说，在同一个办公室干了一辈子并非罕见。当然，希腊也对特殊需要的人才实行公开招聘，并针对部门或者项目所需聘用的技术人才实施合同制。

从施行《公务员法》以来，希腊公务员制度被舆论批评为"效率低下、任人唯亲"。虽然自 1974 年开始，执政的泛希社运党和新民主党出台了很多措施来解决这个问题，但这是长期以来政治党派斗争遗留的结果，很难根除。1981 年希腊加入欧共体之后，在对公务员管理方面正在努力与欧共体接轨。

公务员的工资及福利处于中等水平，略低于公司职员，但由于工作稳定、福利待遇较好受到希腊人的欢迎。公务员无须参加社会保险，其养老金缴费全部从政府预算中支出，其退休年龄和资格认定和银行雇员类似。

## 第三节 立法与司法

### 一 立法

当今西方许多民主制国家一样，希腊公民是通过议会代表来行使立法权力。自希腊建国以来，其议会制度历经波折：从独立战争到希腊王国的建立，议会制度开始萌芽，但在奥托国王的君主专制统治下，几乎没有发展的空间。直至1864年宪法通过后，引入了"议会原则"，真正开始议会制度的发展期。1914年，第一次世界大战爆发后，在希腊是否参战的问题上，康斯坦丁国王和维尼泽罗斯总理为首的政府之间产生了严重的分歧，最终导致了国家的分裂，和政治的不稳定。由此将议会制带入了危机年代。此后又经历了第二次世界大战、国家内战和上校军团的独裁，议会制在民主匮乏的环境中无法发挥自己的作用。直至1974年，军人政权垮台、民主制恢复之后，议会制度真正得到了巩固。目前，希腊实行一院制议会，共有300名议员。共和国议会是国家最高立法机构。

（一）议会的产生

希腊共和国议会由议员、议长和议会常务委员会等组成。

按选举法规定，议会成员名额不得少于200名，不能超过300名。议员候选人可以由个人提名，也可以由政党提名。个人提名需要至少12位选民的支持，交纳5万德拉克马的保证金。其中有12名议员作为"国家代表"，由最有实力的政党提名。这些代表在议院享有很高的荣誉，但权利和其他议员相同。候选人必须为年满25岁的希腊公民，并拥有合法的选举权。

议员由享有选举权的公民通过直接、普遍、秘密投票产生。选举议会不仅是宪法赋予希腊公民的权力，同时也是一种义务。议员任期为4年。

议长是在每届新议会开始时由议员秘密投票选举产生，获得全体议员的绝对多数票当选。如果没有候选人达到法定人数，则在两个获得相对多数票的候选人中进行再投票。议长任期4年。其主要职责为指导议会的各项事务，保障议会成员发表意见的自由，在总统缺位时，代行总统之职。议长还是议会下设各个委员会的主席，在议会秘书长的协助下监督议会各个工作机构及其工作人员，并主持议会会议。

希腊没有建立专门的选举制度，选举方式由每届议会通过的法律规定。每个选区的议员名额按各选区最新的法定人数统计，并通过总统令进行宣布。从1974年开始，希腊实行了"加强比例代表制"。288个席位由选区投票直接产生。参加竞选的这些代表必须来自不同的选区。剩下的12席作为"国家代表"，按每个政党在选民总数中的比例，在全国统一选举中产生，最低分配限额为17%。在这种比例分配下，绝大多数席位只能分给最大的两个政党，从而失去了比例代表制的少数代表制的意义。1976年选举法修改后，取消了12席分配的最低限额。但关于单一政党的得票必须超过17%，两党联盟得票必须超过25%，多党联盟得票必须超过30%才能参加第二、第三轮的议席分配的规定，使小党的议席仍然非常有限。议会选举在全国各地同时举行，议会任期届满时，应在30天之内举行大选，产生新的议会。在议会任期最后1年出现议员缺额时，只要缺额不超过全体议员的1/5，无须进行补缺选举。遇到战争时，议会任期延长至战争结束。

**（二）议会的工作机构**

议会一般在每年10月的第一个星期一召开常会，讨论和通过议案。应总统提议，会议可以提前召开，会期不得短于5个月。议会下设若干常务委员会,作为议会的工作机构。

1. 常务委员会

常务委员会,主要负责审议向议会提交的议案或者法律提案,协助议会对政府进行监督。按照现行宪法,议会共设有6个常务委员会:即经济事务委员会、国防和外交事务委员会、社会事务委员会、公共管理公共秩序和司法事务委员会、生产和贸易事务委员会、文化和教育事务委员会。

每一个常务委员会与一组行政部门相对应,例如,经济事务委员会主要负责国家预算。这些委员会一般由40~50名委员组成,按照各个党派的议席比例分配。常设委员会会议实行不公开原则,每个委员会有权要求公民进行陈述:比如公务员、地方权力机关、工会的代表或各个领域的专家,等等。一般法案的讨论需要召开三次全体会议,否决、通过和加以修改的表决需要全体委员的1/3票数。

此外,还设立了两个特殊的常务委员会:即国家财政决算和总资产负债表常务委员会、欧洲事务常务委员会。

2. 特别委员会

特别委员会一般在立法工作需要时或应政府的提议建立,主要是审议特殊的议案和法律提案。特别委员会的成员人数一般占议员总数的1/10~1/15。一旦任务完成就自动解散。在议会召开常会之前,通常有4个常设的特别委员会从事准备工作:如海外希腊人特别常设委员会、公共机构和透明性特别常设委员会、技术评估特别常设委员会、平等和人权特别常设委员会。

(三) 议会的作用

议会的职能是对议案和法案进行投票表决,并实施对政府的制衡权力。新总理宣誓就职后的15天内,他领导的政府必须获得议会的信任投票。议员或者议会以全体成员的名义有权对政府提出不信任议案,但是该决定必须获得1/6即50名议员投票同意。议会可以在全体会议或常务委员会上讨论议案并做出决定,

但是决定必须获得至少2/5全体成员的选票才能通过。而且，攸关个人宪法权利的实施和保护、法律的解释、关于宪法和需要特定多数表决的问题必须提交全体会议讨论。

在希腊，法律的提议权属于议会和政府。也就是说，议会讨论的法案有以下两个来源。

（1）由议员提出制定法律的议案——立法建议，还可以提出修正案和补充修正案。

（2）由内阁向议会提交法案（还可以是修正案和补充修正案）。

一旦法案或立法建议提出后，交给与其相关的委员会（常设委员会或特别委员会），作进一步的审查和最后的修改，委员会就此情况向议会提交一份报告。报告提交后，一般在三天后以法案或立法建议提交议会进行讨论。讨论开始前，由有关部长和特别委员会就此次法案或立法建议作一个介绍。这是议会立法工作的开始，整个过程分为三个阶段，分别就立法原则、法案的具体条款和整体法案进行辩论和表决。如果遇到紧急的法案或立法建议，适用特别的程序（简易立法程序表决）。比如不经辩论即行表决，或通过有限制的辩论即行表决。

此外，希腊的议会制度就一些不同类别的立法，规定了特别程序，比如法典的起草和批准，国际条约和公约的批准，等等。

议会通过的法律由总统在议会表决通过之后一个月内公布。当然，如果总统认为该法律与宪法不符，可以将法案退回议会重新表决。但如果议会以全体议员的绝对多数再次通过，总统就必须颁布法律。不过在历史上，这种情况从未发生过。

## 二 司法

### （一）法律体系

当代希腊的法制基础是1975年颁布的宪法，其法律制度基本上区分为公法和私法两类。公法由宪法、行

## 第三章 政　治

政法、国际法、刑法，以及刑事诉讼法和民事诉讼法构成。私法主要包括民法（民法的基本要素、义务法、财产法、婚姻家庭法和继承法）和各种商业法律。民法是国内法律体系的核心，但是随着政府干预的范围正在逐步增大，它的重要性正在下降。政府行政协调功能的扩大，对民众的生活造成了广泛的影响。

希腊的法律规范基本上都已形成成文的法典。其中最为重要的有：民法典、商业法典、刑法典、民事诉讼法典、刑事诉讼法典、私有海岸法典、行政管理法典、行政程序法典和军事刑法典。早在独立战争期间，希腊政府即开始启用拜占廷帝国的民法，目前使用的民法典于1941年产生，它既有拜占廷法的渊源，又综合了罗马法和19世纪奥地利、法国和德国民法典的有效成分编纂而成。希腊民法典以人身自由原则、私有财产原则和自由契约原则为基础。同时主张家庭关系建立在两性平等的基础之上，这也是希腊宪法中声明了的，它为家庭关系的维护提供了保障。民法典也包括一些普遍意义上的条款，这些条款为法院根据情况的变化和公平因素的引进做出相应的调整，留有了余地。

除了上述成文法之外，习惯法也是希腊法律的一个来源之一，但是其重要性无法和成文法相比。习惯法只有在法律范围内或适法的情况下才能适用。而且，希腊基本上没有判例法的传统。司法判决不能在处理随之而来的类似案件时成为有约束力的先例，然而这些决策会在要求统一实施法律中施加影响。

已经认可的国际法准则和国际条约也是希腊法律的构成部分，并且高于任何相应的国内法律条款。也就是说，国际条约的地位处于宪法之下、一般法律之上。20世纪70年代后期，希腊积极谋求欧共体的正式成员国地位。在1975年宪法中，其第28

条为欧共体法律融入希腊法律秩序提供了法律依据。根据第 28 条的第二款，为谋求重大国家利益并促进同其他国家政府的合作，可以同国际组织的代表机构签订条约或协定。第 28 条的第三款规定，希腊可以自由地限制国家主权的行使，其前提是根据重大国际利益的需要，在不侵犯人权和不违背民主政治的基础上，并遵循平等互利原则的条件，经议会以绝对多数表决通过的法律为基准。

1981 年，希腊正式加入欧共体后，欧共体的法律在希腊享有最高效力和直接适用性。这意味着，欧共体法律将对希腊法律秩序产生深远的影响。

（二）司法机构

1. 普通法院

从案件的性质来分，希腊法院分为民事法院、刑事法院和行政法院三个类别。民事法院和刑事法院系统分初级法院、上诉法院及最高法院三级。行政法院系统分行政法院和国务委员会（最高行政法院）两级。

民事法院审理一切民事纠纷和法律规定由它自动管辖的案件。刑事法院的职责是惩治犯罪行为，并依据刑法予以制裁。在希腊法院的组织结构中，位于最底端的是初级法院，包含治安法院和地方法院两类。治安法院主要受理 10000 德拉克马（约 300 欧元）以下的民事纠纷以及其他细小的民事争议，它受理的刑事案件均属于极轻微的罪行。地方法院则审理比这更为重要的案件。初级法院的上一级法院属于中级法院，正式名称为上诉法院，或称为二审法院。在民事诉讼方面，它只受理不服地方法院独任法官或合议庭判决的上诉案件。在刑事诉讼方面，上诉法院主要受理上诉的刑事案件，同时也受理少数几种罪行特别严重的初审案件。如果对该法院的判决持有异议，或者是出于法律解释或适用法律不当的原因，可以向最高法院申诉。一般而言，希腊各省的首府都设有初级法院,各个行政大区都设有上诉法院,民事和刑事的最高法院为同一所,设在雅典,全名"Areios Pagos",意指"战神阿里斯岩石",相传古代雅典的法官们就是坐在这块岩石上进行审判。

2. 行政法院

行政法院是裁决行政争端的专门法庭,主要负责审理国家机构滥用职权的案件,就个人与国家或者其他机构之间的行政纠纷作出判决。普通行政法院审理一般或比较重大的行政争端。而行政最高法院,是按照法国的模式(conseil d'Etat)建立,正式名称为"国务委员会",主要审理由宪法和法律规定归其受理的重大行政争端。根据请求撤销行政机关颁布的越权或违法的行政法规和行政法院作出的越权或违法的最后裁决等。

3. 特别最高法院

位于司法体系顶端的是特别最高法院,由以下人员组成:普通法院最高法院院长、行政法院最高法院院长、审计法院院长、4名普通法院最高法院法官、4名行政法院最高法院法官组成,在某些情况下,增加两名国立大学的法学教授,任期两年。该法院的设立主要是为了仲裁攸关全民公决、立法选举合法性的争议;裁定议员是否违法;调解各级法院和各级行政机关之间的冲突,对普通法院和行政法院之间、审计法院和其他机构之间的争议作出裁决;裁定议会制定的某项法律是否根本违宪,或者在普通法院最高法院、行政法院最高法院作出不符合宪法或和其他法律相抵触的裁决或解释时作出裁定,对有关承认国际法为公认准则的争议作出裁决。希腊没有宪法法院,特别最高法院作出的所有判决为终审判决。

4. 检察院

希腊没有独立的检察机构。地方法院、上诉法院和最高法院都设有检察官,初级治安法院设有公诉人。

## 第四节 政党和利益集团

### 一 政党制度

自希腊建立独立的民族国家以来,各种政治党派的出现和消失是如此频繁,党派之间的分裂、联合乃至更名更是难以精确计数。第二次世界大战结束后直至20世纪70年代,政党的发展情况渐趋稳定,基本上形成了新民主党和泛希腊社会主义运动党轮流执政的局面。于1951年成立的老牌右翼政党希腊联盟经受住了时间的考验,在激烈的政党竞争中站稳了脚跟,先是通过重组的方式变为全国激进联盟,后在卡拉曼利斯的领导下以新民主党的新名称和新形象活跃在国内政坛上,先后于70年代后期、90年代初期和2004年赢得大选胜利成为执政党、执掌内阁。军人政府倒台后的1974年,原中间派联盟主席乔治·帕潘德里欧的儿子安德烈亚斯·帕潘德里欧组建了自己的中左翼政党——泛希腊社会主义运动党,并在战后第一次民主选举中初显身手,获得13.6%选票、12个议席。随后于1977年击败中间派联盟,成为最大的反对党。80年代初,击败主要竞争对手新民主党赢得大选,一跃成为国内最为重要的两大政党之一,先后于1981~1989年、1993~2004年上台执政。

1974年,希腊共产党(KKE)取得了合法地位后,成为议会的第三大党,它所取得的议席一般在4%~6%之间,作为一个小党,在新民主党和泛希社运党的议席相差不大的情况下发挥制衡的作用。其他地位类似于希腊共产党、但存在历史不长的还有1992年正式组建的左翼与进步力量联盟(Synaspismos,现改名为左翼运动与生态联盟)、1993年成立的政治之春(Political Spring)以及1995年建立的民主社会运动(Democratic Social Movement)等,参见表3-3。

表3-3 希腊各党派在大选中获得的选票和议席分配情况 (1990~2004)

|  | 1990 | | 1993 | | 1996 | | 2000 | | 2004 | |
| --- | --- | --- | --- | --- | --- | --- | --- | --- | --- | --- |
|  | 得票率 | 议席 | 得票率 | 议席 | 得票率 | 议席 | 得票率 | 议席 | 得票率 | 议席 |
| 泛希社运党 | 38.6 | 123 | 46.9 | 170 | 41.5 | 162 | 43.8 | 158 | 40.6 | 117 |
| 新民主党 | 46.9 | 150 | 39.3 | 111 | 38.2 | 108 | 42.7 | 125 | 45.4 | 165 |
| 希腊共产党 | — | — | 4.5 | 9 | 5.6 | 11 | 5.5 | 11 | 5.9 | 12 |
| 左翼运动与生态联盟 | 10.3 | 19 | 2.9 | 0 | 5.1 | 10 | 3.2 | 6 | 3.3 | 6 |
| 民主社会运动 | — | — | — | — | 4.4 | 9 | 2.7 | 0 | 2.2 | 0 |
| 政治之春 | — | — | 4.9 | 10 | 2.9 | 0 | — | — | — | — |
| 其他政党 | 4.2 | 8 | 1.5 | 0 | 2.3 | 0 | 2.1 | 0 | 2.6 | 0 |

资料来源：《英国经济季评》，2005。

1967年军人政府的上台，是第二次世界大战后首次出现的军人独裁统治。在上校军团执政的7年中，宣布所有的政党都是非法组织，特别对于左翼政党，给予沉重打击。1974年，军人政府因为塞浦路斯问题而导致和土耳其的冲突升级，最终在全国的一片抗议声中下台。在国家内忧外患的困境中，前总理康斯坦丁·卡拉曼利斯应召回国。他承担了将军人独裁统治转向民主政体的历史使命。

首先，宣布希腊共产党为合法组织，号召所有的党派参加公平的选举。

其次，将自己的右翼政党——全国激进联盟重组为新民主党，提出恢复民主政治是该党的使命。

在1974年11月的大选中，新民主党以54.4%的选票赢得220个议席。在这次选举中，安德烈亚斯·帕潘德里欧领导的泛希腊社会主义运动党获得13.6%选票、12个议席。

1977年，在民心所向的形势下，卡拉曼利斯的新民主党成

## 希腊

功进行提前大选,稳稳地拿到42%的选票和171个议席。而中间派联盟在这次选举中输给了泛希腊社会主义运动党,将第一反对党的位置拱手相让。泛希社运党在帕潘德里欧的领导下迅速崛起为国内重要的政治力量。

希腊共产党自创建以来,也第一次以独立的政党身份参加大选,获得4%的选票和11个议席的佳绩。

1981年的大选,宣告希腊政坛一个新纪元的开始,泛希社运党以48%的选票获得172个议席,从此开始它长达20年执政的里程。新民主党则由于卡拉曼利斯参选总统,继任领袖乔治·拉利斯(Georgios Rallis)领导不力,致使选票下降为38%。希腊共产党的议席则增加为13席。自1981年后,中间派联盟的力量逐渐式微。1985年的大选在泛希社运党和新民主党之间激烈交火中拉开帷幕。这年3月,卡拉曼利斯总统任期届满。泛希社运党候选人萨泽塔吉斯(Christos Sartzetakis)在一片争议声中继任总统。这时,泛希社运党提出要修改1975年宪法、削弱总统权限、增加立法权力。而新民主党则继续支持1975年宪法,力求保持它的稳定性。这场大选显示希腊多党格局向两党制偏移。泛希社运党和新民主党两党囊括了86.7%选票。选票如此集中于两个大党,这在希腊现代史上也是首次出现。泛希社运党仍然以46%的选票独占鳌头,获得令人满意的161个议席。新民主党以微弱劣势居后,获得41%的选票,具有126个议席。而共产党因为处于两党激烈交锋的夹缝中,选票不到10%,在议会中只拿到12个席位。

1985年对于选举程序的修改使1989年大选中两党的议席更为均衡。没有一个政党获得多数选票。1990年4月,又经过两场选举后,新民主党以47%的选票和150个议席获得微弱多数。泛希社运党以39%的选票得到123个席位。由共产党、希共国内派、左翼民主联盟和其他左翼小党联合而成的左翼与进步力量联盟获得10%的选票和19个席位。

然而，在新民主党执政的3年中，遭遇了全球经济衰退，因政绩不佳导致1993年大选失利。泛希社运党重新获得47%的多数选票，拿到170个议席。新民主党以39%的选票获得111个席位。从新民主党分离出去的政治之春拉走5%的选票，拿到10个议席。再次从左翼与进步力量联盟独立出来参与竞选的共产党获得5%的选票，取得剩下的9席。

1996年和2000年，泛希社运党分别以42%和44%的选票获得大选胜利，连续执政8年，组成两届内阁。新民主党则分别获得38%和43%的选票，两党选票的总和在80%左右，再次验证了两党垄断格局的形成。

2004年3月7日，新民主党在议会选举中击败泛希社运党赢得大选。新民主党重掌政权意义深远，它标志着希腊进入了新的世纪。该党的胜利给希腊政坛带来了新的气象。第二次世界大战后出生的新民主党主席卡拉曼利斯宣誓就任总理，并组成由年轻人占多数的新一届内阁。新政府上台后，树立高效务实的执政风格，克服了奥运工程严重滞后的困难，在筹备工作上全力以赴，最终取得了2004年雅典奥运会的全面成功。目前，现任政府为促进经济发展、改善宏观经济条件和解决民众最关注的问题提出了一系列改革措施，并开始取得成效。

二　主要政党

希腊现有30多个政党，主要有：新民主党、泛希腊社会主义运动党、希腊共产党、左翼运动与生态联盟（左翼与进步力量联盟）、民主社会运动、政治之春等。

**新民主党（New Democracy Party）**

执政党。1974年由卡拉曼利斯在原全国激进联盟基础上建立。该党宣称信奉"自由市场经济"。对内主张实行国有企业私

有化，开放市场；对外主张希腊属于西方，力主加入北约和欧共体，改善同美国和北约的关系；同土耳其对话，消除两国纷争；在此基础上开展多边外交，维护希腊的独立和主权。曾于1974～1981年和1990～1993年执政。2004年3月在大选中击败泛希社运党成为执政党。现有党员20多万，现任主席为科斯塔斯·卡拉曼利斯。

**泛希腊社会主义运动党（Panhellenic Socialist Movement）**

最大的反对党。1974年由安德烈亚斯·帕潘德里欧在泛希腊解放运动基础上成立。其主要成员是中间派联盟的左翼分子。该党对内主张在议会制的原则下通过民主程序对国家实行社会主义改造，建立混合经济、鼓励私人企业的积极性。对外强调独立自主和执行多元外交政策，主张希腊退出北约、美国从希腊撤走军事基地和核武器。但在1993年重新执政后，该党已不提退出北约，而是强调要和北约和美国建立合作关系。1981～1989年和1993～2004年间为执政党，现有党员20余万人。现任主席为泛希社运党创建人的儿子乔治·帕潘德里欧（George Papandreou）。

**希腊共产党（Communist Party of Greece）**

前身是1918年成立的希腊社会主义工人党，1924年改为现名。长期以来是议会中的第三大党。第二次世界大战期间，它曾领导希腊人民反对德、意法西斯占领的武装斗争，深受人民群众的爱戴和支持。战争结束后，它曾领导反对英国扶植的保王政府的武装斗争，1949年武装起义失败后，领导人和大批党员流亡国外，党的活动处于地下状态。1968年，共产党发生分裂，1969年，部分成员另建希共（国内派），1974年军人独裁政权倒台后获得合法地位。1977年在大选中获得10%～12%的选票。1987年5月召开第12届党代表大会，强调通过建立左翼和进步力量的统一阵线以争取执政。1989年希腊共产党和左翼党达成协议，在保持希共独立的前提下进行合作，组成"左翼与进步力量联盟"参加竞选，获 19 个议席，并两次参加临时政府。1991 年 6 月退出"左翼与进步力量联盟"。

同年 12 月希腊共产党召开"十四大"，在东欧剧变、苏联解体的形势下，仍强调该党应继续坚持社会主义方向，继续斗争，坚持党是"工人阶级先进的、有觉悟和有组织的部队"。在对外政策上主张退出北约，拆除希腊的外国军事基地，在地中海和巴尔干地区建立无核区，并反对美国干涉南斯拉夫内政，反对加入欧盟。现有党员 3.2 万人，名誉主席为弗洛拉基斯（Harilaos Florakis），现任总书记帕帕莉加（Aleka Papariga）。

**左翼运动与生态联盟（Synaspismos）**

原名"左翼与进步力量联盟"。该联盟形成于 1989 年，为希腊共产党和一些左翼党派如希共（国内派）（KKE-es）、左翼民主联盟（EDA）组建的竞选联盟。1991 年希腊共产党退出该联盟后，于 1992 年 6 月改为正式政党，仍然沿用了"左翼与进步力量联盟"的名称。2003 年，改为"左翼运动与生态联盟"。该党强调社会主义不是通过夺取政权而建立的制度，也不是模式，而是通过民主制推动业已成熟的社会结构改革的过程。它赞同民主社会主义、生态运动、女权运动的思想和价值观，主张多元民主、保护人权。它在大选中获得的选票一般在 3% ~ 5% 之间。现有党员约 1 万人，主席为阿拉瓦诺斯（Alexandros Alavanos）。

**民主社会运动（Democratic Social Movement）**

1995 年 12 月成立。主要由泛希社运党中持不同政见者组成，属于左翼政党。曾于 1996 年大选中获得 3% 的议席。党员约 17000 多人，主席为前国民经济部部长措沃拉斯（Dimitris Tsovolas）。

**政治之春（Political Spring）**

从新民主党中分裂出来的小党，于 1993 年成立。党员约 1

万人。主席为前新民主党政府外长萨马拉斯（Andonis Samaras）。因与前总理米佐塔基斯在对前南斯拉夫马其顿共和国的外交政策上发生分歧，被解除外长职务，同时被免去议员一职。萨马拉斯在该党成立宣言中强调，从经济、外交、教育到社会福利应面向群众、面向中层阶级，反对两党（泛希社运党和新民主党）政府的政策。主张用"希腊主义团结全体希腊人民"。在1993年10月的议会大选中曾获得10个议席，在议会各党中居第三位。

### 三　利益集团

自希腊建立现代议会制度以来，个人利益的代表仰仗政治家和选民之间建立的一对一的直接关系。其市民（公民）文化并不鼓励发展固定和持久的压力集团，虽然通过这种方式可以将个人的需求和利益集团相结合，以利于培育多元化民主。而加入一个政党，和政党领袖、官员建立直接的个人关系仍然被视为达到个人目的的最有效的方式。这种现象与其他西方民主国家形成鲜明的对照。

一直到20世纪上半期，在国内出现的利益集团屈指可数，而且力量弱小。这些集团的目的几乎都停留于经济方面，而且只在特殊的场合活动，而没有代表广泛意义上的公众利益。以工会（全称为希腊劳工总联合会）为例，它产生于1918年，主要组织劳资双方的工资和各种纠纷的谈判、组织工人罢工等。一旦劳工纠纷被政府解决，这些表面上似乎毫不妥协的劳工运动组织者又回到以前的"惰性"状态，直到爆发下一次的工资谈判。从另一方面来看，工会这种压力集团的角色也被政党所篡夺，在传统上成为它们显示解决社会问题能力的工具。对于公民来说，他们也愿意通过政党的渠道来传达民意。这种特点源于奥斯曼王朝的漫长统治和迟缓的工业化进程，以及在农业经济中占主导的社会结构。一直到1900年，希腊并没有出现事实上相互竞争的利益集团。

随着工业化的缓慢进展,希腊产生了政党制度。政党成为经营集体利益的经纪人,并制定了交换个人利益的程序。但是这种政治制度也没有产生利益集团,因为利益集团往往会从政党手中分走部分权力。政党通常会在出现的利益集团中争夺资源。直至20世纪80、90年代,在泛希社运党政府的鼓励下,引入了大众参与政治的机制,各种利益集团,比如,工会(希腊劳工总联合会)、雇主联合会、希腊农业合作联盟全国联合会(1953年成立)、希腊妇女联盟(1975年成立)等重要社会团体,便开始活跃起来。

**希腊劳工总联合会（General Confederation of Greek Labour, GSEE）**

该会于1918年成立。主席卡内洛普洛斯(Lambros Kanellopoulos)。现有成员60万名,其中工薪人员占据多数,其次为自雇主。其组织结构分为三级:第一级是基层以行业为中心组成劳工组织;由他们联合组成地方上的劳动中心,即为平行的第二级,除此之外,在地方一级还存在全国联盟的分支机构,即由不同行业部门组成的劳工联盟,即为垂直的第二级;第三级便是全国性的劳工总联合会。目前,劳工总联合会共拥有2264个基层劳工组织、82个劳工中心、69个劳工联盟。希腊工会的第一个特点是分散性,这是国内企业规模过小造成的,100人以上的大企业仅占1%。第二个特点是政府干预的力度较大。从工会建立之初发展至今,在其代表工人和雇主谈判工资过程中,处处都有政府的干预。

20世纪80年代,泛希社运党政府上台后采取了一定的措施,旨在加强工会的独立性,但是政府或者说政党对工会进行政治干预的传统仍然存在。90年代初期,工会代表全国的工人出面与雇佣者协会,有时也跟政府,谈判全国劳工协议,确定薪酬

增加事宜和其他劳工福利。因此，作为全国劳工的代表，工会在影响全国的经济管理和人力资源发展以及维护职工福利方面，扮演着重要角色。

希腊的雇主协会是按照他们所代表的行业利益组建的。其中最为重要的有：

**希腊工业总联合会（SEV）**

它是工业领域最为重要的利益集团。成立于1907年，前身为希腊工业家和手工业主联合会，1946年改为现名。属于独立的非赢利性质的雇主和工业家联合组织。其职能是代表雇主参与劳资双方的谈判，并签署达成的协议。其宗旨是代表希腊工业界，向政府提出建议，创造相应的条件以促进企业的发展，提高企业的竞争力，推动国内的商业和经济的发展。作为国内最重要的雇主联合会，尤为关注反映工商业界利益的政策的出台和改进。其目标是努力改善经济和商业环境，同时促进企业的发展。希腊工业总联合会同时也是欧洲雇主组织（UNICE）的成员和国际劳工组织希腊雇主的代表。

在商业领域的利益集团，最为重要的有如下几个：即小商业企业总联合会（GSEVE）、希腊商业协会、希腊银行家协会、希腊船主协会等。

# 第四章

# 经 济

## 第一节 概述

### 一 战后经济的发展

公元19世纪30年代,希腊独立之初,经济上极为贫困落后。由于地理环境和历史原因,希腊始终与西欧国家的早期工业化进程无缘,经济模式基本上属于自给自足的农业经济:本土以农牧业为主,海岛则以渔业为主,工业和贸易发展非常有限,交通也很落后。独立之后,在各届政府的努力下,国内经济进入缓慢发展时期。首先,国内商业贸易的增长,刺激了萌芽于奥斯曼帝国统治后期的航运业的发展;其次,农产品贸易的增加,促进了国内财政金融体系和经济基础设施的发展。

1841年,希腊建立了第一家国民银行,主要承担发行货币、兑换外币的任务。它的诞生,意义非同小可,正是它通过国内各地建立的分支机构发行统一货币、促使希腊逐步形成一个统一的国内市场。与此同时,也为国内和国际贸易、国民储蓄、信贷业务的开展和国外资本的流入提供了极大的便利。希腊经济基础设施的发展起步较晚,一些重要的工程项目,大多完成于19世纪

80、90年代特里库皮斯总理执政时期。特里库皮斯在希腊推动了一系列的现代化改革。首当其冲的是交通建设,他认为,改善交通是经济发展的先决条件。在其任上,公路里程增加了3倍,新建铁路1000公里,而且完成了开辟科林斯运河的重大工程,一些海港也得到修复。

与此同时,他积极推行工业化政策,在他的推动下,希腊建立了第一批制造业工厂,如棉花加工厂、羊毛厂和橄榄油精炼厂等。1900年以前,希腊的工业由于农业危机、政府财政赤字和战乱等各种原因发展迟缓,在19世纪后期主要建立了以烟草、葡萄干等农产品为导向的出口经济。

进入20世纪,维尼泽罗斯上台执政后,推行了又一轮经济和社会的改革,但是前后为两次巴尔干战争和土耳其战争所打断。特别是1923年战败后,希腊与土耳其签订了《洛桑条约》,决定将土耳其境内的希腊少数民族和希腊境内的土耳其人口相互交换。此举造成了100多万移民涌入希腊。一方面,维尼泽罗斯的改革,以及从小亚细亚迁移而来的移民带来的先进农业生产技术,推动了希腊的经济和工业化的发展;另一方面,人口的过度膨胀,使经济发展不能有效遏制贫困率的上升。

1931年,世界经济大萧条,使希腊以农产品出口和外汇收入为支柱的经济受到重创,国内经济进入停滞时期。1936年,城市贫困化的加剧和社会矛盾的突出,为梅塔克萨斯将军创造了实行独裁统治的机会。

1941~1944年,德国纳粹占领希腊期间,掠夺了大量的物资和财富,给原本止步不前的经济带来致命打击,国内赖以生存的外贸和农产品出口几乎全部停止。德军强制希腊财政部支付巨额的"占领开支",为此,政府不得不印制了新的现钞,造成国内恶性通货膨胀。这一时期形成的贫富两极分化和地下"黑市"的存在成为战后经济恢复的严重障碍。

# 第四章 经 济

一直到20世纪70年代,希腊的经济结构,才完成从农业为主向工业和服务业为主导的转变。可以说,希腊在战后开始的工业化进程,经历了短暂的高速发展期以后缓慢前行,主要的原因是国内缺乏投资工业的企业家阶层。政府的经济发展政策严重依赖国外资本,并且在经济计划中,政府干预发挥了主导作用。

具体来看,从德军结束对希腊占领的1944年算起,希腊的经济发展历程,大致可分为五个阶段。

## (一) 经济重建时期 (1944~1952)

第二次世界大战结束后,在英国和联合国救济与重建家园计划的援助下,希腊经济开始从战争创伤中缓慢恢复。1947年3月"杜鲁门宣言"出台后,美国启动马歇尔计划,宣布援助欧洲的经济复兴。希腊开始接受美国的援助。最初该项计划和美欧的新经济合作并没有给国内经济带来直接的好处,因为在1949年之前,希腊深陷内战的泥潭,难以自拔。况且,在1944~1962年期间美国对希腊的援助中,有近43%用于军事援助,其援助的首要目的是在地中海加强美国的军事影响力,在国内扶持听命于美国的右翼政党。

另外,按照马歇尔计划的规定,希腊政府专门制定了中期和长期的经济计划,由此建立了长期依赖西方援助的经济发展模式。内战结束后,希腊在不到两年的时间内,经历了两届政府的更迭,直至1952年11月大选、在美国的支持下,帕帕戈斯将军领导的希腊联盟党获得压倒性胜利,组成右翼政府。在政治局势相对平稳之后,帕帕戈斯政府开始腾出手来解决严重的经济问题;制定和实施经济重建计划,主要推行了财政紧缩政策,降低公共投资,减少预算赤字,以缓解始于内战并日趋严重的通货膨胀的压力。这项政策的有效实施使国内经济渐趋稳定。

## (二) 经济复兴时期 (1953~1974)

战后希腊经济的复苏始于1953年出台的一揽子国内经济措施：

(1) 为了增加出口和吸引外资，将希腊货币德拉克马贬值50%；

(2) 放宽了政府管制，以刺激私人企业的发展；

(3) 制定和颁布了保护外商投资法；

(4) 实行严格的信贷政策，以保证农业和工业部门的生产投入；

(5) 加强银行管理，以控制通货膨胀和投机行为。

1955年，卡拉曼利斯出任总理，在他领导下，政府对公共基础设施如道路、海港、机场、电网和电信网络等进行了大量投资。为了从政策上有计划、有重点地引导经济发展的方向，卡拉曼利斯制定和实施了希腊第一个五年计划（1960~1964年），其主要内容如下。

(1) 调整农业生产结构、发展生产力，重点是发展畜牧业、减少粮食作物的粗放型耕作；

(2) 明确了工业部门的两大任务，一是建立基础工业，如发展采矿等开发自然资源的行业，二是鼓励私人投资工业企业；

(3) 制定相关的旅游、交通和通讯政策刺激旅游业的发展；

(4) 在海运业方面，提高服务质量，改善沿岸的配套设施，支持地中海和远洋运输业，继续保持商船队世界第三的地位，等等。

20世纪60年代中期，又开始执行第二个五年计划，以促进工业化的发展。

一方面，20世纪50年代后半期至60年代初期，卡拉曼利斯政府实施的经济扩张和结构调整的政策，有效促进了国民经济的增长。1953~1974年的20年里，希腊从经济重建期进入快速增长期，国内生产总值高速增长、工业化取得显著成效，出口增加、城市化发展加快，国内经济获得了明显的但并不均衡的繁荣，整个五六十年代被誉为创造了"希腊经济奇迹"。

20世纪60年代，希腊的年均国内生产总值增长率达到7.6%，成为西欧国家中经济发展最快的国家。同期工业生产的年均增长率也达到10%，在西欧仅次于西班牙。制造业出口在历史上首次超过农产品出口，其主要原因是大量的外商投资工业，托起了资本密集型的制造行业。美国的炼油和石化集团、法国的铝业集团在这个时期入驻希腊。此外，造船、化工、制药、冶金和电机行业也得到较快的发展，这些制造企业大多为外商投资所建。

另一方面，经济快速增长、工业化和城市化给希腊带来新财富的分配不均，也造成社会关系的紧张。乔治·帕潘德里欧的中间派政府（1964~1965年）和1967年上台的军人政权，都无法缓解这种矛盾。军事独裁者们只是偏顾有其特殊利益的经济行业，如大型旅游公司、城市房地产和市政建设、航运等。国民经济的软肋，如社会分配不均、新的制造业缺乏竞争力等问题没有得到切实的解决，随后在70年代初期的世界经济危机中，以剧烈的形式重新显现。

**（三）经济衰退时期（1974~1980），希腊致力于加入欧洲经济共同体**

经历了较长时期的高增长率、低通货膨胀率后，从70年代中期开始，经济增长开始减速，通货膨胀攀高、经常性账户赤字增加。长期积累的问题在1974年来了个总爆发。这一年成为当代史上的转折之年。从政治上说，它结束了长达7年的独裁时期，迎来民主政治的"黄金时期"。然而，从经济上而言，它意味着从1953~1973年国内经济增长期的终结。究其原因，有以下几个方面。

### 希腊

1. 受国际经济形势恶化之累

随着1973年阿拉伯-以色列战争的爆发,在国际上出现了战后第一次能源危机,加上国际货币体系的动荡,给希腊带来显而易见的消极影响。由于国外油价急剧上涨,国内收支平衡表上出现大量赤字,国内经济面临严重的通胀压力。与此同时,石油价格暴涨引发了石油危机,带动世界性商品需求和贸易额的下降。这些问题带给民众生活的困扰,加剧了他们对独裁统治的反抗,导致1974年上校军团政权的垮台。

2. 国内政治事件的影响

由于土耳其入侵而引发的塞浦路斯问题,导致军事开支大幅上升,国内生产总值急剧下降,支付平衡被严重破坏。

3. 国内经济发展隐患未除

20世纪70年代中期以来,制造业缺乏竞争力,资源利用不当和工资大幅上涨,为经济的可持续发展埋下了隐患。其主要表现为固定投资额总体下降。这一时期,除了房地产投资的比例增长了7.5%(主要是政府的信贷和利率政策的支持,用于刺激经济增长),机械、交通设备和其他非建筑行业的投资,都有较大幅度的降低。公共开支也从投资转向经常性开支。基础设施的公共投资更是持续下降。尽管20世纪60年代到70年代初国内经济增长速度可观,但是其工业基础仍然比较薄弱。整个70年代,工业产值在国内生产总值中所占的比重几乎没有变化。相对于30%的工业产值的比重而言,农业产值仍占国内生产总值的15%,比例过大、生产效率不高。上述经济增长的不平衡和疲软带来了通货膨胀的压力,再加上劳动成本剧增,以及政府推行的货币政策进一步加剧了这种困境。种种因素导致通胀率从1977年的12%上升为1979的19%,整个国民经济发展的不确定性在增加。可以说,在1979~1980年第二次石油危机和世界经济衰退到来之前,国内经济的实际增长已开始出现疲软。

在内外双重因素的夹击下,政府无力挽回急剧下滑的经济增长率,经济衰退的阴云悄悄逼近。1971~1980年,国内生产总值的年平均增长率从上一阶段的7.6%下降为4.7%,1981~1990年降至1.4%。在经济增长率下降的同时,通货膨胀率上升,经常账户赤字大幅提高。"希腊经济奇迹"走到了尽头。

**(四) 经济滞胀时期(1981年~20世纪90年代中期),希腊正式成为欧共体的一员**

20世纪80年代初期,希腊经济陷入了停滞状态。继1979年第二次石油危机之后,政府制定了限制信贷等新的调控政策以适应变化了的新环境。但是这种政策具有明显的希腊特色,即是随着政府一班人马的转换起起停停,在贯彻实施上缺乏连贯性。而且泛希社运党政府上台后,为了推动福利国家建设,增加了养老金投入,使政府赤字持续增长,公共开支急剧上涨。尽管,政府调整了宏观经济政策,国内生产总值增长率仍是每年递减,1980年国内生产总值增长率不到1%。与此同时,1980~1981年,通货膨胀率已上升为25%。经济滞胀已成定局。

80年代上半期,国内经济的竞争力和潜在产量增长也为长期存在的产业结构缺陷所破坏,表现如下。

(1) 工业过于集中于正在衰落的传统产业,对于劳动力市场、产品市场、金融体制的管理过于僵化;

(2) 劳动生产力的降低与总体投资下降有关,这也与经济体制的官僚化带来的不透明性,以及缺乏明晰的规章制度有关;

(3) 基础设施的不发达导致贸易成本的上升,进一步阻碍了私人投资;

(4) 公共企业管理不善,而且花费了国家大量补贴;

(5) 泛希社运党政府上台后颁布的关于提高工人工资,对于解雇附加各种条件的措施,使劳动力市场缺乏弹性。

## 希腊

这些结构上的问题在1981年希腊加入欧共体后,更为突出。作为欧共体的一员,希腊不得不和比自己更为发达的国家进行同台竞争,而加入欧共体的潜在利益又为国内经济的不平衡发展所限制。1980～1990年,希腊的货物和服务出口所占国内生产总值的比例从23.6%下降为18.1%。

1985年后,希腊经济状况进一步恶化。走马上任的泛希社运党新政府急需将经济政策的核心转向宏观经济的稳定。为此,政府出台了稳定经济的一揽子计划。其主要措施包括:货币贬值15%;提高货物进口的保证金要求;从1986至1987年将公共部门的借贷金额降低至国内生产总值4%的限额;制定货币紧缩政策,降低国内信贷的增长率,逐步建立积极的利率机制。其目标是,恢复收支的可持续性平衡,有效遏制通货膨胀。为此,政府推出的核心战略,是推行以降低劳动成本为目的的收入政策,同时辅之以财政和货币紧缩政策,以及提高经济竞争力的汇率政策。这两年的经济稳定计划得到了欧共体17.5亿埃居的贷款。虽然这项计划并非针对经济结构中的痼疾,但至少为建立一个稳定的宏观经济环境、恢复经济增长创造了条件。它的实施成功扭转了宏观经济状况持续恶化的局面。通货膨胀率从1985年9月的20%下降为1987年12月的16%。国内经济状况继续好转,但好景不长。1990年大选后成立的联合政府出台了放松宏观调控的政策。国内经济再次为其不平衡所困扰、消费价格加速膨胀,1989年通货膨胀率已达到15%,公共部门的借贷超过国内生产总值的18%。

与此同时,政府举债高达国内生产总值的70%,使整个经济背上了沉重负担。新政府采取了紧急措施来填平财政赤字,但是收效甚微。1990年通货膨胀率出现反弹,又上升为20%;公共债务从1980年所占国内生产总值的28.6%上升为1990年的80.7%,1990年,实际国内生产总值没有出现增长。国际货币组织警告说，希腊正在陷入无法控制的通货膨胀和债务危机中。1990年末，政府出台了一项中期经济调整计划（1991~1993年），提出1993年要将通货膨胀率降至8%，公共部门借贷限制为国内生产总值的3%。为了促使经济达到供求平衡，政府推行了以市场为导向的结构改革。然而事情的发展显然与这项计划的初衷相去甚远，结构改革的进展比原先计划的更为缓慢。与此同时，20世纪90年代，欧洲经济的衰退使希腊恢复经济增长的希望更加渺茫。

90年代上半期，希腊经济再次陷入疲软状态，增长几乎停止，1991~1995期间，国内生产总值年增长率仅为1.3%。国内经济的增长率处于欧盟和经济合作与发展组织（OECD，以下简称经合组织）国家的最低水平，国内的生活水平远远低于欧盟的平均水准。公共开支中的高逆差和公共债务的积累，对经济稳定构成严重威胁。这些情况导致宏观经济的不平衡，使得历届政府采取求稳的政策：如限制性的货币政策、工资增长限额和提高税收等，这些措施不可避免地要抑制经济增长，但显然降低了价格通货膨胀的上升趋势，为未来的经济演变准备了条件。

**（五）经济恢复增长时期（20世纪90年代中期至今），希腊成功加入欧元区**

1991年，欧盟通过了《马斯特里赫特条约》（*Treaty of Maastricht*，简称《马约》），对加入欧元区的趋同标准作了明确规定。希腊决心尽快加入欧洲经济货币联盟，否则不仅经济发展会远远落在其他成员国后面，而且在重要的共同体政策中，也会失去发言权。但是，无论在公共财政还是通货膨胀率方面，希腊和欧盟的其他成员国存在很大的差距。为此，希腊政府于1994年开始调整宏观经济政策，制定了新的趋同计划（1994~1999年），目标是在1999年以前使政府赤字降至国内生产总值的1%，通货膨胀率削减为3.3%。其主要策略是降低工资标准、

## 希腊

减少货币供应量和货币贬值。除此之外,引入一系列结构改革措施以提高生产效率、增加产量;改革金融市场,推动银行业进一步私有化,为了提升竞争力,削减利率浮动的幅度;在劳动力市场方面,清除非全日制就业的障碍,为灵活的工作时间安排提供便利,以增加就业岗位。为了早日加入欧元区,国内几乎各项经济政策都是围绕趋同标准而制定的。

1995~2000年,希腊向欧盟标准趋同的速度十分惊人。1980~1994年间,国内生产总值年平均增长率仅为0.8%,到了1995~2000年,国内生产总值实际年平均增长率达到3.2%,超过了欧盟的平均水平,长期利率和通货膨胀率也向欧盟平均值靠拢。同样在1980~1994年期间,年平均生产增长率呈现负增长,1995~2000年间则达到2.6%,也超过了欧盟平均水平。这一阶段的经济形势有了明显好转,国内生产总值增长显著,通货膨胀得到有效的控制。财政赤字从1993年所占国内生产总值的近14%下降为2000年占国内生产总值的1%左右。虽然公共债务依然高于马约的规定,但已呈下降趋势。2001年,希腊如愿以偿加入欧洲经济货币联盟,其通胀率和财政赤字、价格稳定指数等均达到了马约规定的标准。2002年1月,欧元代替希腊本国的货币德拉克马进入流通领域。

加入欧元区后,希腊经济以每年超过3%的国内生产总值增长率持续高速增长,和爱尔兰一道成为欧盟发展最快的国家。近10年来,其经济发展的动力,主要来自于欧盟在第三个共同体支持框架下的公共投资,以及国内由于迎接2004年奥运会而进行的基础设施建设所带来的国内消费的增长。与过去相比,其防御经济风险的机制也得到了明显的改善。这主要得益于政府采取的财政稳定政策,大幅度地降低公共债务,加大私人和公共部门的投资,以及对公司、银行体制、市场和监管机构进行的结构性调整。

1974~2001年,希腊的主要宏观经济指标,参见表4-1。

### 表4-1 希腊和欧盟国家的主要宏观经济指标比较表 (1974~2001)

| 经济指标 | 1974~1979 | 1980~1994 | 1995~2000 | 2001 |
|---|---|---|---|---|
| GDP年增长率(%) | | | | |
| 希腊 | 4.9 | 0.8 | 3.2 | 3.9 |
| 爱尔兰 | 4.9 | 3.5 | 9.9 | 5.6 |
| 葡萄牙 | 2.9 | 2.8 | 3.3 | 1.9 |
| 西班牙 | 2.3 | 2.4 | 3.6 | 2.7 |
| 欧盟15国 | 2.5 | 2.0 | 2.6 | 1.7 |
| OECD | 3.2 | 2.7 | 3.2 | 1.0 |
| 年生产增长率(%) | | | | |
| 希腊 | 4.2 | -0.1 | 2.6 | 3.6 |
| 爱尔兰 | 3.4 | 3.2 | 4.1 | 3.7 |
| 葡萄牙 | 0.5 | 1.6 | 2.0 | 1.0 |
| 西班牙 | 2.6 | 2.6 | 0.8 | 0.8 |
| 欧盟15国 | 2.2 | 1.8 | 1.4 | 0.7 |
| OECD | 1.6 | 1.7 | 1.7 | 0.8 |
| 固定投资年增长率(%) | | | | |
| 希腊 | 6.8 | -2.2 | 7.3 | 8.5 |
| 爱尔兰 | 5.3 | 0.3 | 14.0 | 2.5 |
| 葡萄牙 | -0.4 | 2.9 | 6.8 | 2.2 |
| 西班牙 | -1.2 | 2.8 | 6.5 | 3.3 |
| 欧盟15国 | 0.2 | 1.7 | 4.2 | 0.7 |
| OECD | 2.7 | 2.8 | 5.5 | -1.1 |
| 消费价格年膨胀率(%) | | | | |
| 希腊 | 16.2 | 18.3 | 5.5 | 3.3 |
| 爱尔兰 | 14.9 | 7.0 | 2.5 | 4.3 |
| 葡萄牙 | 23.5 | 14.6 | 2.9 | 4.3 |
| 西班牙 | 18.2 | 8.6 | 3.0 | 3.7 |
| 欧盟15国 | 11.9 | 6.4 | 2.2 | 2.4 |
| OECD | 10.3 | 7.5 | 4.2 | 2.0 |
| 制造业单位劳动成本年增长百分比 | | | | |
| 希腊 | 21.2 | 17.4 | 4.6 | 1.3 |
| 爱尔兰 | — | 1.7 | | 3.9 |

续表 4-1

| 经济指标 | 1974~1979 | 1980~1994 | 1995~2000 | 2001 |
|---|---|---|---|---|
| 葡萄牙 | 19.5 | 11.1 | 1.7 | 4.8 |
| 西班牙 | 20.3 | 6.8 | 2.3 | 3.1 |
| 欧盟15国 | 6.2 | 3.1 | 0.7 | 2.8 |
| OECD | 10.1 | 5.8 | 2.8 | 4.1 |
| 年失业率(%) | | | | |
| 希腊 | 2.0 | 7.3 | 10.5 | 11.2 |
| 爱尔兰 | 7.9 | 14.2 | 8.6 | 4.3 |
| 葡萄牙 | 6.2 | 6.9 | 5.8 | 4.2 |
| 西班牙 | 5.3 | 18.0 | 19.1 | 13.3 |
| 欧盟15国 | 4.2 | 9.0 | 9.8 | 7.8 |
| OECD | 4.8 | 7.0 | 6.9 | 6.5 |
| 政府赤字所占GDP的百分比 | | | | |
| 希腊 | -2.3 | -10.3 | -4.5 | 0.2 |
| 爱尔兰 | -8.4 | -7.2 | 1.3 | 3.2 |
| 葡萄牙 | -4.9 | -5.3 | -2.8 | -1.7 |
| 西班牙 | -0.8 | -4.4 | -3.1 | 0.0 |
| 欧盟15国 | -3.3 | -4.6 | -2.3 | -0.7 |
| OECD | -2.6 | -3.7 | -1.7 | -0.7 |

资料来源：Ralph C. Bryant et al. eds., *Greece's Economic Performance and Prospects*, Bank of Greece and the Brookings Institution, 2001, p. 4。

## 二 经济特征及其发展水平

希腊是一个面积不过10余万平方公里的小国，地形多山，其国土总面积的1/4为可耕之地，40%为牧场，但由于山势较高，牧草稀疏，仅适合于饲养绵羊和山羊。岛屿众多、海岸线漫长。凭借这些自然资源，希腊形成了以农业、畜牧业和捕鱼业为主的传统经济。第二次世界大战之后，国内经济结构发生显著变化，制造业和服务行业成为主要的经济产业。服务业的高比例是战后经济发展的主要特点。目前而言，希腊的经济相对优势主要体现于服务业，尤其是旅游业和海运业。和其他发达的西欧国家不同的是，希腊没有经历深入而广泛的工业化进程和科技革命，其出口仍然以传统的农产品和制造业产品为主。

1970~2000年，希腊三大产业变化，参见表4-2。

表4-2 希腊三大产业结构变化（1970~2000）

| 总量结构（当前价格） | 1970 | 1975 | 1980 | 1985 | 1990 | 1995 | 2000 |
| --- | --- | --- | --- | --- | --- | --- | --- |
| 第一产业（农业） | 15.8 | 13.9 | 15.1 | 11.8 | 10.6 | 9.9 | 7.3 |
| 第二产业（工业） | 30.0 | 29.0 | 29.6 | 28.3 | 26.6 | 22.4 | 20.4 |
| 采矿和采石 | 0.7 | 0.7 | 0.8 | 1.5 | 0.8 | 0.6 | 0.6 |
| 制造业 | 17.6 | 18.5 | 17.9 | 17.0 | 15.2 | 13.0 | 11.1 |
| 电力、天然气和水 | 1.9 | 1.5 | 1.5 | 2.5 | 2.6 | 2.4 | 1.8 |
| 建筑 | 9.8 | 8.2 | 9.4 | 7.4 | 8.0 | 6.4 | 6.9 |
| 第三产业（服务业） | 54.2 | 57.1 | 55.3 | 59.8 | 62.8 | 67.7 | 72.3 |
| 交通运输和通讯 | 5.9 | 6.7 | 6.1 | 5.8 | 5.4 | 6.7 | 8.5 |
| 贸易 | 13.7 | 16.3 | 14.6 | 15.3 | 14.8 | 13.6 | 14.5 |
| 金融中介服务 | 2.9 | 3.6 | 3.2 | 3.2 | 3.4 | 4.2 | 5.5 |
| 房地产和其他商业 | 13.1 | 11.7 | 10.8 | 10.3 | 11.7 | 17.0 | 17.0 |
| 公共管理和防务 | 4.0 | 4.7 | 5.3 | 7.3 | 7.7 | 7.2 | 7.0 |
| 医疗和教育 | 5.9 | 6.4 | 6.7 | 7.8 | 9.2 | 9.7 | 9.9 |
| 其他服务业 | 8.7 | 7.7 | 8.6 | 10.1 | 10.6 | 9.3 | 10.0 |
| 总增值量 | 100.0 | 100.0 | 100.0 | 100.0 | 100.0 | 100.0 | 100.0 |

资料来源：希腊国民经济部，http://www.ypetho.gr。

希腊从农业国向服务业为主导的经济转型，也体现在劳动人口中。20世纪50~60年代，农业就业人口占总就业人口的一半以上。70年代初，从事工业和服务业的人口首次超过农业人口。从90年代开始，服务业迅速增长，其就业人口占到总就业人口的一半以上。2000年，农业人口已下降到17%，但仍高出欧盟

15国平均值3倍以上。虽然服务业的劳动人口已经超过60%，但明显低于欧盟①的平均值（参见表4-3）。

表4-3 三大产业就业结构变化（1960~2000）

| 年代 | 就业总人数（万） | 第一产业（%） | 第二产业（%） | 第三产业（%） |
|---|---|---|---|---|
| 1960 | 338.6 | 57.1 | 17.4 | 25.5 |
| 1970 | 313.4 | 40.8 | 25.0 | 34.2 |
| 1980 | 335.6 | 30.3 | 30.2 | 39.5 |
| 1985 | 358.9 | 28.9 | 34.4 | 43.7 |
| 1990 | 371.9 | 23.9 | 37.7 | 48.3 |
| 1995 | 382.1 | 20.4 | 23.2 | 56.4 |
| 2000 | 394.6 | 17.0 | 22.5 | 60.5 |
| 欧盟15国（2000） | 1052 | 4.3 | 28.9 | 66.8 |

资料来源：EUROSTAT。

如果从产业结构上来比较，希腊的经济结构和欧盟15国相比具有以下特征。

（1）农业产值在国内生产总值中所占比例最高，也就是说，希腊经济对农业的依赖程度最深，这是和欧盟发达成员国之间存在的最明显的差别；

（2）工业产值一直低于欧盟国家的平均值，其工业构成和规模与欧盟多数发达国家存在很大的差异；

（3）服务业在国内生产总值中所占的比例和欧盟其他国家一样在60年代后持续增长，但其比重一直低于欧盟的平均值。在欧盟发达国家内部，往往是工业的发展带动了第三产业中的银行业、金融业和商业服务业的高速发展，而在希腊，小规模的零售业和由自雇主组成的小企业成为服务业的主角。

具体从工业构成来看，工业生产主要集中于传统工业，例如

---

① 本书中若无特别说明，欧盟所指为2004年新一轮扩大之前的15个成员国。

采矿、冶金、石化、食品加工、纺织等。资本和技术密集型产业的比重低于欧盟的平均值，如机械制造、电器和精密仪器等，像食品饮料、烟草、纺织业等传统的劳动密集型产业比例较高。这种特点既是历史原因造成的，也有地缘政治因素的影响。

冷战结束前，希腊面对的不利形势，是欧盟其他国家所未曾面对的：它地处巴尔干半岛的最南端，是欧盟唯一未和其他成员国接壤的国家。其北部边境高山绵延、地势险峻、交通不便，自西而东交界的邻国是阿尔巴尼亚、前南斯拉夫和保加利亚，均为社会主义国家。天然的地理因素和人为原因造成的"铁幕"阻隔，使希腊与邻国交流、贸易和投资遇到严重障碍。它所带来的两大问题，一直困扰着国内经济的发展：一是增加了希腊与欧盟的经济距离，二是希腊与邻国贸易的相对优势无法实现，致使出口工业得到的市场机会有限，出口带动的经济增长缓慢。再加上国内市场规模小，使希腊经济显现的结构性缺陷，在欧洲具有如下的独特性。

（1）工业在欧盟国家中规模最小、最分散；

（2）与欧盟其他国家的贸易是通过行业实现的，是基于传统的相对优势的模式；

（3）与国外的工商业合作极少，特别在工业领域；

（4）在某些规模较大的行业，由于缺少国内私人投资，一般由国家出面对企业提供支持、保护和管理，从而导致国有经济成分偏高。而且，从国际标准来衡量，从事工业活动的生产单位平均规模之小为欧洲之最。

在国内经济活动中，希腊的中小企业也是占据绝对优势地位。目前，雇员在50人以下的企业占全国企业总数的99.55%，大约雇用了全国74%的劳动力。虽然在欧洲国家中，中小企业普遍是国内经济活动的主力军。但希腊的这个比例，显然比一般的欧盟国家要高。在欧盟国家，平均92%的企业是雇员不到10人的规模较小或家族式的企业，6%的企业为中等企业，大企业

占2%。相比之下，在希腊，雇员在250人以上的大企业不足0.5%，可谓寥寥无几。而在中小企业中，企业规模普遍非常小，10人以下的小企业或家族式企业，占中小企业总数的97.5%，具体分布如下。

（1）中小企业总数的53.7%，即39.4万家企业，为家族式自雇企业，基本没有雇用外人；

（2）43.8%的中小企业雇用员工人数为1~9人不等，每家企业平均雇用1.6人；

（3）2.2%的中小企业雇用的员工在10~49人之间，每家企业平均雇用18.8人；

（4）0.3%的中小企业，雇用职工人数为50~249人，每家企业平均雇用100.9人。雇员人数在250人以上的大型企业的从业人数为23万，与中小企业相比分别占总就业人数的13.5%和86.5%，雇员人数比例为1∶3。换而言之，国内就业人员主体是中小企业的雇员，多数在10人以下的小企业中工作。

希腊经济的另一个重要特征，是国有经济成分很高，约占国内生产总值的40%，国有企业在能源、邮电、交通、金融等重要经济部门享有垄断地位。而且，政府对经济的干预程度较大。但是，国有企业效率低下，产品经济效益不高，服务质量也不能令人满意，却需要政府的大量财政补贴，因而被指责为财政赤字居高不下的"罪魁祸首"、经济增长迟缓的直接原因。从1996年开始，为了达到《马约》提出的经济货币联盟的趋同标准，希腊政府开始推行国有企业的改革，主要通过私有化减轻政府的财政负担。从长远来看，这也是开放国有企业垄断的市场的必由之路。

和欧盟其他国家相比，希腊的国有企业改革步伐远远滞后。到20世纪90年代末，希腊仍然拥有50家大型国有企业。单从数量来看并不醒目，但其雇用的职工人数达到13万，占总就业人数的3.5%。其中10家在其行业中属于规模最大的垄断性企业，如邮电部门的希腊邮政局(ELTA)、希腊电信公司(OTE),能源部门的国家电力公司(DEH)、国家石油公司(DEP)、阿斯普洛匹荷斯炼油厂(Aspropyrghos Refineries)、交通部门的奥林匹克航空公司、希腊铁路局(OSE)、城市交通公司(EAS)等。除此之外,还有一些由工业企业重组局(OAE)或国有银行托管的工业企业,在传统上也被划分为国有企业。1984~1997年,上述50个国有企业每年从政府获得的财政拨款占国内生产总值的4%,仅从政府预算中划拨的金额即达到国内生产总值的2%。中央政府为经营不善的国有企业支付的财政援助,几乎占公共债务的一半。

从对外贸易来看,希腊经济对外依赖程度很高,主要工业原料和工业产品都依靠进口。一直以来,工业基础薄弱和投资的缺乏,严重阻碍了出口潜在能力的增长。2003年,希腊出口总额为111.14亿欧元,进口总额为337.57亿欧元,出口额仅占进口额的1/3。巨额贸易赤字主要由旅游业、海运业和侨汇等外汇收入来弥补。从进出口商品结构来看,希腊主要出口为轻工业产品和农产品,进口多为各个种类的制造业产品。

从总体经济水平而言,希腊属于欧盟中经济欠发达国家,经济基础比较薄弱,人均国内生产总值相当于欧盟15国平均值的70%,仅高于葡萄牙。从人均收入来看,在欧盟15国排行倒数第二,属于欧盟中的发展中国家。从世界范围来看,则处于中等发达国家水平,在经合组织成员国中,希腊人均收入要高于墨西哥和土耳其。

作为欧盟最穷的国家之一,希腊是欧盟各项基金援助的最大受益者。最近10年来,国内经济的增长,主要依赖于欧盟资金的投入和国内消费的带动。希腊每年从欧盟获得的援助资金达到国内生产总值的3.3%。1994~1999年,希腊从第二个共同体支持框架中获得320亿欧元,用于发展基础设施项目。2000~2006年,在第三个共同体支持框架下欧盟的投入将达到480亿欧元。

在源源不断的欧盟财政的支持下，国内基础设施有了显著改善，公共领域的私有化改革取得明显成效，市场进一步开放。从目前情况来看，希腊的经济进入稳定的增长期，国内生产总值增长率远远超过了欧盟平均水平，与欧盟国家的经济差距正在缩小。与此同时，和巴尔干邻国的经济合作在加强。目前，希腊制定的经济战略发展目标之一，是成为地中海的经济中心、在巴尔干经济发展中发挥主导作用。

尽管经济增长强劲，但是政府赤字、公共债务、通货膨胀率和失业率仍然要高于欧元区的平均值。要实现和其他成员国各项标准的真正趋同，保证经济的稳定增长，仍然需要进一步深化经济结构的改革，以应对如下6大领域的挑战。

（1）巩固现有的旅游业和海运业的比较优势，加强对外贸易的竞争力，进一步降低经常项目赤字；

（2）减少对欧盟结构基金的依赖。2006年是第三个共同体支持框架计划实施的最后一年。此后，随着欧盟东扩为27个国家，希腊从其结构基金中获得的资金将大为减少。

（3）推动养老金制度的改革。20世纪90年代末，国内用于养老金的支出已达到国内生产总值的12%。进入新世纪的最初10年，由于老龄化人口的增加，预计养老金费用将达到国内生产总值的20%，这对国内的支付平衡造成巨大的压力。

（4）进一步改革劳动力市场和税收制度。希腊是欧盟中仅次于西班牙的第二大高失业率国家。失业率高、劳动生产率增长速度缓慢导致劳动力市场缺乏弹性。大量就业人口集中于小规模的农业生产和家族企业。同样劳动力市场的僵化和税收制度的缺陷是紧密相连。对于小型企业和家族企业的征税之难是显而易见的。和欧盟其他国家相比，希腊的个人税收处于最低水平。

（5）继续推动通过国有企业的私有化（参见表4-4），改善企业经营的法律环境，培育信息科技业为主导的"新经济"

的发展。自90年代下半期以来进行的私有化改革有效改善了政府财政预算状况、提高了企业的经济效益。但官僚政治带来的行政效率问题亟待解决。

表4-4 部分公有企业的私有化进展

单位：%

| 公有企业 | 国家目前控股 | 即将私有化的比率 |
| --- | --- | --- |
| 希腊邮政局 | 100 | 10（上限） |
| 邮政储蓄银行 | 100 | 待定 |
| 奥林匹克航空公司 | 100 | 待定 |
| 比雷埃夫斯港务局 | 100 | 25 |
| 希腊旅游公司 | 100 | 25 |
| 公共电力公司 | 84 | 15 |
| 农业银行 | 82.3 | 待定 |
| 公共燃气公司 | 65 | 35 |
| 雅典自来水和污水公司 | 61 | 10 |
| 国家石油公司 | 58.2 | 23 |
| 雅典证券交易所 | 33 | 33 |

资料来源：希腊国民经济部，http://www.ypetho.gr。

（6）继续执行稳定的宏观经济政策。由于货币政策的制定权已经收归欧洲中央银行，要达到财政紧缩的目标，必须依靠削减政府开支和通过打击偷税漏税来增加税收。

## 第二节 农业

一 概况

希腊是一个典型的地中海国家，气候温和湿润，冬天温和多雨，夏天干燥，适于农作物的生长。但是希腊多

山的地形和水源的缺乏成为农业发展的障碍,与农业发达的北欧国家相比,生产成本相对较高,生产效率较低。尽管如此,由于工业化进程姗姗来迟,农业在希腊国民经济中的地位和作用仍然极为重要。在20世纪50年代以前,希腊是一个落后的农业国,一直到60年代末,农业仍然是希腊的第一大产业,它的产值在国内生产总值中所占比重最大。70年代之后随着工业和服务业的发展,农业产值不断下降,如今仅占国内生产总值的6%左右,在三大产业中的比例最低。但是农业对希腊经济的贡献不可小觑,其农产品仍然占出口总产品的1/4,农业人口占就业人口的16%。更为重要的是,它是促进农村和偏远地区的社会、经济融合的关键因素。在这些地区,无论是农业产值占当地国内生产总值的比重,还是农业劳动人口占总就业人数的比例,都在一半左右。

第二次世界大战之后,农业不断萎缩,这是战后经济发展的一个根本特点。1950~1980年,农业产值年平均增长率仅为3.5%,同期总体经济的年增长率为6%。农业在国内生产总值中比重因此从1950年的32%,下降到1963年的25%,到1983年又降至17.5%。从20世纪90年代开始,农业在国民经济中所占的分量持续下降,1992年农业产值所占国内生产总值的比例为12%,2003年大约为6.2%左右,高于欧盟平均值一倍左右,其农产品出口占外贸出口总量的25%,在欧盟国家中比例最高。

和其他主要的欧盟国家,尤其是北欧国家相比,希腊的农业发展模式比较落后、集约化的程度比较低,其农业的中间投入仅占农业总附加值的25%,而欧盟15国平均值已达到40%。

第一,所占比重最大的是动物饲料,约占总投入的40%。

第二,为能源消耗,约占20%,而欧盟15国的平均值为7%~8%。能源的高消耗直接导致了较高的农业生产成本,但同时反映了国内农业经营单位的机械化和现代化程度在不断提高。如表4-5所示,自1980年以来的20年中,拖拉机总数增加了

25%，在2000年达到近38万辆，平均10公顷土地有1台拖拉机，联合收割机总数下降了15%，而同期棉花收割机数量翻了两倍，主要原因是减少了谷物的种植，增加了棉花的种植面积。电动抽水机总数也翻了两番。

表4－5 农业机械设备

单位：台

| 年代 | 1980 | 1985 | 1990 | 1995 | 1999 |
|---|---|---|---|---|---|
| 农用拖拉机 | 303533 | 290596 | 338852 | 359831 | 378599 |
| 联合收割机 | 6109 | 6566 | 6247 | 6163 | 5231 |
| 干草耙机 | 8001 | 9065 | 9975 | 10430 | 10676 |
| 棉花收割机 | — | 1469 | 2118 | 2666 | 3216 |
| 挤奶设备 |  | 6180 | 12366 | 14155 | 13934 |
| 燃油(柴油)抽水机 | 93851 | 100636 | 107814 | 108041 | 107926 |
| 燃油(汽油)抽水机 | 83069 | 77437 | 76089 | 70609 | 66772 |
| 电动抽水机 | 74383 | 97047 | 117812 | 136884 | 144195 |
| 洒水设备 | 114576 | 136211 | 184820 | 175765 | 181651 |
| 雨水灌溉设备 | — | 19617 | 52039 | 80413 | 115352 |
| 播种机 | 51095 | 61712 | 63889 | 64048 | 62765 |

资料来源：EUROSTAT。

第三，肥料支出占总投入的8%，接近于欧盟15国的平均水平。这表明自90年代以来，农业施肥量在逐年降低。而在此之前的70、80年代，由于农场规模小，农业生产劳动力的老龄化，政府通常鼓励农民使用化肥来增加农业产量，并通过财政补贴的方式向农民提供廉价的化肥。1992年，在欧盟的要求下，这项补贴被取消，农用化肥量随之减少。

第四，除虫剂等农药的消耗占总投入的6%~7%，每公顷的农药等化学药品的消耗量为2.5公斤。这在欧盟国家中处于最低水平。

近20年来,希腊的农用灌溉面积也有大幅度的增加,从而有效地带动了农业生产力的增长。1961年,国内灌溉面积约占农业种植面积的13%,90年代中期已扩大为40%。

与欧盟其他国家相比,农业在希腊经济中的地位仍然相当重要。1993年,农业(含渔业、林业)产值占国内生产总值的11.2%,而欧盟国家平均农业产值在国内生产总值中仅占2.4%。2002年,希腊农业产值比重约为6.8%,欧盟国家平均农业所占比例则在3%以下。在欧盟国家中,希腊农产品在其出口中所占比重也是最大的。据2004年统计,其农产品约占出口总产品的1/4,农业产品的加工业(食品和饮料等)也是目前最大的子加工业,约占国内工业产量的27%。

在希腊,农业的社会作用依然重要,在20世纪60年代以前,农业人口占就业总人口的一半以上,70年代期间,当工业产值首次超过农业时,农业人口仍然占了40%。到了1982年,国内仍有100多万人从事农业,占经济活动总人口的28.8%。尽管自80年代后农业劳动力每年递减1%~2%,至2000年,国内农业人口仍然达到67万人,占整个就业大军的17%,为欧盟15国平均值的4倍,与其他欧盟成员国相比,其劳动力人口数量大,对国内经济的贡献也大。而且其体现的含义超出了数字本身,因为希腊失业率之高占欧盟国家中的前列。与此同时,伴随着城市化的快速发展,农村年轻劳动力流失严重。据2000年统计,乡村大约有40%的人口,年龄在55岁以上,这种状况在近期难有太大的变化。

二 农业特征及其存在的问题

(一)希腊农业的特点

1. 耕地面积少、自然条件差

由于多山,希腊开垦的土地只占国土总面积的27%。欧盟15国平均拥有55%~60%的种植面积。而且,约45%的农用土地在山区或半山区，土壤贫瘠，种植产量较低。又因历史遗留的继承法、婚嫁习俗和多届政府执行的土地分配计划等原因，造成土地占有分散，单个农民难以从事专业化生产，其产品价格也不具竞争力。

2. 农业生产力水平低下，约为欧盟平均水平的一半

这是由于地貌不良、干旱期长、灌溉不足，以及农庄极为分散、缺乏资金投入和合作经营不强造成的。此外，农业人口老化、技术培训水平低下，也是生产效率低下的原因。尽管有上述限制，20年来，在欧盟的资助下，希腊在农业机械现代化、牲畜养殖以及开垦技术方面还是取得了不小的进步。

自1981年希腊加入欧共体后，国内农业已成为欧盟农业的一个组成部分，不仅接受欧盟共同农业政策的指导，而且从欧盟那儿得到了大量的农业补贴。2001年，希腊农业的财政投入为55.65亿欧元，其中46.15%来自欧盟资金，主要来源于欧洲农业指导与保障基金。在欧盟的政策和资金的支持下，国内农业得到快速发展。农业的机械化水平和生产力进一步提高。在国内经济并不景气的情况下，农民的收入有了大幅度的增长。整个20世纪80年代，农民的平均收入为其他产业部门劳动收入的40%；90年代初已达到55%，出现了紧追其他经济部门的良好迹象。90年代末，农业发展趋势渐趋平稳。与此同时，前期农村劳动力大量向城市迁移的势头减缓。农产品的种植结构向高产出和高回报的经济作物倾斜，例如，玉米和棉花代替小麦和其他谷物成为农民的首选，柑橘和桃子、餐用的新鲜葡萄也因其出口市场较好，深受农民的青睐。

（二）希腊农业存在的问题

从长期来看，欧盟的共同农业政策给希腊农业也带来了部分消极影响。

## 希腊

1. 共同农业政策进行结构调整的统一目标，不适应希腊农业发展的需要

欧盟对成员国农业收入的保护，主要来自于制定较高的农产品价格，在短时期中使农民的收入有了提高，但也付出了引起国内通货膨胀的代价。希腊的通货膨胀率一直高于欧共体的平均水平，农产品定价过高是其中重要的原因，这种状况一直持续到1997年。长期以来，农民无法从市场中获得真实价格的信息，而且因为其产品竞争力较低，难以跟上欧盟农业政策改革的步伐。1999年，《欧盟2000年议程》提出削减主要农产品补贴，以促进农业的自由竞争，这对希腊农业发展是一大挑战。

2. 欧盟的共同农业政策进一步恶化了希腊国内农业贸易形势

由于需要遵循内部市场规则和共同体优先的原则，国内肉类、牛奶生产不足的部分，须从其他成员国以高于3至4倍市场价格进口，这使得农业大部分出口总额只能抵消小部分进口。而且，农村劳动力年龄的老化、青壮年和妇女劳动力的流失以及农业人口文化程度较低、农民的技能亟须提高等种种问题，在欧盟共同农业政策框架下并没有得到很好的解决。1995年7月，关贸总协定（GATT）要求成员国分6年逐步减少农产品的进口税和补贴，并要求减少对棉花、水果、蔬菜和稻米市场的管制。

《欧盟2000年议程》则强调对农业政策进行更为彻底的改革，提出建立欧洲农业模式，将共同农业政策转变为"共同农业和农村发展政策"，决定分步骤、分阶段地削减对主要农产品的价格补贴。无论关贸总协定还是欧盟名单上所列的削减补贴的农产品都是希腊最主要的出口产品，上述这些措施无疑加大了国内农产品面对国际竞争的压力。按照《欧盟2000年议程》规定，每年接受补贴额在5000欧元以下的农户将被取消补贴。这意味着希腊约92%的农户享受补贴的权利即将被取消，这笔补贴款占欧盟共同农业政策向希腊提供补贴总额的52%。就此而言,提升农产品的竞争力,是摆在希腊面前亟须解决的重要问题,也是一大挑战。同样,针对扩大出口的目标而言,在生产者、制造者和出口商之间建立灵活的合作模式,从而将附加值更高的产品打入国际市场,增加农业收入也是刻不容缓的任务。

### 三 农牧渔林业

#### (一) 种植业

从农业结构来看,希腊以种植业为主,其产值在每年的农业总产值中占2/3。

希腊农业种植面积为350万公顷,约占国土总面积的27%。从土地使用的情况来看,大约35%~40%种植谷物,20%种植橄榄树,11%种植棉花,水果和蔬菜种植面积为8%,酿酒用的葡萄园占3.5%,烟草种植面积为1.5%。尽管自然条件并不理想,但农产品基本上能自给自足,大约能满足国内97%~98%的消费需求。

国内56%的耕地集中于平原地区,其余的位于山区或半山区。希腊最大最好的农业地区位于马其顿区,它拥有40%的耕地、24%的蔬菜种植面积。其次是塞萨利地区,拥有18%耕地。还有中部希腊地区色雷斯平原,那里灌溉广泛,分布着许多大大小小的农庄。这三个地区集约化生产水平最高,其单位面积上的农业产出和收入位居前列。除此之外,伯罗奔尼撒半岛是重要的水果和蔬菜种植区,出产全国一半的柑橘类水果和杏子。紧随其后的是克里特岛。

希腊最为重要的农产品依次为:水果、蔬菜、橄榄油、棉花、小麦和烟草等。其中水果和蔬菜的种植面积达20%,约占灌溉总面积的1/3,出口产品占其总额的7%,农产品出口总量的30%。橄榄油总产量居世界第三,仅次于西班牙和意大利,其出口占国内食品出口总额的10%,年出口总量超过15万吨,

其中90%出口到欧盟国家,主要是意大利和西班牙。从20世纪80年代末开始,棉花享受欧盟的大量补贴之后,产量大增,由此和传统的橄榄油、烟草并列成为国内农业经济作物的三大支柱。希腊不仅是世界10大产棉国之一,也是世界上重要的棉花出口国(参见表4-6)。1997年,成为世界第六大棉花出口国,排名于美国、乌兹别克斯坦、澳大利亚、叙利亚和阿根廷之后。

表4-6 基本农产品种植面积及其产量

|  | 1971 | 1981 | 1991 | 2001 | 2003 |
| --- | --- | --- | --- | --- | --- |
| 1. 种植面积(平方公里) | | | | | |
| 总面积 | 35659 | 35723 | 35343 | 34656 | 34129 |
| 谷 物 | 25329 | 24238 | 23344 | 22190 | 21633 |
| 蔬 菜 | 1143 | 1221 | 1236 | 1163 | 1172 |
| 葡 萄 | 2198 | 1864 | 1517 | 1321 | 1313 |
| 果 树 | 6989 | 8400 | 9246 | 9982 | 10011 |
| 2. 主要农产品产量(千吨) | | | | | |
| 小 麦 | 1948 | 2932 | 3162 | 2196 | 1702 |
| 棉 花 | 360 | 385 | 594 | 1355 | 1144 |
| 烟 草 | 88 | 131 | 173 | 142 | 136 |
| 葡 萄 | 456 | 521 | 466 | 421 | 373 |
| 橄榄油 | 186 | 250 | 198 | 435 | 376 |
| 柑 橘 | 530 | 995 | 1159 | 1265 | |

资料来源:希腊国家统计局,http://www.statistics.gr。

目前,希腊的农场已超过80万个,这对于有限的农用面积来说,数目过于庞大。每个农场平均经营的面积仅为4~5公顷,比欧盟15国的标准低4倍,在欧盟国家中规模最小。同样属于小规模经营的意大利和葡萄牙农场的平均面积都在10公顷左右,而规模较大的英国农场则平均达到 70 公顷。事实上，国内一半以上的农场规模不超过 2 公顷，77% 的农场的占地面积不超过 5 公顷，而拥有 20 公顷土地以上的农场不超过 3%。形象地说，这些小农场更像是农户的自留地，目的是为了补贴收入，而不属于真正意义上的商业化农场。随着农村劳动力向城市大量迁移，从 90 年代开始，在国内出现了一种将农业耕作当做第二职业的新现象。尽管加入欧盟已有 20 余年，但是，如何提高农场的经营水平，增加农业的竞争力，仍然是摆在希腊面前的一个挑战。尽管条件受限，但政府农业政策目标的重心，始终定位于扩大农场经营规模、提高农业生产水平和增加农作物产量。近 20 年来，希腊通过并购规模较小的农场，提高了农业的集约化程度，大农场的数量不断增加。1981～2001 年，农业经营单位的数量下降了 23.6%：占地面积为 1 公顷以下的农场减少了 7%，1～5 公顷规模的农场数量下降比例最大，为 40%，5～9 公顷的减少 38%。同期，大农场的数量显著增加，其中占地 10～19 公顷的农场增长了 11%，20 公顷以上的农场增加了 51%（参见表 4-7）。

表 4-7 农业经营单位的数量和规模

| 年代 | 1981 | | 1991 | | 1999/2001 | | 1981～2001 年间的变化 | |
|---|---|---|---|---|---|---|---|---|
| 规模（公顷） | 数目（个） | 占地总面积（公顷） | 数目（个） | 占地总面积（公顷） | 数目（个） | 占地总面积（公顷） | 数目（个） | 占地总面积（公顷） |
| 0～1 | 247306 | 120493 | 216191 | 104657 | 231487 | 111010 | -6.8% | -8.5% |
| 1～5 | 541308 | 1341957 | 431712 | 1049548 | 387203 | 932609 | -39.8% | -43.9% |
| 5～9 | 149864 | 1004155 | 126746 | 857883 | 108771 | 745200 | -37.8% | -34.7% |
| 10～19 | 46828 | 608953 | 56862 | 771087 | 52626 | 713382 | 11.0% | 14.6% |
| >20 | 13840 | 469697 | 21955 | 895489 | 28167 | 1073125 | 50.9% | 56.2% |
| 总计 | 999146 | 3545255 | 853466 | 3678664 | 808254 | 3575326 | -23.9% | 0.8% |

资料来源：EUROSTAT。

### （二）畜牧业

希腊牧场总面积有 520 万公顷，其中每年休牧的面积占 50 万公顷。总的来说，牲畜养殖业规模较小，处于欧盟的平均水平。其总产值仅占农业产值的 30% 左右，农产品和畜产品产量的比例为 70∶30，而欧盟相应的比值为 50∶50。近 10 年来，肉类产品每年产量为 40 多万吨，牛奶为 200 万吨左右，但仍然不能满足国内的消费需求。每年需进口部分牛奶和畜产品，进口总量约占消费总额的 20%。由于牧草资源日渐稀少，肉牛的饲养量从 70 年代的近 100 万头下降为目前的 60 多万头。同期，养猪业发展较快，从 50 万头增加为 90 多万头。绵羊和山羊的饲养数量稳步增长。由于畜牧产品不足，希腊人很少食用动物油脂，而一般用橄榄油替代。值得一提的是，希腊出产一种风味独特的乳制品——羊乳酪，盛名远扬，以至于世界各地习惯性地将羊乳酪唤作"希腊式乳酪"。

希腊近 20 年中，主要畜产品产量，参见表 4-8。

表 4-8　主要畜产品产量

|  | 1971 | 1981 | 1991 | 2001 | 2003 |
|---|---|---|---|---|---|
| 1. 牲口存栏数量（千头） | | | | | |
| 牛 | 996 | 831 | 602 | 621 | 621 |
| 猪 | 504 | 1017 | 986 | 934 | 934 |
| 绵羊 | 7686 | 8144 | 8692 | 9124 | 9000 |
| 山羊 | 4185 | 4526 | 5336 | 5662 | 5619 |
| 蜜蜂（千箱） | 982 | 1167 | 1196 | 1294 | 1294 |
| 2. 畜产品产量（千吨） | | | | | |
| 肉　类 | 335 | 508 | 501 | 462 | 475 |
| 牛　奶 | 1401 | 1691 | 1805 | 2032 | 2067 |
| 硬奶酪 | 25 | 35 | 38 | 36 | 39 |
| 软奶酪 | 94 | 108 | 117 | 126 | 126 |
| 蜂　蜜 | 9 | 11 | 14 | 15 | 16 |

资料来源：希腊国家统计局，http://www.statistics.gr。

## （三）渔业

虽然希腊三面环海、海岛众多、海岸线漫长，而且渔业传统历史悠久，捕鱼向来是海岛居民的主要谋生手段。但希腊并不是一个渔业大国，渔业产量仅能满足国内市场的需求。20世纪70年代，国内渔业产量不足9万吨，从80年代逐渐进入稳步增长期。1983年希腊渔业产量为9.9万吨，1993为16.99万吨，10年内增长了近一半。

20世纪90年代中期，由于欧盟以提高财政补贴的方式，鼓励淘汰旧式和小型渔船，促使希腊缩小了捕鱼船队的规模，但仍然保持了欧盟国家中第一的位置。随着渔船数量的削减，捕鱼量也在下降。1991年，希腊共有各类渔船9336艘（20马力以上），到2001年下降为7705艘。渔获量从1991年的13.9万吨降至2001年的8.9万吨，2004年略有上升，为9.1万吨（参见表4-9）。而且近年来，由于地中海的污染程度日益严重、近海过度捕捞，海洋生物日渐减少，捕鱼成本不断上涨，加上从事渔业人口的减少，直接影响了渔业的发展。在国内海洋渔业总产量中，原来一直以近海渔获量居多，由于过度捕捞和海水污染，近年来已转向远洋捕捞和海上养殖。

表4-9 海洋渔业发展状况

|  | 1971 | 1981 | 1991 | 2000 | 2001 |
| --- | --- | --- | --- | --- | --- |
| 渔船数量（20马力以上） | 2431 | 4757 | 9336 | 7627 | 7705 |
| 渔获量（千吨） | 88 | 91 | 139 | 93 | 89 |

资料来源：希腊国家统计局，http://www.statistics.gr。

目前，希腊的海鱼养殖在欧洲处于领先地位。从1994年开始，海鱼养殖的产量不断上升，其年增长率大约为10%。2000年年产量达到8万吨左右，占欧洲海鱼养殖总产量的50%，国

内养殖的主要海鱼鱼种是海鲤鱼、海鲈鱼和甲壳类动物,淡水鱼种为鲤鱼、鲑鱼和鳗鲡等。在爱琴海的北部和在科林斯湾海峡西口的迈索隆基翁(Messolonghi)泻湖分布着十几个养殖场,并形成了欧洲最大的海鱼养殖集团——"海神"。

渔业产值在国内生产总值中占有很小的比例。1992年,其渔业产值仅占国内生产总值的0.7%,1997年下降为0.36%。但渔业对希腊的经济仍具有重要的影响,因为它使希腊各个地区的社会和经济的联系更为密切,也在一定程度上弥补了各个区域经济发展的差异。尤其在爱琴海和伊奥尼亚海一带的岛屿上,仍有4万人在从事渔业。

希腊最著名的渔港有东南部的比雷埃夫斯、萨洛尼卡的马其顿港口和北爱琴海的卡瓦拉(Kavala)港口等。

### (四) 林业

希腊的林地面积约占国土总面积的22%,但由于连年大火,其面积已大为缩减,其林业产值占国内生产总值的比例也非常低。第二次世界大战和国内内战期间,森林曾遭受大面积毁坏,战争结束后,虽然在一定程度上得以恢复,但是林业的发展并没有得到政府的足够重视。由于树木的过度生长,又未加以充分利用,导致火灾频发。在20世纪70年代,毁于大火的林地面积达到7.8万公顷,80年代为20万公顷,虽然自1985年起政府加强了防火措施的实施,但是,情况未见好转。近年来,希腊政府正在努力解决这个问题,并在各个层面上制定了相关政策,例如,严格执行保护森林的法律,推出大面积重新造林的计划,在城市郊区扩大林地面积,为防火设备更新换代等。遏制林地面积缩小的政策正在奏效,但问题依然存在。20世纪90年代末,工业用木材、燃料木材和树脂产值所占的国内生产总值不到1%。1996~1998年间,圆木材总产量为18.16万立方米,其中,用做燃料的有12.57万立方米,工业用的木材为5.59万立方米。

林业进出口存在巨额贸易逆差,1996~1998年间,木材出口总额为7069.3万美元,进口总额为70230.2万美元,几乎是出口额的10倍。

## 第三节 工业

### 一 概况

对希腊这样一个中等发达的国家来说,工业的发展十分重要,但是发展至今,其工业基础远较其他欧盟国家薄弱,工业技术落后,门类不齐全、生产规模较小。第二次世界大战之前,希腊基本上是一个落后的农业国,有限的工业发展主要集中于食品加工、烟草、纺织等轻工业。真正的工业化进程始于20世纪50年代末,在60年代经历了快速发展期,至1970年,工业总产值首次超过农业,工业产品在出口产品清单上占据了一半以上:1960年工业产品仅占出口总额的9%,至1974年已达到64%。由于先天条件不足,工业所需能源、原料、机器和运输设备都需大量进口。可以说,希腊的工业带有与生俱来的脆弱性,和那些依靠本国资源和科技革命发展工业化的国家不同的是,国际经济环境稍有变动,即可能改变它的命运和方向。

1973年第一次石油危机发生后,国内工业化进程遭受沉重打击。一方面,国际能源价格成倍上涨,另一方面,劳动力成本相对于生产率而言增速过快,其结果是,工业产品成本剧增导致其在国际市场上的竞争力明显降低。与此同时,工业投资显著下降。1974~1985年,在工会力量的推动下,国内小时工资将近翻了一番。同期,工业固定资本构成从1964~1974年的22.1%,下降为1981~1985年的16.3%,劳动生产率从1965~1973年的8.4%,下降为1975~1981年的1.7%。

## 希腊

为了应对世界性的经济衰退,从70年代中期开始,希腊经济发展重心从重工业转向低资本、生产规模小、劳动力成本相对较低的轻工业,也就是传统上形成的具有相对优势的领域。这在经济学家看来,也是短暂的快速工业化进程终结的标志。这一阶段,可以称之为典型的工业积累时期,其出口的产品主要以中间产品和资本密集型产品为主,如水泥、铝、镍和钢。从1974年开始,出口产品的主体转向传统的制造业产品,如服装、鞋类、皮革、食品饮料和非铁类金属制品等。80年代初,希腊加入欧共体后,按其入盟标准,调整了企业员工的福利待遇,从而加大了工厂企业的支出、减少了企业主的利润额。外国资本和私人资本对国内工业企业的投资兴趣也越来越小。种种不利的因素导致工业经济在80年代初至90年代前半期陷入停顿,其产值在近20年来逐年从占国内生产总值的30%降至20%左右。

虽然通过重工业化政策,国内工业超过农业,成为国民收入的第二大贡献者,但是希腊的工业发展严重依赖于原材料和燃料的进口,至今没有形成成熟的钢铁工业,无法生产轿车、卡车等基本交通工具。工业门类不齐全,偏重于传统的劳动密集型行业,制造业的劳动生产率和管理水平,在欧盟中处于落后地位。工业生产主要集中于雅典和萨洛尼卡地区,北部地区和岛屿基础设施落后,几乎没有像样的工业。

2001年,工业产值占国内生产总值的22.3%,就业人口占就业总人数的22.8%,工业产品出口额占出口总额的59%。在工业部门中,占据首要地位的是制造业,其产值占国内生产总值的12%,就业人口占总就业人数的14.4%。其次为建筑业,其产值占国内生产总值的7.2%,就业人口占总就业人数的7.3%。采矿业排在第三位,产值约占国内生产总值的0.6%左右。制造业主要由大量的中小企业组成,特点是灵活性较高,其中大部分企业为小型的家族企业,主要从事传统行业,如食品、服装、化学和塑料、石油和煤炭产品、玻璃和水泥等的生产。近年来，电信等高新技术行业正在希腊兴起。

二　工业部门

(一) 能源工业

希腊国内资源有限，属于能源净进口国。虽然褐煤储藏丰富，但品位比较低，大量使用会造成环境的严重污染。北部近海一带出产石油，但产量与需求存在巨大缺口，天然气和可再生能源所占比例也比较低。国内能源生产总量只能满足 1/3 的消费需求。据 2000 年统计，能源供应总量为 2780 万吨，其中 65.1% 从国外进口，原油进口和石油产品占 56.3%，天然气占 6.1%，煤炭占 2.8%。国内生产的能源占 35.9%，而以煤炭居多，所占比重为 29.5%，石油和天然气为 1%，各种可再生能源占 5.3%。20 世纪 90 年代起，随着国内经济的快速发展，能源需求年平均增长率已达到 2.5%，预计在 2000～2010 年将升至 3.8%。据经合组织预测，到 2010 年，希腊的能源需求量将升至 4050 万吨，进口的比例将达到 72.5%。

20 世纪 70 年代末，为了减少对进口石油的依赖，希腊能源政策的重点，是通过增加褐煤发电来替代进口石油的使用，但是目前面临环境污染的巨大压力。特别是签订《京都协议书》之后，为了承诺减少温室气体的排放量，其政策已倾向使用污染较小的天然气。具体而言，是加强国内能源的开发利用，提高能源的利用率以降低能耗，引进天然气，减少对进口石油的依赖。预计到 2010 年，将国内的能源供应量减少 27.5%，其中褐煤减少 21.8%，进口的天然气的比重将升至 17.3%，可再生能源的进口比例则从 5.3% 下降为 4.9%。由于身处地震多发地带，目前，希腊还没有制订发展核能的计划。

## 希腊

### 1. 褐煤和石油

希腊最重要的能源为褐煤,其探明储量为58亿吨,可供开采的储量为39亿吨。国内褐煤产量约占国内能源生产总量的82%,其中64%用于电力供应。虽然褐煤有效地保障了国内能源供应,但同时对环境造成了很大的污染。

目前,国内95%的褐煤生产集中于国家控股的公共电力公司(PPC),主要供应于公司名下的发电厂。该公司拥有63%已探明的褐煤开采权,私有企业拥有5%,其余的32%属于国家财产,至今没有得到分配。大型煤炭加工企业共有4家,3家为国有企业,1家为私人企业,年生产能力为220万吨,大约2/3的煤炭销往内地。

国内石油短缺,原油主要产自位于北爱琴海萨索斯岛周围的普里诺斯(Prinos)油田,产量十分有限,仅能满足国内石油消费的10%。据原来的石油市场调查表明,2001年,希腊原油储量估计为900万桶左右,预计到2010年将被开采完毕。但是,负责开采普里诺斯油田的卡瓦拉石油公司于2004年发表声明,在萨索斯岛附近又发现高品位油田,估计储量为6.5亿桶,其中2.4亿桶可供开采,日产量将达到2000桶。

目前,希腊共有4家炼油厂,其中规模最大的炼油厂是雅典附近的阿斯普洛匹荷斯炼油厂。国内石油年生产总量为2200万吨,其中2/3供应国内市场。轻质石油产品基本上能够自给,但原料依靠进口。2004年,国内进口石油总额为60亿欧元,出口的精制石油产品总额为45亿欧元。进口的大宗石油产品是燃油和润滑剂。希腊的石油供应国主要是伊朗、沙特阿拉伯等中东国家,近年来和俄罗斯之间开展的能源贸易和合作逐渐增多。2004年,希腊、俄罗斯和保加利亚达成铺设280公里长的布尔加斯-亚历山德鲁波利斯(Burgas-Alexandroupolis)输油管道的政治协议,每年输送能力达到3500~5000万吨原油。俄罗斯作为原油

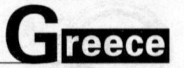

供应国的地位正在上升。

## 2. 天然气

希腊从1996年开始进口天然气作为国内能源消费的补充。2000年，天然气在国内能源供应总量中占6.1%，而且近年来由于消费量增长迅速，在国内能源供应中已稳居第三位，在工业领域已代替部分原油的使用。预计在未来，无论是发电、居民用电还是服务行业，天然气将成为需求增长最快的能源。为此，政府制定的目标是实现该能源供应渠道的多样化，提高天然气液化、蒸发和储藏能力，在希腊、意大利和土耳其之间建立输送网络。

目前，已投入20亿欧元建设天然气输送管道，这是能源工业中投资最大的项目。天然气的运输网络主要包括从北部边界延伸至阿提卡的管道，长约512公里，而在内部连接各大城市的配送管道总长度达到1300公里。天然气的进口渠道主要有两个：俄罗斯和阿尔及利亚。从俄罗斯进口约2/3的天然气，主要通过保加利亚延伸至俄国的输气管道完成运输。其余的1/3从阿尔及利亚进口，主要是依靠海运，通过油轮运输液化天然气。

## 3. 可再生能源

希腊的可再生能源主要包括风能、太阳能、水力发电和地热，目前可满足近6%的国内能源需求。虽然风能没有得到广泛的利用，但发展稳定。据2004年统计，现有的风力发电园的装机容量已达到330兆瓦。

在希腊，对于太阳能的利用主要是通过太阳集热装置实现的。它是欧洲仅次于德国的第二大使用太阳能集热装置的国家。2004年，全国安装的太阳能集热装置的面积达到300万平方米，主要用于家庭热水供应。太阳能热水器不仅产量很大，普及率也很高，在雅典和其他城市的建筑上，随处可见它的身影。此外，希腊已开始运用光电转换技术将太阳能转化为电能。这种发电装置一般安装在爱琴海的小岛中，供家庭使用，其总发电量已达到

每小时300千瓦。同样,拥有良好前景的是地热和生物质能的使用。在北部希腊等一些地区拥有丰富的地热能源,可用于发电和供热。此外,生物燃料等能源产品在国内也有着良好的市场前景。

2000年,希腊可再生能源占国内能源产量的5.2%左右,并没有实现在2000年以前达到10%的目标。希腊政府计划在2010年达到可再生能源(水电除外)发电占发电总量的20.1%的目标。为此,建立了办理可再生能源生产许可证的直通式服务。政府还通过各项财政激励手段推动可再生能源的生产,比如减免税收、政府补贴,等等。

4. 能源市场

从能源消费的情况来看(2002年统计),交通业所占比重最大,占能源消费总量的37.2%,居民消费居其次,占24.2%,其他依次为工业占22.1%,商业占7.5%,农业占5.7%。

希腊能源市场原先由国有企业所垄断,其电力市场是欧盟最具垄断性的市场之一,国有公共电力公司在电力运营中占有支配地位。政府希望通过能源的垄断达到社会和经济的双重目标,比如降低通货膨胀、保护能源密集型的工业的竞争力等。政府倚重国有企业的原因,还在于政府缺少制订能源计划和调控能源市场的专业人员。但是政府和能源企业的密切关系带来了决策的随意性以及市场的不透明。

和其他欧盟国家一样,希腊被要求在能源市场引入私人竞争以打破国家的垄断。由于担心会激发国内相关利益集团和其他社会矛盾,泛希社运党政府在20世纪90年代采取了暂缓措施,继续实行国家对能源的调控,仅仅对一些相关产业逐步实行了私有化。直至1999年,政府最终颁布了第2773号法令,宣布调整能源市场。按照这项法律规定,建立了独立的能源管理局管理逐步开放的市场。2001年,希腊电力市场开放了34%。2004年,新民主党政府上台后,开始着手发放能源经营许可证、开放天然气市场。

从20世纪80年代起,电力生产能力提高很快,2004年电力生产的总装机容量已达到12224兆瓦。国内发电主要依靠燃煤和其他液体燃料,热力发电约占国内发电总量的74.6%,水力发电仅占发电总量的25%(参见表4-10)。目前,国内的电力供应仍然比较紧张,主要原因是供应能力分布不均衡,大部分发电站聚集于希腊北部,但是南部经济发达地区的需求显然更大。此外,夏季用电量比较大,难以集中供应。

表4-10 电力生产及消费

| | 1971 | 1981 | 1991 | 2001 | 2003 | 2004 |
|---|---|---|---|---|---|---|
| 总装机容量(兆瓦) | 2695 | 6067 | 9232 | 11158 | 12138 | 12224 |
| 热力发电 | 1655 | 4351 | 6718 | 8097 | 9078 | 9126 |
| 水力发电 | 1040 | 1716 | 2514 | 3061 | 3061 | 3061 |
| 产量(百万千瓦/小时) | 10411 | 21657 | 31946 | 48051 | 52214 | 52034 |
| 消费量(百万千瓦/小时) | 9822 | 20289 | 29607 | 44475 | 48422 | 49560 |

资料来源:希腊国家统计局,http://www.statistics.gr。

(二) 采矿业

希腊蕴藏的矿石种类十分丰富,采矿业在传统上是希腊最为重要的工业部门之一。自1995年以来,采矿业产值占国内生产总值的比重一直稳定在0.6%左右。采矿业基本上由采石(以大理石为主)、工业采矿、金属采掘和冶炼业组成。其中金属采矿业对于国民经济的贡献最大,采石业生产规模比较小,但仍然是工业行业中的一个重要部门。这个行业的生产高度集中,其60%的矿产由5家采矿公司掌控。国内最为重要的矿产品是铝,其次为铬、金、铁、铅、镍和锌。其中,铝产品由国内的铝土矿

开采后加工而成，而生产钢铁产品的原料则依赖进口。目前，希腊是欧盟最大的铝土、镁、镍和珍珠岩产出国，其50%的矿产品用于出口。在矿产品对外贸易上，基本上是出口大于进口。在经历了20世纪80年代和90年代早期的低谷后，近年来，矿产品出口开始逐年增长。

从事金属采矿业的主要是几个规模较大、资金雄厚的公司，采矿和冶炼集于一身。最具代表性的是希腊铝业公司（Aluminium de Grece），既开采铝土矿，又生产铝锭。还有一家拉尔科（Larco）矿业公司，主要经营铁矾土的采掘和镍铁的生产。其中大部分公司为国际集团所有，比如希腊铝业公司隶属于法国佩希内（Pechiney）集团。从事工业采矿和采石的企业相对规模较小，但数量众多，而其生产的产品更为多样、用途更广。如银晶石矿产公司（Silver and Baryte Ores Mining Co）既出产斑脱土、又开采珍珠岩和铝土矿。希腊菱镁矿业公司（Grecian Magnesite）既开采菱镁矿、也出产镁。还有狄俄尼索斯大理石公司（Dionyssos Marble）既开采白色大理石，也生产碳酸盐填料。

20世纪90年代初，政府开始在采矿业中推行私有化，一些规模较大的采矿公司已转为私人所有。从目前情况来看，私人企业已在采矿业中占据多数。其余的公司分属不同的类型：

（1）公共企业，在雅典证券市场上市的有四家，一家金属采矿公司，一家工业采矿公司，两家为大理石生产公司；

（2）国际集团控股的公司，除希腊铝业公司之外，还有希腊TVX公司（TVX Gold Inc.）等，它原本由希腊国民银行（National Bank of Greece）和其他基金会控股，1995年被加拿大TVX公司收购，更名为希腊TVX公司；

（3）国有企业，如拉尔科采矿公司，它是欧盟唯一一家镍铁制造企业。

2004年，国内开采的主要矿产品有：铝土矿78.6万吨、皂土85.6万吨、石膏91.2万吨、珍珠岩63万吨、火山灰126.8万吨，以及褐煤7190万吨等。

此外，大理石和铀的开采量也很可观。近年来，北部色雷斯地区金矿的开采量也日益增长。近年来，希腊已成为欧盟重要的建材出口国和稀有金属矿产出口国。

希腊的冶金业为后起工业，发展历史较短，主要产品有铝锭、钢材和铅。铝矾土矿石加工是希腊工业冶金发展的主要内容，始于20世纪60年代，起步于法国佩希内集团在国内投资开办的铝矾土加工厂。在60、70年代，希腊相当一部分的矿产品主要是原料出口，自80年代初开始重视提高国内的加工能力，冶金业因而得到较快发展（参见表4-11）。

表4-11 主要矿产品产量

单位：万吨

| 矿产品 | 2000 | 2001 | 2002 | 2003 | 2004 |
|---|---|---|---|---|---|
| 铝土矿 | 68.9 | 71.0 | 75.0 | 76.3 | 78.6 |
| 皂土(活性) | 85.1 | 83.5 | 82.5 | 84.2 | 85.6 |
| 石膏 | 80.1 | 88.9 | 89.0 | 93.3 | 91.2 |
| 褐煤 | 6400 | 6670 | 7110 | 7500 | 7190 |
| 珍珠岩 | 56.4 | 55.0 | 57.0 | 58.0 | 63.0 |
| 火山灰 | 93.6 | 130.8 | 130.0 | 111.3 | 126.8 |

资料来源：《英国经济季评》，2005。

（三）制造业

按照欧洲的标准来看，希腊的制造业规模很小，但在国内而言，它依然是第二产业中对国民生产贡献最大的行业。2004年，其产值约占国内生产总值的14.2%。近年来，这个比例有所下降，但是制造业至今仍是希腊重要的出口产业部门，约占全国外贸出口的一半。

## 希腊

希腊制造业的一个显著特点是小企业占据主导地位,其中大部分企业采用了家族经营模式。在欧盟国家中,希腊制造业的小公司比例最高。1988年,据国家统计局统计,全国共有144717家工业企业,92.5%的企业雇用人数在10人以下,只有0.5%的企业职工总数超过100人。企业规模小固然具有经营灵活的优势,但它所体现的弊端也是显而易见的,一方面,阻碍了对研发和生产的投入,影响国内产品的竞争力,另一方面,也制约了行业规模的扩大。1990年,希腊和葡萄牙在欧共体企业研发总投入中所占比例最小,都只占0.1%,而德国和法国分别占到35%和22%。

希腊官方统计标准,一般将国内的制造业分为23个门类:即食品饮料、烟草、纺织、服装、皮革制品(含鞋类)、木材加工、造纸、出版印刷、炼焦和石油加工、化工、橡胶和塑料加工、非金属矿石加工、碱性金属、金属制品、办公用品/计算机、电器、收音机电视机和其他通讯设备、医疗器械和精密仪器、交通工具、运输设备、家具、回收加工业等。其中,最大的四个行业分别为食品加工、化工、纺织和碱性金属加工。它们在90年代的产值占制造业总产值的45%左右。从近20年的生产情况来看,传统的劳动密集型行业下降程度较大,如皮革业和鞋类。采用先进技术的行业有所增长,如医药和医疗器械等。盈利最多的是消费品行业,尤其是食品饮料和非金属矿物,比如水泥、大理石等。其他行业,如炼油和医药品的利润都在增长,但是纺织和造纸已出现亏损迹象。像服装、鞋类等劳动密集型的生产行业曾经占有重要的地位,但由于受到来自低工资的亚洲和东欧国家的竞争,近年来已逐渐衰落。目前,许多希腊企业已将服装生产转包给劳动成本较低的巴尔干国家。以就业而言,领先的制造行业为食品、纺织、服装和制鞋业以及运输设备业(包括造船)。1988年,这四个行业提供了51%的就业岗位。从产值结构和就业人数可以看出，过去20多年来，制造业的构成大体上没有发生很大的变化。

一般而言，制造企业主要满足国内和本地市场的需求，但它对出口的贡献也比较大。自90年代初以来，制造业在总出口外汇收入中所占比例一直在50%上下浮动。1992年希腊出口总收入为60亿美元，其中制造产品占了31亿美元，其主要出口产品为纺织品、金属和金属制品、化工和制药、水泥等。尽管每年各产业的出口收入都有变化，这些产品始终是制造业出口收入的支柱。

第二次世界大战后的工业化时期，国内整个经济政策向制造业倾斜。早在1953年，政府即已制定相关法令保护外商投资，激励制造业生产的投资和出口的政策包括补贴、免税、关税保护和低息贷款。由于缺乏良好的投资环境，外商对于制造业的投资兴趣并不大，国内吸收的外商总投资额大概在80亿美元左右。许多大型的重工业企业如炼油厂、造船厂、轧钢厂等都由国家投资兴建。加入欧共体后，希腊被要求取消直接和间接的保护本地公司的措施，据此，关税和出口补贴相继被取消。进入90年代后，随着国内市场的逐步放开，建于20世纪50~60年代的技术水平较低、进口替代型的部分企业被淘汰。2002年，制造企业的总数已缩小为4082家，其中85.7%为中小企业，雇用人数在100人以下。雇用人数超过500人的大型企业约占1.8%。其中大型企业的职工总人数为7万人；中小型企业的职工总人数大约为10万人，但是大企业创造的利润占了70%。

如今，政府对制造业采取的激励手段主要体现于对新投资的赠款、利率补贴和税收优惠。赠款可以达到投资项目成本的15%~55%，具体比例取决于投资的行业、出口潜质、技术含量和投资所在的地域。为了减轻雅典和萨洛尼卡两大工业中心由来已久的交通拥堵和环境污染，同时达到工业现代化和地域分散化

的目标,希腊政府根据区位标准和产业标准对不同地区的投资项目实施不同的优惠政策:根据经济发展程度的不同,将全国划分为A、B、C和D四个区域,项目所在区域不同,享受政策优惠的程度不同。A区为希腊最为发达的阿提卡省(雅典市位于该省)和萨洛尼卡省,在这一区域内的投资项目几乎不享受任何优惠政策。而北部边远的克桑西省、罗多彼省、埃夫罗斯省、爱琴海诸岛、萨索斯岛、佐泽卡尼索斯群岛以及所有距边境20公里以内的地区划分为D区。在这一区域内的投资项目享受最为优惠的投资政策,政府给予占投资总额40%的现金补贴,对投资者自有资金比例的要求为40%。

### (四) 建筑业

建筑业,特别是住宅建筑,是希腊经济的一个重要组成部分,长期以来是固定资产投资的一个基本形式。2004年,建筑业产值约占国内生产总值的8.9%。

在希腊传统经济中,私人住宅建筑一直扮演着重要的角色。为民众提供住宅既可以带来政治上的良好声望,又能有效刺激经济的增长,因此,经济决策者们都偏好建筑活动,将之视为增加收入、就业机会、刺激国内消费需求的一条重要途径。作为政府宠幸的行业,建筑业一直以来享受各种信贷和税收政策优惠。1991年,建筑工业产值占国内生产总值的5%,在房屋建筑上的投入大约占固定资产投资总额的23%。1989年,建筑业提供了6.5%的就业机会,同年,私人住宅建筑面积达到6730万立方米,公家建筑总计为280万立方米,仅占新增建筑总面积的4%。

从90年代中期开始,公共工程建设成为希腊建筑业持续增长的动力。1994~1999年希腊从欧盟第二支持框架获得了140亿欧元,2000~2006年从第三支持框架中获得了255亿欧元资助大型的基础设施工程。借助2004年在雅典举办奥运会的契机,政府加快了基础设施建设的步伐，目前，进行之中的大型基建项目主要有五大工程：

（1）修建、改造连接全国东西、南北的两条高速公路，分别长680、750公里。在佩特雷东北部的里奥（Rion）跨科林斯海湾西口到安提利翁（Antirion）建造一座悬浮桥，建成后将成为连接伯罗奔尼撒半岛和欧洲西部大陆的交通枢纽，该项投资总额大约为5亿美元；

（2）在首都新建维尼泽洛斯机场，投资额约计40亿美元；

（3）雅典和萨洛尼卡的城市污水处理系统；

（4）雅典和萨洛尼卡的地铁工程，投资约30亿美元；

（5）雅典周围主要干道的整修和改造。虽然由国外建筑商包揽了大部分工程项目，希腊企业主要承建子项目，但在整个建设过程中，国内的建筑企业不仅提高了技术水平，也获得了资金和就业机会，从而促进了整个建筑行业的发展。

希腊现有大小建筑企业约2500家，其中私有企业占72%，从业人员25万人，其产值占国内生产总值的8%。国内建筑企业规模普遍较小，其中规模较大的有40家，即使将这40家公司进行合并，其资产总和也只相当于欧盟发达国家的一家大型建筑企业。根据法律规定，企业不能承包投资额超过企业净资产三倍以上的工程项目，为了承接奥运会工程的大项目，希腊建筑企业通过相互合并、合作的方式参与国际公司的竞标，从而大大扩充了企业的实力和承接国际项目的能力。

## 第四节 商业与服务业

**服**务业是希腊国民经济中规模最大、门类最为繁多的产业，同时也是最为重要、发展最快的产业，20世纪80年代以来一直以高于整个国民经济平均增长水平的速度发展。

2003年服务业总产值为982亿欧元,占国内生产总值的64%,其从业人口占就业总人口的61%。领头行业为旅游业、海运业、银行业和商业贸易。其中,旅游业和银行业将在下面章节中专门述及。

一 海运业

希腊民族在历史上享有"航海民族"的盛誉,它的存在和发展得益于海上贸易的开展。在古代,正是凭借庞大的商业船队和强大的海军,希腊成为地中海一带最有影响力的海上强国。自希腊建立独立的民族国家以来,海运业延续了悠久的传统,成为国内经济发展的发动机,也成为当代希腊享有世界重要地位的象征。无论是船队数量还是载重量,希腊均处于世界领先地位。其商业船队在欧盟国家中排名第一、世界排名第五。如果将希腊所有(包括悬挂外国国旗)的商船计算在内,共有3600艘左右,净注册总吨数约1亿吨,船队数量约占世界总量的20%、欧盟船队总量的60%。全世界将近23.5%的油轮为希腊所有,该数目相当于日本和美国油轮的总和。

此外,希腊船队大约满足了世界运输总需求的16.3%,其中,包括中国70%的原油和天然气的运输量。为了更大地满足全球市场的需要,希腊的船队正在对船只进行更新。2002~2005年,希腊对日本的造船企业拨付200亿美元,用于建造新的船只。

希腊海运的优势地位是地理和历史因素促成的。希腊三面环海,拥有2000多个大大小小的岛屿,海岸线长度大约是1.5万公里,是欧洲拥有最长海岸线的国家之一。船只自古以来即是货物运输和人们出行的基本交通工具。沿海客船和渡船作为连接大陆和海岛的枢纽,为海岛的人民生活和发展提供了必要

第四章 经 济

的服务,其对外发展的海洋运输更是为国内带来了可观的外汇收入。在古代包括近代奥斯曼土耳其统治时期,希腊的海船垄断了地中海的海洋运输。早在伯里克利时期,国内的纪念碑等公共建筑,包括帕特农神庙,都由商船队捐资建造的,其经济力量的雄厚可见一斑。第二次世界大战结束后,希腊经济百废待兴,拥有悠久历史传统和先进技术的航运业,很快成为国内经济发展的发动机。船王奥纳西斯(Onassis)、尼亚尔霍斯(Niarchos)和拉齐斯(Latsis)建立了以自己名字命名的船队,并赢得了世界性的地位和商誉,为战后希腊经济的恢复和繁荣作出了重要贡献。长期以来,海运业连同旅游业、侨民汇款一起成为支撑国内经济的三大支柱收入,也是国内平衡一般贸易逆差的重要来源。

在全球化的时代,希腊航运业更是如鱼得水。随着国际贸易全球化的发展(全球90%的货物是通过海运实现),海上运输的需求持续增长:欧洲与世界其他国家之间的贸易有90%通过海上运输实现,欧洲内部贸易有35%通过海运进行,运往世界各地的原油有65%需要借助商船队。特别是中国、俄罗斯等国对远洋运输的需求大幅增加,世界航运业的运力供不应求。希腊船队凭借自身的优势条件获得了1/6的国际海运市场,航运业在为希腊带来丰厚利润的同时,还提供了可观的就业机会。2003年,海运业收入97.2亿欧元,占国内生产总值的6%。2004年,希腊的海运业收入超过130亿欧元,代替旅游业成为出口创收行业的龙头老大。

目前,希腊从事海运及其相关业务的公司共有1080家左右,其中船队经营公司640家,其余为船只经纪公司、代理、咨询公司或海事法律事务所。

和其他传统海运国家相比,希腊的船队有着自己明显的优势。

## 希腊

1. 提供分门别类的船只和服务

除了拥有运输普通货物的船只以外,希腊船队还有专门运输大量干货(煤炭、谷物、矿石等)和液体货物(原油以及其相关产品等)的船只。这些专业运输船只大约占希腊所有商船数量的95%,其余的5%包括游艇、贸易船只和渡船等。

2. 积极推动海运业务的国际化

作为海洋运输的世界强国,希腊所有的海运业务在世界范围内展开,既满足了其他国家的运输需求,又获得了国际影响力,使其远远超出了对本国经济的作用。除此以外,与海运相关的经营活动也在国外生根开花。例如,与造船相关的信贷和金融业务、租船业、海上保险、造船业、船只维修、船只保养、船只改装,废弃船只出售等。目前,希腊海运服务的经营范围已扩大到43个国家。

3. 将本国的海运优势与世界贸易的发展需求紧密结合

希腊通过海运业务融入国际租船市场、国际股票市场以及其他相关的国际经济活动,以此获得海运业之外的更多的利益和影响力。

4. 通过和国际接轨的先进经营方式,使本国的船队适应多变的国际经济环境

显然,对一个人口少、地域小的国家来说,希腊商业船队拥有的世界领先地位无疑为国家经济的发展起到了重要的作用。

(1)海运业给国家经济和社会发展带来的积极影响主要体现于它所获得的巨额外汇收入,它为改善国家的收支平衡作出了巨大贡献。自第二次世界大战结束以来,国家收支平衡一直处于赤字状态。而在过去几年里,海运业的国外货物运输收入已经上升到年平均20亿美元,大约占国内生产总值的1%。

(2)与海运相关的经营业务,如造船和维修,船只购买交易,废弃船只出售等,已扩展到近50个国家,大大加强了希腊

与其他国家的经济联系。

（3）增加了海上和大陆的就业机会。近几年来，海运业的就业人数达到了5万人左右，这对促进国家经济和社会的发展起了关键性的作用。

但是，自20世纪90年代中期以来，海运业面临激烈的国际竞争，其就业人数一直呈现下降趋势。为了最大限度地降低运营成本，海运公司从国外雇用了更为廉价的劳动力。另一个原因是希腊的海运部门正在发展成为资本高度集中的产业，对于劳动力的需求正在减少。

尽管海运业仍然保持着在国际上的领先地位，但国内与海运业相关的产业部门却始终没有得到同等的发展。自20世纪60年代起，与海运业相关的服务行业，如银行保险和经纪服务、造船和技术性的基础设施、海运商业管理等发展迟缓。从70年代开始，其落后的形势得到了初步改观。最近20年来，海运的商业服务、造船维修产业、船只经纪业、物流以及船只贸易等行业的竞争力得到了加强。

在国际海运领域，作为海运大国的希腊为实现高质量的海运、发展自由竞争的海运市场发挥了积极和建设性的作用。例如，参与了欧盟的海运政策的制定和实施，为实现海运业公平、自由的竞争，保护海洋环境以及保障航海的安全，和其他国家进行了紧密的合作。

二 零售商业

从经营方式和范围来分，希腊的零售商业共有8个门类：超市、百货公司、食品饮料和烟草、药品、服装鞋类、家具电器等家庭生活用品、书籍文具等文化用品、电话和其他通讯设备的销售。

希腊零售商业最为显著的特征是中小企业占据绝对多数。20

世纪80年代以前，国内零售商业基本上由多种多样的家庭零售店经营，其中每13户中就有一家经营零售商店。90年代之后，这种状况有了较大的改变，一批规模较大的批发和零售公司陆续开张营业。许多著名的欧洲零售连锁店也入驻希腊，其中一些采用了和本地企业合资的方式。但是国外的许多名牌产品，特别是电器和汽车，都有自己专门的经销商和零售网络。

据国家商业管理部门注册登记显示，全国共有281124家零售企业，95%属于中小企业，就业人员有698500人，占总就业人口的17%，其中25%为雇主，21.5%为自雇主，13.8%为雇员。零售营业总额约占国内生产总值的18%，和1980年相比增长了5%。但零售小企业占有的市场正在萎缩，利润也越来越小，难以获得扩大经营的投资。与此同时，百货店、超市以及各种内外资和合资经营的连锁店的市场份额变得越来越大。2002年，大型商业企业的营业额增加了6.9%，税前净利润增加16.2%，达到17亿欧元，而40%的小企业的销售额呈下降趋势。近年来，零售业内增长最快的是快餐和汽车零配件的销售。据2004年统计，零售批发贸易加上旅馆、餐饮、交通和通讯的商业营业总收入共占国内生产总值的29.6%。

## 第五节 交通与通讯

### 一 交通

希腊是唯一一个不与其他成员国接壤的欧盟国家，地处巴尔干半岛最南端，地形复杂、交通落后，这也是造成国内贸易赤字的主要原因。直到20世纪90年代中期，在欧盟的资助下，大大加快了交通现代化的步伐。

希腊的许多城镇靠海，又有众多岛屿，内陆多山、崎岖不平,所以,传统上依靠海港来连接内陆各地的交通,换言之,海运是内地与国外交通的重要联系途径。国内最大的5个城市:雅典/比雷埃夫斯、萨洛尼卡、佩特雷、伊拉克利翁和沃洛斯都是大港口。国内现有各类港口444个,其中123个为客运或货运港口,总吞吐量大约为7856万吨。比雷埃夫斯港是国内最大的客货运港口,吞吐量居地中海沿岸各港口之首。萨洛尼卡港口位居第二,主要处理巴尔干、东欧和黑海的货运。它地处塞尔迈海湾的西北岸,是离欧洲其他国家最近的港口,地理位置十分重要。帕特雷则是希腊通往意大利和其他欧洲国家的重要客货运输港口。除此之外,西北的伊古迈尼察港,东部的沃洛斯港和东北的卡瓦拉港也正在成为重要的中转站,主要负责将货物转运至意大利、中东和巴尔干国家。

希腊拥有世界上最大的商船队。在本国拥有的2000多艘商船中,经营国内沿海海运的商船为408艘左右,主要服务于希腊大陆和各大岛屿的交通运输。每年乘客人数达到5000万人,其中外国乘客占4%。每年运输货物为1.2亿吨,其中国外货物占65%(参见表4-12)。

表4-12 希腊国内海运一览表

|  | 1971 | 1981 | 1991 | 2001 | 2003 | 2004 |
|---|---|---|---|---|---|---|
| 商船数量(艘) | 2543 | 3896 | 2062 | 2052 | 2092 | 2094 |
| 吨 位(千吨) | 15441 | 42488 | 24090 | 30623 | 33433 | 34332 |
| 乘客人数(千人) | 16252 | 24931 | 32146 | 57655 | 52800 | 50980 |
| 国 内 | 15712 | 23779 | 30230 | 54646 | 50018 | 48631 |
| 国 外 | 540 | 1152 | 1916 | 3009 | 2782 | 2349 |
| 货运量(千吨) | 27663 | 68528 | 75981 | 94935 | 119963 | 116560 |
| 国 内 | 9078 | 16970 | 19184 | 25985 | 41958 | 40174 |
| 国 外 | 18585 | 51558 | 56797 | 68950 | 78005 | 76386 |

资料来源:希腊国家统计局,http://www.statistics.gr。

## 希腊

20世纪下半叶起，陆上交通网络发展迅速，近海航运作为联系国内地方的纽带作用明显减弱。如今，内陆的交通和运输主要依靠公路。

在欧盟的大力资助下，公路建设得到较快的发展，城市间交通状况明显改善。2000年全国公路总长38600公里，其中高速公路和国家级公路长9250公里，省级公路29350公里。不仅在各个大区、省会、大小城市之间，而且在各个大岛上都铺设了比较完善的公路网。

目前，希腊正在修建连接南北和横贯东西的两条高速公路主干线。后者仿照古罗马的大道，将西海岸的伊古迈尼察（Igoumenitsa）与东色雷斯的亚历山德鲁波利斯连成一线，然后延伸到土耳其边境，全长680公里。这条东西向高速公路途径北部大小19个城市、5个港口和数个工业区，从西部亚得里亚海岸穿过北部希腊到达土耳其边界的11小时路程将缩短为6小时。它的建成将对希腊东北部的经济振兴起到重要作用，该地区至今仍是欧盟最落后的地区之一。南北高速公路北起希腊和保加利亚边境，南至佩特雷，全长750公里，这项工程的竣工将会减轻南北铁路主干线的交通压力。

随着城区和城际公路网络的日益密集，私人轿车的数量愈益增多，在运输服务中所占的比例越来越大。据国家统计局统计，截至2002年底，国内共有539万辆机动车辆，即平均每两人拥有1辆机动车，其中轿车342.4万辆、公共汽车2.7万辆、卡车108.6万辆、摩托车85.3万辆。尤其是拥有人口400万的首都雅典，有各类车辆210万辆（参见表4-13）。

目前，全国共有私家车528万辆，公家车11万辆，私车和公车形成了"49∶1"的比例。私人轿车的成倍增多严重恶化了空气质量和大城市的交通状况。为此，雅典市实行单双牌照号隔日通行的举措，以限制轿车的出行，这几年逐渐推广到了其他城市和旅游地点。

表 4-13　陆地运输一览表

|  | 1971 | 1981 | 1991 | 1999 | 2000 | 2001 |
|---|---|---|---|---|---|---|
| 车辆总数(辆) | 414046 | 1477214 | 2888009 | 4690412 | 5060885 | 5389996 |
| 轿车 | 226893 | 912385 | 1777484 | 2928881 | 3195065 | 3423704 |
| 公共汽车 | 10546 | 17367 | 22080 | 26769 | 27037 | 27115 |
| 卡车 | 107361 | 441081 | 792770 | 1023987 | 1057422 | 1085811 |
| 摩托车 | 69246 | 106381 | 295675 | 710775 | 781361 | 853366 |
| 乘客人数(千人) |  |  |  |  |  |  |
| 公共汽车 | 1221419 | 1020325 | 902978 | 880317 | 885005 | 927354 |
| 城区客车 | 106183 | 846252 | 755533 | 743579 | 753685 | 795601 |
| 城际客车 | 159589 | 174073 | 147445 | 136738 | 131320 | 131753 |
| 铁路乘客 | 13256 | 10388 | 12253 | 11177 | 12477 | 13935 |
| 铁路货运量(千吨) | 3358 | 2995 | 3542 | 2443 | 3192 | 2784 |

资料来源：希腊国家统计局，http://www.statistics.gr。

第二次世界大战结束后，希腊交通规划的重点是发展公路和航空，铁路建设明显受到忽视。目前，国内铁路的总长度仅为2500公里，其分布的网络与第二次世界大战前相比并无多大的改变。许多铁路设备陈旧，运营成本很高；管理水平落后，电气化路段非常有限，其中质量较高的为连接雅典和比雷埃夫斯的26公里路段，全部为高速电气化线路。此外，铁轨铺设沿用不同的标准也阻碍了铁路运输业的发展，国内近一半路程使用宽轨，即1435厘米规格，而1/3铁路为1000厘米规格，如伯罗奔尼撒半岛上的路轨，还有少量使用750厘米规格的轨道。主要干线从首都雅典自南而上到达北部交通中心萨洛尼卡，其分支线从萨洛尼卡呈辐射状向北通往巴尔干邻国的边界。比较而言，南部的铁路网分布稀疏、铁轨陈旧、破败，行驶速度较慢。目前在欧盟资助下，正在将其主要干线铺设双轨，并实现电气化，目标是将行驶速度提升为每小时200公里。北部萨洛尼卡周围的铁路网

## 希腊

络相对比较密集、发达，但北部边界沿线仍然存在铁轨老化，运输效率低下等老问题。

雅典原有的地铁线路已有130年的历史，经改造之后形成了从雅典北郊的基菲夏（Kifissia）站始发，抵达南郊的比雷埃夫斯港口的第一条干线。由于无法满足日益拥挤的市内交通需求，政府在欧盟的援助下从1999年开始兴建两条长约18公里的新干线与旧的地铁线相接。其中，2号线连接西面的赛波利（Sepolia）和南边的达夫尼（Dafni），3号线连接东北端的阿米纳（Ethniki Amyna）和宪法广场（Syndagma）。这两条线路穿过市中心在宪法广场汇合。政府还计划在这两条新干线的基础上再进一步向西部、北部和南部延伸，以扩展至更多的居民区。扩建工程预计7年内完成，资金主要来自于第三次共同体支持框架。新建雅典地铁最多可以容纳每年1.4亿人次的客流量。高峰期达到3分钟一班车，其他时间为5～10分钟一班车。地铁扩建在很大程度上缓解了雅典市中心的交通压力。沿线新建的地铁站还使用大理石作为装饰，处处可以欣赏到当代艺术家的作品，整个设计高雅而精致，被希腊人誉为雅典王冠上的钻石。

希腊的铁路系统由1971年成立的希腊铁路局（OSE）垄断管理。为了改变铁路系统的落后状况，从1978年开始，铁路局计划将雅典经萨洛尼卡到马其顿共和国边境的主干线改造为电气化路段。这条全长570公里的线路承载了一半以上的全国铁路运输量。由于国内资金不足而陷于停顿。到了90年代初在欧共体的资助下，基本完成了现代化的电讯系统的装备和部分线路的双轨铺设。目前正在进行中的还有对伯罗奔尼撒半岛的佩特雷线的改造，将1000厘米的铁轨改为1435厘米宽轨，从而和内陆的标准相统一，同时配备现代化的讯号系统，时速提升为200公里。预计在这两年中，希腊铁路总长将达到2532公里，其中30%的路段将实现电气化。

1991年，希腊铁路共运载近1230万旅客和350万吨货物，平均周转量为164公里/人货次。2001年运载旅客人数达到1394万，货物278万吨。城区和城市间公共汽车也由希腊铁路局运营，2001年的运载量为9.27亿人，其中城区运载量占86%。

希腊海岛众多，又是旅游胜地，一直以来对航空业的发展比较重视。国内现有39个国际标准机场，是欧洲拥有国际机场最多的国家。有2/3位于海岛上，并且大多为军民两用。两个最大的国际机场是雅典国际机场（Hellinikon）和位于萨洛尼卡的萨洛尼卡－马其顿机场。其他国际机场位于亚历山德鲁波利斯、科孚岛、莱斯沃斯岛、罗得岛和伊拉克利翁等地。1995年，这些国际机场抵达和离开的乘客总数，分别达到1302万人次和1306万人次，机场所承担的货运总量为149803吨。其中雅典国际机场承担着国内最大的航空交通量。

2001年3月，希腊建成新雅典国际机场，并以20世纪著名政治家维尼泽洛斯的名字命名，同时因为位于雅典东南部的阿提卡半岛上的斯帕塔（Spata），又被称为斯帕塔机场。这个新型国际机场在技术和装备方面更重视安全性、操作简便和优质的服务。它不仅是希腊最大的基础建设工程，而且正在成为欧洲通往世界的新南大门，新机场的载客量可以达到每年1600万人次，每年的运货量能达到22万吨。它所承担的飞机降落和起飞的次数，达到每小时65次、每天600次。

国内航空由国有的奥林匹克航空公司垄断，该公司成立于1957年，1975年收归国家所有。目前共有60架客机、39条国际航线。另有7家私人航空公司主要经营国内航线。2003年，奥林匹克航空公司的客运量为534万人次、货运量为6.62万吨。该公司航班主要连接国内主要城市和岛屿，也往返欧洲和中东大部分地区，还开往日本、新加坡、泰国、南非和美国等地。尽管奥航的年旅客运输量以大约3%的速度增长，但是，因为运营成

本太高面临资金困难等诸多问题。目前,希腊和欧盟已在谈判奥航的重组事宜。

希腊基本没有可供航行的大河流,最具内河航运价值的是 1893 年挖成的科林斯人工运河。运河的开通将科林斯和萨罗尼克海湾连接起来,从而使从伊奥尼亚海到位于萨罗尼克湾的比雷埃夫斯港口的航程缩短了 325 公里。该运河的最大水深为 8 米,最大宽度近 25 米,河上有三座桥,一座铺设了铁轨,其他两座用作公路运输。

二 通讯

电信业是希腊经济的一个支柱产业。从历史上来看,希腊的电信系统一直落后于西欧标准,其中原因是多方面的:其一,是天然地理因素的阻隔,多山的内陆地形和分散的岛屿,为通讯设备的发展设置了障碍;其二,是国有希腊电信局(OTE)的垄断,长期来使国内通讯业发展效率低下;其三,是政局不稳定,造成通讯政策的不连贯。

从 1949 年开始,希腊电话系统被收归国有,同年在交通部下设希腊电信局,负责管理国内的通讯业务。当时的希腊,每 100 人中仅拥有一部电话。一直到 70 年代,电话通讯服务仍然进展缓慢。1981 年,泛希社运党政府开始全面推行电信业的现代化,用自动程控交换机取代老式的人工接线设备。这个过程始于 1986 年,但是到了 90 年代,数字设备的推广仍然很慢。整个 80 年代,希腊对电话通讯的投资是世界上大多数发达国家平均值的 4%。这个时期国内电话的分布率是每 100 人拥有 57 部电话,装电话的平均等待时间超过 4 年。甚至像医院和公司这样的急需电话的机构,安装电话也要等上一年。1980~1990 年间,自动交换机的数量从 1209 台、250 万线容量,逐渐增加到 1923 台、410 万线容量,同期可使用的电话数从 280 万部增加到 470

万部。一直到20世纪90年代初，希腊仍然是欧共体国家中唯一没有移动电话的国家。

1992~1993年，在新民主党政府的推动下，希腊开始投建120万条数字电话线。该项建设极大地提高了语音电话的质量和速度。进入21世纪后，国内电信业的发展步伐大大加快。综合服务数字网被引入国内通讯系统。由于该项技术无法满足通过互联网传输数据的要求，很快由DSL取而代之。2003年，希腊又引入了ADSL系统。同年，希腊又启动了"信息社会"计划，极大地推动了电信业中高科技手段的运用。

虽然电信业起步较晚，但发展很快。2004年电信业的营业额达到国内生产总值的4.6%，几乎高于其他发达的欧盟国家，主要原因是电信服务在这几年中迅速普及。越来越多的消费者开始运用高科技的通讯工具，如移动手机、互联网，等等。2003年，移动手机用户达到1050万。15~24岁人群中，有一半使用互联网；25~34岁年龄段中，上网人数占1/3，而接入互联网的家庭已达到15.2%。

目前，从事电信行业的大约有134家企业。在国内电信市场上，希腊电信公司（希腊电信局）享有独一无二的垄断地位。它成立于1949年，近半个世纪以来一直为国家所有。1996年3月，成为上市的股份公司。这是希腊有史以来第一次也是最大的一次私有化。目前，希腊电信公司的全额支付股资为12亿欧元，国家所持股份占33%，其余的67%在雅典、纽约、伦敦等股票市场交易所公开出售，为私人和国内外投资机构所购。2002年，希腊电信公司的总资产已达到43亿欧元。在私有化之前，希腊电信公司已获得了政府颁发的特殊经营许可证，期限为25年。除了经营接线式电线网络和语音电话业务等传统项目，它还重点发展了许多新的高附加值服务，如数据传输、综合数字线路、电话卡、终端设备、信息网络服务，并提供宽带传送和信息处理系统和服务。

## 希腊

　　希腊电信机构通过建立分布国内外的子公司和附属公司成立了希腊电信集团公司。目前，其员工总人数达到 2.75 万人，拥有 15 个地区分支机构、400 个销售点以及为数众多的代理商和二级销售商。营销网络遍布全国各地。2001 年底，希腊电信机构名下共有 541.5 万条 PSDN 电话线路，其中 97% 为数字线路、3% 为模拟数字，以及 88 万个宽带接口。2002 年，希腊电信公司的营业额为 43 亿欧元，净利润为 4.82 亿欧元。2001 年 1 月 1 日，按照欧盟的指令，希腊开放了语音电话市场，福斯通讯网（Forth-Net）、栏网公司（Lanet）、Q 电信公司（Q-Telecom）和泰拉斯（Tellas）公司获得了经营许可证后，成为希腊电信公司新的竞争对手。

　　移动电话业务是于 1992 年进入希腊，虽说姗姗来迟，却是后来居上，发展迅猛。当时希腊政府将全球移动通信系统（GSM）运营的许可证出售给帕纳丰（Panafon，现为沃达丰 Vodafon 公司所有）和泰莱斯特（Telestet）公司，由此形成了两家电信巨头对移动通信市场的 8 年垄断。泛希社党上台后，将第三张 GSM 运营许可证发给科斯摩托（Cosmote）。自 1998 年涉足移动通信市场以来，科斯摩托目前已成为拥有移动用户最多的公司。2001 年 7 月，国家电信和邮政委员会将第三代移动通信系统（UMTS）的运营许可证出售给上述三家公司和新加入的信息咨询公司（Info-Quest）。截至 2003 年底，登记在册的移动电话用户已达到 1040 万人，相当于希腊总人口的 94.5%。

　　目前，在移动电话市场中，由沃达丰（Vodafon），泰莱斯特（Telestet）和科斯摩托三大公司构成三足鼎立的格局。前两家为外资公司，于 1992 年以 1.16 亿埃居的竞标价格，获得全球移动通信系统服务的运营许可证，并从 1993 年开始正式营业。

　　沃达丰公司的全额支付的股资为 1.79 亿欧元，其中由英国沃达丰集团掌控 75.6% 的股权。10 年来，该公司在通讯基础设施以及许可证上已经投资了15亿欧元,并获得了LMDS、23GHz带、900MHz带、1800MHz带和3G(第三代移动通信系统)业务运营的许可证。沃达丰公司主要为用户提供GSM-900系统服务,并且和115个国家的250条网络签订了"网络漫游"协议。除此之外,该公司获得了多项国际标准的认证,并被EFQM认定为欧洲最好的公司之一。该公司完全由希腊人经营,本地员工为2500人,并开设了自己的销售渠道,共有190家直销店,还有1500处经销点。2001年,沃达丰公司的营业额达到9.9亿欧元,净利润为1.69亿欧元。2002年,该公司的服务范围覆盖国内总人口的98.2%,用户数量达到320万,占当地市场份额的35%。

第二大移动通讯业务营运公司的名称为希腊斯泰特公司(STET Hellas),泰莱斯特(Telestet)是其商标的名字。希腊斯泰特公司全额支付的股资为1.26亿欧元,大股东为德国蒂姆(TIM)集团,拥有80.257%股份(主要通过全资子公司意大利S.p.A.移动通信公司控股),两家希腊公司——希腊人寿保险公司和德姆科(DEMKO)公司共同拥有5.051%股权,其余的股份在纳斯达克市场和阿姆斯特丹证券交易市场上出售。近10年中,斯泰特公司在通讯基础设施以及许可证上投资11.6亿欧元,并获得了2G和3G业务运营的许可证。这家公司主要为用户提供GSM-900系统服务,还包括36种附加值服务,其中14项主要经营111个国家提供的246种网络漫游。该公司主要由希腊人经营,本地员工为1360人。它的零售渠道由127家直销店、11家主要经销商及其销售点组成。2002年,该公司的营业额为6.9亿欧元,净利润为7640万欧元。其服务范围覆盖希腊总人口的99.35%,用户数量超过250万,占当地市场份额的27%。

第三大移动通讯营运公司科斯摩托,是希腊电信公司名下的一家子公司,它直接从政府手中获得了运营许可证。其全额支付的股资为1.55亿欧元,最大股东是希腊电信公司,拥有

58.97%股份。5年来，科斯摩托公司在通讯基础设施以及许可证上投入2.86亿欧元，主要提供DCS-1800带宽的通讯服务，并为海岛用户接入GSM-900系统服务，以及提供114个国家238种网络漫游。这家公司在欧洲移动通讯领域享有领先地位。它率先在希腊推出网上聊天服务，同时也是推广GPRS网络的行业先锋。它自创了一种最为复杂的移动通讯服务，同时也是第一家引入人工智能系统的公司，它可以通过语音命令完成不同类型的服务。科斯摩托公司完全由希腊人经营，共有职工1744人。该公司还拥有希腊最大的销售网络，其销售渠道由10家直销店、还有独立的经销商及其销售点构成，如果将希腊电信集团的销售点计算在内的话，共有3000个网点。2002年，科斯摩托公司的营业额为120万欧元，净利润为22.3万欧元。它在短短的3年中发展了350万个用户，占当地市场份额的38%。目前，科斯摩托的网络覆盖了全国99%的人口，已成为国内最大的移动通信公司之一。

　　由于安装宽带的费用非常昂贵，国内宽带接入用户数量有限。目前，作为奥林匹克运动会的赞助项目，宽带互联网的市场在希腊电信公司的支持下，正在阿提卡地区逐渐铺开。据统计，2003年，每3个希腊人中拥有1部电脑，15岁以上的人群使用互联网的比率达到19.9%，但远低于欧盟国家的平均水平。互联网普及率低的主要原因是服务商的开价高、宽带入口数量少。通过电话线路连接费用昂贵和宽带线路的不足，始终是国内互联网发展的主要障碍。据欧洲信息和技术中心统计，在希腊，每人每年用于信息技术和电信上的开支为701欧元，而在瑞士，该费用已达到2675欧元。政府已经计划将第三共同体支持框架资金的5.5%用于实施"信息社会"建设项目，在所有的学校中安装电脑、接入互联网，并在网上开通电子政务。此外，发展部也推出了类似的计划，为5万家小型企业接入互联网，并为他们培训开展电子商务的技巧。即便如此，国内的互联网销售业务仍然不尽如人意。

长期以来，国内租用的卫星服务主要是用于单向的电视节目转播。自2003年由希腊和塞浦路斯联合投资建造的第1颗私营商业通信卫星"希腊卫星Ⅰ号"（Hellas-Sat I）上天后，这种状况发生了根本性的变化。除了数字卫星电视转播之外，该卫星还能提供包括卫星互联网、音像传输在内的多项电信服务。目前，希腊电信公司已拥有"希腊卫星Ⅰ号"经营公司83.3%的股份，同时，它也是国际通信卫星有限公司的股东，拥有14个数字卫星地面接收站，为用户提供国际长途电话、数字通信、视频通信、数字电视传输等全方位的服务。

## 第六节 财政与金融

### 一 中央财政与公共债务

第二次世界大战后的1958～1973年，希腊基本上执行了谨慎的财政收支平衡政策。因为当时战前的外债没有还清，无法大量举债，而且决策者们对战后通货膨胀的惨景仍然记忆犹新。然而从20世纪70年代中期开始至1990年，当国内经济形势好转之后，其财政政策的制定基本上是出于政治考虑，政府对预算的决定几乎没有准则可言，以至于入不敷出的状况日益严重，国内财政赤字和公共债务急剧攀升。财政赤字占国内生产总值的比例从1976年的1.7%增至1990年的16.1%。90年代中期开始，为了早日加入经济货币联盟，希腊执行了财政紧缩政策。财政赤字从1993年占国内生产总值的14%递减为2000年的2%左右，公共债务从1993年占国内生产总值的112%下降为2000年的106%。

按照《马约》和《稳定增长公约》(Stable and Growth Pact)的标准，国家政府的公共开支包括以下三部分。

（1）中央政府的支出，包括国防、教育、司法和公共管理等购买公共服务的支出；

（2）社会保障的费用；

（3）其他部门的预算，比如地方政府的支出，以及公共机构比如医院和大学的费用等。

1976年，希腊的政府开支占国内生产总值的28.3%，相当于欧共体14国平均水平的64%，到1995年上升为49.2%，接近欧盟15国平均值。近10年来，希腊政府开支都要高于爱尔兰、意大利、葡萄牙和西班牙4个比较对象国（即欧盟国家中人均国内生产总值最低的4个国家）。从1995年开始，开支总额下降，但其速度和其他成员国比较而言相对较慢，2000年占国内生产总值的比重约为46.4%。

1976~1996年间，政府开支增长的主要原因，首先，是转移支付数目的扩大。期间，希腊政府用于家庭的转移支付要高于西班牙、葡萄牙和爱尔兰。其次，20余年来，政府偿还债务的数目也在不断扩大。从80年代开始产生的巨额财政赤字，使政府债务成倍增长，最后导致偿还债务的开支急剧增加，其占国内生产总值的比例在1976年仅为1.3%，1994年达到高峰值时为14.15%。1976~1996年间，债务偿还数额从占政府开支的4.7%增至30.3%。从1992年开始，希腊成为欧盟国家中债务负担最重的国家，其用于债务利息支付的比例是其他成员国的两倍，仅次于意大利和比利时。

政府消费的增长也是促使政府开支剧增的重要原因。政府消费总额包括公共部门雇员的工资和养老金、购买公共服务的开支等，约占政府开支增长总额的1/8。从1976年开始至2000年，政府消费从占国内生产总值的12.8%上升为15.1%。其中消费最大的一块是公共雇员的养老金。1976年，养老金开支占政府消费总额的64.8%，1990年增至83.0%，2000年略有下降，达到77.0%。政府消费的增长主要源于政府部门人员的数量和工资大幅度增长。从1976～1997年，政府部门人员从28.28万人增加为48.7万人。公务员工资先后在1982年和1989～1991年大幅上调。自1995年之后，仅工资一项每年都要超出预算。1976年，公共部门养老金总额仅占国内生产总值的8.3%，低于欧共体成员国平均水平，截至1990年，已上升为国内生产总值的12.7%，其比例之高，仅次于丹麦、法国、瑞典和芬兰，在欧盟国家中排名第5位。

与其他欧盟国家不同的是，国防开支比例居高不下是造成政府开支庞大的直接原因。希腊的国防开支比例一向很高。冷战期间，希腊并非是北约的前沿国家。但由于和土耳其的紧张关系，一直保持着高比例的国防开支。从90年代开始，欧盟国家都削减了本国的国防开支。而希腊是个例外，1990～1998年，其国防开支始终保持在国内生产总值的4.3%～4.8%之间。这期间，除了法国和英国两个大国接近4%之外，其他欧盟国家的国防开支均没有超出3%。1998年，希腊的国防开支占国内生产总值的4.8%，而欧盟国家的平均值为1.7%（参见表4-14）。

2000年，希腊的财政收入占国内生产总值的45.6%。相比之下，它在1976年占国内生产总值的比重仅为26.7%。近25年来，其速度呈不均衡增长。1976～1990年，财政收入占国内生产总值的比例仅增加了5.4%，其中70%的增长是在1991～2000年间实现的，主要来自于收入和不动产税收的快速增长。

20年来，财政支出和收入的巨大缺口造成公共债务迅速积累。70年代上半期，公共债务占国内生产总值的比重维持在30%以下。自1980年开始急剧升高，1993年已上升为111.6%，1993～1996年逐渐稳定，自1997年开始平稳下滑。2002年，政

表4-14 中央和地方政府开支占国内生产总值的比例

单位：%

|  | 1976 | 1980 | 1985 | 1990 | 1995 | 2000 |
|---|---|---|---|---|---|---|
| 欧盟平均值 | 44.1 | 45.9 | 49.7 | 48.0 | 50.8 | 46.6 |
| 希　腊 | 28.3 | 29.7 | 42.3 | 48.2 | 49.2 | 46.4 |
| 1. 政府消费 | 12.8 | 13.6 | 16.3 | 15.3 | 15.3 | 15.1 |
| 　公共雇员养老金 | 8.3 | 9.5 | 11.6 | 12.7 | 11.3 | 11.6 |
| 2. 转移支付 | 10.8 | 11.5 | 16.8 | 16.2 | 16.8 | 17.3 |
| 　家庭转移支付 | 8.2 | 9.4 | 14.3 | 15.2 | 15.1 | 15.9 |
| 　企业转移支付 | 2.6 | 2.1 | 2.5 | 1.0 | 1.7 | 1.4 |
| 3. 债务偿还 | 1.3 | 2.0 | 4.9 | 10.2 | 11.1 | 7.2 |
| 4. 固定资本形成总值等 | 3.5 | 2.6 | 4.3 | 6.6 | 6.0 | 6.8 |

资料来源：希腊国民经济部，http://www.ypetho.gr。

府债务总额为1480亿欧元，约占国内生产总值的105%左右（参见表4-15）。

表4-15 1993~2002年中央和地方政府赤字和债务

单位：亿欧元

|  | 1993 | 1997 | 2000 | 2001 | 2002 |
|---|---|---|---|---|---|
| 国内生产总值（市场价格） | 620.28 | 972.35 | 1216.28 | 1309.27 | 1411.32 |
| 政府赤字（-） | -85.37 | -39.19 | -23.28 | -18.94 | -17.43 |
| 占GDP的百分比 | -13.8 | -4.0 | -1.9 | -1.4 | -1.2 |
| 政府债务 | 692.36 | 1051.86 | 1291.81 | 1400.47 | 1480.23 |
| 占GDP的百分比 | 111.6 | 108.2 | 106.2 | 107.0 | 104.9 |
| 首次盈余（占GDP的百分比） | 1.0 | 4.2 | 5.1 | 4.9 | 4.3 |

资料来源：希腊国家统计局，http://www.statistics.gr。

说明：该表格中的数据为希腊国家统计局于2003年公布。新民主党上台后公布的统计数据与该表出入很大，其中2002年政府赤字占国内生产总值的比例为4.9%，政府债务所占国内生产总值的比重为110.7%。

## 二 税收[①]

**税**收是希腊财政收入最主要的来源,也是政府用以宏观调控的重要经济杠杆。经过近年来的改革和调整,国内已建立了比较完善的税收制度,这对于保证国家财政收入、加强宏观调控、促进国民经济的发展起到了重要的作用。希腊实行中央和地方两级征税制度,税收立法权和征收权集中于中央政府。

国内税收具体由国民经济和财政部负责,该部门是排名仅次于内政部的第二大核心部门。其下设的税务主管部门包括:税务总司、税务稽核总司以及海关总司。这些总司主要负责全国的税务政策制定、监督和管理工作。各地方税务部门分别负责包括增值税在内的各种税收的征稽工作。希腊共有1个国家稽核中心、6个大区稽核中心和57个地方稽核中心分别负责不同营业额的公司税收审计稽核工作。各地海关则负责对进出口产品进行监管征税。

希腊现行的税种主要有公司所得税、个人所得税、增值税、遗产和赠与税、社会保障税、不动产税、资本税和吨税等。与绝大多数欧盟国家不同的是,希腊的税收主要来自间接税(增值税),直接税(个人所得税,公司所得税等)却是排在第二位。直接税收的低比率并非因为征税幅度低,而是纳税的程度不高。对一个自雇者比例高、服务行业比重大的国家来说,征税困难可以想见。曾有经济学家估计,隐瞒未报的经济收入在25%~40%之间,这也被称为希腊的"地下经济"。许多年里,工薪雇员和领养老金者成为最大的直接纳税阶层,而实际上这个工薪阶层并不是最富有,也不是最有能力承担

---

[①] 关于希腊税种的分类,主要参考《外国税制概览》,中国税务出版社,2004。

税负。

此外,国家的实际税收还受到效率低下、征收松弛和腐败等因素的消极影响。近年来,经过多次的改革,并在欧盟税收政策的统一协调下,拓宽了税基,引入了计算机填报和审计程序,不仅使直接税和间接税的实际收入逐渐靠近,而且政府的收入得到明显的增长。1995年,国内直接税占国家总税收的比例为35.7%,间接税为64.3%。2001年,直接税的比例上升为41.5%,间接税下降为58.5%。

具体来说,希腊的主要税种有以下几类。

### (一) 公司所得税

公司所得税的征收对象有两种:即居民公司和非居民公司,其划分主要依据注册地原则。不在希腊境内注册的公司,如果其经营活动是在当地进行的也需要纳税。公司所得税按照公司分配前的年总利润征收。公司利润只在公司一级征税,对股息和分配利润不征收任何预提税,公司对外投资分得的利润可从其应税利润中扣除。从2002年开始,希腊政府将公司所得税定为35%。

资本利得一般按普通经营所得征收,资本损失允许扣除,但有一些情况例外,比如整体出售企业或分支机构实现的利得按20%税率征税,出让有关企业经营权实现的利得,按30%税率征收,等等。

### (二) 个人所得税

所有从希腊获得收入的个人,不论其国籍和住所,都是个人所得税的纳税人。而在希腊常住的居民,应就其来源于世界各地的所得纳税。也就是说,对纳税人的总净所得征收个人所得税。一般来说,个人所得收入包括:不动产所得、动产所得(投资所得)、经营所得、农业所得、就业所得和其他所得。其个人所得税的税率,参见表4-16。

表 4-16  希腊个人所得税税率表（2002）

| 级 数 | 应纳税所得额 | 税 率 |
| --- | --- | --- |
| 1 | 7400 欧元以下 | 0 |
| 2 | 7400 欧元以上 8400 欧元以下部分 | 5 |
| 3 | 8400 欧元以上 13400 欧元以下部分 | 15 |
| 4 | 13400 欧元以上 23400 欧元以下部分 | 30 |
| 5 | 超过 23400 欧元的部分 | 40 |

资料来源：《外国税制概览》，中国税务出版社，2004，第 161 页。

个人经营资产实现的资本利得纳入普通所得（经营所得）征税。但是下列资产实现的利得按 20% 税率征收最终预提税：比如，有限责任公司和合伙企业的股份，整体企业，包括企业的冠名权、商标或商誉等无形资产。若企业的冠名权、商标或商誉等无形资产单独出让，则税率提高至 30%。此外，个人出售非上市公司股票，按售价的 5% 征税，出售上市股票的免税，出让其他财产（动产或不动产）实现的资本利得也免于征税。在计算个人所得时，以下项目可以酌情扣除：医疗费支出、住房年租金、人寿和工伤保险费、家教或上培训学校的费用；购买电脑、培训软件和上网的支出；购买投资于证券的共同基金；购买主要住宅所支付的贷款利息；一些捐赠支出，如捐赠给国家、市政府、社区和教堂的不动产和现金等。如果纳税人的上述各种可扣除捐赠支出总计超过 2950 欧元的，超过部分应按 10% 征收预提税。

希腊没有可扣除个人所得税的项目，但是，对于应抚养子女的纳税人来说，可以按规定的标准抵免部分税收：如需抚养 1 个孩子，免去 90 欧元；两个孩子，免去每人 105 欧元；3 个孩子，免去每人 205 欧元；4 个孩子，免去每人 240 欧元。若需抚养更多的孩子，则每增加 1 个孩子，抵免的税收增加 300 欧元。

### （三）增值税

增值税的征收对象是在希腊境内独立从事经营和其他经济活动中提供的商品和付出的劳务。希腊目前的增值税率有如下3种。

（1）大多数商品为18%；

（2）关系国计民生的商品的增值税率为8%；

（3）报纸、书刊、杂志的增值税率为4%。

对某些银行业务、保险、金融服务、财产交易、教育卫生和某些非盈利活动免于征收。

### （四）遗产和赠与税

从被继承人那里继承的在希腊境内的所有财产，包括动产和不动产，都要缴纳遗产税。如果被继承人是希腊公民或居住在希腊境内，继承国外的动产也要缴纳遗产税。

### （五）社会保障税

所有雇员必须缴纳社会保障税，在某些情况下和限定的时期内，外国人可以免除。它是对在月收入1884.75欧元以内部分按月计征。税率为15.9%，由雇员缴纳。在计征个人所得税时，缴纳的社会保障税可以税前扣除。

## 三 金融

### （一）金融体制的演变

希腊金融体制的历史可以回溯至现代民族国家的初建时期。1841年，希腊最为古老和规模最大的国民银行（National Bank of Greece）创建后，逐渐垄断了国内货币的发行，在很大程度上担任了中央银行的角色。20世纪20年代初，随着小亚细亚难民的大量涌入，国内的公共开支逐倍增长，通货膨胀以每年20%的比率飙升，德拉克马严重贬值。为了解决这些严重的经济问题，在国联的建议下，希腊于1928年成立了国家的中央银行——希腊银行（Bank of Greece）。随后，它在各地开办了分支机构，主要为政府提供货币发行和供应的任务。第二次世界大战后，银行系统被政府委以融资的重任，用于支持国家的经济发展和工业化。和其他西欧国家一样，希腊在战后逐渐形成了政府以金融手段调控国家经济的机制，例如，提供低息贷款、促进工业发展，建立定量和定性的信贷控制系统，等等。在以美元为中心的国际货币体系的支持下，以金融手段干涉国家经济发展的机制，在希腊起到了积极的作用。

布雷顿森林体系崩溃后，希腊没有及时调整国内的金融体系，政府对银行继续实施的集权管理，导致中央银行无法追求有效的货币政策，从而造成了70~80年代的高通货膨胀率和大量的财政赤字。与此同时，许多不景气的工业得到国家的扶持，大量低息贷款作为政治支持的回报，为亲近政府的利益集团所得。

20世纪80年代初，加入欧共体后，希腊被要求实行金融体系的自由化。自此开始，希腊推行的银行和金融体制的系列重大改革，被喻为一场"静悄悄的革命"。80年代后期至90年代上半期，固定资产账户的开放和利息率的调整，为国内宏观经济的稳定铺平了道路。金融体制的开放使政府放弃了补贴型的信贷，转而寻求遵循国际市场的规律。90年代期间，政府从银行管理部门退出，中小型国有银行出售给私人投资者，政府在大银行中的股份大幅收缩。继银行的私有化之后，在90年代下半期兴起了并购浪潮。目前，在希腊已形成五大银行集团，大致可以分为如下两类。

（1）国家控制的银行，即国民银行和商业银行（Commercial Bank），这两家银行的大部分资产来自公共养老金资金，通过这些资金，政府获得对这两家银行的控股权；

（2）私有银行，分别为阿尔法银行（Alpha Bank）、EFG欧元银行（EFG Eurobank）和比雷埃夫斯银行（the Bank of Piraeus）。

若以资产、存款和贷款数额相计，上述五大银行占据国内所有银行总额的2/3。2001年，希腊加入欧元区后，货币政策制定

## 希腊

权归欧洲中央银行所有，政府无权使用中央银行和货币政策作为国家调整经济的手段。

继1992年取消外汇管制之后，希腊于1994年完全开放了资本市场，银行被允许经营新的金融业务：期货、期权转换等。90年代末，资本市场的兴起加速了国内金融体系的发展，从而推动了银行业的扩大。从90年代实现的货币稳定同样使资本和市场得到快速发展。资产管理、保险、抵押贷款、消费信贷业务的增长可观。银行提供的多样化的金融产品培养了消费者们新的消费模式和投资习惯。

与此同时，银行业务网络迅速扩张，除了传统的设立分支机构和自动取款机，还发展了网上和移动电话银行业务。近几年来，希腊已成为欧元区银行部门劳动生产率增长最快的国家。银行在国内零售市场的融资上也一直占据强劲的地位，这是外国银行所无法取代的优势。尽管与过去相比，银行的集中程度已大大增强，但若以资产总额来计，即使将上述五大银行相加，也只抵得上欧盟发达国家的一家中等规模的银行。这意味着，希腊的银行市场仍需进一步整合。

虽然，近年来发放的低息贷款使私人和散户的借贷量增长很快，但是银行业营业额在国内生产总值中所占的比重仍然低于欧元区平均水平。家庭未偿还信贷总额占国内生产总值的22%，而欧元区平均值已达到47%。公司借贷量稳步增长，但仍处于欧盟国家的最低水平。从90年代开始，希腊在巴尔干地区的银行业务扩展迅速。1990~2002年，希腊银行在巴尔干地区投资总额已达到5.5亿欧元。希腊国民银行、阿尔法银行、EFG欧元银行、商业银行和比雷埃夫斯银行在保加利亚、罗马尼亚、阿尔巴尼亚、塞尔维亚和马其顿共和国都设有分支机构，并且控股多家信贷机构。

（二）金融服务

2000年，金融业对国内生产总值的贡献大约为5.5%，但是，国内金融业对经济的重要意义，远远超出这个比例，而且随着银行业的重组和改革，其对经济发展的重要性也越来越突出。象欧盟许多发达国家一样，希腊金融系统，除了传统的功能收集存款，然后通过信贷重新分配之外，已经开始提供多种多样的服务，如担保新证券的发行、为收购和重组提供公司服务、财富和投资品类管理以及租赁等等。在20世纪90年代初期，证券资本市场也迅速发展起来，股票交易所的交易额和频率成倍增长。

希腊的金融服务主要是通过银行实现的。银行系统有以下三种机构。

1. 中央银行（希腊银行）

它管理并控制着国家的货币供应，以及与别国货币的兑换利率。该银行实现这些任务的主要办法是管理其他银行的变现，并直接干预货币市场（包括外汇市场）。此外，它还是主要的监督机构，对商业银行的业务品类进行监督，并保护货币系统免遭银行失败累及的影响。从2001年开始，希腊银行已经成为欧洲中央银行体系的成员，不仅独立于政府之外，还要接受欧洲中央银行对欧元的集体管理。

2. 商业银行

商业银行属于储蓄机构，传统上从事商业和工业信贷。近年来，希腊商业银行的业务已扩展到提供广泛的批发和零售性质的银行服务，其贷款包括工商业消费和抵押信贷。此外，商业银行还发行信用卡和旅行支票、买卖外汇并发行信用证，直接参与证券担保，通过下级网点提供经纪人服务，并拥有希腊和国外的共同基金。一般来说，商业银行的资产仍然以私人存款为主。

3. 专业信贷机构

投资银行、希腊农业银行、抵押银行和邮政储蓄银行都属于专业信贷机构。这些机构的传统角色是在指定的专门领域内提供

信贷。然而，银行业松绑之后，以及在欧盟统一银行市场政策的影响下，这些专业机构不得不实行经营的多样化。20世纪90年代期间，是否专门在某一领域经营，是取决于市场条件，而不是法律限制。这种变化的一个典型事例是农业银行，过去法律上规定其业务是提供农业信贷，对这些资金分配进行垄断经营。到1991年，农业银行已变成完全性质的商业银行。同时，其他商业银行也被准许进入农业信贷市场，抵押银行和投资银行也在发生同样的转变。

目前，在希腊营业的既有本国的银行也有外国银行，其数目一直在增加，截至2001年底，共有61家银行：国内银行21家、外国商业银行21家、合资银行15家，还有4家特殊的金融信贷机构，如邮政储蓄银行、抵押银行和欧洲投资银行等。外国银行通过其驻希腊的地方机构，控制了大约希腊银行市场10%的资产和存款。在国内银行中，"希腊国民银行"是最大也是赢利最多的金融机构（参见表4-17）。

表4-17 希腊银行一览表（2001）

|  | 数目 | 分支机构 | 资产(%) | 贷款额(%) | 存款额(%) |
|---|---|---|---|---|---|
| 国内银行 | 21 | 2734 | 79.4 | 82.1 | 82.8 |
| 外国银行 | 21 | 188 | 9.6 | 9.4 | 7.8 |
| 合资银行 | 15 | 56 | 0.4 | 0.7 | 0.4 |
| 特殊信贷机构 | 4 | 156 | 10.6 | 7.8 | 8.9 |
| 总计 | 61 | 3134 | 100.0 | 100.0 | 100.0 |

资料来源：希腊中央银行。

从20世纪90年代起，希腊政府通过金融体系的自由化改革推动了证券和融资业务的发展。1995年，雅典股票交易所（ASE）从单一的政府控股变为合资经营。2002年，雅典股票交易所和雅典派生交易所（ADEX）合并为雅典交易所（Athex），随后又进行机构调整，将交易所分为两个部分：上市和监管、研究和销售，并由资本市场委员会（CMC）进行管理。该委员会享有高度的自治权，但需向经济部负责。雅典交易所服务的对象有4类，最主要的是资本额为1174万欧元以上的大公司；其次为293万欧元以上的中等类型的公司；从1999年开始，资本额为587000欧元的小型公司也可以通过雅典交易所上市，此为第三类。第四类为新兴资本市场（EAGAK）。

截至2004年，在雅典交易所主板市场上市的共有359家公司，平行市场上市的有123家公司，第三级市场有9家，第四级市场有1家。和90年代中期相比，上市公司总数增加了1倍。1993年上市公司总数仅为150个，上市股票的市场资金额为135亿美元，而市场交易的总价值为280亿美元。1993年通过发行股票筹得的新资金达4.36亿美元。在1998～1999年，雅典交易所通过原始股和债券发行筹得的资金总额为141亿欧元，从而取代银行成为资金的首要来源，2002年，该数额已达到180亿欧元。

相对于证券市场而言，国内保险业发展缓慢，市场规模较小，主要原因是政府对该领域出台的税收激励措施非常有限。2003年，保险费总收入为33亿欧元，占国内生产总值的2.12%，人均保险费为294欧元，而上年人均保险费为263欧元，仅占欧盟平均值的12.5%。自90年代末以来，人寿保险业务增长速度较快。2002年，人寿保险费占保险费收入总额的45%，但仍然低于欧盟国家61%的比率。这些年来，保险公司也在通过合并的方式扩大实力和规模，其总数从高峰期的183家下降为100家。其中68家为非人寿公司、19家为人寿保险公司、13家为混合型公司。

希腊的本国货币为德拉克马。2000年，欧盟批准希腊成为

欧元区的第 12 个成员。2002 年，欧元代替德拉克马进入希腊的流通领域，当时设定的兑换比率为 1 欧元置换 340.750 德拉克马。

## 第七节　旅游业

### 一　概况

旅游业是希腊经济最为重要的支柱产业，也是第三产业中发展最快的行业，它为希腊带来了巨额外汇收入，是维持国际收支平衡的重要经济部门。自 20 世纪 80 年代以来，希腊的旅游外汇收入持续增高。1981 年，旅游业总收入近 19 亿美元，1991 年达到 26 亿美元，年平均增长率为 5.5%。2001 年，旅游收入 106 亿欧元，约占国内生产总值的 8% 左右，就业人数为 35 万多人，占整个劳动力大军的 10%。2004 年，旅游业总收入达 103 亿欧元，约占国内生产总值的 9%。

旅游业在希腊有着源远流长的历史和得天独厚的天然资源：

（1）拥有温暖的地中海式气候，阳光灿烂、沙滩洁净、美丽的岛屿、如诗如画的村庄，处处可以探幽访胜；

（2）希腊是欧洲文明的摇篮，古老而有历史意义的文明遗址吸引着世界各地文化游客去朝圣；

（3）希腊人民的热情好客，在世界上享有盛誉。

然而，旅游业作为一种真正的产业，其发展是始于第二次世界大战之后，在 60 年代发展迅速，70 年代持续增长，游客人数翻了两番，每人次的旅游收入几乎增长了 3 倍，到了 80 年代增长趋缓，国内旅游业面临新的竞争，除了传统的竞争对手，如西班牙和葡萄牙等，又增加了土耳其及在亚得里亚海和黑海拥有海滩的巴尔干国家。从 80 年代中期开始，每年的游客人数在 800 万～900 万之间徘徊，而且由于盲目增加宾馆的数量，导致床位供大于求。1970~1990年间，供旅游者使用的床位从11.9万张剧增为43.8万张，希腊成为"最后的廉价旅游目的地"，每人次的旅游收入从1980年的361美元下降到了1985年的217美元。90年代初，旅游业增长出现疲软现象，一方面，是因为国际旅游业竞争激烈，另一方面，国家对旅游业的投资和开发较少，对旅游设施的更新不够重视。国内对旅游业的投资额占总投资额的比重不足2%，旅游部的总开支在政府总开支中的比例不到0.1%。据此，希腊政府出台了新的旅游政策，目标是发展高质量和形式多样的旅游服务，发展重心从单纯增加游客数量向提高游客人均消费转变，并对旅游业加大了投资力度。不仅将第二个共同体支持框架中援助总额的1.7%，即5亿多欧元投入到旅游业，又从第三个共同体支持框架中划拨了1.40亿欧元。

此外，引入多项投资来创建综合旅游发展区，将豪华宾馆和其他休闲娱乐设施有机结合起来，如在旅游区兴建高尔夫球场、海滨广场、冬季体育中心、健身温泉和会议中心等多种设施。

同时，政府还计划发展海上旅游、山地旅游、生态旅游和文化保健旅游等多种形式的旅游业，在欠发达地区建立旅游中心，开发旅游项目以降低旅游的季节性需求，保护并改善重要的自然人文环境。进入90年代后半期以来，希腊的旅游业增长较快。1994年，游客总数超过1000万人。从1999年开始，每年接待游人近1300万人，超过了本国人口总数。

目前，希腊在世界旅游目的地排行榜中名列第15，旅游业已成为国内经济中最国际化的行业，其容纳旅游者的能力也在不断提升。1970~1990年间，供旅游者使用的床位从12万张增加到45万张左右。1991年，全国各类旅馆共计6647家。2001年，全国已有8209个宾馆，床位的供应量达到60万张，床位数与游客人数的比例为1:2400（参见表4-18）。除此以外，有351个露营场所可以提供30643个帐篷和949个营地。

表 4-18　旅客人数和宾馆容纳能力

|  | 1981 | 1991 | 2001 | 2004 |
|---|---|---|---|---|
| 旅客人次 | 5577109 | 8271258 | 14678688 | 14426430 |
| 旅游总收入 | 18.81 亿美元 | 25.66 亿美元 | 105.79 亿欧元 | 103.47 亿欧元 |
| 旅馆：房间 | 152043 | 243950 | 320159 | 351891 |
| 　　　床位 | 285956 | 459297 | 607614 | 668271 |

资料来源：希腊国家统计局，http://www.statistics.gr。

20 世纪 80 年代初，希腊每年接待游客 600 万人次，90 年代初上升为 800 万人次，从 1999 年开始，每年接待游客人数超过本国人口总数。其中 90% 以上来自欧洲，70% 来自欧盟国家。近 20 年来，美国游客人数急剧减少，其所占比例成倍下降。1999 年，来希腊旅游的美国游客为 36.9 万，2003 年下降为 29.3 万人。2004 年，因为奥运会在雅典举行，前往希腊的美国游客有了显著增长。但由于欧元上涨，又担心受到恐怖组织的袭击、前往希腊的游客总人数比往年有所下降，希腊由此成为第一个在奥运年旅游人数下降的奥运举办国。

近 15 年来，随着国内生活水平的提高，希腊人去国外旅游的人数增长很快。每年有 150 万希腊人赴国外旅游，约占全国总人口的 10%，希腊人用于旅行的年均开支为 10 亿美元，属于高消费的旅游人群，每人年均外出旅游的天数为 10~15 天。其旅游的目的主要是休闲、度假，还有洽谈生意、留学、购物，等等，在欧洲的首选之地是意大利，它是希腊最近的邻国，出行方便，无论是轮渡还是航空都可一日到达。第二个目的地是英国，学习和购物的居多。据统计，在英国大学留学的希腊人已达到 4 万人。此外，航班多、机票价格低也是英国颇受希腊人青睐的原因。其他吸引希腊人前往的国家还有法国、塞浦路斯、土耳其、西班牙、德国、俄罗斯和马耳他等。近年来，捷克也受到越来越多的希腊人的喜爱。除此之外，还有美国、埃及、摩洛哥等地也是希腊人度假休闲的好去处。

二　主要城市与岛屿

(一) 文明古都——雅典

雅典是希腊共和国的首都、欧洲文明的摇篮。当代欧洲文化上的许多杰出成就，包括文学、史学、哲学、自然科学及建筑、绘画艺术都深受希腊古典文化的影响，而雅典则是古希腊文化的杰出代表。相传，它的名字是取之于城市保护神雅典娜。据希腊神话记载，众神要求雅典国王为该城选择一名保护神。海神波塞冬和智慧女神雅典娜主动报名应选、各显神技。波塞冬手持三叉戟往岩石上一戳，顿时有海水溢出，形成了"厄勒克特海"。雅典娜把长枪往地上一插，顿时长出了果实累累的橄榄树。她解释说，此树是和平的象征，它全身是宝，如果拥有了它，这个地区的人民就可以过上安居乐业的生活。于是雅典娜入选为保护神，该城市也被称为"雅典"。此后，油橄榄也被当地人视为"国树"。

雅典市地处中希腊东南部阿提卡半岛的南端，东西北三面环山，南面为萨罗尼克海湾（Saronic Gulf，也有译为萨洛尼孔海湾），至今已有4000多年历史。公元前3000年左右，这里居住着希腊半岛最早的居民皮拉斯基人。公元前8世纪前后，雅典出现了最早的城邦国家，实行贵族共和制，卫城山修建了雅典娜神庙及其他宗教建筑，使雅典卫城成为国家的圣地。公元前6世纪，雅典国家确立了奴隶制民主制度，成为当代西方民主政治的先驱。公元前86年，雅典沦于罗马人的统治。公元6世纪，罗马皇帝查士丁尼关闭了雅典的柏拉图学院，雅典作为古典文化中心的地位，由君士坦丁堡取而代之。15世纪中期，奥斯曼土耳其帝国征服希腊，开始了400多年的外族统治。19世纪30年代

## 希腊

初,经过漫长斗争,希腊人终于取得民族解放战争的胜利,建立了独立的希腊王国,1934年9月18日定都雅典。

人们常说,西方人若想去东方,首先应该到希腊。东方人想去西方,也应首先到希腊。雅典正是希腊的代表、东西方接触的前哨。从地理位置上看,雅典属于欧洲,而且自希腊独立后,一直追随着西方发展的脚步。但是,在数千年的文化发展上,它又吸收了更多的东方因素,奥斯曼土耳其的几百年统治,又使它在文化上、风俗上打上了"东方"的烙印。

雅典是国家的政治中心,也是经济和文化中心。全国多数大企业、大银行、大商店都集中于此,主要的高等院校、科研机构和文化娱乐设施、文艺团体的总部也多设于雅典。在经济上,雅典是希腊重要的工业中心,全国53%的工业集中于这个大都市,主要有纺织、食品加工、卷烟、化肥和造船业,等等。它还控制着第一大港比雷埃夫斯港,全国大约有60%的货物在此装卸。

目前,大雅典市(包括郊区和比雷埃夫斯港)共有居民300多万,占全国人口1/3以上。雅典分为新区和老区两部分。老区位于卫城周围。这里的老式建筑保存完好,许多风味餐馆、酒吧、手工艺品店铺和各类杂货店云集此地。20世纪50年代后,雅典出现了许多高级旅馆和超级市场,旅游设施和服务项目发展迅速。

市内古迹众多,可以说雅典本身就是一个遗址,知名的有:雅典卫城、奥林匹亚宙斯神庙、古市场遗址、国家考古博物馆、议会大厦和首届现代奥运会会址。其中,雅典卫城是欧洲最古老且保存最完整的古典文明遗迹,被认为是欧洲文明诞生地之一。作为古希腊文明的标志,每年,雅典卫城都吸引着超过300万人的游客。

雅典卫城位于市中心的一座石灰岩山冈之上,始建于公元前

580年。卫城在希腊文中的本意即为"建于高处之城",最初是防范外敌入侵的要塞,山顶四周筑有围墙,城中住有首领、贵族和部分居民。其余的居民住在山脚下,战乱发生时退守城中。在希腊和波斯的交战中,雅典曾被波斯军队攻占,公元前480年,卫城被敌人彻底破坏。战争结束后,雅典人花费了40年的时间重新修建卫城,用白色的大理石重建卫城的全部建筑。1987年,雅典卫城被联合国教科文组织列为世界文化遗产。

卫城中最早的建筑是雅典娜胜利女神庙和其他宗教祭祀场所。雅典娜胜利女神庙又被称为无翼胜利女神庙,建于公元前448年,为典型的廊柱式建筑。神庙的正面和北面各有四根著名的廊柱,内殿有一座大理石的雅典娜像。原本胜利女神的形象一般都带有翅膀。但古雅典人为了能留住她,留住每次战争中雅典娜为自己带来的胜利,就在雕像中去掉了双翼。

卫城建筑群的中心是帕特农神庙,乃是供奉保护神雅典娜的圣地。它耸立在旧雅典娜神庙南面,由当时著名建筑师伊克蒂诺斯和卡利克拉特在执政官伯里克利主持下设计,始建于公元前447年,公元前438年完工,公元前431年完成全部的雕刻,费时16年。神庙为长方形周柱式建筑,长约70米,宽约31米,由东西各16根、南北各8根多立克式的大理石柱构成柱廊,柱高约10米,被誉为世界上最对称、最具均衡美感的建筑物。外观整体协调、气势宏伟,给人以稳定坚实、典雅庄重的感觉。柱廊内分前殿、正殿和后殿。大殿刚落成时到处装饰有人体雕像和各色浮雕,再现了神话故事和古代历史事件的场景。正殿曾经坐落着12米高的雅典娜神像,她身着黄金战袍,头戴饰有战车飞鹰的金盔,左手持金色盾牌,右手托一尊胜利女神小雕像,由当时著名雕刻家菲迪亚斯完成,为古希腊雕刻艺术"黄金时代"的代表作品。

帕特农神庙的北面,是建于公元前406年的埃雷赫西奥神庙

(Erechtheion，也译为厄瑞克忒翁），其建筑构思之奇特复杂和建筑细节之精致完美，在古希腊建筑中也是不多见的。它依山势而建，坐落在三层不同高度的基石上，平面为多种矩形的不规则组合，近似于克里特岛上著名的米诺斯迷宫。神庙的南侧为6根用大理石雕成的少女像柱，她们身着束胸长裙、体态轻盈，因其匠心独具的创意、艺术的美感闻名遐迩。

在卫城和其北部的现代奥运会体育场之间，坐落着奥林匹亚宙斯神庙，始建于公元前515年，工程时断时续，先后经过300余年，最后在罗马皇帝哈德良德主持下得以完工。这座具有科林斯风格的建筑，有108根巨大的石柱支撑，长250米，宽130米，为供奉万神之王宙斯的庙宇。在古希腊每隔4年举行一次竞技会，作为祭神的重要项目。会前有3名运动员在宙斯庙前的祭坛上点燃火炬，手擎火炬跑遍各地，传谕停止一切战争，并选拔优秀选手前往奥林匹亚参加竞技大会。经历了1852年的特大风暴之后，宙斯神庙只剩下了16根石柱，但傲然天穹的雄风犹存，直至今日，依然是诗人、画家和游客驻足流连的地方。

古代希腊城邦有两大不可缺少的建筑：卫城和剧场。在卫城山脚下，多才多艺的古雅典人修建了狄俄尼索斯剧场。它建于公元前6世纪，最初为祭祀酒神之用，后逐步演变为戏剧表演的场所。该剧场呈半圆形，依下而上设有18000个座位，可容纳近两万人。令人啧啧称奇的是它的音响效果，在巨大的扇形剧场的边缘，观众仍然可以和前排的观众一样清楚地听到演员轻微的叹息和撕开纸片的声音。古希腊人在建筑上巧用声学原理的高超水平令今天的工程师也赞叹不已。

（二）北方重镇——塞萨洛尼基（萨洛尼卡）

希腊的第二大城市是中马其顿大区的首府塞萨洛尼基，现有人口约98万，既是希腊北方工业重镇，又是整个巴尔干地区的商业中心。

塞萨洛尼基也是欧洲最古老的城市之一。公元前315年，马其顿国王卡桑德尔建立了塞萨洛尼基城，以其妻、亚历山大大帝姐姐的名字为此城命名，自此成为马其顿王国的首都，并迅速发展成为北方政治、经济、文化的中心。由于该城临海靠山，后又修筑城墙，易于防守、交通便利，故而成为巴尔干半岛上的一个战略要地。在罗马帝国统治时期，马其顿地区被划为罗马行省，塞萨洛尼基成为行省首府。城内出现了许多罗马式建筑，如古市场、皇帝行宫和加莱里乌斯拱门（凯旋门）等，今日街区的大致轮廓已大致成形。拜占廷帝国时期发展成为仅次于君士坦丁堡的第二大城市。市内留下了大大小小的教堂，保存着拜占廷千年宗教建筑和美术作品。如圣季米特里奥斯教堂，是为纪念公元5世纪活跃在塞萨洛尼基地区的圣徒季米特里奥斯而建，教堂呈长方形，有两排侧廊，为巴雪利卡式建筑，至今为止仍是国内规模最大的教堂。教堂内祭坛正面两侧，有公元7世纪所绘的马赛克绘画，色彩淡雅、笔法细腻。19世纪后半期，奥斯曼土耳其人对塞萨洛尼基进行了较大规模的改建，修建了与中欧接轨的铁路干线，把塞萨洛尼基、斯科普里（南斯拉夫）和色雷斯连在一起，形成了北方铁路网。1912年第二次巴尔干战争结束后，塞萨洛尼基归属希腊。

作为巴尔干地区的门户，塞萨洛尼基现已成为巴尔干半岛的经济贸易中心。许多国际和地区组织就坐落在这座美丽的海滨城市，其中有黑海贸易和发展银行、巴尔干贸易中心、负责巴尔干重建事务的欧盟办事处等。目前，共有几万家企业落户于塞萨洛尼基及其邻近地区。此外，它也是北方的文化教育和科研中心，著名的亚里士多德大学和其他专科院校、马其顿研究所和拜占廷研究所等科研机构都坐落于此。

塞萨洛尼基的城市标志为紧邻塞尔迈海湾的白塔，塔高33米，是1423年威尼斯人占领此地后修建的瞭望塔，奥斯曼帝国

时期被土耳其人用作监狱,许多希腊人在此被关押和屠杀,所以当地人又将白塔称为"血腥之塔",在摆脱土耳其的统治后,将它多次粉刷,取名为白塔。沿着历史的足迹,游人们还可以探访古罗马剧场、圆形大教堂、拜占廷式的圣索菲亚教堂、古城堡遗址、土耳其人建造的清真寺等名胜古迹。塞萨洛尼基的考古博物馆也不容错过,它是希腊收藏马其顿历史文物最多的博物馆。1997年,因为拥有众多各个历史时期的著名人文景观,塞萨洛尼基被授予"欧洲文化首都"的称号。

### (三) 狂欢节之乡——帕特雷(佩特雷)

帕特雷位于伯罗奔尼撒半岛西北部,背靠帕纳哈克斯山,西临帕特雷海湾,是希腊西部通往意大利和伊奥尼亚诸岛的重要港口城市,人口约20万,为希腊第三大城市。

帕特雷作为一个城邦形成于公元前6世纪。公元前146年被罗马人征服,公元807年又遭斯拉夫人的入侵。尔后,又遭法兰克人、威尼斯人和土耳其人占领。1821年希腊独立战争期间,帕特雷是第一个起义反对奥斯曼土耳其帝国统治的城市,为此也遭到了土耳其统治者的报复和毁坏。1929年,希腊独立后,该城得以重建。

作为伯罗奔尼撒半岛最大的城市,帕特雷还是西部希腊的工商业中心,在19世纪末和20世纪初繁荣一时,直到20世纪70年代新兴工业在雅典和萨洛尼卡发展后,这里才逐步衰落。目前,城市的工业以大理石、酿酒和农产品加工为主。该城分为上下两个城区。上城区是围绕着古城堡而形成的最老的城区。古城堡始建于公元551年,坐落于距离海岸线800米的小山上,在拜占廷和奥斯曼帝国时期都进行了扩建,至今保存有比较完好的墙体、城门及垛楼等。站在城堡上,可以俯瞰全城景色。下城区是19世纪30年代规划建设的沿海新城区,由棋盘式的街道和几个大广场等构成。每年开春,都要在这儿举行全国规模最大的狂欢节。

帕特雷还拥有希腊最有价值的考古博物馆,收藏了古希腊城邦时期、罗马和拜占廷时期的许多文物,其中以罗马时期的马赛克拼装画最为著名。建于公元160年的古罗马剧场,现在还基本保持完整,全场有2300个座位,可以在夏天举办露天音乐会。

### (四) 故都——纳夫普利翁

纳夫普利翁市位于伯罗奔尼撒半岛的东北部,至今已有2000多年的历史。据希腊神话记载,纳夫普利翁为海神波塞冬的儿子纳夫普利翁所建,并以自己的名字命名。公元前7世纪末,它仅是一个很小的港口,在希腊化时期逐步发展为中心城市,后遭到外族的入侵和破坏。拜占廷时期,其重要地位逐渐恢复。1828~1834年成为希腊共和国的第一个首都。

该城有两座极为出名的城堡,由威尼斯人于1711~1714年所建。一座名为"帕拉米迪",共有7个要塞,其中6个以古希腊英雄命名,共有台阶857层,长216米。城堡十分坚固,易守难攻。另一城堡名为"阿克罗纳夫普里亚",两座城堡都具有典型的威尼斯建筑风格,登上高处极目远望,水天一色,令人心旷神怡。纳夫普利翁附近地区的蔬菜种植业十分发达,并带动了城市食品加工业的发展,产品出口至北美、非洲、亚洲及澳洲等地。

### (五) 世界奥林匹克运动的发源地——奥林匹亚

奥林匹亚竞技场位于伯罗奔尼撒半岛西部的奥林匹亚村,离雅典370公里,是世界奥林匹克运动的发源地。在古希腊是宗教祭祀和体育竞技的4大中心之一。

希腊的竞技活动可以追溯至米诺斯文明时期,自那时起,竞技活动就是宗教庆典和祭祀活动的一个重要内容。公元前5世纪最为昌盛,通常和4年一度的宙斯祭祀一起举办。据历史记载,公元前776年夏天,在奥林匹亚举行了第一届古代奥林匹克运动会,此后每4年举行一次,持续千年之久。由于信奉基督教的罗马皇帝狄奥多西一世下令禁止非基督教徒举行多神教祭祀和各种赛会，公元393年举行的奥运会成了最后一届。至此，古代奥运会共举办了293次。当时，只有纯希腊血统的自由男子可以参加奥运会，女性甚至不能进入场地观看。比赛最初只有1天，从公元前472年开始改为5天。运动会的项目也从短跑一项增至跳远、跳高、摔跤、铁饼、标枪、双轮马车和五项全能等24个项目。每项竞赛只产生一名最优秀选手，并得到一个橄榄枝编成的花冠作为奖励。奥运会举办期间前后3个月内，一切战争都将自动停止。因此，奥运会自古以来就是弘扬和平与公平竞争理念的盛会。

古奥林匹亚现存的主要古迹有：由神庙、祭坛和祠堂组成的神殿区，是祭奉神灵的地方，在该区域之外、自南而北罗列着体育练习场、竞技场、制作宙斯像的菲迪亚斯工作室、宿舍区（选手村）、洗浴场、评议厅，等等。宙斯庙是神殿区内最大的建筑，也是整个伯罗奔尼撒半岛最大的神庙。这座多立克式的长方形建筑，建于公元前470～公元前456年，神殿长64米、宽28米，前后各有6根18米高的石柱，侧面各有13根。庙内原来供奉着宙斯坐像，由著名雕刻家菲迪亚斯用乌木雕成，并镶有象牙和黄金。今日神庙已成一片废墟，地上唯有坍塌的石柱在感叹岁月的无情。赫拉神庙是供奉宙斯的妻子、天后赫拉的场所。始建于公元前6世纪，为神殿内第一座建筑，也是希腊现存的最古老的神庙。如今也只剩下几根石柱，仿佛在提醒人们这儿曾有过的辉煌历史。神庙东面是纳姆菲翁神坛，为古代奥运会采集圣火的地方，也是历届现代奥运会火炬的火种来源地。

（六）星罗棋布的岛屿

希腊的西部、南部和东部海域上，如点点繁星，散布着数千个大大小小的岛屿，按其所处的海域位置又泛称为：伊奥尼亚海诸岛、萨罗尼克湾诸岛和爱琴海诸岛。

伊奥尼亚海诸岛被喻为希腊与西欧联系的桥梁，自西北向东南护卫着希腊半岛和伯罗奔尼撒半岛,主要有:科孚岛、莱夫卡斯、伊萨基、凯法利尼亚、扎金索斯、基西拉等。其中以凯法利尼亚岛为最大,科孚岛次之,扎金索斯岛居第三。凯法利尼亚岛地形多山、有着美丽的海滩和千奇百怪的石洞。科孚岛享有"小伊甸园"的别称,风景秀美,树木葱茏,沿岸的海水犹如水晶般透彻。扎金索斯岛是一个风景如画、充满威尼斯风情的岛屿,白色的海滩和犹如绿宝石一样的海水,优美而又质朴动人。

萨罗尼克湾诸岛则是连接阿提卡地区与伯罗奔尼撒半岛的海上纽带。萨拉米斯岛(Salamis)、埃伊纳岛(Aegina)和波罗斯岛(Poros)处于阿提卡半岛和伯罗奔尼撒半岛环抱之中,控制着由地中海进入科林斯运河的咽喉之地。

爱琴海诸岛犹如希腊东部海域的群星,自古以来即是希腊本土与小亚细亚、北非民族与地区联系的海上通道。它由克里特岛、萨索斯、萨莫色雷斯、埃维亚岛等几个独立的大岛以及4个岛屿群组成:东爱琴海群岛、基克拉泽斯群岛、斯波拉泽斯群岛和佐泽卡尼索斯群岛。

克里特岛是爱琴海中最大的岛屿,也是希腊第一大岛,面积为8336平方公里,东西细长,形状仿佛像一只靴子。东西长165公里,南北宽12~56公里。岛内有4座山脉相连,横贯东西,主峰都超过2000米以上,因此气候多样,适合经营农业,山脚种植香蕉、鳄梨等热带、亚热带农作物,中间地带种植甘蓝、葡萄。全岛橄榄的产量居全国的一半以上。克里特岛是希腊文明发祥地。公元前18~公元前15世纪,进入克里特文明的鼎盛期。米诺斯王宫的克诺索斯王宫,即是在这一时期建成的。它是希腊最著名的古迹,亦称"地下迷宫",占地两公顷,建于公元前2000年。它由一组围绕中央庭院的多层楼房建筑群构成,宫内厅堂房间总数在1500间以上,楼层密接,梯道走廊曲折复杂,厅堂错落,天井众多,布局错综复杂。克里特岛被称为诸岛

之精华,群山、海滩、古遗址及古老的希腊文化尽收眼底。其北部有平坦舒展的山谷和平原,南部有众多的岩壁和悬崖直插深海。伊拉克利翁、雷西母农和干尼亚为克里特岛的三大城市。其中伊拉克立翁是克里特岛的首府,岛上近1/3人口居住于此。

## (七)中古文化村——阿索斯圣山

阿索斯圣山是希腊一个地位独特的自治区、东正教的宗教圣地,也是一个与世隔绝的"男性王国"。自1406年以来,禁止女性入内,雌性动物也不例外,因为山上老鼠猖獗,对母猫算是网开一面。阿索斯圣山位于希腊北部哈尔基季基半岛最东侧的圣山半岛,它如同一根细长的手指伸入爱琴海中,长约50公里,最窄处只有10公里。这个面积只有300平方公里的小岛是由海拔2033米的阿索斯山构成,三面环海、山势陡峭,是隐秘修炼的理想之地。公元9世纪中叶,第一批修道士来到圣山,开始东正教的隐修生涯。100年之后,在这儿出现了第一座修道院,名为"大拉瓦拉修道院"。此后,大大小小的修道院陆续建成,至14世纪时达到300个左右,圣山逐渐成为东正教的宗教圣地和拜占廷宗教生活的世外桃源。

如今,各个修道院仍然保留着中世纪欧洲的生活方式和习俗,既没有铺设现代通讯线路,也没有修建平整的公路,仿佛时间和空间都停留于古代的原始状态。全岛共有20所修道院,其中17所修道院以希腊修道士为主,其他3所分别为俄罗斯、塞尔维亚和保加利亚道士居住。除此之外,还有一些修士在悬崖峭壁上的山洞中或简陋的茅舍中进行旷野隐修。作为希腊的自治区,阿索斯圣山在行政和宗教事务上享有独立自主的地位。男性游客在前往阿索斯圣山参观之前,都要到外交部门申请进入圣山的签证,其烦琐的程序不亚于到其他国家旅游所需的手续。

阿索斯圣山享有拜占廷"活博物馆"之称,在其修道院中,

## 第八节 对外经济关系

**通**常而言,外贸对于小国的经济意义和作用不可低估。衡量贸易在国民经济中所占地位的标准是出口和进口在国内生产总值中的比率。在1985年以前,无论是希腊的出口和进口都在不断增长,其占国内生产总值的比重大约为59%,1992年下降为40%。出口下降的原因是希腊的产品在国际市场上缺乏竞争力,尤其是在欧共体(欧盟)市场上。进口下降主要是由于20世纪90年代初期国内实行的财政紧缩政策,导致国内需求下降。1997年进出口总额占国内生产总值的24.2%,其中进口总额占81.5%。总体而言,希腊经济的对外依存度比较高。从另一角度来看,对外经济关系对于国民经济的重要性还包括无形收入,如从旅游业、国际航运业和移民的外汇中获得的,也可以视为服务贸易的收入。

希腊加入欧共体后,其外贸赤字急剧上升。在此之前,大约有45%的工业产品通过关税、进口配额等政策得到国家保护。到了90年代初期,几乎所有的政府保护性措施都被取消了。同样,在80年代之前,其出口市场的发展得益于国内的低工资。如今这个优势面临东亚和东欧等劳动力成本较低的国家的挑战。而导致大量贸易赤字的最根本原因是产品缺乏竞争力:在劳动密集型产品方面,希腊不能与中国、印度等新兴发展中国家竞争,而在资本技术密集型产品方面,希腊又无法与欧美发达国家媲美。近20年来,随着国内市场的进一步开放和国内企业私有化的加快,其出口产品结构也在发生积极的变化。目前,服装、纺织等传统出口商品在国内出口产品中所占份额正逐渐萎缩,医疗

器械、机电产品等一些资本和技术含量较高的商品正在成为新的出口生力军。

目前,希腊企业正在调整自己的政策,试图通过和国外合作伙伴的战略合作提高产品的质量和附加值。而那些没有及时调整产品结构的公司则将目光转向前社会主义国家。2003年,希腊向巴尔干、中东欧和高加索地区的国家出口的产品总值占出口总额的32.7%。1995~2001年,希腊对这些国家的出口额每年增长20%。虽然,和阿尔巴尼亚、前南斯拉夫和保加利亚的贸易顺差较大,但由于需要进口大量的天然气、石油,希腊和土耳其、罗马尼亚以及俄罗斯之间仍然存在较大的贸易逆差。

一　对外贸易

(一) 贸易结构

希腊是贸易之神赫耳墨斯的故乡,拥有悠久的贸易传统,如今在国内从事国际贸易的人员也非常多,占全国人口的比例很高。在这个仅有1100万人口的小国,共有10多万家公司和企业,其中95%以上是私营中小型企业,大部分从事进出口贸易。希腊国民经济和财政部及外交部是国内主管对外经济贸易的政府部门。

由于希腊的工业化进程较短,又受自然资源的限制,其制造业相对比较薄弱,交通工具和设备,如大型船舶、各种类型的汽车及其零部件、电器以及其他电子产品,绝大部分需要进口,可以说,希腊的经济发展对进口的依赖性很强。此外,国内生产的牛奶和肉制品不能自给,需要大量进口。其出口产品以农产品和附加值较低、技术含量较少的矿物金属加工产品为主,缺少附加值较高的技术密集型产品。出口的农产品主要有:烟草、棉花、橄榄油、新鲜蔬菜和加工蔬菜、新鲜水果和水果罐头、干果等。大理石、铝和珍珠岩等资源性初级加工产品以及金属及其制品也是重要的出口产品。近几年来，塑料和橡胶制品、电器、通信设备和医药品的出口增长很快。

从商品贸易平衡上来看，希腊一直存在结构性赤字：其出口仅占进口贸易总额的1/3。据国家统计局统计，2002年希腊对外贸易总额为413.9亿美元，其中出口额为103.4亿美元，进口额为310.5亿美元，贸易逆差为207.1亿美元。由于国内海运、旅游业这两大经济支柱产业长期以来发展稳定，其提供的航运、旅游等服务贸易，再加上源源不断的侨汇收入，不仅可以弥补一般贸易带来的逆差，而且每年还有几十亿美元的外汇盈余。

（二）贸易伙伴

1981年希腊加入欧共体后，在这个统一的欧洲市场内，对其他成员国的贸易障碍都被清除。因此，希腊对外贸易的发展方向越来越倾向于欧共体成员国。1980年大约49%的出口和43%的进口都是和欧共体国家进行的。1992年，向欧共体的进出口比例占60%左右。据国际货币基金组织2003年的统计，希腊对欧盟的出口和进口都占55%左右。

希腊同100多个国家建立了贸易关系，欧盟成员国是希腊最大的贸易伙伴。在欧盟内部，德国是希腊第一大贸易伙伴，2002年，德国和希腊进行的贸易额为48.62亿美元，占希腊外贸总额的11.75%。意大利处于第二位，2002年与希腊的进出口总额达到44.48亿美元，占希腊外贸总额的10.75%。俄罗斯近年来已替代美国成为欧盟之外最大的贸易伙伴，其与希腊的贸易额位列第三，美国排在法国之后位列第五。中国目前已成为希腊的第11大贸易伙伴，中国和希腊进行的贸易额达到10.18亿美元，占希腊外贸总额的2.46%。

（三）出口贸易

欧盟国家是希腊的传统出口市场，约占希腊外贸出口总量的50%，如果加上其他非欧盟的欧洲国家，则要占出口总量的

80%左右。这主要是由于希腊和这些国家在政治制度、经济体制上的相似性,增加了交往的亲和力,在经济上互补性也强,在地理上距离较近,运输成本较低。希腊最主要的出口目的国是欧美国家,如果按出口贸易值来排列,希腊的10大贸易伙伴先后是德国、意大利、英国、比利时、美国、塞浦路斯、法国、土耳其、马其顿和阿尔巴尼亚。具体贸易数据,参见表4-19。

表4-19 希腊十大出口贸易伙伴国(2002)

单位:亿美元

| 位次 | 国家 | 出口额 | 所占比例(%) |
| --- | --- | --- | --- |
| 1 | 德国 | 10.79 | 10.44 |
| 2 | 意大利 | 8.78 | 8.49 |
| 3 | 英国 | 6.44 | 6.23 |
| 4 | 比利时 | 5.54 | 5.36 |
| 5 | 美国 | 5.47 | 5.29 |
| 6 | 塞浦路斯 | 4.91 | 4.75 |
| 7 | 法国 | 3.69 | 3.57 |
| 8 | 土耳其 | 3.48 | 3.37 |
| 9 | 马其顿 | 3.28 | 3.17 |
| 10 | 阿尔巴尼亚 | 3.22 | 3.11 |

资料来源:中华人民共和国商务部网站,http://www.mofcom.gov.cn。

希腊对美洲国家的出口占其出口总额的7%左右,对非洲国家的出口约占出口总额的3%,对亚洲国家的出口占其出口总额的10%左右,而对中国的出口仅占其出口总额的0.55%,大约相当于新加坡的水平(2002年数据)。

(四)进口贸易

由于国内工业基础较为薄弱,相对其出口而言,所需进口的商品种类多、数量大。其主要进口国如同出口国一样,以欧盟国家为主，亚洲国家主要是韩国、中国和日本。其中，来自欧盟国家的进口额，约占希腊进口总额的55%，加上其他非欧盟的欧洲国家，进口额约占其进口总额的74%。来自亚洲国家的进口额约占20%，美洲国家约占4%，世界其他国家约占2%。按进口贸易值来看，希腊的12大进口贸易伙伴分别是法国、荷兰、日本、英国和美国等，具体贸易数据如表4-20所示。近10年来，希腊和周边巴尔干邻国，包括俄罗斯，还有亚洲的韩国、中国和日本的贸易增长很快。

表4-20 希腊十二大进口国（2002）

单位：亿美元

| 位次 | 国家 | 进口额 | 所占比例(%) |
| --- | --- | --- | --- |
| 1 | 德国 | 37.83 | 12.18 |
| 2 | 意大利 | 35.71 | 11.50 |
| 3 | 俄国 | 22.78 | 7.34 |
| 4 | 韩国 | 18.51 | 5.96 |
| 5 | 法国 | 17.64 | 5.68 |
| 6 | 荷兰 | 17.31 | 5.58 |
| 7 | 美国 | 14.60 | 4.70 |
| 8 | 比利时(含卢森堡) | 13.51 | 4.35 |
| 9 | 英国 | 12.63 | 4.07 |
| 10 | 西班牙 | 11.96 | 3.85 |
| 11 | 中国 | 9.61 | 3.10 |
| 12 | 日本 | 9.37 | 3.02 |

资料来源：中华人民共和国商务部网站，http://www.mofcom.gov.cn。

## 二 对外投资和外来投资

希腊是欧盟国家中经济发展水平最低的国家之一，也是传统上的受援国和资金输入国。但长期以来，因为偏

远的地理位置、投资环境和技术水平较差,外国对希腊的直接投资量非常少,按照联合国贸易和发展会议公布的投资报告统计,外国直接投资额仅占希腊国内生产总值的9.8%,对欧盟整体投资额则占欧盟国内生产总值的32.8%(2004年)。

希腊中央银行的数据显示,1996年,希腊吸引外资的金额为42.5亿美元,投资的外国公司为570家。近10年来,随着希腊经济增长的加速,国外的投资量上升较快。1999年,境外企业来希腊投资的金额达到160.4亿美元,投资的外国公司达到674家。2000年,外国在希腊的直接投资为124.99亿美元,2001年增至152.65亿欧元,投资的主要领域包括制造业、商业、旅馆业、金融服务业、通信以及采矿业等。

在希腊投资的主要为欧盟国家,以投资金额计算,排在前10位的分别是:卢森堡、德国、比利时、美国、丹麦、塞浦路斯、意大利、法国、荷兰以及英国(2001年数据)。最大的投资国为卢森堡,其在希腊的投资总额为37.84亿欧元,占同期外国在希腊投资总额的24.8%。欧元区国家对希腊的投资总额是101.68亿欧元,占同期外国在希腊投资总额的66.6%。欧盟国家对希腊的投资总额是107.38亿欧元,占同期外国在希投资总额的70.3%。美国在希腊的投资10.14亿欧元,占外国投资总额的6.6%。而亚洲对希腊的投资总额为0.76亿欧元,占同期外国在希腊投资总额的0.5%。亚洲地区对希腊的主要投资国是日本和新加坡。

目前中国在希腊的投资企业主要是私营企业,且规模较小,以餐馆、商店为主。在希腊的中资国有企业只有3家:中远希腊代理有限公司、中国海运(集团)总公司和中国船级社。

为了促进本国经济的发展,不断改善投资环境,希腊以立法的形式制订了一些吸引投资的优惠政策,包括现金补贴、税收减免等。为了进一步吸引外资,希腊还颁布了一项新的投资法规,其核心内容是政府与外国投资者以较低的税率签订为期10年的包税合同，包税税率根据投资额或营业额和利润确定。签订包税合同后，只要企业按包税合同纳税，税务机关不得对企业进行查税审计。同时该法规还将外资企业创造就业机会补贴的最高限额提高到5万欧元。此外，如果外商投资高新企业，还可免去企业必须创造新的就业机会的责任。

近年来，随着经济形势的好转，其对外投资（直接投资）呈现明显增长的趋势。据希腊中央银行统计，1999年希腊对外投资额为38亿美元，2001年将近翻番，总计为61亿美元。投资的主要地区是巴尔干和黑海地区。投资的领域主要有银行、电信和信息技术产业、化工医药、矿产、食品加工、服装、包装、服务业等。

希腊是巴尔干地区经济发展水平最高的国家，在历史上和巴尔干国家建立了良好的贸易关系，因而尤为重视在该地区经济领域发挥主导作用。2001年1月，希腊政府宣布，将于2001～2005年间向巴尔干地区投资5.28亿欧元，投资对象国包括阿尔巴尼亚、保加利亚、罗马尼亚、马其顿、克罗地亚等周边邻国。这项计划的目的是支持巴尔干各国的经济改革、促使其早日加入欧盟。目前，大约有3000家希腊公司活跃在巴尔干和黑海地区，投资总额达35亿美元。据官方统计，希腊投资如今在保加利亚外商投资中排名第一，在阿尔巴尼亚和罗马尼亚也名列前茅。

进入21世纪以来，希腊企业对华投资也呈现快速增长的趋势。希腊在华投资项目由1999年的21个增加到2002年的41个，3年时间内翻了一番。协议投资金额由过去的4742万美元增加到1.067亿美元，增加了近1.3倍。实际投资金额由210万美元增加到2853万美元，增长了10多倍。希腊在华主要投资行业是：建材（主要是大理石、珍珠岩等）、塑料制品、家具等。

### 三　对外援助

在20世纪80年代以前,由于经济落后,希腊成为外国援助的主要对象国。1981年加入欧共体后,希腊成为欧共体资金援助的第一大受益国。80年代主要在欧共体共同农业政策框架下从欧洲农业指导和保证基金中获得资金,用于提高国内农业收入和发展落后的农业地区。1988年之后,希腊从欧盟获得的资金主要用以资助基础设施的建设。90年代初,欧盟资金的援助金额达到国内生产总值的4%,90年代末和进入21世纪初,其转移支付一直超过国内生产总值的3%。

与此同时,自成为欧共体正式成员之后,希腊的对外援助在欧共体发展计划框架下开始发展起来。1996年8月,希腊政府正式出台双边援助的第一个五年计划(1997～2001年),援助总金额为4亿美元。1999年,希腊成为经合组织发展援助委员会第23名成员。这标志着希腊加大了参与国际援助的力度,尤其在解决全球性贫困、促进全球平衡发展上作出了重要贡献。从1996年开始至今,希腊的双边援助净投入从0.27亿美元上升为0.99亿美元,翻了四番。2000年,希腊双边援助总金额达到2.26亿美元,占国民总收入的0.2%,接近于经合组织发展援助委员会援助的平均水平。2001年,希腊政府制定了双边援助的第二个五年计划(2002～2006年),并成立了发展和援助计划的监管委员会,负责在各个部门和机构落实双边援助工作。援助工作的计划和战略的制定归口于国际经济关系协调部际委员会,它是一个专门负责对外经济和贸易关系的内阁一级的委员会。

此外,设立了非政府组织的国家顾问委员会,制定与非政府组织援助相关的政策并提出建议。在国民经济部下设双边援助协调司,作为部际委员会和监管委员会的秘书处。外交部下设"希腊援助"总司,负责协调、监督和推动由非政府组织开展的发展援助、人道主义援助和教育推广项目等。

因为地理位置的关系，希腊的安全和巴尔干、黑海和东地中海国家和地区的稳定及经济繁荣紧密相关。作为文化和种族极为复杂的地区中经济发展最快、政治安全最为稳定的国家，希腊意识到，援助周边国家的经济和民主的发展是本国国家经济和战略利益之所在，也是自己义不容辞的责任。因此，其对外援助的重点明确为周边国家和地区。自 1997 年阿尔巴尼亚、波斯尼亚、科索沃发生危机以来，希腊的紧急和人道主义援助大幅增长，大约有 1 亿美元投入于希腊士兵在危机地区的维和。这一援助的力度和范围之大，也是史无前例。每年，仅外交部在对外援助上投入的资金就有几百上千万欧元。

此外，希腊还通过非政府组织对巴尔干地区实施发放药品和食物、修建学校和医院等人道主义援助。1997～2001 年，政府承诺为巴尔干国家提供 1.6 亿美元的援助。希腊也是第一个规划重建巴尔干全面计划的国家。2000～2004 年，政府计划投入 5 亿美元用于科索沃、阿尔巴尼亚、保加利亚、罗马尼亚和前南斯拉夫地区的经济建设，其资金直接从政府预算中拨付。随着这些危机的解决，对外援助计划将致力于扶贫、性别平等、环境保护的优先目标，同时服务于建设稳定、和平、繁荣的巴尔干地区的总目标。

## 第九节 国民生活

一 国民生活

据 2004 年联合国综合国民收入与生活水准等指数的《人类发展报告》显示，希腊的人类发展指数达到了 0.921，在 177 个国家中名列第 24 位，在巴尔干国家中位居第一。

## 希腊

从 20 世纪 90 年代开始，希腊人均收入提高较快，从 1960 年的 500 美元，增加到 1992 年的大约 6500 美元。2003 年人均收入又翻了一番，达到 15000 美元左右。若以国际标准来衡量，希腊已跻身发达国家行列，在经合组织成员国中，其人均收入要高于墨西哥和土耳其，虽然排名比较靠后，但其经济水平高于世界上非经合组织国家，包括那些正在经历从计划经济体制向市场经济转轨的东欧和中欧国家。若和欧盟国家相比，则仍处于最低水准。2004 年希腊人均收入为欧盟 15 国平均值的 58.9%，以购买力平价来计算，相当于 75.7%。工薪者月收入始终处于欧盟的最低水平之列。近年来，工业和服务业部门的月收入总额为 1400 欧元左右，几乎是欧盟高工资国家工资水平的一半。2001 年，国内最低月工资额为 466 欧元，大约占欧盟平均最低月工资额的 75%。

长期以来，由于政府对国内生产和货币流通市场的干预力度较大，价格市场缺乏弹性，希腊的通货膨胀率始终居高不下。从 20 世纪 70 年代中期至 90 年代中期，年平均通货膨胀率都在 17% 以上。自进入向经济货币联盟标准趋同的过程之后，通货膨胀率得到有效控制，1999 年，通货膨胀率在 35 年来首次低于 3%。但迄今为止，希腊仍是欧元区中通货膨胀率最高的国家之一，几乎每年都要超过 2% 的上限。近两年来，政府在通过市场自由化、控制物价上涨上取得了良好的成效。2004 年，通货膨胀率降至 2.9%，为加入欧元区 5 年来通货膨胀率最低的一年。

在家庭消费结构中，其日常开支主要用于购买食品，该项费用占家庭总开支的 17%。其次为交通费用，占 13%。排在第三位的为住房和水电费，占 11%。用于餐馆、旅馆和咖啡馆的休闲娱乐费用较大，仅次于居住的开支。相对来说，文化娱乐和教育的开支较低，分别占 5% 和 3%（参见表 4-21）。从 70 年代恢复民主制后，希腊人的生活水平有了较大程度的提高。目前，

76%的家庭拥有自己的住房，每三人中拥有一辆轿车，每千人拥有607部电话，每千人有电视机320台，手机普及率为77%，互联网的使用率为10%~11%。

表4-21 家庭每月开支（2004~2005年调查）

单位：欧元

|  | 全 国 | 城 市 | 半城市 | 农 村 |
|---|---|---|---|---|
| 总开支 | 1792.28 | 1940.59 | 1712.18 | 1353.17 |
| 食品和非酒精饮料 | 306.44 | 315.11 | 325.52 | 266.67 |
| 酒和烟草 | 71.52 | 73.53 | 71.22 | 65.06 |
| 服装和鞋类 | 150.15 | 166.00 | 136.88 | 106.00 |
| 住房、燃料、照明和用水 | 191.60 | 212.98 | 176.77 | 130.24 |
| 家庭用品及其维护费用 | 134.49 | 147.94 | 119.05 | 99.53 |
| 医疗和保健 | 128.17 | 134.71 | 119.18 | 112.03 |
| 交 通 | 225.83 | 242.98 | 225.60 | 169.72 |
| 通 信 | 80.95 | 88.09 | 79.02 | 58.71 |
| 文化娱乐 | 90.11 | 104.66 | 77.83 | 49.67 |
| 教 育 | 51.34 | 60.20 | 49.66 | 23.28 |
| 旅馆、咖啡馆和餐馆 | 172.24 | 189.75 | 150.91 | 127.44 |
| 其他消费品和服务 | 189.42 | 204.62 | 180.54 | 144.81 |

资料来源：希腊国家统计局，http://www.statistics.gr。

2004年，希腊的医疗保健开支占国内生产总值的10%，高于经济合作发展组织平均值1个百分点。尽管从1999年开始，人均医疗保健开支以5.2%的速度增长，2004年已达到2162美元，但仍然低于经合组织的平均水平。多数欧洲国家在公共医疗保健费用的比例都已达到较高的水平，其中北欧国家的医疗保健费用占公共开支的比重达到80%。相比之下，希腊用于医疗保健的公共拨款比例处于最低线，为53%。虽然用于医疗保健的资金并不充裕，但在医疗条件和健康指标上，希腊并不比其他发

达国家逊色。例如，人均拥有医生数在经合组织国家中位居第一，达到每千人拥有医生4.9名。用于急性病治疗的病床人均占有量为每千人3.8张，与经合组织国家平均数基本持平。同样，高科技的医疗诊断设备的使用，近年来在希腊越来越普及。例如，电脑X光照射机在2002年达到每100万人拥有17.1台，接近于经合组织国家平均水平。随着生活条件的改善、公共医疗健康投入的增加和医疗水平的提高，希腊的人均寿命已达到79岁，略高于经合组织国家平均值。婴儿死亡率近10年来下降很快，目前为4.1‰，低于经合组织国家的5.7‰。希腊现已成为长寿指标较高、婴儿死亡率较低的欧盟国家之一。

二　劳动就业

希腊的失业率非常高，在欧元区国家中仅次于德国。自20世纪90年代初以来一直呈增长趋势，在1999年达到顶峰，接近于12%，近年来，在10%上下浮动。

具体从近10年的调查来看，国内劳动力市场呈现以下特征：

（一）失业率持续上升

从1992年的8.66%增至9.62%。劳动力从1992年的4028917人增加为2002年的4369009人，同期就业人数从3680039增加为3948902人。由于劳动力人数的增长速度超过就业人数，失业人数从348878人上升为420107人。

（二）妇女失业率高

从1992年的8.04%增加到14.64%。长期失业人数占总失业人数的比例也比较高，并呈现继续升高的趋势，其比重从1992年的49.4%上升为2002年的54.7%。

（三）从就业结构来看，随着第三产业占国内生产总值比重的增长速度加快，其从业人员大幅度上升

相比之下，农业和工业部门的从业人员下降比较快。其中农

业部门的就业人数从1992年的21.92%下降到2002年的15.80%，工业部门的从业人数从1992年的20.48%下降到2002年的15.03%，服务业就业人数在10年内从57.72%上升至69.18%。希腊的就业结构变化呈现了与产业结构变动相一致的特点。从劳动力的性别分析来看，工业领域中男性较为集中，而在农业和服务业中，女性比较集中（参见表4-22）。

表4-22 就业状况一览表（2001~2005）

单位：万人

|  | 1998 | 1999 | 2000 | 2001 | 2002 |
|---|---|---|---|---|---|
| 劳动力总数 | 444.57 | 446.32 | 443.74 | 436.22 | 436.90 |
| 就业人数 | 396.72 | 393.98 | 394.63 | 391.75 | 394.89 |
| 就业人数占劳动力总数的% | 89.2 | 88.3 | 88.9 | 89.8 | 90.4 |
| 按行业排列 |  |  |  |  |  |
| 农牧渔 | 70.42 | 66.91 | 67.07 | 62.70 | 62.38 |
| 采矿业 | 1.83 | 1.86 | 1.65 | 1.78 | 1.89 |
| 制造业 | 57.80 | 56.88 | 55.70 | 55.74 | 54.08 |
| 电力、天然气 | 3.53 | 4.09 | 3.81 | 3.43 | 3.37 |
| 建筑和公共工程 | 28.23 | 27.33 | 27.66 | 28.48 | 29.39 |
| 商业(含餐馆、旅店) | 91.69 | 92.66 | 93.06 | 92.82 | 94.73 |
| 交通、存储、通讯 | 24.48 | 24.82 | 25.14 | 25.00 | 24.35 |
| 银行、保险和房地产 | 29.05 | 29.27 | 30.32 | 32.09 | 32.43 |
| 其他服务业 | 89.67 | 90.16 | 90.23 | 89.71 | 92.27 |
| 失业人数 | 47.85 | 52.34 | 49.11 | 44.47 | 42.01 |
| 占劳动力的% | 10.8 | 11.7 | 11.1 | 10.2 | 9.6 |

资料来源：希腊国家统计局，http://www.statistics.gr。

### （四）就业人数的素质有明显提高

1992年，初等教育水平的人员占就业总数的一半以上，为58.3%；2002年已下降为41.7%。

### （五）无雇工的家族企业和自雇主较多

和欧盟其他国家相比，它的一个显著特点是，没有雇工的家族式企业和自雇主数量比较多。但近年来，该比例也在下降。同期工薪雇员的比例从 1992 年的 52.6% 上升至 60.2%；自雇主从 1992 年的 28.4% 下降为 24.4%。

失业率居高不下，和国内严格的劳工政策有关，劳动力在企业、经济行业和地区之间的流动受到严格限制。工作时间极其不灵活，选择的可能性很少，兼职工作也不够发达。此外，国内缺乏提高劳动生产率的激励措施。2004 年，在世界经济论坛公布的生产率和工资效能比的 104 个国家中，希腊列第 64 位，远远落在欧盟其他成员国的后面。

## 三 社会保障制度

### （一）历史演变

一般而言，社会保障既包括社会保险也包括社会救助。但在希腊，社会保障主要指的是社会保险。因为普及意义上的社会救助计划并不存在。社会救助只局限于一部分特殊人群，如没有社会保障的儿童、没有参加保险的老人、具有特殊需求的人群以及被遣返回国的希腊移民等。而且，在欧盟 15 国中，希腊是唯一没有开展维持最低生活水平的最低收入保障计划的国家。具体而言，希腊社会保障体系主要包括养老保险（老人、残疾人和遗属）、疾病保险（健康医疗、妊娠和分娩）、失业保险（失业、入伍、工伤）、家庭保险（家庭津贴、家庭的额外开支补贴）、住房补贴和小范围的社会救助六个方面。

希腊的社会保障制度和葡萄牙、西班牙一样，同属于"南欧模式"，社会保障体系发展迟缓，保障程度较低，在扶贫和救济方面，仍然由家庭和民间的社会互助组织发挥核心作用。从历史上来看，其社会保障制度的建立始于 19 世纪 30 年代初，随着民族独立和现代国家政府的诞生，相继出现了一些社会保险机构。最早成立的是建于 1861 年的海员保险基金，随后公务员保险基金和陆军、海军军官保险基金相继成立。1925 年，成立了第一家为自雇主设立的保险基金。这些机构主要是提供疾病和意外伤害的保险，其中一部分的基金也将养老金涵盖其中。这一时期的投保人员非常有限，全国 25 个保险机构覆盖的对象仅有两万人。1934 年，希腊颁布了社会保障发展史上具有里程碑意义的 6298 号法令，据此成立了为工人提供强制性保险的"社会保险机构"（IKA），其覆盖范围达到全国 1/3 的人口。以社会保险为支柱的社会保障体系粗具雏形。

一直到第二次世界大战结束，希腊社会保障制度发展的显著特征是政府的有限介入，主要是依靠工人和自由职业者联合会，通过自发的形式自筹资金为不同产业部门建立社会保险基金，在此基础上发展为全国性的社会保障体系。其社会保障制度具有以下特点。

1. 保险基金和相关保险计划的多样化

从严格意义上来说，希腊没有一个统一的社会保险体系，因为各个保险基金的组织机构和管理体制都不尽相同。

2. 社会保障制度存在着不平等性

不同行业之间甚至同一个行业内部存在明显的不平等，保险的缴费比率和享受的社会保障的质量并不均衡。一直到 20 世纪 80 年代，农村人口享有的保险服务（主要体现于健康医疗方面）的质量和水平，与城市人口相比，存在很大的差距。到了 90 年代，政府为推动全民性社会保障制度的发展，颁布了一系列的法规，特别是通过国民医疗体系的创建，逐步缩小了这些差距。

3. 社会保障体系的资金主要来自于雇员的个人给付和雇主的支付

目前最为有效的由政府、雇主和雇员三方分摊社会保险资金

的模式，在希腊仍然没有实现。政府的财政投入非常有限。例如，国家对最大的"社会保险机构"的资助，仅占该机构资金总额的 0.5%。

4. 尚没有为全民提供维持最低生活水平的保障金

希腊的社会保障体系主要提供养老金和疾病保险的福利待遇，基本上没有为全体国民提供保障最低收入、维持最低生活水平的"安全网"。

**（二）保障体系的结构**

按照希腊劳动和社会保障部的划分，国内的保险基金可以分为以下几类。

（1）基本保险基金。在公共保险计划中，基本保险基金是优先发展的对象。这些基金大部分建于 1950 年之后，只有少数成立于第二次世界大战以前，其建立的宗旨是为一部分特殊人群，比如企业的雇员或行业领域的自雇主提供养老金。

（2）增补型保险基金。它是第二次世界大战后发展起来的，其建立的目的是作为基本保险基金的补充，主要在养老金领域提供保险服务。这些基金的覆盖范围和组织方式，都是围绕企业或者说行业进行的。正是这一点进一步加剧了希腊保障体系的复杂性和碎分化。1955 年以前，法律规定，可以根据集体协定建立相关的保险基金，为没有参加"社会保险机构"的人群提供相关的保险服务，以防御疾病风险。1955 年，为了加强国内保险计划的统一性，希腊通过了一项特殊的法令，禁止企业通过集体协定建立自己的社会保险基金。但以前成立的增补型保险基金仍然保留了下来。

（3）疾病保险基金。主要为投保人员提供比法定的保险计划更为全面的疾病保险。这些基金不仅设有疾病保险部门、远景保险部门，有的甚至设有退休保险部门。

（4）远景基金。按照集体协定建立，主要提供一揽子的退休津贴。其中历史最为悠久、规模最大的是建于1926年的公务员远景基金。一般而言,这一揽子退休津贴与薪水级别以及给付年限相挂钩。

(5) 互助会 (Mutual Aid Societies)。这些组织主要由一些职业团体按照私法建立,其目的是提供退休金、疾病保险之外的津贴。

基本保险基金和增补型保险基金是国内保障体系的重要组成部分。除互助会之外,所有的基本保险基金、大部分增补型保险基金、疾病基金和远景基金都是按照公法建立的。其中一部分增补型保险基金、疾病基金和远景基金是依据集体协定成立的。

上述基金之外,国内还有一些比较重要的组织和机构也提供其他类型的保险服务。例如,希腊就业机构(OAED),由政府就业办公室重组而成,主要执行政府的就业政策,以保证劳动力的供需平衡。其职责众多,最为重要的一项是,提供就业指导和发放失业保险金、家庭补助和其他社会福利,如生育津贴等。该机构提供的保险是强制性的,其资金来源是雇主支付和雇员的个人给付,并主要用于:(1) 补助服兵役的雇员;(2) 支付失业补助;(3) 发放家庭津贴。工人住房机构(OEK)主要为工人或者雇员提供住房补贴,并为符合购房条件的工人和雇员提供低息贷款。工人社会福利基金(EE)设立的目标是提高工人、养老金领取者及其家庭成员的福利,如资助娱乐和休闲计划,以及孩子们的夏令营和文化活动,等等。

希腊的社会保障管理体制十分复杂,主要按照不同职业类别的保险对象,归口于不同的监管部门。据官方公布,1996年,全国共有236家社会保险基金,由不同的部门监管。主要负责部门是健康、福利和社会保障部(后改名为劳动和社会保障部),由它监管的基金有215个,分布如下:26个基本保险基金、51个增补型保险基金、19个疾病保险基金、66个远景基金、3个

其他类型的基金（OAED，OEK，EE）和50个互助会。

如果以覆盖对象的职业类型划分（互助会和其他类型的基金忽略不计），共有9类：38个私营企业的雇员保险基金、19个银行职员基金、8个公共机构职员基金、6个自雇主基金、11个独立职业基金（如律师、技术工人基金等）、8个新闻从业人员基金、1个农民基金、25个公务员的补充型基金、46个省区律师的远景基金。截至2002年，社会保障部主管下的215个基金已缩减为95个，其管理的社保资金占总额的81%。其他关于军人及其家属的医疗和养老金保险基金、海员及其家属保险基金，分别由国防部和海运部主管。未曾加入保险的老人和小孩的基本医疗和和福利，则由卫生和社会互助部负责。

国内社会保障覆盖的对象主要以职业来划分，据此可以分为6种类型。

（1）私企雇员，所有城镇中的私有企业雇员的社会保险由"社会保险机构"（IKA）提供，投保人员共有180万。

（2）公共机构雇员，比如国有银行和公共企业的雇员，其保险由公共企业组成的基金负责，其中绝大部分养老金的缴费，直接或间接地由雇主承担，其他基本保险费用直接由政府负责。相对于"社会保险机构"的投保人员来说，公共部门雇员的保险资格的认定是相当宽松的。

（3）公务员，公务员不用个人支付保险费用，他们的养老金缴费全部从政府预算中支出。其退休年龄和资格认定与银行雇员类似。

（4）农村人口，为农村人口提供保险服务的是成立于1961年的"农民保险机构"（OGA）。该组织覆盖了所有的农民，包括人口在5000人以下的边远地区的村庄和岛屿。农民保险机构的投保人员基本上不用缴纳保险费用，领取统一的低额养老金，数额为私有企业雇员养老金平均数额的1/6。其保险费用全部由政府的公共财政支出，主要来源是直接或间接的非农业部门的税收以及政府补贴。农民保险机构主要提供下列服务：医疗保险，老人、残疾人和遗属的养老金以及农作物保险，主要是弥补霜冻和冰雹带来的损失。

（5）自雇主，自1934年开始，所有的商业和工业行业的雇员，都被强制加入"商人和企业主保险基金"（TEVE）。该基金的资金来源于投保人员的个人给付。给付的比率按照五个保险类别和个人年收入的标准计算得出。它提供的保险服务，有住院治疗，健康医疗，老人、残疾人和遗属的养老金。

（6）自由职业者，比如医生、律师等自由职业者，其保险是由各种不同的保险基金提供的。这些基金的资金，基本上来自于投保人员的个人给付（其中有些基金得到了政府赠款或政府专项税收的分配），给付的数额和收入并不挂钩，实际缴纳的保险费标准，由各个保险基金制定，其提供的保险服务也由各个基金自行决定。

据2001年统计，第一大保险基金"社会保险机构"覆盖人口已达到552万人，占全国总人口的50.35%。其次是"农民保险机构"，覆盖范围为215万人，约占全国总人口的19.6%。排在第三名的是"商人和企业主保险基金"，拥有126万投保人员，约占全国总人口的11.5%。这三个机构覆盖的对象，大约占基本保险基金投保人员总数的86%。

1934年，按照第6298号法令建立"社会保险机构"，是希腊社会保障发展史上的一个转折点。该项法令规定，"社会保险机构"的宗旨是为所有的白领和蓝领工人提供强制性的保险。因而，它也被称为国家福利制度的基石。因为有史以来第一次，全国将近1/3人口被纳入一个统一的保险计划。起初，"社会保险机构"主要提供的社会保险项目是为老人、残疾人提供疾病和退休的保险金。其保险计划于1937年在雅典启动，1938年将

其覆盖范围扩大到比雷埃夫斯和萨洛尼卡，1939年延伸到帕特雷、沃洛斯和帕拉马塔。其他地区的推广跟随其后，但发展速度有些滞后。

1951年，希腊通过了第1846号法令，开始将社会保险计划扩展到全国范围内的所有白领和蓝领工人。随后，"社会保险机构"成立了分别负责管理疾病和生育津贴，老人和残疾人或遗属的养老金，以现金形式发放的疾病、生育津贴的三个部门。机构内部不设有因工伤、事故发生意外的保险部门。如果因工作中的事故或职业导致的疾病，其保险金将由疾病津贴部门负责。如果因公致残或死亡，投保人员将由其养老金部门提供补偿。

增补型的保险基金创建于第二次世界大战之后，作为基本社会保障体系的补充，只能提供有限的保险服务。它们建立的方式和基本保险基金类似，但是，其目标并不是组成社会保险的主体，而是作为一种补充。增补型的社会保险既可以由基本保险基金的增补部门提供，也可以由增补型保险基金的补助部门、养老金部门和疾病部门提供。增补型保险基金主要提供的保险项目为退休金，其养老金保险计划带有强制性质，并且属于法定的社会保障制度的组成部分。在加入增补型保险之前，必须按照工作的类别，加入基本保险基金。20世纪80年代，通过增补型雇员保险基金以及"社会保险机构"名下的增补性部门的建立，补充型保险的覆盖范围进一步扩大，1996年，涵盖了全国80%的劳动力。与此同时，增补型保险基金的总数从1990年的162个，下降为1995年的45个基金。

（三）社会保障资金来源

希腊社会保障的主要资金来源是雇员和雇主的个人支付。就私有部门的雇员而言，其缴纳的保险费用由雇员和雇主分摊，自雇主和自由职业者，则由他们本人支付，一些保险基金也接受政府的补助和社会捐助。"社会保险机构"、"商人和企业主保险基金"以及银行雇员基金等,主要来自于雇主和雇员的缴费。但像"农民保险机构"完全由政府通过专项税收承担费用。2002年,雇员包括自雇主的个人缴费占社会保险总收入的33%,雇主缴费占30%,社会资金占24%,政府支付占6%,财产捐赠占5%,其他来源占2%。这种以雇主和雇员为主体的社保资金分摊方式,也是造成国内社会保障体系资金来源不足的核心原因。

私人企业雇员的社会保险的个人缴费比率,一般以其工资为基准,其中,基本养老保险支付费用占工资总额的比率在6.67%~11%之间,疾病保险约占4%左右。工业部门的雇主,必须为雇员工作中的意外事故支付额外的保险费用,这个比率约为雇员工资总额的1%。如果从事的职业属于非健康或危险工种,这个比率将达到3.6%,其中1.4%由雇主支付、2.2%由雇员支付,而且,这些投保人员将提前5年领取养老金。对自雇主而言,他们的个人给付并不参照收入标准,而是一个恒定的常数,取决于职业的类别。同样,对于所有参加保险的雇员、雇主或自雇主来说,其缴费比率的高低还取决于参加何种类型的保险。例如,同样的养老金和疾病保险,基本保险基金和补充型的保险基金的缴费比例不尽相同。补充型养老金的个人缴费比率占工资总额的3%~9%,疾病保险的比率为0.5%~4%,一揽子福利津贴为4%~8%。

(四) 主要社会保险内容

1. 养老金

养老金保险是社会保障中最大也是最为重要的组成部分。在欧盟15国中,希腊的养老金支出在社会保障预算中所占比例最高,每年该项比重几乎占69%。可以说,国内的福利制度主要服务于老龄人口,而为其他福利项目的发展留下了狭窄的空间。

根据有关养老金的法律规定,凡年满65岁的男性和年满60

岁的女性，只要参加保险，缴纳个人费用的期限在 4500 天以上，均可领取养老金。参加养老保险的人员需每年缴纳收入总额的 6.67%，雇主为其缴纳收入总额的 13.33%，政府承担其收入总额的 10%。年收入总额上限为 25192 欧元。

1993 年以后参加工作的，其领取退休金的年龄无论男性和女性都为 65 岁。如果是工作繁重或者对身体有害的行业，其领取退休金的年龄，男性提前至 60 岁，女性提前至 55 岁，前提条件是在这个行业的工作年限至少达到 3600 天（最近的 10 年中至少达到 1000 天），缴纳保险费用的时间为 4500 天。如果男性在 62 岁，女性在 57 岁领取养老金的，其缴纳保险费用的时间应达到 10000 天。如果在 58 岁领取养老金，其缴纳保险费用的时间必须达到 10500 天。55 岁的女性如果需要抚养未成年或残疾儿童的，其缴纳个人给付的年限应达到 5500 天。

一般养老金的金额为近 5 年年平均收入的 30%~70%，具体的等级参照 28 级工资标准和缴纳养老金保险的年限。最低养老金金额为每月 360 欧元。没有工作的家属可以领取每月 26.99 欧元的补充型养老金，如需抚养一个孩子，每月适当增加 17.98 欧元。

丧失 80% 的工作能力的残疾人可以享受全额养老金，丧失 67%~79% 的工作能力的残疾人可以享受 75% 的养老金。局部残疾者，如丧失 50%~66% 的工作能力的残疾人可以享受 50% 的养老金。最低限额为每月 360 欧元。残疾人领取养老金的条件如下。

（1）至少丧失 50% 的劳动能力的残疾人；

（2）参加伤残保险的工人，其缴纳的伤残保险费用已达到 4500 天，或者，在致残前，有 1500 天（包括最近 5 年中有 600 天）缴纳了伤残保险费用；

（3）未满 21 岁的残疾人，至少在致残前的 5 年中，有 300

天缴纳了伤残保险费用；

（4）21岁以上的残疾人，其缴纳伤残保险费用的时间要求将逐年增加。

遗属养老金，其领取养老金的条件各有不同，主要是依照其配偶加入保险的时间而定：

（1）1993年前加入保险的，其遗属可以领取养老金，但其结婚年限必须达到6个月，如果是寡妇，必须是两年以上。

（2）1993年1月1日后加入保险的，其遗属领取养老金的条件是：①其月收入不得超过非熟练体力劳动者最低日工资的40倍；②残疾人；③45岁以上；④有两个未成年的孩子。

1999年起，希腊对遗属养老金的资格认定作了调整，取消了年龄和参加保险的年限限制。自配偶故世后的第二个月起，可以领取遗属养老金，为期3年。40岁以上遗属，如果没有工作或者其他的养老金，其领取的年限可以延长。如果有工作或者本人领取养老金的，可以领取50%的遗属养老金。如果遗属年满65岁，将终止或者减少遗属养老金。

如果父母一方或双方亡故，留下的孤儿可以领取父母投保的基本养老金的20%。18岁以下的孤儿领取60%，如果仍在就学的话，年龄可以延长为24岁，如果是残疾儿童，则没有年龄限制。如果故世的父母是1993年1月1日后参加工作的，其留下的孤儿可以领取25%的基本养老金。

2. 医疗保险

医疗保险也是希腊社会保障的主要内容，其重要性仅次于养老保险。每年，国内用于医疗保健的支出，占社会保障预算总额的21%。医疗保险计划的受惠人员主要为从事工业、商业以及相关行业的工薪劳动者、城镇中的自雇者以及养老金领取者。农民和公务员等其他人群，加入专门的医疗保险计划。

参加医疗疾病保险的人必须交纳年收入总额的2.55%，作

为医疗保健保险费用，0.4%作为现金形式的医疗津贴保险费。雇主为其缴纳年收入总额的5.1%加入医疗保险、0.8%加入现金型的医疗津贴保险。养老金领取人需交纳养老金总额的4%，政府为其缴纳收入总额的3.8%。

如果生病前一年缴纳疾病保险的费用达到100天，或者，生病前一季度的15个月中，至少有100天缴纳了疾病保险费用，均可享受疾病保险金。现金支付的医疗津贴占投保人年收入总额的50%左右，最低限额为每天11.83欧元（医疗期间）。同样现金支付的生育津贴最高占其年收入总额的一半左右，最低限额为每天6欧元（生育期间）。对于医疗服务而言，一般包括医院和疗养院的医疗看护、医药、分娩看护、口腔治疗等内容。投保人员在就诊、治疗期间，自行负担25%药品费和其他25%医疗服务费，住院费用视情况而定，没有规定自费的上限。

3. 工伤保险

工伤保险的费用一般由雇主为雇员支付，缴纳比例为其年收入总额的1%。暂时性的工伤，每年领取年收入50%的保险赔偿金，为其配偶提供的每日补贴是日最低工资的1.5倍，如果需抚养3岁以下的子女，再按照日最低工资增加一份补贴。工伤保险金的领取期限为720天。永久性工伤的保险金与全额的养老金等同。

4. 失业保险

失业保险的对象主要是从事工业、商业以及相关行业的工薪劳动者，自雇主除外。一般投保人员缴纳的保险费用为年收入总额的1.33%，雇主为其支付年收入总额的2.67%。在过去14个月中（除去近两个月的工作天数）只需交纳125天的保险费用，并自愿前往就业办公室登记，可以领取年工资总额的40%或者年收入总额50%作为失业金，领取的期限最短为5个月，最长为12个月。最低限额为每日平均最低工资的66.66%（平均日最低工资额为9.94欧元）。家属可以得到投保人员年收入总额的10%作为补贴。

如果不符合上述条件而无法领取失业保险金者，或者因为某种情况，花光了所有的失业金的，可以申请领取失业救助。其前提条件是，所在家庭的年收入在6380欧元以下，在此之前的工作期限达到2.4个月。每日失业救济的金额为最低失业保险金的13倍。

5. 家庭津贴

家庭津贴发放对象为抚养1个或1个以上的孩子的工薪劳动者。每年，需交纳年收入总额的1%作为家庭津贴保险的费用，雇主为其缴纳年收入总额的1%。如果符合下列条件之一均可领取：抚养的孩子年龄不超过18岁，残疾儿童没有年龄限制，如果仍在求学，可以放宽至22岁；单身以及居住在希腊或者其他欧盟成员国；最近一年的工作时间必须达到50天。家庭津贴的金额为，一个孩子每月5.80欧元；两个孩子，每月17.40欧元；3个孩子为39.15欧元；4个孩子为47.56欧元；其余的孩子，每人每月7.97欧元。如果是单亲或者是军人家庭，则每个孩子增加3.62欧元。

从20世纪70年代开始，欧洲国家的社会保障制度大多面临财政危机。在希腊，经济衰退、支付的增加和收入的减少，特别是健康医疗开支的急剧增加以及老龄人口的增长，使本国刚刚步入发展阶段的福利制度建设陷入困境。1982年，危机达到顶峰。"社会保险机构"首次出现巨额财政赤字，两年后高达1000亿德拉克马。而政府的收入无法维持日益增长的开支。1990年，公共债务达到国内生产总值的20%。养老金的巨额开支，是导致政府公共赤字的主要原因。而且国内社会保障立法滞后，国内既没有统一规定最低的养老金金额，也没有统一的资格认定。导致许多保险基金都倾向于降低领取养老金的年龄，从而大大增加

## 希腊

了国内养老支付的负担。此外，没有贯彻雇员、雇主和政府三方分摊社保资金的方式，也是造成福利制度危机的重要因素。

20世纪90年代初，希腊社会保障制度进入调整和改革阶段。

首先，是社会保障的融资方式发生了改变，在养老金和疾病等基本保险项目上，引入了雇员、雇主和政府三方分摊社保资金的方式，其中雇主占4/9、投保人员占2/9，政府占3/9。对于自雇主的增补型保险而言，引入了投保人员和政府双方分摊资金的方式，其中投保人员占6/9，政府支出占3/9。

其次，对于养老金的资格认定趋于合理化。法律规定，无论性别，合法的退休年龄一律定为65岁，其加入养老保险的期限需达到4050天。在满足一定的条件后，可以提前退休。

再次，统一目前比较分散的社会保障体系，最终目标是建立一个覆盖全体国民、实施统一的社会保险和福利服务的社会保障制度。

# 第五章
# 教育、科学、文艺和卫生

## 第一节　教育

### 一　教育发展简史

**独**立后的 1833 年，希腊出台了第一部宪法，规定设立教育秘书处（教育部的前身），负责管理全国的教育事业。次年颁布了第一号教育法令，其主要内容是成立语言小学，实施免费义务教育，规定儿童就学年龄为 6 至 11 岁。办学经费由社会提供，国家给予经常性的经济资助。1836 年，就中学的设置颁布了教育法令，将中学分为三年制的希腊语学校和四年制的预科中学。1837 年，希腊开办了近代以来第一所大学——雅典卡波蒂斯特里亚大学。至此，仿照法国和德国教育体系设立的近代希腊教育体制粗具雏形。希腊的教育摆脱外族的统治后开始复兴。第二次世界大战结束后，国内教育有了较快的发展。与此同时，围绕着教育体制的结构、课程和教学语言等问题，在教育领域进行了一系列的改革。

20 世纪 50 年代末 60 年代初至 70 年代，为适应国家经济发展需要，希腊进行了三次大规模的教育改革：

第一次教育改革，主要是调整中等教育体制，确立和加强职

业技术教育。

第二次教育改革，主要是改革学制，将中等教育分为初级中学与高级中学两个阶段，学制各为三年；义务教育年限由原来的六年增加为九年，即小学六年，再加上三年的初级中学。初级中学实行免试入学制度，增设若干新的高等院校，等等，这是第二次世界大战以来较为全面的教育改革。

第三次教育改革。1967年军事政变后，由于军人政府的反对，教育改革陷于停顿。1974年希腊恢复民主制后，新一届政府继续推行改革，分别于1976年和1977年指定和颁布了两项教育法令，它们是对60年代中期第二次教育改革的重新肯定和进一步深化，被称为第三次教育改革。不仅九年制义务教育重又变为现实，而且最终确立了通俗语，作为各级教育教学和教材的正式语言，从而结束了百余年来关于"国语"的争论。

希腊现代教育体制主要形成于80年代中期。1985年，泛希社运党政府通过1566号法令等一系列的教育立法，对希腊中小学教育结构框架与职能，以及为特殊人群开办特殊教育等内容作了具体规定，并希望通过民主管理与社会参与的方式，来改进本国教育质量，推动国家教育体制走向现代化，并与整个欧洲教育体系接轨。

自90年代末以来，希腊对高等教育的入学程序、幼儿园和小学的上学时间，为18岁以上的年轻人开办补习学校来完成义务教育，承认国外学历，对教师和教学方法的评估等，做了相应的改革，以此达到普及教育、推动终生教育的目的。目前，希腊政府提出的教育战略发展方向，是在全国推行终生教育，为整个人生历程提供知识的同时，也为毕生的就业不断更新工作技能，降低失业和遭遇社会排斥的风险。

和欧盟国家相比，希腊整个教育水平偏低，但在各个年龄段

第五章 教育、科学、文艺和卫生

体现的程度不一。总的而言,年龄较大的劳动力普遍只完成了初中学业。随着 70 年代义务教育制的普及和政府对教育投入的增加,国内受教育的人口比率有了明显增长。据联合国教科文组织统计,15 岁以上拥有读写能力的人数,占全国人口总数的 97.4%。文盲率稳步下降,据估计将从 2005 年的 2.3% 下降为 2015 年的 1.1%。与此同时,劳动力素质明显改善。2002 年,拥有初级教育学历的人员占总就业人数的 41.7%,拥有中等教育学历的人员占总就业人数的 30.4%,高等教育的占 28.0%。儿童入学时间平均为 14.29 年,在全世界排名中处于中等层次,排名靠前的英国,儿童入学平均时间则达到 16.38 年。从义务教育结束的年龄来看,希腊在发达国家中处于较低水平,平均为 14.5 岁,美国和英国分别达到 17 岁和 16 岁。终生学习的比例则处于欧盟国家最低水平。2001 年,年龄为 25～64 岁的公民中,大约只有 1.4% 参加了职业教育和培训计划,而欧盟国家的平均比例达到 8.4%。

同样,希腊也是欧盟中教育支出比例最低的国家。1999 年,公共教育支出占国内生产总值的 3.6%,欧盟的平均比例则达到 5%。2005 年,国内教育投入总额为 56.92 亿欧元,占国内生产总值的 3.79%。

二 教育管理体制

希腊宪法规定,教育是国家的一项基本使命。教育的目的在于对希腊人进行德、智、体以及职业素养的培养,以造就崇尚自由和富有责任感的希腊人。国民教育由国家统一管理,其教育管理体制属于中央集权模式,具体表现为:由教育部负责制定教育政策和目标,通过地方教育管理机构对各类学校(主要是初级和中级教育机构)进行管理。学校课程、教学大纲、教材、教师的任命与晋升,学校经费的配额等由中央政府

统一规定,地方教育机构在教育部的监管下,要保证各类学校执行中央制定的教学大纲。在高等教育领域,主要是大学和技术教育学院根据现有的法律进行自我管理,教育部行使监督之职。希腊实行9年义务教育制,公立中小学和大学入学免费,教材等免费发放。

### 三 教育体系

希腊教育体系的结构分为三级:初级教育、中级教育和高级教育。

#### (一) 初级教育

希腊的初级教育包括幼儿园和小学的教育。在进入小学之前,年满4岁(当年注册的10月1日满3岁半即可)的幼儿,可以由其家长自愿选择进入幼儿园学习,这一阶段也称作学前教育,学习时间为两年。幼儿园教育的目的是作为家庭幼儿教育的补充,为孩子提供更为广泛的教育和发展机会。其教学的方式主要是通过游戏,让孩子们学习各种不同的知识。按照以前的惯例,公立幼儿园开放时间为上午9点至12点半,在3个半小时的时间内,孩子们在幼儿园参加各种富有创造性的游戏和活动。为了延长教学时间以加强学前教育,自1997~1998学年开始,希腊在160个幼儿园推行全日制教育,时间为上午7:45~下午4:00。入园时间为每天8小时。1998~1999学年,全日制幼儿园已增至350个,一年之后,将近翻了一番。目前政府的计划是将所有的幼儿园改为全日制,并纳入义务教育的范围。

国家统计局数据显示,2003~2004学年,在5700余所幼儿园就学的孩子共计14万人,幼儿教师共有1万名左右。

希腊的义务教育始于小学(Dimotiko),并延长至初中(Gymnasio)毕业,共为9年。小学学制为六年,每天5个教学课时，共计 160 个学日。入学年龄为 6 岁（当年 10 月 1 日注册满 5 岁半）。小学教育旨在促进学生的智力和身体的健康发展。具体来说是将儿童的创造性思维和学习的对象相互结合，建立一种有助于知识消化和开发潜能的学习机制。

一年级和二年级课程主要有：学习入门、现代希腊语、算术、美育、体育等。为三年级以上学生开设的课程有：宗教课、希腊语、历史、物理和化学、卫生常识、地理、算术、几何、文明史、技术、音乐、体育和文化等。此外，还专门开设了外语课。学校为小学生提供免费课本。完成小学学业的学生将获得小学毕业证书，凭此可以直接进入中学学习。

从 2003~2004 学年统计数据来看，现有小学近 6000 所，在校小学生 64 万名。教师 5 万多名，教师和学生的比例大约为 1：12。20 世纪 80 年代以前，小学教师一般只需拥有两年制教育学院的高等教育学历，但从 80 年代中期开始，对教师的录用标准已提高到须获得大学教育系 4 年高等教育的文凭。1985 年，希腊开始在大学设立教育系。而第一批获得 4 年教育学本科学历的教师最早毕业于 1989 年，因此，目前绝大多数的老师具有两年教育学院学历。还有一部分没有获得大学学历的教师，每年需进入教师进修中心接受培训。

（二）中等教育

中等教育包括初级中学和高级中学。教育法规定，凡取得小学毕业证书的学生一般自动升入初中就学，入学年龄为 12 岁，学制三年，属于义务普及教育。学校免费发给学生课本。

初级中学分为日校和夜校两种。凡是年满 14 岁、未完成小学学业、已参加工作的青少年可以进入夜校学习。初中教育的目标是结合自身的特点、能力和年龄，促进学生的综合素质发展，以满足社会和自身生活的需要。这些学校一般是提供综合性教育

课程，但也有一些是以体育或音乐见长的专科学校。初中一年共设 165 个学日，每天安排 6 个课时。凡是取得初级中学毕业文凭的学生，不经考试可以直接注册任何高级中学，一般入学年龄为 15 岁。

从 2000～2001 学年来看，希腊约有 351302 名初中生，分布于 1884 所初级中学，其中在私立学校就读的有 18895 人。

自 1997 年希腊实施新的教育改革后，高级中学被分为两类：综合高中（普通高中）和职业技术学校。综合高中的课程分为必修课和选修课两种。而原先脱胎于音乐和教会学校的普高，仍然保留了音乐和神学课的科目。高中学制三年，共分为三个年级：一年级被称为定向阶段，主要带领学生熟悉各类课程，帮助他们确定二年级继续学习的课程；二年级的学习分为三种科目：理论类、实践类和应用科技类，主要为三年级的学习打下基础；三年级共有 9 个阶段的学习。前 4 个阶段学习理论类和实践类科目，后 5 个阶段学习科技类课程。考试分为学校自考和全国统一考试。从高级中学毕业后的学生可以有 4 种选择：

（1）申请进入高等院校继续求学；
（2）进入职业培训学校获得一技之长；
（3）进入公共部门或私有企业就职；
（4）直接进入劳动力市场。

职业技术学校是除普通高中之外的中等教育学校，招生对象为初中毕业生，不属于义务教育范畴，专为学生的就业而设，目标是为他们提供专门的职业和技术教育。该类学校共分为两级：第一级学制两年，第二级学制 1 年。职业技术学校还设有夜校班。夜校学制则分别延长 1 年和半年。第一和第二级职业技术教育系统相互独立，各自颁发毕业证书。

从第一级职业技术学校毕业后的学生可以有以下选择：

（1）选择单位实习；

（2）选择专业进入第二级职业技术学校学习；

（3）插入普通高中二年级学习。

从第二级职业技术学校毕业后的学生的选择是：

（1）进入单位实习；

（2）注册进入职业培训学院（VTI）学习；

（3）通过全国统一入学考试后，进入技术教育学院深造（TEI）。

从2003~2004学年来看，希腊约有近57万名中学生，分布于3214所综合中学，中学教师约有6万名；职业技术学校有663所，在校生14万名，职校老师约1.6万名。中学教师主要由高等教育机构培养，并在中学教师进修学院接受培训。

（三）高等教育

希腊的高等教育包括大学和职业技术教育学院的学习。这两类学校的区别是职业技术教育学院不享有大学地位，学制三年。大学学制为4年，而且其中一些系如医学系、工科系的学制都在4年以上。希腊的高等院校都为国家所办，宪法规定，大学具有法人资格，享有行政自主权。与此同时，大学接受国家监护，享受国家财政资助，并依据相关法律实行自我管理。目前国内共有20所大学，设有237个系。2002年在校大学生有17万名。职业技术教育学院或机构约70所，在校学生14万人左右。

大学1个学年有两个学期，每个学期有13个教学周，考试时间为两周。大学教育的目标是为国家培养高素质的专门人才。其教育计划的重点是知识的传播、理论和应用性研究的结合以及发展研究生的教学，最终目的是使毕业生具备适应不断变化的社会需求的能力。1997年，希腊还专门设立了开放大学，为大学

生和研究生提供远程教育服务。

希腊的研究生教育包括硕士和博士研究生两个层次。硕士的学习周期至少为4个学期,博士为6个学期。进入研究生的学习需经过严格的选拔程序,如通过笔试或口试,参考大学和硕士专业相关科目的学习成绩、本科学位论文以及从事相关专业的研究或写作的成果等等。如果要攻读博士学位则需要硕士学历,并经过相应的选拔程序。博士教育的目标主要是使学生们成为某一领域的专家,并在有益于国家经济发展和文化社会事业繁荣的各个学科中开展基础性研究。研究生教育计划通常由学校或大学的院系教授委员会制定,但需要教育部的批准。1999~2000学年,攻读硕士和博士学位的分别达到2275人和1049人。

希腊有许多顶尖的研究机构蜚声海内外,但是大学教育质量和其他欧洲国家相比,普遍偏低,尤其在研究生教育上。能负担留学费用的希腊学生,一般选择前往英国或美国深造。目前,每4个大学毕业生中就有一个在国外攻读学位。国内知名的大学主要有雅典大学、萨洛尼卡大学、克里特大学、佩特雷大学和雅典工学院等。1999年,希腊加入欧盟"博洛尼亚进程",承诺建立高等教育质量评估体系,以提升国内高等教育的水平。

1980~2004年希腊各级学校、学生以及师资状况,参见表5-1。

### (四) 特殊教育

希腊的教育理念是人人享有平等的机会,并且通过宪法条款和1566/1985号法令规定,将特殊教育纳入到国家教育体制的核心框架。据此,从80年代中期开始,希腊制订了详细的特殊教育政策,由政府承担为特殊人群提供特殊教育的任务。一般而言,3岁半至18岁凡是具有特殊教育需求的学生,都可以进入主

表 5-1 各级学校、学生以及师资状况（1980~2004）

| | 1980/1981 | 1990/1991 | 2000/2001 | 2001/2002 | 2002/2003 | 2003/2004 |
|---|---|---|---|---|---|---|
| 初级教育 | | | | | | |
| 1. 学前教育 | | | | | | |
| 幼儿园 | | 4576 | 5518 | 5675 | 5628 | 5670 | 5722 |
| 幼儿教师 | | 6514 | 8400 | 9626 | 10682 | 11246 | 10992 |
| 幼儿 | | 145924 | 136536 | 144657 | 144653 | 142305 | 140535 |
| 2. 小学教育 | | | | | | |
| 小 学 | | 9461 | 7653 | 6212 | 5989 | 5925 | 5955 |
| 小学教师 | | 37315 | 43599 | 48852 | 54320 | 56135 | 54131 |
| 小学生 | | 900641 | 813353 | 641368 | 646331 | 648487 | 646505 |
| 中等教育 | | | | | | |
| 1. 中学教育 | | | | | | |
| 中 学 | | 2243 | 2966 | 3217 | 3105 | 3087 | 3214 |
| 中学教师 | | 31737 | 49802 | 54719 | 66301 | 66585 | 57806 |
| 中学生 | | 639633 | 716404 | 604412 | 566315 | 550616 | 567824 |
| 2. 职业技术教育 | | | | | | |
| 职业技术学校 | | 799 | 572 | 669 | 677 | 669 | 663 |
| 职校教师 | | 7834 | 10501 | 15270 | 23529 | 22702 | 16128 |
| 职校学生 | | 100425 | 134949 | 157217 | 161667 | 154464 | 144234 |
| 高等教育 | | | | | | |
| 1. 职业技术高等教育 | | | | | | |
| 职业技术教育机构 | | 109 | 76 | 74 | 68 | 68 | 71 |
| 职院教师 | | 3413 | 5717 | 8902 | 10997 | 11631 | 11895 |
| 职院学生 | | 28810 | 78156 | 91564 | 120169 | 137991 | 140690 |
| 2. 普通高等教育 | | | | | | |
| 大 学 | | 13 | 17 | 18 | 18 | 19 | 19 |
| 大学教师 | | 6924 | 8497 | 10149 | 11133 | 10464 | 10703 |
| 大学生 | | 85718 | 116938 | 148772 | 160582 | 165686 | 172804 |

资料来源：希腊国家统计局，http://www.statistics.gr。

流学校学习，这些学校将为他们提供所需的帮助。而且，国家为他们免费提供 6~15 岁的普通义务教育。为这些学生提供此项教

育的有三类学校。

（1）特殊教育学校：学习困难较大的学生可以进入特殊教育学校，参加学校为他们制定的特殊教育和培训课程。

（2）特教班：这些学生通常在普通学校的特教班学习，但有一部分时间安排在普通班上学习。

（3）普通班：这些学生主要学习普通学校的课程，除此之外，学校还为他们设置了特殊教育内容，为他们跟上普通教育的进度提供必要的帮助。

在完成初中学业后，如果想进一步求学的话，还有以下的选择：

（1）能够跟上国家统一的高中教育课程的学生，可以进入普通高中或职业技术学校学习；

（2）学习困难较大的学生可以进入技术学校接受专业培训。在一些特教中心还设立多种专业比如信息技术等的培训，学徒期一般为15~18岁。

同样，大学之门也为每个人敞开，只要通过国家统一的入学考试，残疾人同样可以进入大学学习。如果需要的话，大学将为他们提供特殊的帮助。

（五）职业教育

希腊的职业教育主要分为两类：基础性职业教育和成人教育（也称为继续教育）。前者主要包括学徒教育和获得中等教育学历后在职业培训学院的学习。后者包括对失业者的培训以及在职人员的培训，也称为岗位培训。

学徒教育主要指由希腊人力就业机构组织的在私人或公有企业的实习。第一年在人力就业机构下属的学校学习每周5天的理论和实践课程。第二年，有1/5的时间在学校学习，4/5的时间进入企业等有关单位实习。这些学生将获得"社会保险机构"提供的实习津贴，并且在一定的条件下可享用学生宿舍。实习期满后，人力就业机构将为毕业生提供合适的就业岗位。尽管人力就业机构推广的学徒制为中等教育学历的学生提供了良好的培训机会，这也是国际上通行的做法。然而学徒教育惠及的范围仍然非常有限。尤其是数以万计的学生从中等学校毕业之后，既无法进入高等院校深造，又缺少初级的岗位证书，要想为劳动力市场吸纳，面临不小的困难。此外，如果缺少一个进行专门的职业培训并授予合格证书的体系，国内的普通劳动力要想进入欧洲统一大市场，则难以获得欧盟的认可。

基于上述原因，希腊于1992年建立了国家职业教育和培训体系，并为此建立了职业教育和培训机构（OVET），负责筹办和管理职业培训学院（VTIS）。1993年2月1日，职业培训学院开始正式招生、运行。10年来，学院的数量从14所迅速增长为136所，其中22所为分校。从1993年冬季开始，私立的职业培训学院获准向社会招生，目前已扩展为93所。其设置的课程和专业，与公立学院的完全一致。一般而言，只要拥有初中、职业技术学校、人力就业机构开办的学徒教育学校或者高中毕业证书等，即可注册入学。培训的课程主要有理论课、车间或工厂实习以及混合型课程。完成培训后，将获得职业培训认证书，凭此可以参加全国统考，考试合格后，由职业培训学院颁发职业培训证书，属于中等教育之上的学历。

成人教育起步较晚，基本上是从90年代开始，在欧盟社会基金的资助下发展起来的。近10年来，发展速度较快，但水平仍然远远落后于欧盟的多数成员国。为了改变这种状况，国内专门成立了成人教育总秘书处，其主要任务由三个方面组成：扫盲和基础教育补习、为失业人员提供预备性和非正式的职业培训、提高社会和文化知识水平。目前，该机构针对不同成人目标群，设立了不同的学习计划。

（1）为18岁以上，而未能完成9年义务教育的公民开办第

二机会学校,为他们提供正式的中学教育。

(2)成立希腊开放大学,所有年龄在23~45岁之间完成高中学业的人,都可以注册入学完成高等教育的学习。

(3)为在职人员、偏远地区和小岛的居民、家庭主妇和残疾人等开通了远程教育服务。

(4)成人教育总秘书处下设成人教育中心,和省一级的成人教育委员会合作,提供非正式的成人教育,主要是教授基本的语言和文化知识,提供某一专业的职业培训。

此外,成人教育处从1998年开始启动了21项选择性的学习计划,并正在设想从工作、家庭和社会的各个领域来激活成人教育,以达到终生学习和培训的目的。

(六)私立教育

根据希腊有关教育法,私人可以开设非赢利性的中等学校,但不得开办私人大学。私人学校同国立学校一样,在教师配备、每班学生人数、从国立学校转为私立学校、升级考试及学习结束毕业考试委员会组成等方面,都要受到有关教育机构的监督。教师待遇与国立学校同级教师相同。毕业证书与国立同级学校发放的证书具有同样的法律效力。

## 第二节 科学技术

一 概述

在欧盟成员国中,希腊是一个经济相对落后的小国,国家对科研的投入处于最低水平。但这并不意味着希腊的科技发展在周边国家乃至于世界范围内处于落后状态。可以说,希腊的科技体制已跻身欧盟国家的先进行列。历史上来看,国内的科技发展起步较迟,大约在20世纪80年代才开始正式出台科技政策。当时政府的目标非常明确,即要在三个方面发展科技潜力:先进技术、科研机构和生产企业的合作以及技术转化。在这一时期,政府专门成立了公共机构,主管国家科技发展。当时国内亟须解决的一个问题是缺乏资源:资金、人才乃至发展科技的组织机构。为此,欧洲共同体结构基金通过 EPET 和 STRIDE 计划(后来合并为 EPET II)向希腊伸出援助之手。这些计划的目标和希腊本国的发展要求不谋而合,它们为希腊带来了先进的科技体系结构和技术,不仅使它具备了与其他欧盟国家竞争的能力,而且在日后又成为科学研究发展的一股强劲的推动力。

近年来,希腊在科学技术上取得了有目共睹的成就,但潜在的问题仍然限制了它的快速发展。自 1986 年以来,欧盟其他成员国的经济逐渐向欧盟的统一标准趋同,而希腊经济在很多方面都未能达标,要形成一个具有相当竞争力的科技体制,将会遭遇很多困难。此外,希腊科技发展严重依赖欧洲结构基金,导致公共部门在科技体制中占有举足轻重的地位,从而形成了中央集权的科技体制。

与其他发达的欧盟国家相比,希腊的科研经费始终处于平均水平之下。但是它的奋起直追劲头和速度不可小觑。

(1) 政府不断加大对科研的投入。1991 年,希腊用于研究开发的开支仅占国内生产总值的 0.46%,远远落后于科技发达国家 2% 以上的比例,1999 年,该比例上升为 0.68%。从 1995 年开始至 1999 年,每年增长 8.71%,成为欧盟中科研经费增长最快的国家,其中政府对研究开发的投入占了总额的一半。1992 年,政府用于研究开发的预算占国内生产总值的 0.24%,2000 年达到 0.35%,近 5 年来以 7.3% 的速度递增。公共和私人研发投入总额从 1989 年占国内生产总值的 0.38% 增加为 2001 年的 0.65%。

(2) 科研人员的数量有了明显的上升。1991年,希腊全职科研人员有10905人,占总人口的0.11%,1999年科研人员达到26382人,占总人口的0.26%。从科研人员在就业人口中所占的比例来看,1991年,每千人中有2.8人为科研人员,1999年上升为3.3人,1995~1999年间,平均每年的增长率达到11.03%,在欧盟国家中位居第一。

(3) 从事科研的公共机构数量虽少,但总数的增长也比较快。此外,值得一提的是,国内从事研发的生产企业的数量有了稳定的增长。1991年,全国拥有217家研发型企业,1997年增长为598家,总数翻了近两番。

二 管理体制和科技政策

负责科研管理的国家机构最早建立于1971年,1977年成为经济部的科研和技术司。1982年成立科技部后,它又成为该部门的核心机构。随后又改为科学研究和技术总秘书处(GSRT),于1985年并入工业部。2000年,工业部、商业部和旅游部合并为发展部后,科技总秘书处划归发展部。从总体而言,发展部主要负责规划国家科技体制、协调和促进国家科技事业的发展;制定科技政策并建立相应的机制贯彻实施;协调双边和多边的国际科技合作项目,将这些项目纳入到国家科技发展的总框架中。它的具体职能是分配科研经费,管理参与科研项目的私人资金;指导全国有关科研人员的培训工作;对于如何促进科研和生产部门的人员流动和就业提出建议;每年向政府和议会递交科技发展的评估报告。

为此,发展部设立了两个机构,进行具体事务的执行,一个是国家研究顾问理事会,另一个是科学研究和技术总秘书处。顾问理事会的任务是阐释、跟踪和评估国家的研究与发展计划,推动科研单位、经济部门和社会机构的参与。这个机构是架设在按计划开展的科技活动和社会实际需要之间的桥梁。它的职能包括对国家的研究与发展计划提出建议、规划目标;通报这些研发项目产生的社会和经济的影响。理事会主席由发展部部长担任,其他成员有科学家、企业和科技协会的成员以及工会代表等。

科学研究和技术总秘书处相当于发展部的职能办公室,它是具体负责制定科研计划、协调科研活动的核心机构。它的目标是保障科技发展与希腊经济以及欧盟一体化的进程同步进行。其前身是于1971年成立、1977年并入经济合作部的科技司。科技总秘书处的具体工作主要为:通过制定和执行国家的科研项目,实施国家科技政策、建立和完善与科技发展相关的基础设施建设、制定国家科研工作的总方针、促进国家生产部门的技术发展,通过这些科研项目的资助,支持国家研究机构和生产部门从事关乎国计民生的研究活动,推广先进技术,推动科技成果的转化,以此确保研究成果得到早期利用,也有利于吸引科技人才、加强人力资源的建设。它还代表希腊加入欧盟的一些相关机构,积极推动和其他国家以及国际组织的科技合作,以使本国的科技活动与国际社会的需求相一致。

科技研究的公共开支大约有1/3以上由科技总秘书处拨付。其他款项由教育部、农业部、卫生部共同支付,但这些部门并不负责科技发展政策的制定和实施。科技总秘书处下设10个职能司分管科技工作:计划司、研发项目司、研发机构监督司、技术服务司、科技发展司、国际科技合作司、行政管理司、出版会议和展览、结构项目司、计算机和组织司。

目前,希腊科技政策的指导方针如下:增加企业对技术知识和科研成果的需求;加强研发组织和生产企业之间的合作;促进国外引进的技术转化;支持发展国内企业的创新能力和运用;对政府资助的科研项目成果引入咨询和评估机制;评估和支持科研人员的培训工作;从文化上吸收技术革新带来的新的交流、信息

和表达方式，以发展科技文化。为此，希腊科技政策确立了9大优先目标：即改善企业经营环境、鼓励和保护企业的积极性、推动企业的技术创新和研究、提升旅游业产品质量和提供旅游地服务和设施、保障能源的安全和促进能源市场的自由化、能源的可持续发展、人力资源和技术支持等。

政策确定的优先发展的科技领域为：生命科学、基因科学、医疗生物工艺学、信息社会技术、纳米技术和纳米科学、多功能材料、新的生产流程、航空和空间科学、食品质量和安全、可持续发展、全球气候变化、生态系统、信息社会中的市民和政府治理。这些优先科学领域的发展，将为整个国家和社会带来巨大的经济利益。比如环境技术的研究，可以为社会提供可再生能源的生产方式和节约能源的办法，等等。

希腊科技政策的主流发展方向是推动信息社会的建设。为此，科技总秘书处正在建立和完善信息网络的基础设施，通过发展全国性研究与技术网络和国内信息资源的有效配置，来建立国家的科技信息体系。从而有效地弥补国内科技体制的不足，如国家研究机构规模比较小、实验室之间和研究机构以及生产部门之间缺乏交流和联系等，有助于形成跨学科、跨领域和跨行业的研究活动。科技政策为解决国家研发体制的基本问题，对工业研究、技术转化、知识产权保护等方面制定了特别行动计划。为了增加科研和工业部门的联系，对于旨在支持高等院校研究机构、公共研究中心和企业合作的公共项目给予资助。专门成立为推动技术和知识成果转化的中介机构，比如科学技术园，等等。国家对研发的激励和支持措施还包括税收和其他的优惠措施，以刺激企业对研发的投入。

此外，希腊的科技政策融入了欧盟关于在一切政策领域中实行性别平等的目标。并在这方面取得了显著的成绩。1999年，在科研人员中，女性的比例占了41%。进入21世纪后，希腊科

第五章　教育、科学、文艺和卫生

技政策的目标着眼于从"知识型经济"发展为"知识型社会"，并为此出台了相关的政策以付诸实施。

三　研究机构

希腊的科研任务主要由研究中心和公立大学承担，后者发挥了更为重要的作用，因为它们不仅从事基础的研究工作，而且培养了一大批科学家和研究人员。列为国家重要的科研基地的大学主要有：亚里士多德大学、雅典卡波蒂斯特里亚大学、国家理工大学、佩特雷大学、克里特大学、色雷斯大学和爱奥尼亚大学。主要的研究中心也是设在大城市，并以大学为依托或者和国外的研究所共同创办。国内最为著名的研究中心罗列如下。

**国家科学研究中心**

国家科学研究中心创建于1958年，当时是希腊原子能委员会下属的一个部门，1988年成为一个独立的研究机构。虽然名义上附属科技总秘书处，实际上由发展部监管，在财务和行政管理上享有自主权。该机构下设8个研究所，分别从事以下领域的研究：生物学、数据处理和通讯、材料科学、微电子学、核物理学、原子能技术和辐射保护、化学、放射学等。该中心的最高行政管理机构为各个研究所所长组成的管理委员会。全中心共有700名职工，其中全职的研究人员为180名，大约有325名为科研工作辅助人员。国家科学研究中心最初的目标是解决国家工业中出现的具体问题。最近逐渐对外开放，承接国外的合作项目。目前主要在欧盟框架下签订了很多合作项目，积极参与欧洲科技发展计划（比如BRITE、EURAM、ESPRIT、ECLAIR），同时与国际原子能机构建立了合作关系。该中心围绕一些专门项目开展基础研究，一直到研究成果转化为产品。

**雅典的国家天文台**

雅典的国家天文台也是一个公共机构，主要从事有关天体物

理学的研究。天文台拥有100多位职工，以大学教师居多，其中绝大部分来自国家理工大学。国家天文台由4个独立的研究所组成：

（1）天文学研究所，研究星球和天气；

（2）气象学研究所，主要研究大气现象、探究气候变化的原因和规律；

（3）地球动力学研究所，研究地震学、地球物理学；

（4）电离层研究所，从事大气层的系统研究。每一个所都拥有自己的观测和研究设备。

**科研技术基金会**

这个基金会的前身为1983年底克里特大学创建的克里特研究中心。最初由3个研究所组成，其宗旨是加强大学的科研活动，促进克里特和整个国家的经济发展。1984～1985年前后又有4个研究所加盟。1987年改名为科研技术基金会。基金会总部位于克里特大区首府所在地伊拉克利翁，下设7个研究所，即：

（1）计算机科学研究所；

（2）电子结构和激光研究所；

（3）分子生物学和生物工艺学研究所；

（4）计算机数学运用研究所；

（5）地中海研究所；

（6）化学工程方法研究所；

（7）化学工程研究所。

该基金会致力于在希腊的各个科技园区推广科技研究成果，因而在国际科学界享有较高的声誉。

**希腊巴斯德研究所**

前身为1919年建立的希腊微生物学研究所，从事传染病和疫苗的研究工作。20世纪40年代由于财政危机转为公共机构。70年代和法国巴黎的巴斯德研究所签订合作伙伴协议,更名为希腊巴斯德研究所。近年来,该所的部分管理权移交给法国科学家,研究所涉及的领域为:生物医学和公共医疗卫生的研究、开展培训和教育活动等。目前研究所雇用了100多名科学家。

**国家研究基金会**

由有机化学、生物学研究、拜占廷研究、罗马和古希腊研究、新—希腊研究、化学理论和物理化学6个独立的中心组成。

**科研技术和培训协会**

该协会成立于1991年,属于支持国内科技体制发展的非盈利机构,主要宗旨为:支持希腊和其他欧盟国家的科学研究;促进科技成果的转化、推广科学技术;为科学家和研究人员设立培训项目,支持大学和研究中心的专业培训;为科研部门提供专门服务,比如对机构建设、培训计划、项目发展的审计和咨询服务等;推动和科技研究直接相关的文化活动及出版工作。协会的工作人员在技术转化项目上具有丰富的经验,他们参与了120多个欧盟资助的项目。目前,协会为公共研究中心和公司提供的服务有生存能力研究、科研发展项目管理、技术咨询、项目评估、技术产品设计,以及有关数据处理和实用数学、微电子学、激光技术和运用、生物工艺学专业的人员培训。虽然协会设在克里特,但它的活动遍布整个希腊,尤其是企业和工厂集中地雅典、萨洛尼卡和佩特雷等。目前协会直接执行和管理欧盟资助的项目有STRIDE、BRITE/EURAM、FAST、PRAYS等,还有国家的重要项目,比如克里特的葡萄栽培技术及发展,等等。

**科学技术园**

希腊现有4个科学技术园,分别设在雅典、萨洛尼卡、伊拉克利翁和佩特雷。虽然每个相对规模较小,却承担了将科研和产品开发紧密结合的重要任务。雅典科技园主要扮演孵化器的角

色、提供实验室和设备、秘书、网络服务、财务与市场咨询等服务,已建有5个公司。萨洛尼卡技术园成立于1988年,其目标是发展希腊北方地区工业、争取欧盟和国内项目、重点推动化工技术、材料技术、食品和饮料、纺织品、能源与环境的研究与产品开发。克里特科技园主要开展技术转化工作、吸引公司入驻、推广园内产品。佩特雷科技园设有孵化器、创新中心、创新管理技术中心、技术转移服务中心,并创办了公司以推动科研和技术的快速转化。

四 国际科技合作

如果说,国际科技合作对每一个国家的科技发展来说都是必不可少的话,那么它对希腊这样的小国来说,意义更为重大。因为它为国内所无法独自解决的科研发展问题提供了良好的途径,像这样的问题往往需要跨越学科的合作、充足的科研资金以及许多训练有素的科研人员。为此,希腊和许多国际组织建立了积极的合作关系,其中就有从事科研的机构,比如欧洲原子能研究中心(CERN)、欧洲分子生物实验室(EMBL)、欧洲中期气象预测中心(ECMMF)、北约下属的科研机构、国际工程研究中心(CISM)、地中海探测国际科学委员会(CIESM)、世界知识产权保护机构(WIPO)、欧洲专利局(EPO),等等。最近正在参加欧洲空间站(ESA)计划。希腊也参与了联合国、经合组织名下的科研合作项目,和黑海国家的多边合作也已建立起来,此外,希腊还是亚欧会议机制的成员,与亚洲国家加强科技方面的合作,正是它参加这个组织的首要动因。在最近一次担任欧盟轮值主席国期间,希腊创议了一项欧盟与巴尔干国家建立合作的行动计划,目前,这个计划正在实施之中。

除了与国际组织的科技合作之外,希腊还建立了一个在科技领域进行双边合作的框架。其主要目标是通过双边合作促进技术知识的交流、拓宽基础科学知识领域、计划共同的研究活动、发展国际研究开发的合作网络、将技术知识转化为产品、加强工业和商业之间的合作、开拓新市场，从而为希腊的科技体制带来更多的利益。

希腊还通过和国外的科学家、研究机构加强联系以及在科技合作上建立伙伴关系等方式，首先，和法国、德国、英国、意大利、西班牙等欧盟国家建立了良好的合作关系，其次，与中东欧国家，比如阿尔巴尼亚、亚美尼亚、保加利亚、捷克、匈牙利、波兰、罗马尼亚、俄罗斯、斯洛伐克等国以及中国、塞浦路斯、以色列开展了科技合作。除此之外，通过签订双边协议的方式和埃及、埃塞俄比亚、摩洛哥、南非，最近又和古巴、突尼斯、土耳其建立合作框架。2002年，希腊还采用了一种新型的合作方式与科技发达的国家，比如美国、加拿大、日本、澳大利亚和韩国建立了科技合作关系。希腊推动的双边和多边合作领域，主要集中于信息学、微电子、信息技术、新的合成材料、环境学、地球科学、生物学、生物工艺学、农业科学、医学、社会经济学、人文科学、文化遗产、食品技术、天文学、空间研究、工业技术、水产学等。

## 第三节 文化艺术

一 文学

现代西方文学的多数类型是由古希腊人发明或者说定型的。就其本土的文学而言，也经历了古代文学、近代文学、现代文学以及当代文学四个历史时期的发展。

**（一）古代文学**

希腊的古代文学分为三个时期：第一，早期文学，从荷马时

代开始至公元前476年结束。在这一时期内,英雄诗最为盛行,抒情诗也从此时出现,散文的形式虽然粗糙,但也已经在伊奥尼亚和小亚细亚传播了。对于当代人而言,希腊文学是由荷马的两篇史诗开始的。但古诗的开端最早可以溯及公元前1200年前后,在民间广泛流传的希腊神话故事。它是世界上最为丰富、神系最多的神话,保存之完好、影响之深远,可谓天下无双。公元前1100年,希腊的神话发展经历了前后两个时期,一是"前奥林帕斯神系",它反映了人类"蒙昧时期"和"野蛮时期"的生活和斗争的情景;二是"奥林帕斯神系",反映了"英雄时代"的社会面貌。

公元前8世纪,盲诗人荷马编辑整理、加工润色了两部著名史诗:《伊利亚特》和《奥德赛》。这两首史诗是几百年来在民间口头相传的古诗的积累。《伊利亚特》共24卷,记叙了特洛伊战争的战况。《奥德赛》共24卷,主要叙述了伊萨基(也有译为伊大卡)国王奥德修斯在特洛伊战争结束后归国途中的种种经历。史诗中串联许多神话和传说故事,反映了古希腊从氏族社会向奴隶社会过渡期间的社会生活、家庭关系和维护私有财产的斗争。荷马史诗的人物形象栩栩如生、大量运用了比喻、重复的修辞手法,取得了极高的艺术效果,被认为是世界文学的楷模。

公元前8世纪,希腊开始出现抒情诗。抒情诗源于民歌,发展成抒情诗后又形成哀歌、琴诗和讽刺诗三种。哀歌又称双管歌,在双管伴奏下演唱,多描写政治、军事、道德和爱情的内容。琴歌分为独唱和合唱两种,用竖琴伴奏。讽刺诗用长短格诗体写成,活泼而锋利。当时还产生了许多诗人,有赫西俄德写有《工作与时日》和《神谱》。女诗人萨福著有诗9卷。伊索留下了巨著《伊索寓言》。

公元前475年~公元前300年,希腊古代文学进入第二个时期：雅典文学。在这一阶段中，悲剧与喜剧同时盛行。公元前534年，悲剧诗人忒斯庇斯第一个把演员引进祭祀典礼上吟唱酒神颂，由此出现了台词，诞生了希腊的悲剧。后来经过埃斯库罗斯和索福克勒斯的丰富和发展，悲剧的艺术形式逐渐完善起来。埃斯库罗斯、索福克勒斯和欧里庇得斯被称为古希腊三大悲剧诗人，其中埃斯库罗斯被誉为"悲剧之父"，有《被缚的普罗米修斯》、《阿伽门农》等剧本流传。他是古希腊悲剧的奠基人，注重用对话和动作表现人物性格。索福克勒斯流芳百世的7部作品以《安提戈涅》、《俄狄浦斯王》最为杰出。他的作品善于表现现实生活与陈腐观念的矛盾，运用对比手法去刻画人物。希腊的戏剧此时已达到巅峰时期。

到了欧里庇得斯时代，则标志着英雄悲剧的结束，他的创作已转向普通民众的心理描写。公元前487年，喜剧在雅典演出，标志着喜剧正式登上希腊文学的舞台。公元前450年前后，产生了三大喜剧诗人：克剌提诺斯、欧波利斯、阿里斯托芬。他们的出现，不仅标志喜剧发展已经达到了很高水平，也使希腊的戏剧艺术发展到了一个新时期——雅典文学时期。此时，散文类亦出现在历史、哲学等著作之中。

公元前146年，随着"希腊化"时期的开始，希腊文化在东方广泛传播，文化中心逐渐由雅典移至埃及的亚历山大城。至此，古希腊文学进入第三个时期，也被称为衰落期文学。这个时期的文学脱离群众，讲究辞藻、有浓厚的感伤情调，比较有成就的有新喜剧、拟剧、田园诗和史诗。公元前100年，出现现存最早的小说：《凯勒阿斯与卡利罗亚》。

（二）近代文学

近代希腊文学起源于11世纪即拜占廷时期，这一时期出现了寓言诗、劝世诗和民间叙事诗，在语言和文学方面开创了近代希腊文学的先河。在奥斯曼土耳其人统治期间，希腊民族文化的

## 希腊

一个重要表现形式是民间流传的叙事诗,多配以乐曲,由吟游诗人辗转传颂。这类民歌在十六七世纪的克里特岛和塞浦路斯臻于极盛,出现了许多水平较高的作品,其文学和美学上的成就,令后来的德国名诗人歌德赞赏不已。正是在这一时期,一些希腊文学家为复兴古希腊文学上作出了卓越的贡献。例如,科拉伊斯(Adamantios Korais,1748~1833),专门在巴黎研究希腊语言学和文学、于1788年修订了包括荷马史诗等在内的很多古希腊文学书籍,并编纂出版了一套古典希腊文学丛书,1828~1835年间又编成一部希腊标准话辞典,极大地推动了近代希腊语言的发展。科拉伊斯所取得的成就,使他在整个欧洲享有很高的声誉。

19世纪30年代,希腊摆脱奥斯曼王朝的统治,成立独立的王国之后,文学发展进入新的时期。首先诞生了法纳利文学流派(Fanariotic literary school),该流派深受西欧文学尤其是法国文学的影响,在散文、诗歌、史诗和故事叙述上引入了浪漫主义手法,在雅典开启了浪漫主义文学运动。该流派主要代表诗人为苏佐斯(Panayotis Soutzos,1806~1868),被誉为希腊第一个浪漫主义作家。

另一领军人物是索洛莫斯(Dionysios Solomos,1798~1857),年轻时在意大利求学,并开始用意大利文发表浪漫主义的诗歌。回到家乡后,改用希腊通俗语创作,并引入了西欧的诗歌形式来丰富希腊诗的表达。其最为著名的作品是《自由颂》(*His Hymn to Liberty*),共有158节。该诗发表于1824年,在当时鼓舞了数万希腊人民投入风起云涌的民族解放运动,在各地广为传播,并得到大家的赞美。此后,作曲家曼特扎罗斯(Nicolaos Mantzaros)为它谱曲,由此诞生了希腊的国歌。索洛莫斯的作品极富创造力,不仅是希腊诗歌语言的最好的典范,在格律上也有新的突破,被称为近现代希腊诗歌最重要的奠基人之一。

还有一位代表人物是诗人卡尔沃斯（Andreas kalvos, 1792~1869），他只创作了20首诗歌，其中一半于1824年在日内瓦发表，其余的于1826年发表于巴黎。他的作品兼有浪漫主义的热情和忧郁，也具有强烈的现实感。他的诗歌声援希腊的民族解放运动，在革命困难时期呼吁道义上的支持。卡尔沃斯的创作灵感来自于古希腊文学，同时又创造了自己的诗歌语言和技巧，他笔下的抒情诗朴实、自然，拒绝任何矫饰。

1834年希腊定都雅典后，其文学中心也从君士坦丁堡/伊奥尼亚群岛搬到首都。1880年，在这里诞生了新雅典派文学。它同样继承和发扬了浪漫主义的传统，但有感于使用"纯语"（以古典希腊语为基础）创作带来的形式上的因循守旧和内容上的空洞沉闷，转而寻求在适当保存古典传统的基础上，使用俗语（民间口语）创作文学，让主题贴近现实生活。

新雅典派的领袖为帕拉马斯（Kostis Palamas, 1859~1943），他是一位多产的诗人、小说家、评论家和剧作家。其作品既有哲理叙事长诗，也有抒情短诗，还有短篇小说和诗剧。涉及民族、个人和宗教的多种主题，风格多变，从神秘性来说与雨果颇为相像，从忧郁低沉来看，接近拉马丁，内容洋溢着爱国热情、闪烁着反对土耳其统治、恢复拜占廷帝国荣耀的"伟大理想"的光芒，帕拉马斯被称为希腊近代民族文学的奠基人。帕拉马斯共发表过18部诗集，其著名代表作为长诗《吉卜赛人的十二章》，以自由体的抑扬格描写一个吉卜赛人在拜占廷帝国陷落之后的遭遇。

另一个杰出的代表人物是罗伊蒂斯（Emmanuel Roidis, 1836~1904），他不仅具有当时非常罕见的世界性的眼光，而且对希腊日常生活的了解非常透彻。他的代表作《女教皇约翰娜》（Papess Johanna），描述了中世纪一位年轻美丽的少女约翰娜的冒险经历，最后她继承了罗马圣彼得的王位，成为女教皇

（Papess）。罗伊蒂斯的短篇小说被奉为国内现实主义讽刺小说的典范。

在散文领域，同样享有盛誉的还有维吉诺斯（Georgios Vizyinos，1849~1896）。同时代还有一位著名作家帕帕迪亚曼迪斯（Alexander Papadiamantis，1851~1911），主要采用心理分析的方法来描述普通人的生活，在他的小说中，常常设置了弗洛伊德式的问题。

20世纪初，在国内出现了前所未有的崇尚特立独行的文学流派，代表人物有卡夫卡（Kafka）、乔伊斯（Joyce）和卡瓦菲斯（Constantine Cavafy，1863~1933）等人。其中卡瓦菲斯开创了希腊诗歌的新起点，在30年代被奉为现代诗的先师。他在35年中创作了107首诗，分为三种类型：哲学、历史和情感类，大多是以亚历山大时代为创作背景的现实主义作品，历史回忆和个人经历常常交织在一起。早期创作受浪漫主义影响，后期诗风发生变化。他的情感诗大多反映了诗人孤独、忧郁的性格和内心的痛苦感受，其同性恋的抑郁若隐若现，诗风既外向又内敛。后期，卡瓦菲斯的诗歌日见成熟，创作了许多富有哲理的历史诗。他的诗作在20世纪逐渐引起西方评论家和诗人的注意，在国外声誉日隆。

同一时代在新雅典派中成就最大的诗人非西凯利阿诺斯（Angelos Sikelianos，1884~1951）莫属，他的诗歌正好和卡瓦菲斯相反，热情洋溢，既承袭了浪漫主义的精华，又突破了传统的界限，始终贯穿着对古希腊价值观和精神的信仰以及强烈的民族自豪感。1917年完成的长诗《上帝的母亲》，被认为是自索洛莫斯后用希腊俗语写作的最富有音乐性的诗歌。

1871年，巴黎公社在法国成立后，社会主义思想如潮水般涌动，对公正、道义、和平等社会目标的诉求，同样集中反映在文学上。在希腊也出现了一批深受马克思主义影响的革命文学作品，其代表人物是瓦尔纳利斯（Kostas Varnalis，1884~1974）。其1922年发表的著名长诗《灼热的光》，揭露了统治者的种种卑劣伎俩，宣传走革命之路。他的小说和散文也以讽刺见长，富有战斗性。他的作品是新兴的革命文学运动的代表：批判社会的不公正、资产阶级意识形态的腐朽，以及对社会主义和社会革命的向往。1958年，瓦尔纳利斯荣获列宁和平奖。

同一时期希腊近代文学中最为重要的作家、诗人是卡赞扎基斯（Nikos Kazantzakis，1883~1957），他在自己的作品中对社会问题作了认真探讨，并且赞同和支持布尔什维克革命，后来转而通过形而上学和存在主义的路径，寻求解决现实问题的办法，深受柏格森主义的影响。卡赞扎基斯本人多才多艺、著作颇丰，诗歌、小说、游记、戏剧和哲学论文都各有建树。其著名作品有长篇史诗《奥德修续记》，写于1938年，全诗33333行，充分阐述了诗人的哲学观。1946年出版的著名长篇小说《佐尔巴斯的一生》，为他带来了国际声誉。该小说是作者根据自身经历写成，其主人公原型为作家在矿区一同生活过的监工佐尔巴斯，他身上带有马其顿山民的原始气质，正直、纯朴、刚烈、敢作敢为，对人生不抱幻想，与受过正统教育、属于上流社会的作家形成鲜明的反差。这部作品被译成多种文字，并改编成电影。1957年，卡赞扎基斯访问了中国。

19世纪末20世纪初，希腊文坛上的浪漫主义流派呈现衰退之势，与这种形势相契合的是卡里奥塔基斯（Kostas Karyotakis）的命运，一个以描绘个人内心情感见长的天才的颓废派诗人，因个人性格与社会生活格格不入，导致内心悲观失望，于32岁时自杀身亡。卡里奥塔基斯的创作受新雅典派的影响，但又以一种新的诗歌形式，反映了对生活感到失望和厌倦的时代病，对当代的诗歌有着深远的影响，卡里奥塔基斯被认为是希腊象征派的最后一位诗人。

### (三) 现代文学

随着"30年代"学派的诞生,希腊文坛进入"现代主义"时期。当时,第一次世界大战的创伤尚未愈合,1922年与土耳其之战又以失败告终。伴随着工业化和城市化进程的开始,国内产生了一个深受西欧文化影响的中产阶级、一个诞生在城市中的无产阶级,这些新生现象为希腊文学开启了新的视野。

兴起于20世纪30年代的现代文学的领军人物为著名诗人塞菲里斯(Giorgos Seferis,1900~1971)。当时的诗坛创作已趋于颓废、缺乏新意。而他的诗作摆脱了传统诗歌的束缚,开始运用自由体的格式和简洁朴素的语言进行创作,为希腊现代诗歌带来了新的表现形式和新的形象。1931年,塞菲里斯发表第一部诗集《转折》,以内涵丰富的隐喻、简练而略带凝重的手法,朴素而明快清新的语言向当时沉闷的希腊诗坛发起挑战,标志着现代希腊诗歌进入新的转折点。1935年,塞菲里斯出版的诗集《神话和历史》记载了世人对希腊神话和历史的回忆和研究心得,比较接近超现实主义。他的诗深受象征主义的影响,喜欢以暗示、烘托、联想等手法描写内心的意识活动和哲理冥思,同时也继承了克里特史诗以及索洛莫斯以来民间诗歌的风格和俗语文学传统,以大量的日常用语和自由明快的韵律写作,他的一生都在致力于推动和发展希腊的历史和文学遗产。自1928年开始,翻译了艾略特、庞德、叶芝、瓦莱里、麦克利什、艾吕雅等人的作品,并在自己的诗歌创作中加入了西方流行的新文学元素。1963年,"因为在一种对于希腊文化的深挚感情的鼓舞下创作出了光辉的抒情诗篇",塞菲里斯被授予诺贝尔文学奖。

同一时期的著名诗人,还有超现实主义的标志性人物恩比里科斯(Andreas Embirikos,1901~1975),他曾留学法国,对哲学和精神分析有过专门研究。1935年发表诗歌《火炉》,第一次将西方超现实主义引进希腊文坛,将心理学分析引入希腊文学创作，被认为是希腊第一位超现实主义诗人。他的作品表达了对生命理想主义的信念和对死亡心存敬畏的感受，俨然是世俗和生存哲学的缩写。

另一位超现实主义的杰出代表是埃利蒂斯（Odysseus Elytis，1911~1996），他于40年代发表的早期诗集《方向》和《初升的太阳》，以爱琴海风光为主题，展现真实变幻的世界，主题欢快、诗意新奇，具有浓厚的超现实主义的色彩。著名长诗《献给在阿尔巴尼亚牺牲的陆军少尉的英雄挽歌》歌颂反法西斯战士，充满爱国主义精神。1959年发表的《创世颂》、《受难颂》、《光荣颂》组诗，诉说了希腊民族的苦难，歌颂世界光明的未来。他在作品中宣扬了酒神的生活方式，表达了这样一种观念：每一样事物都通向光明，死亡是一种再生，世界是如此之小又是如此迷人。这组代表作结构严谨、手法新颖，富有哲理，被称为20世纪的一大杰作。其后期作品则将民族传统和现代精神结合在一起，形成独特的风格，既接近于20世纪的法国的新诗歌流派，比如超现实主义，又从源远流长的希腊传统中汲取营养，并以强烈的情感和敏锐的触觉，展示了现代人为争取自由和从事创造性劳动而进行的斗争。1979年，因其突出的诗歌成就被授予诺贝尔文学奖。

现代文学史上最为多产的一位诗人是利佐斯（Yannis Ritsos，1909~1997），他是一位左翼诗人，作品富有革命倾向，感情奔放。从1937~1945年，几乎每年出一部诗集，其代表作有《春天交响乐》、《希腊精神》和《流放日记》等，1956年，他的《月光奏鸣曲》以象征手法表现了新旧时代的矛盾及人类社会发展的必然规律，获当年苏联诗歌大奖。自1969年起，他的作品被译成多国文字，并于1972年获比利时国际诗歌大奖，1977年获列宁和平奖。

从上述诗人的作品可以看出，诗歌是希腊20世纪文学发展

中的主要代表。在同一时代,无论是长篇或短篇小说,抑或是剧本,都没有起到先锋前卫的作用,也缺少诗歌头上的光环。对于散文而言,19世纪80年代是一个分水岭。长期以来,国内一直存在雅语(官方语言)和俗语(民间语言)相互排斥的矛盾,经过从索洛莫斯到帕拉马斯几代人的努力,至80年代,民间语在诗歌创作中已得到普遍运用,但在散文领域,仍然由雅语占据主导地位。

1888年,一位现代希腊语教授普叙哈里斯(Yannis Psycharis, 1854~1929)发表了自传体散文集《我的旅行》。在书中,他对当时与人民生活相距甚远的"雅语"文学作了强烈抨击,并呼吁使用民间俗语进行写作。该书发表后,引起激烈争论,同时也推动了俗语文学的发展。普叙哈里斯本人也成为俗语文学运动的领袖,这一事件标志着一个使用俗语创作散文的新时代的到来。

在小说方面,作家们的目光从浪漫主义转向了现实主义,并对农村生活题材给予了较多关注。但大多作品停留于说教,或者沦落于千篇一律的主题:悲悼田园生活的流失、战争的创伤、国内政治争斗和失去家园的彷徨。这一时期出现的著名小说家是维奈基斯(Ilias Venezis, 1904~1973),他生于小亚细亚,在1922年的希土战争中被土耳其人俘虏,关入牢营。1931年他以自传体形式创作的长篇小说《监号31328》,描写了牢营中的可怕经历,控诉了战争的罪恶,被誉为现代希腊的经典小说,从而奠定了维奈基斯作为现代重要小说家的历史地位。他的作品大多描写故乡人民被赶出小亚细亚前后的欢乐和痛苦,充满反战精神和人道主义关怀。

20世纪30年代最有才能的作家之一是波利蒂斯(Kosmas Politis, 1887~1974),他于1938年创作的小说《艾罗伊卡》(Eroica),通过青少年的爱情故事描述了青春期的幻想,充分展示了他在叙述长篇故事上的能力。还有一位是贝拉蒂斯(Yannis

Beratis，1904~1968），著有自传性质的小说《宽河》(*The Wide River*)，描述了1940~1941年阿尔巴尼亚的战地生活，其中运用了现实主义的手法和真实的心理描写。

**（四）当代文学**

第二次世界大战结束后，希腊度过了几十年的动荡岁月：当人们尚未从这次战争的废墟中站立起来，4年内战接踵而至，经过短暂的稳定时期，1967年又开始了上校军团的独裁政权，左右翼政治势力的长期争斗，对公众的情感和生活造成了极大的伤害。20世纪下半叶，关注各种社会问题的左翼文学在国内兴起。在诗歌上，阿纳戈诺斯蒂基斯（Manolis Anagnostakis）、帕特里克斯（Titos Patrikios）属于为理想而奋斗的少数人代表，在其诗作中表达了永不言败的道德信念。著名作家亚历山德罗斯（Aris Alexandrou，1922~1978）在1974年发表小说《箱子》(*The Trunk*)，描写了一伙人受党的指派，护送一个巨大的箱子，历经千险，完成这一使命后，才发现箱子是空的。齐尔基斯（Stratis Tsirkas，1911~1975），在60年代发表了《迷失城市三部曲》(*Trilogy Lost Cities*)，讲述了1941~1944年中东战争中希腊远征军的故事。许多文学评论家认为，这是希腊当代文学史上第一本小说，既有人物的心理描写，故事的节奏也达到了很好的平衡，始终吸引着读者的兴趣。

1974年恢复民主政体后，随着现代化进程的发展，希腊社会变得更为开放，国内文学显现了新的气象，新的作家群普遍都非常年轻。他们作品的共同特点是，拒绝躺在过去的伤口上叹息，而是努力探讨当下的生活。虽然这股新文学浪潮在其他国家并不鲜见，但在希腊仍然体现了自己的特点：随着商品经济的发展，写作已经成为消费者的一种行为，不再是理想主义和政治目标的投影。20世纪80年代之后，在国内出现了塔姆沃克基斯（Faidon Tamvakakis）等新的作家，他们为自己贴上的标签是

"不能说是愤世嫉俗,但可以称为躁动不安的一群",在自己的作品中表达了"一个瘫痪和停滞的社会不是适合青春生长的土壤"的鲜明思想。

这一时期的代表人物有塔克基斯(Kostas Taktsis),他创作的小说《第三个婚礼》,刻画了许多挣扎在天使和魔鬼之间炼狱生活的人物。瓦尔蒂诺斯(Thanasis Valtinos)则运用简练的小说风格,勾勒了主角们失去特性的人性特点。约安努(Yorgos Ioannou)作为城市的一个观察者,经常用第一人称叙述短小的故事。而这一时期的散文已经通过重新定位,找到了前进的方向,但是经常在模仿近代新派诗人卡夫卡等人的风格上,浪费时间和精力,其作品常常将内心的独白和超现实主义的感觉混合在一起。在诗歌领域,80年代的一代诗人被称为是"倒退的一代",其作品经常表现出一种深沉的忧郁情结,较少运用讽刺的手法。到了90年代,诗人们提出了"让诗歌恢复活力"的口号,号召通过多元化的诗歌创作来复兴文坛。

## 二 戏剧和电影

### (一) 戏剧

戏剧作为文化遗产的重要性,在希腊不应该被忽略和低估。悲剧、喜剧和讽刺剧被认为是古希腊人文化生活的中心,如果没有经常看到戏剧表演,心灵也会感到空虚。而且在古代,观众们通常会全场参与戏剧演出,比如在埃斯库罗斯、索福克勒斯、欧里庇得斯、阿里斯托芬等人的戏剧里,常常有观众的身影。

几千年来,戏剧从来没有退出过历史舞台,它深深地影响着希腊人的生活方式和观念。特别是在中世纪和文艺复兴时期,不仅欧洲的戏剧繁荣了起来,希腊的戏剧也发生了重要的变革,科尔纳罗斯(Vitsentzos Cornaros)、奥尔塔斯(Georgios Hortatsis)、

## 第五章 教育、科学、文艺和卫生

卡察蒂斯（Petros Katsaitis）、马泰基斯（Antonios Matessis）等人引入了新的戏剧形式、模式，其中大部分受到意大利戏剧的影响，一些是模仿古希腊的剧本和神话，它所运用的语言是几近消失的古语，主要是克里特岛或伊奥尼亚的方言。

一直到19世纪末，希腊现代戏剧才开始繁荣起来。当时在国内舞台上首次出现职业戏剧表演团体，上演法国的剧本。新的剧作家们通过新的戏剧表现形式演绎悲剧、喜剧和生活剧，后者主要是描述外省或雅典传统的家庭生活，深受观众们的喜爱。1894年，在雅典舞台上出现了一种崭新的戏剧类型，它引入了色彩鲜艳的布景，烘托出和过去截然不同的气氛，和以往的戏剧相比，极富新意和创造力。其主要代表是"雅典的歌舞剧"，整个演出音乐、抒情诗、歌曲和舞蹈融为一体，气氛生动活泼。这一时期的戏剧情节基本上是对当时的政治、社会、宗教或道德现实的反映和讽刺。演员素质非常高，能胜任不同的角色，其表演风格主要受到欧洲，尤其是巴黎、伦敦歌舞表演的影响。这些新颖的戏剧在希腊获得极大的成功。如今，每年冬夏两季，"雅典的歌舞剧"仍然活跃在国内的舞台上。而且政治和社会的形势的倏忽变化，更是为剧作者提供了讽刺、批评、谩骂或抗议的灵感和火花，观众对此种细节颇能心领神会。

20世纪初，希腊的戏剧又迎来一个新的时代。这个时期的戏剧更多地受到西北欧的影响，比如挪威、瑞典和德国等。挪威著名剧作家易卜生的《玩偶之家》等经典作品常常被希腊导演搬上国内的舞台。一些由著名导演创办的剧院先后在希腊落地开花，如1901年建立的新斯基尼（"NEA SKINI"）、1908年成立的皇家剧院、1932年落成的国际剧院、1942年建成的艺术剧院、1961年建立的北部希腊国家剧院等。20世纪50年代以前，希腊对诗歌剧和历史剧也作了较大的变革。1950年代，滑稽剧和喜剧的产量达到高峰，这些喜剧主要刻画了人物的日常生活、误

会、爱情以及对陈规陋习的讽刺，等等。一代又一代的观众为这些滑稽剧和喜剧所吸引和着迷，到今天依然如此。

在当代希腊的戏剧史上，1957年是一个重要的转折点。是年，被誉为希腊当代戏剧之父的坎巴尼烈斯（Lakovos Kambanellis）创作的《发生奇迹的院子》在艺术剧院上演，标志着这位天才剧作家开创了国内戏剧史的新时代。他们对戏剧的场景、气氛的烘托、剧情的编排和表现进行了观念性的变革，并从现实中寻找题材，使人物的刻画更为真实、丰满和复杂。随着希腊戏剧的发展，欧美的主要戏剧流派如现实主义、自然主义、象征主义等，纷纷在希腊的舞台上展现不同的风采，无论是导演的理念还是演员的表演技巧和风格等都受到欧美同行们的影响。新一代的剧作家们也更多地借鉴了欧美的戏剧理论和模式。与此同时，他们非常注重将人物和情节放在本土的环境中，使之更接近于观众的生活体验。

1900~1960年，希腊的戏剧剧团数量维持在20~25个左右，基本上每星期上演2~3场。目前已发展到150多个，如果加上学校和大学以及业余的团体，数量更多。从1981年开始，基本上在各大城市建立了剧院以及下属的剧团，极大地促进了地方戏剧表演事业的发展，也吸引了更多的年轻观众。

（二）电影

1900年，外国电影首次在雅典上映。自此，电影成为希腊人文化生活的一个不可或缺的部分。由本国制作的第一部标准长度电影诞生于1914年，取名为《高尔夫》，是一部富有田园风光的剧情片。1932年，第一部有声电影故事片《恶劣的途径》问世。1943年希腊最大的电影制片公司，菲诺斯（Finos）电影公司成立。尽管1944~1949年的内战不断发生流血事件、第二次世界大战带来的贫困生活依然如故、政府当局对电影设立了严格的审查制度，但是，本土电影仍然吸引了越来越多的观众。20

## 第五章 教育、科学、文艺和卫生

世纪50年代，它成为深受希腊人喜爱的文艺活动。50年代末，国内电影产业步入最有活力、发展最快、也是盈利最丰的阶段。本土制作的电影开始引起国际电影界的注意。1955年，由著名导演卡科亚尼斯（Michael Cacoyannis）执导的《史泰拉》（Stella）、1956年由孔杜洛斯（Nikos Koundouros）完成制作的《魔城》（"The Ogre of Athen"）成为第一批获得国际声誉的希腊电影。1955～1969年间，希腊出品的电影人均拥有量成为世界之最，平均每年拍摄百部电影，1966年达到巅峰，有117部之多。从1970年开始，本国电影产量大幅下滑，从1971年的90部下降为1990年的10部。但是短片的发展呈现了相反的趋势，从1971年31部跃升为1990年的130部。可见影响希腊电影产量的关键因素还是资金投入的问题。

在希腊，最为流行的电影有两类：喜剧和剧情片。喜剧电影兴起于第二次世界大战结束之后，1955年达到顶峰。这类电影吸收了古希腊喜剧（主要是阿里斯托芬作品），戏剧中的滑稽剧、闹剧，乡村集市表演，马戏团，皮影戏以及意大利喜剧电影的多种表现元素，一般取材于中下层民众的生活，形式老套。其中的代表作是1955年由柴维拉斯（Yiorgos Tzavellas）导演的《伪金币》。60年代早期，希腊电影受到美国好莱坞的影响，逐渐摆脱了闹剧的风格，转变为一种音乐喜剧，并且受到了普遍的欢迎。70年代中期，喜剧逐渐衰落，取而代之的是商业片。随着电视在希腊家庭中渐渐普及，这些商业片应运而生成为电视中最受欢迎的节目。但是喜剧电影并未告别历史舞台，其产量稳定，并拥有一批忠实的观众，其中佩拉基斯（Nikos Perakis）执导的影片影响较大。

希腊主流电影的核心是剧情片，其中心主题始终围绕人与人之间的关系。剧情片一般分为"艺术片"、"正剧"和"生活剧"三种。前两种受众少，但受到电影评论界的推崇。其中严

## 希腊

肃电影深受好莱坞的影响,而艺术电影则体现了意大利新现实主义的风格,其典型代表作是 1954 年孔杜洛斯导演的作品《魔城》。生活类电影的风格主要受到中东和亚洲的影响。

纪录片在国内虽然不是十分流行,但其历史地位极为重要。它是于 20 世纪 50 年代后期 60 年代初发展起来的。1967 年,上校军团上台后,下令禁止拍摄纪录片,直到 1974 年后,新闻片的拍摄才得以恢复。1980 年后,纪录片的产量开始萎缩。当代最为著名的纪录片导演为马罗什(Vassilis Maros),他的纪录片多次荣获国际大奖。

今日希腊,商业片盛行,好莱坞大片占票房总收入的 45%,国产电影的票房收入仅占 16%。本土电影的趋势是江河日下。2001 年 9 月~2002 年 5 月,最受欢迎的 40 部电影中,只有两部电影是国产片:一部是《八月的一天》,获 2002 年柏林国际电影节金熊奖,另一部是《硅的眼泪》(Silicon Tears),该片由曾经执导开创希腊票房之最的电影《安全的性》的著名导演帕帕萨纳西奥(Thanasis Papathanasiou)和雷帕西(Michalis Reppas)拍摄。

20 世纪 60 年代起,希腊导演开始在国际电影节中崭露头角。1965 年,卡库雅尼斯(Michalis Cacoyannis)凭借电影《希腊人佐尔巴斯》》获奥斯卡提名奖。60 年代末和 70 年代初,在上校军团统治时期,国内出现了"新希腊电影"一代,代表人物是安耶洛普洛斯(Theo Angelopoulos),1970 年拍摄的《重建》(Reconstruction)是其最为典型的代表作。新希腊电影和主流电影的三大区别是:从题材上来说,着重关注国内的社会问题和希腊的社会转型;从美学角度来看,借鉴了实验电影的形式;由制作人自己投资。安耶洛普洛斯被电影评论家称为"当今影坛最伟大的四个电影工作者之一"。其作品《永远的一天》获 1998 年戛纳电影节的金棕榈奖。他于 1975 年拍摄的影片《流浪艺人》(The Travelling Players) 被视为希腊有史以来最好的电影，也是25年来世界电影不可多得的杰作。和安耶洛普洛斯同属于"新希腊电影"一代的还有费里斯（Kostas Ferris），他拍摄的《瑞北提卡》(Rembetiko) 获1984年柏林电影节银熊奖。自90年代初以来，希腊一批极具潜力的导演正在成长起来，戈里萨斯（Sotiris Goritsas）、乌尔索格洛（Pericles Hoursoglou）等著名导演屡获国际大奖。

  1982年，为了支持本土电影的发展，提高国产片的质量，希腊文化部决定资助国产片的制作。次年，工业和发展银行下属的希腊电影中心开始赞助剧本的创作。1986年，为了在海外推广希腊电影，专门成立了"希伦斯电影"机构。此外，政府举办一年一度的国家电影大奖资助本土电影。但是，凡此种种，未能挽救国产电影的衰落。到1988年，希腊电影中心成为唯一一家拥有独立资金拍摄影片的制作公司。几乎所有的新兴"电影制片人"都是通过合资拍摄的方式制作电影，其中一些是通过国际合作的方式来完成的。据1998年统计，希腊共有319家电影制作单位，其中拥有1个拍摄基地的有84家，两个拍摄基地的有5家，拥有8个拍摄基地以上的有8家。每年票房收入约为6000万埃居。

### 三　音乐和舞蹈

#### （一）音乐

  希腊音乐是欧洲最古老的音乐文化，其历史起点可以追溯至古代。在那个年代，诗歌、舞蹈和音乐合为一体，成为古希腊人日常生活的重要内容。自古希腊被罗马帝国征服后，希腊音乐沉睡了将近2000年之久。15世纪中叶，在奥斯曼土耳其帝国统治时期，希腊文化受到各种限制，其音乐艺术也是止步不前，但民族音乐的传统在民间音乐和宗教音乐中，依然

保存了下来。

希腊的民间音乐有着丰富的体裁，通常以载歌载舞的形式来表达。从民歌而言，若以内容来分，有史诗、生活和历史类等多种类型。生活歌曲又可以分劳动歌、爱情歌、婚礼歌、饮酒歌等。历史歌有两种，一种名为阿克里提科（akritic），这种风格的歌曲源于公元9世纪，主要描述拜占廷帝国时期守卫边疆的士兵的生活和战斗。另一种为克莱夫特歌，它产生于奥斯曼帝国后期和希腊独立革命初期，由克莱夫特创作和演唱，抒发对于那段血腥历史和悲惨生活的回忆和情感。该曲调的特点是单声、没有和声伴奏，即使有，也是按照固定的节奏模式进行重复哼唱。

若以区域来分，又可分为乡村民歌和城市民歌两种。乡村民歌一般以来源地划分，有西北的伊庇鲁斯，东北的马其顿和色雷斯、南部的马尼（Mani）和卡拉马塔（Kalamata），以及岛屿上的民歌，如尼索提卡（Nissiotika）等。其演唱的形式是高音女声或者低音的男生独唱，以小提琴、利拉（lira）、单簧管和吉他伴奏。如今在希腊各大岛屿的节庆期间，依然能领略尼索提卡的歌声。

希腊的城市民谣又叫"瑞北提卡"，这是一种具有特殊风格的音乐。它诞生于萨洛尼卡的廉价小餐馆和土耳其式的地下咖啡馆，大多为来自小亚细亚的难民所创作。自1922年士麦那战败之后，有将近200万的移民从小亚细亚涌入希腊。这些从未在希腊居住过的难民，经历了一无所有的贫穷、思念家乡的痛苦和不为本地居民所容纳的苦闷，因此创作了"瑞北提卡"这种带有沉重和悲剧色彩的音乐，来抒发他们内心的情感。虽然，这是自希腊独立后出现的最具有原创性的歌曲，但从一开始就不为主流阶层所认同，并为政府当局所禁止。随着时间的流逝，"瑞北提卡"从地下咖啡馆进入雅典的夜总会，并成为大众喜爱的流行音乐。其最为盛行时期是在德国占领和内战期间，政治高压和生活的苦难，使"瑞北提卡"成为希腊人民抒发情感的最好方式。瑞北提卡的主要弹奏乐器是曼陀林琴、吉他以及一种用皮革做成的小手鼓。20世纪70年代，随着西方的摇滚乐的引入，"瑞北提卡"音乐辉煌不再。

20世纪后期，国内出现了一批当代极负盛名的音乐家，如萨沃普洛斯（Dionyssis Savopoulos）、恩塔拉斯（Georgios Ntallaras）、帕帕佐格鲁（Nikos Papazoglou）、西迪洛普洛斯（Pavlos Sidiropoulos）等人，将"瑞北提卡"音乐和摇滚乐相结合，创造了一种崭新的、充满热情和新鲜感的音乐。其内容主要是抨击梅塔克萨斯的独裁统治，呼唤自由的可贵，同时也有对日常情感的抒发。在希腊，为民歌伴奏的乐器主要有利拉、坦布拉琴、风笛、芦笛、鼓、小手鼓等。近代以来普遍使用的乐器有曼陀林、小提琴、单簧管和吉他等。

西方古典音乐的引入主要是在19世纪30年代希腊获得独立之后，在此之前，只有在未被奥斯曼帝国占领的伊奥尼亚群岛上，发展了深受意大利和法国影响的音乐，并诞生了"伊奥尼亚学派"（Ionian School）。希腊对西方音乐的开放同时也标志着本国音乐的复苏，在当时涌现了一批专业的作曲家，其中著名的代表人物有曼特扎罗斯（Nikolaos Mantzaros），克辛达斯（Spyridon Xyndas）和卡雷尔（Pavlos Carrer）等人。曼特扎罗斯既是希腊国歌歌曲的作者，同时又是被称为"音乐家摇篮"的克基拉爱乐协会的创建人。1871年，雅典音乐学校的建立，标志着希腊向本土音乐学派的形成迈出了重要一步。

19世纪末至20世纪初，希腊的作曲家们对本民族的音乐传统作了深入的研究，并逐渐形成了带有民族特色的音乐风格。这主要体现于拉夫兰加斯和拉姆维莱特兄弟的创作中，拉夫兰加斯的代表作有歌剧《两兄弟》、《女巫》、《狄多》以及诸多的交响乐、室内乐、合唱等。拉夫兰加斯本人还于1940年创建了国家

歌剧院。拉姆维莱特谱写了大量歌曲,并于1934年撰写了《希腊民间音乐》一书,为推广民间音乐作出了卓越贡献。在民间音乐和欧洲音乐结合的基础上,国内逐步形成了现代民族音乐学派。除了拉夫兰加斯和拉姆维莱特兄弟之外,还有卡洛米里斯,他是国家音乐学院的创建人。而里亚季斯创作了作了近200首歌曲,改编了100首民歌,被称为希腊的"舒伯特"。从60年代中期开始,国内出现了大量的专业和业余作曲者,他们的作品较好地展现了希腊音乐的多样性,其中既有亚洲和西欧音乐的成分,也兼有本土音乐的特性。

目前,在希腊流行的通俗音乐主要有四种:带有东方音乐元素的舞蹈音乐和艺术音乐,及带有西方音乐元素的流行音乐和摇滚乐。很多地方,尤其是萨洛尼卡等地,盛行摇滚乐,并且模仿60年代的传统,组建了闻名海外的"苏格拉底"摇滚乐队等。雅典和萨罗尼卡等大城市成立了各种摇滚乐俱乐部,为摇滚乐的推广推波助澜。除此之外,爵士乐在希腊乐坛上也拥有重要的一席之地。1979年,"斯芬克司组合"(Sphinx)发行了希腊第一张爵士乐唱片。如今,在国际化浪潮的推动下,希腊的许多音乐家都跑到国外出版唱片,在音乐会的举办和唱片制作发行上,许多著名的音乐人也越来越多地和外国的同行进行合作。但是,相比较而言,希腊人仍然对本国的音乐青睐有加。据1995年统计,希腊销售的本土音乐产品的比例在欧洲国家中最高(56%)。

希腊13个大区都拥有自己的音乐机构,主要以唱诗班和乐队为主。这些机构几乎都有悠久的历史,并且仍然活跃着地方的音乐生活。

(二) 舞蹈

舞蹈也是希腊人生活中重要的一章。在古希腊,舞蹈、歌唱、音乐是戏剧的三大元素。在古希腊神话和荷马史诗中都有舞蹈的记载，其中荷马史诗中记述的舞蹈和现在的锡罗塔斯（Syrtos）有些类似。

对希腊人来说，舞蹈是一种庆祝方式、一种自我表达的形式，也是戏剧形式的一部分。随着时间的流逝，舞蹈在希腊人心目中的重要性并没有降低。首先，它是现代希腊人在重要场合庆祝活动的一部分，比如婚礼、洗礼、命名日以及所有重要的宗教节日。无论是酒馆还是家庭，舞蹈无所不在，不需要音乐家，只需有歌声和伙伴。只要一进入状态，舞蹈和歌唱随时随地都会开场。其次，舞蹈是自我表达情绪的一种方式。希腊人喜欢自创"舞蹈"，即在一种民间舞蹈的基础上将各种步法融合在一起，使每一次的翩翩起舞都有变化的花样。当然这些变化是细微的，是舞蹈者自我表达的需要。喜悦、英雄主义气概、悲哀、优雅、自豪、愤怒、幽默，几乎所有的情感都能在舞蹈中得到表现。文学名著《佐尔巴斯的一生》中描写道，一旦希腊人佐尔巴斯的喜悦和悲伤达到极致，总要起舞。

一般而言，希腊的民间舞蹈可以分为悲伤沉重的赞巴基克斯舞（Zeibekikos）、快乐奔放的锡罗塔斯舞以及表现英雄和男子汉气概的察曼科斯（Tsamikos）舞。

四　美术和雕塑

自19世纪早期以来，希腊视觉艺术走过的道路和这个年轻的民族国家的发展历程，有着惊人的相似。也就是说，它们都经历了从外围走向中心、艰难探索民族特性的缓慢过程。直到第二次世界大战前，一直在摸索西欧/国际艺术和地方传统的定位，其发展方向也逐渐从学院派向先锋派转移。对于艺术家而言，在现代民族国家发展进程中，是艺术而不是语言在塑造现代希腊民族国家特性中起了首要作用，正是在艺术领域首先形成了"希腊特性"，即所谓在时间和空间上希腊性的不可分

割和统一:其一,始终坚持古希腊文化遗产的继承性;其二,重申从古典时代到后拜占庭时代的文化史的连续性,这是通过和西欧文化中心如慕尼黑、维也纳和巴黎的紧密纽带得到维系的。从19世纪到20世纪希腊现代视觉艺术形成的"希腊性"包括几个方面的元素:东方性和西方性、奥斯曼风格和欧洲风格、古希腊和后拜占庭艺术遗产、民间艺术和其他本土的艺术形式、传统和现代主义。

## (一) 19世纪:探索特性的年代

19世纪是希腊艺术寻求身份认同的年代,其漫长的发展道路深受外围和中心这种既定关系的困扰。1828年,独立战争胜利后,由于国力羸弱,希腊不仅在政治事务上成为西方大国的卫星国,艺术上也同样如此。从独立伊始,无论是多么有创造力的希腊艺术家,在他们的思想深处,都不可避免地带有学生迎合自己所崇拜的老师的愿望。因此,当来自巴伐利亚的奥托国王带着随从踏上统治希腊的征途之时,希腊的美术已经被强制性地拽入了欧洲化的进程。国内的绘画也自然而然地分裂为两派:一派是坚持本土化,延续后拜占廷传统,并且受到平民百姓的欢迎;另一派是希腊新兴的统治阶层,鼓吹借鉴西方的理性主义,推动希腊美术的"现代化"进程。"新古典主义"即是奥托王朝赋予当时希腊美术的标签。

在奥托统治时期的1836年,绘画、素描课被列入学校课程。1840年,国家理工大学设立了绘画系,其50年代的美术教员就有来自巴伐利亚的著名画家路德维希·蒂尔施(Ludwig Thiersch)等。整个19世纪,因为国王的关系,希腊和巴伐利亚建立了密切的联系。在文化交流上也是如此,国家理工大学的学生常常前往慕尼黑继续学业或进修。正是通过慕尼黑,希腊的画家吸收了欧洲绘画的学院派传统,同时在主题和思想上保留了本土的特点,从而开创了19世纪后期极为重要的"慕尼黑学派"。其代表人有吉齐基斯（Nikolaos Ghizis，1842~1901），他一直在慕尼黑担任画院的教授、还有来自蒂诺斯岛的利特斯（Nikiphoros Lytras，1832~1904），以他俩为首形成了内外两个"慕尼黑学派"中心。学派成员亚库维迪斯（Georgios Lakovidis）回到国内后，在绘画上取得了卓越的成就，后被任命为新落成的国家美术馆第一任馆长、美术学院的教授和院士。当时的国家美术馆在19世纪只是一个机构的名称，直到1970年才拥有收藏作品的场馆。

同一时期的维利扎基斯（Theodoros Vryzakis）则被认为是现代希腊艺术绘画第一人。维利扎基斯本人是希腊独立战争的拥护者，其绘画作品大多是对为自由而战的场面的直观描绘，风格纯朴自然。他于1853~1865年创作了反映希腊独立战争场景的大型油画，其中包括"帕特雷大主教日尔马诺领导武装起义"、"英国诗人拜伦勋爵抵达迈索隆吉翁"、"希腊起义军撤出迈索隆吉翁"，等等。

这一时期，希腊绘画受到的影响，并不仅仅来自于巴伐利亚，还有意大利和法国。如，另一个爱国画家措库斯（Dionyios Tsokos）曾留学威尼斯，师从利帕罗尼（Ludovico Lipparoni），其画作明显带有意大利绘画风格。

希腊的美术在独立后的半个世纪中取得了较大的进步，并在国际画展，如1855年在巴黎举办的画展以及1862年在伦敦举行的世界画展上拿到了大奖。本土画家的创作日渐繁荣，仅1885年一年，就举办了115个画家创作的400幅绘画和雕塑作品展览。与此同时，为了推动本国的美术发展，先后成立了美术协会和希腊科学与艺术协会。1897年成立了"艺术之友协会"，旨在支持具有欧洲教育背景的艺术家。

19世纪末期，有感于当时画坛学派过度追求欧洲风格，一些艺术家开始阐发怀古思乡之情，决意效仿法国东方学派，创建本

土和东方流派，这一学派的代表人物是拉利斯（Theodoros Rallis，1852~1909）。这一时期的雕塑基本上是和绘画同步发展的，其代表人物是哈莱帕斯（Yannoulis Halepas，1851~1938），他曾在慕尼黑学习雕塑，年轻时即在雕塑界崭露头角，其作品主要运用新古典主义的手法表现现实主义的主题。后因精神病的困扰，哈莱帕斯告别了艺术舞台，半个世纪之后的1920年，他开始恢复创作，其作品完全摆脱了学院派的影响，充满自由创作的灵性。

（二）20世纪：和西方美术运动同步发展

20世纪早期，希腊的美术慢慢步入成熟期，它以欧洲学院派传统为起点，先后经历了19、20世纪艺术潮流的洗礼，如印象派、后印象派、野兽派、立体派、超现实主义，并始终涌动着本土主义的潜流，直至19世纪末，民族学派浮出水面。

进入20世纪后，希腊画家和国外艺术家举行的画展变得越来越普遍，而人们对于艺术知识的了解，已经不局限于学者等高雅阶层。1901年，第一本纯艺术类杂志问世，取名为《艺廊》。希腊的绘画也开始探索民族性和现代化的结合。一些画家打破了学院派的条条框框，对各方流派的优点兼容并收，他们继承了后拜占廷绘画和本土艺术强调视觉效果的传统，又从"新艺术"、象征主义、表现主义和立体派那儿吸收养分，寻求一种将现代范式与希腊艺术传统中的历史元素融为一体的连贯的视觉语言。其代表人物是民族学派（"national" school）的创始人，帕尔泰尼斯（Constantinos Parthenis）。他的绘画先以"新艺术"风格扬名，后逐步转入印象派，是当时最知名的艺术家，曾于1929~1948年在美术学院执教，但始终和那儿的学院派格格不入。一些画家如利特斯（Nikiphoros Lytras）等人也逐渐摆脱了学院派的路子。1917年，希腊成立了"美术团"（Art Group），这是国内美术力量日益扩大的一个标志性的事件。1919年，该团在巴黎成功地举办了画展，同时参展的还有西班牙著名画家毕加索等人。

在第一、二次世界大战期间,曾亲身经历了柏林和巴黎的表现主义运动的著名画家布赞尼斯(Georgios Bouzianis, 1885~1959),为希腊带来了表现主义风格的诸多绘画作品。和布赞尼斯齐名的另一位画家是孔托戈洛(Photios Kontoglou, 1895~1965),他的作品将拜占廷传统和希腊中心主义的现代绘画风格融为一体,对后来旨在寻求希腊特性的"30年代"学派产生了决定性的影响。

希腊的现代视觉艺术以欧洲学院派传统为起点,先后经历了西方各种绘画流派的洗礼,但始终没有放弃对民族风格的追求,最后找到了成熟的结合点。这一历史使命是由被称为"30年代"学派的艺术家来完成的。他们恰好是在第二次世界大战、内战和20世纪50年代成长起来的年轻人,在第二次世界大战结束后赢来了创作的高峰。这个流派对本土的传统,如天真派绘画风格、传统的皮影戏等,给予了新的积极评价和吸收,同时对20世纪西方各种先锋派绘画有着透彻的理解。因此,他们创造性地发展了一种流连在欧洲现代主义和本土传统之间的新技巧和风格。

"30年代"学派也是希腊美术史上最有凝聚力的团体。成员有伊卡斯(Nikos Ghikas, 1906~1995)、察洛基斯(Yannis Tsarouchis, 1910~1989)、季亚曼托普洛斯(Diamantis Diamantopoulos, 1914~1996)等人。其中最有代表性的是察洛基斯,在他的作品中体现了本土性和西方现代艺术元素的自然融合。"希腊特性"始终是"30年代"学派的关注中心。他们对"希腊特性"的追求,可以理解为一种挖掘古代艺术的迟来的愿望、一种本土化的文艺复兴,甚至可以说是新古典主义的遗留,类似于同时期意大利和西班牙画家追求的民族性。

第二次世界大战结束后的1945年,在法国政府的资助下,一批年轻、有才华又富有进步倾向的艺术家为了避免卷入内战而

## 希腊

奔赴巴黎，也正是从这时起，巴黎诞生了希腊的文化圈，它对本土的艺术创作发挥了积极影响。也正是巴黎成就了具有国际声誉的希腊雕塑家塔基斯（Takis），他创作了先锋派作品《符号》（*Signals*）和《电磁》（*Telemagnetic Sculptures*），1959 年在巴黎美术馆展出系列作品《反引力》（*Antigravity*）。

20 世纪 50～60 年代，视觉艺术开始步入和当代国际前卫艺术潮流同步的时代。这一时期的年轻艺术家们的兴趣，已不再停留于肯定希腊现代艺术的特性，而是寻求在国际前卫艺术舞台上拥有一席之地。当时的希腊也出现了抽象派艺术家的代表：如斯皮普洛斯（Yannis Spyropoulos，1912～1990），曾于 1960 年代表希腊参加威尼斯双年展，并凭借"神谕"雕塑获得联合国教科文组织颁发的奖项。60 年代中晚期，在国内出现了反形式主义的绘画作品和雕塑。

正当希腊美术走向国际舞台之时，1964～1974 年，军人政府的上台打断了前进的步伐。直到 70 年代中期民主体制恢复时，国内艺术重现生机。由于之前政治环境的压抑、或许也是因为人神同形同性的观念始终占据主导地位，当时国际上流行的先锋艺术，如人体艺术、表演艺术等，并没有为多数希腊艺术家所接受。80 年代初，一大批艺术家从巴黎回到国内，迅速带动了国内美术的发展。可以说，当时的绘画作品显示了希腊当代美术的最高成就，并深受国际流行潮流的影响。如博齐格洛（H. Botsoglou）等人的作品描绘了人体形状的细节，表达了一种内省式的想象，而另外一些作品则在尝试挖掘风景画的视觉潜力。国内出现了特齐斯（P. Tetsis）、科基尼迪斯（D. Kokkinides）等抽象派或者说是象征派的代表。

20 世纪 70 年代后期，希腊正在谋求加入欧共体，其外交政策也在向欧洲和西方倾斜。与此相应的是，国内的艺术也显示了更为开放的特点。进入 90 年代后，希腊的美术变得更为生动多姿、也更具有开拓性,更易吸纳当代国际艺术发展的精华。世界主要艺术中心、比如伦敦、巴黎、柏林和纽约,也为希腊视觉艺术的发展提供了国际舞台。文化全球化的推进,崭新的科学技术和网络的发展,以及城市文化的多元化,帮助希腊艺术家克服了在国际化和本土化之间定位的矛盾。他们更加系统地尝试运用传统以外的形式,如摄影、新媒体、表演等各种手段,来开拓艺术表达的新领域。

目前,希腊的美术活动非常活跃。1997年,文化部专门出台了相关的政策,建立国家当代艺术博物馆(位于雅典)、现代艺术博物馆(位于萨洛尼卡)、当代艺术中心(位于萨洛尼卡)和摄影博物馆(位于萨洛尼卡)以丰富各种艺术交流活动。

近两个世纪以来,希腊的视觉艺术经历了一个相当缓慢的发展过程,而国内对于当代或者说前卫艺术的接受也是相对迟缓。而且,长期的缺乏资助、注重内省而缺乏实验性、艺术家的缺乏、艺术欣赏者的观点保守,以及缺乏透明而规范的文化市场,艺术教育基础设施的薄弱,等等,都导致国内艺术发展的局限性。在当今全球化迅速扩展的时代,文化中心和外围概念得到重新诠释、地域文化的不同也得到不同程度的尊重,在此背景下,希腊的当代艺术也将因其特色和包容性而获得发展的良机。

## 五 文化设施

### (一) 博物馆

博物馆的历史是希腊辉煌灿烂的古代文明遗产和现当代社会文化发展的反映。从远及近来看,早期的博物馆重在体现古代希腊的黄金时代,随后慢慢建立了展示近代发展成就的历史博物馆和民间艺术博物馆。近30年来,博物馆陈列的主题更为广泛和专门化,如当代艺术、科学、技术、自然以及城

市,等等。其中最大和最为有名的博物馆集聚于雅典和萨罗尼卡。不计其数的规模较小的博物馆分布于全国各个角落。几乎所有的城镇都拥有自己的考古和民间文化博物馆,有的博物馆极富特色,其获得的声誉几乎不亚于国家博物馆。

希腊第一批博物馆建成于19世纪初期民族国家新建之时。它们的建立反映了希腊人民对于古希腊文化遗产的重视和民族意识的自觉性,这恰恰是独立战争的奋斗目标。首任总统卡波蒂斯特里亚在独立初期发布了一系列保护文物的措施,其中对禁止非法出口古代文物作了明文规定。1829年,建立了第一个国家考古博物馆。19世纪30年代,奥托国王热心于保护民族文化的遗产,为此建立了筹建博物馆的基金会。1835年,第一个公共博物馆在塞斯翁(Theseion)落成。与此同时,希腊政府出台了建设国家考古博物馆的立法法令。自19世纪末期开始,希腊的博物馆收藏领域由远及近,从古典时代转向后拜占廷时代至20世纪中期,新建的博物馆馆藏从雕像、文物扩展至绘画作品、武器、服装和家具,等等。不仅展示的内容更为丰富,而且在形式上通过聚焦的主题进行深入的诠释。如武洛斯(Vouros-Eftaxias)博物馆主要通过绘画和雕刻作品来展示雅典城从18世纪至20世纪早期的发展历史。另有独立雅典博物馆,通过服装、生活日用品、摄影等展品,重在展示从独立战争至20世纪50年代时期的雅典。

同样,在19世纪的后半期,国内学者对于民间文化表现出愈益浓厚的兴趣,并且推动了民俗博物馆的建立和发展。1918年,首家民俗博物馆——希腊民间艺术博物馆在普拉卡(Plaka)落成,主要收藏纺织品、木雕、陶瓷制品、民族服装、金属制品、金银和珠宝饰品。第二次世界大战结束后,在一些私人收藏家的推动下,希腊先后出现了一批私人和公共当代艺术馆。1980年,皮耶蒂斯(Dimitri Pierides)当代艺术馆成立。新近,又成立了国家当代艺术博物馆，主要展出希腊和国际上享有杰出成就的艺术家的作品。

希腊拥有悠久的文明，其流传下来的文物不计其数，博物馆遍布全国各个市镇。其中国家博物馆和在文化部监管之下的博物馆有207个、私人博物馆107个。从整体来看，共分为12类：考古博物馆、拜占廷博物馆、民间艺术博物馆、希腊艺术博物馆、亚洲艺术博物馆、视觉艺术博物馆、戏剧博物馆、电影博物馆、音乐博物馆、海运博物馆、自然博物馆和科技博物馆。以下为希腊最有代表性的博物馆。

**国家考古博物馆**

位于首都雅典市中心，主馆为仿古希腊神庙的三层建筑。它是世界上最著名的古典博物馆之一，也是国内规模最大、展品最丰富的博物馆。该馆收藏了大量在希腊出土的古代文物和精美的艺术品，其古代文物均为真品实物，没有一件赝品或复制品。这是和其他世界级古典博物馆相比最为突出的特点，而且所有的藏品都有清楚的发掘记录和科学的年代测定，这在当今世界上收藏古希腊文物的著名博物馆中也是不多见的。国家考古博物馆始建于1829年，希腊刚刚结束反奥斯曼土耳其帝国统治的战争。1837年，国家考古博物馆从爱姬娜岛（the island of Aegina））旧址迁至雅典，并将德尔斐、奥林匹亚和克里特3个考古遗址以外的全国出土的公共文物，依照法令强制集中到馆内，从而奠定了该馆的基础。19世纪下半叶，希腊政府投入大量人力物力，用近30年的时间建成了规模浩大、气势宏伟的国家考古博物馆。国家考古博物馆分为新石器时代、迈锡尼时期、雕刻艺术和陶瓷4个展区，收藏文物约两万件，包括上迄公元前6100～公元1100年间的古代文物，以及尚未为世人了解的基克拉迪文化（史前青铜时代）遗址的文物。"雕刻艺术展区"是该博物馆最主要的部分，展出了从远古到公元1世纪以雅典为中心的希腊各

城邦的雕刻艺术代表作品。据分析，在保留至今的古希腊文化遗物中，数量最多、影响最大、存在的年代最为久远的文物，当属各类雕刻艺术品。古希腊人将雕刻视为人类精神最完美的表达方式。

**贝纳基博物馆**

建于1931年，由希腊爱国侨胞安托尼斯贝纳基创立。该馆收藏了从新石器时代至20世纪20年代的种类丰富的展品，既有古希腊的文物、拜占廷和后拜占廷时代的圣像和雕刻，也有各个历史时期的服装、珠宝、绘画和手稿，等等，甚至有丰富的伊斯兰和埃及的艺术品、中国的陶瓷，等等。其展品之丰富仅次于国家考古博物馆。

**拜占廷和基督教考古博物馆**

1884年，在基督教考古协会的倡议下，在雅典建立了拜占廷和基督教考古博物馆。如今，这所具有新古典风格的建筑已修葺一新，总面积扩大为1万平方米。作为国家级的博物馆，该馆不仅是收藏和展出拜占廷文物的展览馆，同时也是拜占廷文化的学术研究中心。其最为重要的馆藏是拜占廷时期的圣像，种类之丰富为世界之最。展品涉及雕刻品、教堂壁画、圣像、宗教仪式用品、服装、写在羊皮上的手抄本《圣经》和其他手工艺品等，总计1.5万余件，从多个层面反映了早期拜占廷时期至奥斯曼王朝末期的希腊社会历史面貌。

**拜占廷文化博物馆**

于1994年在北方首府萨洛尼卡市落成。拜占廷艺术是希腊中世纪文化的结晶，它以希腊语言为主要传播工具，以希腊民族为主要载体，以古希腊哲学为精神指导，并以希腊化地区为活动基地。因此，长期以来希腊政府十分重视对拜占廷艺术品的收集、整理、研究和宣传，拜占廷文化博物馆即在此背景下建立起来。新馆位于著名的萨洛尼卡国际博览会址附近，它由两层楼高的主体建筑和错落不等的辅助建筑构成，与比邻的现代高层建筑形成了鲜明的反差，红砖和石块镶嵌的外表，突显了古朴的拜占廷艺术风格。

该馆按照拜占廷艺术的主要分支分为镶嵌画、壁画、纺织艺术、金属加工艺术、建筑、音乐和舞蹈等几大部分。镶嵌画是拜占廷艺术的典型代表，其展品令参观者流连忘返、印象非常深刻。绘画艺术是拜占廷艺术的另一个分支，在博物馆中占有很大比重。在该馆展出的主要是各种各样的圣像画，规格不一，大到数十平方米，小到几平方厘米。类型多样，既有装饰教堂墙壁的壁画，又有画在画板上的各类模板画。圣像画的主题和素材，主要包括圣母玛丽亚和圣子基督、圣经故事和圣徒的事迹。在拜占廷文化中，建筑艺术对世界其他地区的影响最大，在该馆主要陈列了代表性建筑的图片和文字说明，如现存于土耳其伊斯坦布尔（原拜占廷帝国首都君士坦丁堡）的圣索菲亚教堂，就是拜占廷建筑的典型代表。拜占廷建筑的最大特点在于其精巧性，一方面体现在设计布局和建筑材料的使用上，另一方面体现在对建筑物的内外装饰中。其精巧特点，与古典建筑的质朴宏大形成鲜明的对比，也形成了独具特色的建筑风格。

**国家历史博物馆**

坐落于19世纪的议会大厦内，该建筑由法国建筑设计师弗朗索瓦·勃朗杰设计，1875年竣工。1962年，改为国家历史博物馆并对外开放。该馆主要展示1453年奥斯曼土耳其人攻陷君士坦丁堡，至1940年希腊和意大利开战这一段反映希腊民族如何为独立和自由而战的历史。馆中收藏了大量独立战争时期的各种文物，如武器、军服、勋章、文献、地图以及反映战争场面的油画和人物肖像画等。其中最为珍贵的展品，是英国诗人拜伦勋爵参加希腊独立战争时用过的钢盔和剑等，现代希腊第一任总统卡波蒂斯特里亚生前的用品，被称为"现代希腊之父"的著名

政治家维尼泽罗斯用过的怀表，以及 1844 年通过的第一部现代宪法的手稿，等等。这也是一座展现"希腊艰难的独立历史"的博物馆。

**基克拉迪文化和古代希腊艺术博物馆**

希腊最为著名的博物馆之一，1985 年由古兰德里夫妇（Nicholas 和 Dolly Goulandris）创建，并获得 1987 年欧洲博物馆年度特别嘉奖。该馆收藏了基克拉迪文明时代的雕像和古代希腊艺术品，并配备了先进的电子设备，为学龄儿童制作播放博物馆的教育宣传片，也经常组织其他考古展览和相关的研讨会。

**航海博物馆**

为了记录本国悠久的海运传统，希腊建立了一些航海博物馆。其中最有名的是位于比雷埃夫斯的航海博物馆。该馆展出了从史前时代至今的海船模型、航海手册、航海仪表和设备、关于航海历史的档案文献以及平版印刷画。该馆还设有收藏希腊语和外国语种航海出版物的图书馆。

**犹太人历史博物馆**

位于雅典，该馆藏品有 7000 余件，记述了 2300 多年来生活在希腊的犹太人的历史。其档案文献载有公元前 3 世纪讲罗马语的犹太人和 15 世纪讲西班牙语的犹太人如何在希腊安家落户的故事。服装、首饰、刺绣、照片、礼拜仪式等展品则一一展示了犹太人的生活方式。该馆在第四层还辟有纪念第二次世界大战期间被德国纳粹杀害的 87% 的希腊犹太人的专门展厅，展示了集中营囚衣、相片、官方文献和其他揭示希腊犹太人悲惨命运的物品。该馆还设有图书馆和阅览室，向公众开放。

**欧洲和东方艺术博物馆**

位于首都雅典，藏有中国、印度、日本的瓷器、象牙和石头雕刻艺术品、木雕、丝绸艺术品、各个历史时期的家具和首饰等。

### 古兰德里（Goulandris）博物馆

位于雅典北部郊区基菲夏，是希腊顶尖的自然历史博物馆，世界上最有影响力的40个博物馆之一。其创建目的是为了吸引公众对自然科学的兴趣，提高对于自然环境和野生动植物重要性的认识。该馆藏有昆虫、哺乳动物、鸟类、爬虫类、贝壳类、矿石、化石等标本，计有20万种植物，其中145种为博物馆人员的最新发现。另辟有实验室开展生态学、动物学、地质学、化石学、生物工艺学等科学研究工作。此外，作为公共教育机构，它还经常组织各种自然历史研讨会、讲座、出版书籍、举办环境问题的巡回展览，等等。

### 希腊乐器博物馆

建于1991年，坐落于雅典普拉卡地区（Plaka）一所私人宅第，展出1000余件乐器，并按照乐器的种类分为四个部分。该馆安装了一套先进的发声设备，能让参观者聆听到乐器演奏的声音，并为他们讲解弹奏的技巧，同时通过图示、影像等途径，为观众展示乐器的制作和使用。

### （二）图书馆

希腊的图书馆事业起步于19世纪20年代末30年代初。1829年国家图书馆重建后对外开放，这是国内第一家具有现代意义的国家级图书馆。1838年雅典大学图书馆成立，两年后，两者合而为一。1845年，议会图书馆成立。1925年，亚里士多德大学图书馆建成。这三所学术图书馆成为国内图书馆事业发展的源头。长期以来，希腊学术图书馆主要以高校图书馆系统为主。对于图书资源，各校实行分散式管理。即购书经费分配到系里，图书采集和借阅由教授主管，各系中心图书馆和阅览室负责分编工作，总体上没有形成全校统一的图书管理体制。这种"研究室式"的图书馆曾在19世纪欧洲流行一时，伴随着高等教育规模的不断扩大而逐渐消失。但在希腊，以教授为中心的

"研究室"图书馆一直保留到20世纪后期。它所带来的一大弊端是缺乏统一的图书管理标准,例如,亚利斯多德大学中心图书馆曾采用200多种教师自行编制的分类体系。由于语言的障碍,希腊无法采用英文的标准分类法,急需设立一套使希腊字母与罗马字母实现互换的系统。

希腊加入欧共体后,欧盟要求国内高校图书馆必须按照欧洲其他国家的标准发展藏书和信息网络。在欧共体支持框架的资金援助下,希腊建立了学术图书馆网络,可以通过互联网开展联合编目、期刊采购,提供终端用户的联机数据库服务,以及面向社会的互联网信息服务。从而大大推动了希腊学术馆资源的整合和信息化建设。与此同时,国内图书馆体制逐渐从分散向集中管理转变,馆藏书目正在实行标准化分类,其管理自动化的水平也有了显著提高。目前,希腊的图书馆网络在巴尔干地区已处于先进水平。

## 第四节　医药卫生

一　发展概况

在医疗卫生的早期发展史上,希腊和德国一样,主要以社会保险形式发展医疗卫生服务。最早的社会保险基金出现于19世纪的下半叶。1900年代初叶,在希腊陆续出现了一些为自雇主而设的小规模的基金,主要目的是为了保障退休或者遭遇残疾、失业和生病之后的生活,当时医疗保险覆盖的范围仅限于一小部分人群。至1934年"社会保险机构"成立之后,希腊才开始向全民性的医疗卫生保险制度迈出了关键性的一步。这个机构的设立基本满足了所有公共部门和私人企业雇员的医疗要求。而为农村人口提供医疗保障的举措却是姗姗来迟。1961

年，希腊最终建立了"农民保险机构"，主要为没有投保的农村人口提供医疗保险。虽然这两个机构覆盖的对象占了全国总人口的70%，但是整个医疗服务体系仍然非常落后，组织机构老化、医疗服务资源匮乏、资金投入严重不足。70年代末，公共医疗支出始终低于国内生产总值的2.5%。政府出台的医疗卫生政策依然含糊其辞，缺乏明确的目标和措施，全国大大小小为国民提供医疗卫生服务的基金和机构，缺少统一的协调。基层医疗单位、设施的匮乏，医疗资源分布不均匀、组织管理混乱的问题相当突出。

1981年泛希社运党上台后，开始着手建立国民医疗卫生体系，旨在为全体国民提供免费、平等和全面的医疗服务。1983年，政府通过1397号法令，规定扩大医疗服务范围，建立全国性的医疗卫生体系（NHS），这是希腊医疗卫生发展的一个重要里程碑。它第一次为医疗卫生的决策和实施制订了如下的基本原则。

（1）在医疗卫生的资金和服务的分配上强调平等原则；
（2）发展初级医疗服务；
（3）建立新型的公私混合的医疗服务；
（4）为国民提供医疗卫生服务是政府的责任；
（5）在计划实施过程中，实行权力下放，倡导村社的参与；
（6）为医疗卫生服务单位建立新的奖励方式。

整个80年代，希腊围绕着1397号法令的实施、全民医疗卫生体系的建立，以及发展公共医疗服务进行了改革，并在资金投入、采用医疗新技术、增加医疗人员这三个方面，推动国民医疗卫生服务的发展。公共医疗开支从1980年占国内生产总值的3.8%，上升为1990年的4.8%。

20世纪90年代初，新民主党上台后，开始实施宏观经济调控政策，并且围绕管理的效率和市场化问题，对国民医疗卫生体

系进行了改革,主要目的转向如何建立一个平等和有效的医疗卫生体系。进入 21 世纪后,围绕医疗卫生体系的组织框架,作了以下改革:设立地区卫生署(Regional Health Authority),按照现代管理原则建立医院管理体系。其核心内容如下。

(1)下放权力,发展地方卫生管理组织,建立分布于全国的 17 个地区卫生署;

(2)在公立医院内,建立新的管理结构;

(3)对属于国民医疗卫生体系中的医疗人员的从业活动作出限定,如大学医院医生不得在私立医院兼职;

(4)公立医院 24 小时开放,开设下午门诊。医生的门诊改为一次一收费。

为了进一步提高公立医院的效率,推出更多的改革措施:如推动各个社会保险基金之间的合并;大力发展初级医疗卫生服务,在城市地区引进家庭医生制度;发展公共卫生服务;引入医疗服务质量鉴定和保证体系,等等。

二 管理体制

希腊政府专门设置了一个卫生和社会互助部,来管理全国的医疗卫生事务,它的职责是:制定全方位的医疗健康政策和全国性的医疗健康战略,划分优先发展的领域,确定相关行动的资助的力度和范围,调配全国的医疗卫生资源。它还承担全国的医疗卫生专业人员的人事管理,就人员雇用事项向政府内阁报批。该部门由部长,三个副部长,以及卫生事务秘书长和福利事务秘书长共同领导,他们都由总理直接任命。

除卫生和社会互助部门之外,还有一些机构在劳动和社会保障部的监管下,参与公共医疗卫生事务的管理。其中既有提供医疗服务的社会保险基金,以及具有咨询机构性质的中央卫生理事会,直接负责向卫生部报告相关事务和提出建议;也有专门的顾问委员会,比如艾滋病、药品以及器官移植组织,等等。

在地方一级,设立了17个地区性卫生署,负责协调地方的卫生事务,管理地方上的医疗单位。每一个地区性卫生署由9人组成,主席由卫生部长任命,并需征得议会同意。这些地方管理部门,通过由卫生部长领导的协调理事会与中央及时沟通。地方上的医疗单位,在管理和财务上通常是独立的,例如,医院由院长和管理委员会直接进行管理。

### 三 医疗卫生体系的结构

希腊的医疗卫生服务体系分为三个组成部分:国民医疗体系下的医疗单位、保险基金和"社会保险机构"下属的医疗单位和私立医院。

国民医疗体系是按照普遍性原则为全民提供免费的医疗服务,它涵盖了初级医疗服务、综合性医院服务、急救等全方位的医疗服务。该体系的医疗服务主要由公立医院承担,目前有123个综合性和专科医院,病床位36621个。另有9个精神病医院,病床位有3500个。大部分医院主要提供二级医疗服务,一般容纳100~200个床位,其中32家医院为容纳400个床位的三级医疗单位,提供范围更广、更为专业的医疗服务。公立医院的开支由国家财政预算和社会保险基金支付。国民医疗体系之外的公立医院有13家军队医院,他们由国防部拨款。5家属于"社会保险机构",由该基金出资。两家小型的教学医院,隶属雅典卡波蒂斯特里亚大学。上述医院的容纳能力为4000张病床。

农村地区的医疗服务主要有国民医疗体系内的医疗中心以及附属的农村诊疗室提供。目前,希腊设立了201个医疗中心,每个中心配备了医生、护士和管理人员,为农民提供初级医疗服务。医疗中心也同时提供急救服务、短期住院治疗和康复服务、

牙科服务、计划生育、疾病预防、接种疫苗和健康教育等诸项服务。国民医疗体系提供的特殊的医疗服务,主要有医院救治前的急救服务等,专门由国家急救中心负责。除了雅典急救中心之外,国家急救中心在地方上还派驻分支机构。

除此之外,还有一些公共机构提供专门的医疗服务,并接受卫生和社会互助部门的监管,比如国家药品组织(EOF)、禁毒组织(OKANA)、传染病控制中心(KEFL)和国家器官移植组织(EOM)等。

经过30年的发展,希腊建立了混合模式的医疗体系,兼有俾斯麦模式(强调通过社会保险的方式来支付医疗费用)和贝弗里奇模式(主要由国家预算拨付医疗费)两者的特点。它的资金主要来自社会保险基金,又有国家税收的转移支付。对于希腊国民来说,医疗保险是强制性的。在国内大约有30个医疗保险基金。绝大部分基金属于公共机构,直接由劳动和社会保障部监管。它们提供的医疗服务范围、医生的级别和保险缴费率,都由国家劳动和社会保障部与国民经济部共同决定。这些基金不是依据投保人的收入水平来分类,而是以他们的职业来划分,主要有以下5种。

(1)"社会保险机构",主要覆盖的范围为公共部门和私营企业员工,占全国总人口的50.3%;

(2)"农民社会保险机构",主要覆盖农村人口,占全国总人口的19.5%;

(3)"商人和企业主保险基金"(OAEE),主要覆盖对象为商人、工厂主、小企业主、出租车和卡车运输业务经营者和司机等,占全国总人口的12.9%;

(4)公务员保险基金(OPAD),主要覆盖对象为公务员,占总人口的11.7%;

(5)海员保险基金(OIKOS NAUTOU),主要保险对象为海

## 第五章 教育、科学、文艺和卫生

员,占全国总人口的 1.8%。

这些基金的首要任务是为投保人员提供医疗保险。此外,它们在经营或者资助医疗机构上也发挥了重要的作用。作为希腊最大的社会保险基金,"社会保险机构"建立了自己的初级医疗机构,在全国形成一个广泛的网络,为投保人提供医疗服务。迄今为止,它已拥有 300 多个城市综合医院、7500 个不同专科的医生。第二大社会保险基金——"农民保险机构"主要通过国民医疗体系下属的医疗单位,来满足投保人的求医治病所需。其他的社会保险基金主要通过和私人医生及医院(公立和私立医院两种)签订合同的方式,为投保人提供医疗服务。所有社会保险基金都包含了初级医疗、医院的治疗等各种诊断、配药的服务。它们之间的主要差别,在于是否提供牙科的治疗服务。

私营医疗服务是继公共医疗体系建立之后发展起来的。一方面,是因为医生的数量有了明显的增长,当国民医疗体系无法容纳他们的就业时,这部分医生转而选择开办私立诊所或医院。另一方面也恰恰是因为国民医疗体系和社会保险基金的发展,需要通过对私立医院的资助来满足不断膨胀的医疗服务的需求。从 1983 年开始,泛希社运党政府出台了发展公共医疗服务、建立全民医疗体系、禁止开办私立医院的政策之后,一部分私立医院划为公共机构,大部分小型的私立诊所因为无法和公立医院竞争而纷纷倒闭。目前,希腊共有 234 家私立医院,以综合医院和妇产医院为主,拥有 15397 个床位,占全国病床总数的 25.87%。其资金来源主要通过合同的方式由社会保险基金提供,还有一部分为病人的付费。除此之外,还有 25000 家私人诊所和实验室、250 个诊疗中心,绝大部分配备了先进的医疗设备。在希腊,康复服务(比如物理疗法)和为老人提供的医疗服务(比如老人之家等),主要由这些私营医疗单位提供。

## 四 医疗服务的种类

### (一) 初级医疗服务

由于初级医疗服务要求相对较低,因此,各个公立医院或者私立医院、大医院或小医院都能为病人提供此类服务,但这种分散的格局往往会导致就医机会的不平等、服务质量高低不一,最终带来医疗资源的分配不均和资源利用率不高的问题。为此,卫生和社会互助部计划以合理化和统一性为原则,调整医疗服务体系。这个目标具有双重含义:其一,是提供相同的"一篮子"初级医疗服务,实现医疗服务的标准化;其二,是在一个共同框架下协调各个社会保险基金。从提供方来看,初级医疗服务可以分为以下四类。

1. 国民医疗体系提供的初级医疗服务

这主要包括分布于农村地区和小岛的医疗中心以及附属的地区诊疗室,还有医院的门诊部。这些医疗服务全部由国家拨款支付。这些医疗中心建于20世纪80年代中期,其目标是提供疾病预防、治疗和康复的服务,覆盖周围平均为1~3万人口的区域。希腊现有201个医疗中心、1478个农村诊疗室,分布于农村和半城市地区,为所有居民提供免费的初级医疗服务,基本可满足农村人口看病的需求。由此被誉为国家第二级医疗服务的"守门人"。医疗中心主要由医生,如全科医生、儿科医生、牙医、放射科医生以及护士、助产士和社工组成,他们全部属于国民医疗体系的全职雇员。每个中心的职工人数,依据服务对象的人数而定。

从目前的状况来看,这些医疗中心在很大程度上完成了将国民医疗体系普及到农村的任务,但是由于资金和人员受限,还有组织管理上的问题,其实际成效仍然不尽如人意。比如医疗中心通过医院拨款,并且由地区医院管理,因此,不得不和医院的门诊部竞争资源。财政上的依附,也造成他们在医疗服务上无法形成自己的优先服务项目，最终确立自己的优势地位。2001年，希腊推行的卫生医疗改革的一项措施，即是将医疗中心作为地方上独立的医疗单位，在管理上享有自治地位。农村诊疗室主要由医疗中心管辖，其医疗人员由国家雇用的医生和医学院毕业生构成。按照国家规定，这些医学院学生毕业之后必须到农村服务一年。由于这些新医生缺乏临床经验，农村治疗室的医疗水平也因此遭到公众的质疑。

2. 社会保险基金提供的初级医疗服务

主要包括"社会保险机构"下属的综合医院、有合同关系的私人医生和医学实验室提供的医疗服务。"社会保险机构"拥有300多个医疗中心，分布于全国各个城市，通过这个广泛的医疗网络，为550万投保人提供初级医疗服务。这个网络拥有7500个医生、4000名护士以及其他医疗专业人员。其中大部分医生为非全职人员，兼有私人医生的身份。在没有"社会保险机构"下属医疗点的地方，一般通过购买私立医院的医疗服务来满足投保人的医疗需求。其他的社会保险基金主要通过合同购买私立医院、诊所和私人医生的医疗服务。

3. 由地方政府（市镇）提供的初级医疗服务

主要指当地政府资助建立的一小部分诊所和福利机构，用以提供疾病预防、开具处方等健康医疗服务。凡是希腊居民，都可以免费享受。事实上，享用这类服务的主要是没有参加医疗保险的希腊人和外国人。

4. 私营机构提供的初级医疗服务

它指的是与一个或多个保险基金签约的私人医师、诊所、医学实验室提供的医疗服务，其费用由基金埋单。没有加入保险的可以直接用现金支付。

在希腊，所有的医生（包括从业于国民医疗体系者）都可以同时从事私人出诊业务，其中绝大部分和许多保险基金签有合

同,为投保人提供免费医疗服务,并由国家按照低于市场的价格付给他们酬劳。而纯粹的私人医生,则由病人直接支付现金。

(二) 医院服务

所有参加社会保险基金的人员,都可以自由选择公立医院或与社会保险基金签订合同的私立医院的医疗服务。没有参加医疗保险的人员和穷人可以前往公立医院就医。当然所有的公民可以自由选择私立医院,如果他们愿意自己承担费用。虽然,像"社会保险机构"属下的医院也有能力提供医院服务,但是绝大部分的住院服务由公立医院承担。其中公立医院占住院总天数的75%,私立医院占25%。但是,分娩是例外,希腊人倾向于选择设备比较好、服务态度热情的私立妇产医院。

据2002年统计,国内共有59518个床位,其中61%属于国民医疗体系下属的综合医院,5.9%为国民医疗体系属下的精神病医院所有,6.7%是属于国民医疗体系之外的公立医院(主要是"社会保险机构"和军队名下的医院),其他25.9%属于私立医院和诊所。平均1000名居民拥有5.44个床位,虽然在欧盟国家中的占有比例相对较低。但仍然满足了希腊国民的医疗需求。该年,全国病床入住率为70.4%,在欧盟国家中比率最低。如果从地区分布情况来看,资源不平衡的情况比较突出,每个大区拥有的床位并不均衡,出现大批病人涌向雅典和萨洛尼卡大医院。近年来,随着佩特雷、克里特岛的伊拉克利翁、爱奥尼亚-伊庇鲁斯等地的地区性大学医院的建立,这种状况有了明显好转。随着国家和欧盟资金的大笔投入,医院的基础设施、医疗设备有了很大的改进。目前,无论是公立还是私立医院,都配备了最先进的医疗技术,特别是生物医学技术的应用非常快。国民医疗体系属下的医院所拥有的核磁共振成像和CT设备,在100万居民中的占有率达到欧盟国家的平均水平。如果算上私立医院,那么这个指标是欧盟国家平均值的两倍。

### (三) 急救服务

在希腊，每个公民都可以免费享受国家急救中心提供的急救服务。该中心位于雅典，在主要的行政大区都设有分支机构。在没有急救中心的地区，则由当地医院和医疗中心的救护车提供急救服务。近几年来，希腊的急救设备和交通工具得到了更新。2001年，用于海上岛屿或偏僻地区运输病人的直升机和飞机达到2300辆，运输人次达到453000次。

### (四) 牙科服务

牙科治疗虽然也属于初级医疗的服务范围，但是因为费用比较昂贵，一般是加入某类医疗保险，才能享受一定范围的免费服务。比如"社会保险机构"的投保人，只能前往该机构名下特定的诊所就诊，这些诊所提供的的牙科服务项目只有补牙、镶牙等。"农民保险机构"的投保人只能在国民医疗体系下的医疗中心和医院就诊。而加入其他保险基金的人员，原则上是去合同医院，牙科治疗费用由自己和保险基金共同承担。在某些情况下，由投保人先行支付看牙费用，而后由保险基金按低于市场价格的比例返还，其中的差价由病人自行承担。目前，希腊的牙科医生达到14000人，和居民的比例为1∶800，在欧盟国家中位居第一。因为希腊的很多保险基金提供的医疗服务并不包括牙科治疗，或者只包括有限的服务项目，大部分希腊人的牙科治疗都找私人医生自掏腰包，因此，光牙科治疗一项，其费用就占全国私营医疗服务开支总额的1/3。

## 第五节 体育

众所周知，希腊是世界奥林匹克运动的发源地。希腊人对体育的热衷可以追溯至古希腊。2000多年前，古希腊人信奉多神教，常常通过竞技会的方式来祭祀神灵、祈求神

的保佑，并希望借此消除战争和灾祸，最终获得和平和幸福的生活。古代奥林匹克运动会即源于此。

公元前776年，在伯罗奔尼撒召开了全希腊的和平竞技大会——奥林匹克运动会，此后每隔4年举行一次，整整持续了1000年，直到公元4世纪末，被罗马皇帝狄奥多西所禁止。1896年，在法国学者顾拜旦的倡导下，首届现代国际奥林匹克运动会在雅典举行，古希腊的"奥林匹克"运动的传统和精神得到了延续。奥林匹克运动会中历史最悠久的运动项目——马拉松赛跑也是源于希腊。公元前490年，在波斯进攻雅典的马拉松战役中，希腊人取得了决定性的胜利。为了让自己的同胞早日得知这一喜讯，菲利庇第斯从马拉松战场跑回雅典，在通报了胜利信息后力竭身亡。为纪念这位英雄，在1896年的奥运会上，第一次正式举行了马拉松比赛，而希腊人鲁伊斯不负众望获得了这项比赛的桂冠，再次体现了希腊人的体育实力，也证明虽然历经战难和为外族统治的屈辱历史，希腊人不曾放弃对于体育运动的热爱和珍惜。

第二次世界大战后，体育再次成为希腊人特别是受男性欢迎的活动，其中足球、篮球和排球风靡全国，在国人心中占据非同一般的地位。随着经济和社会发展水平的提高，再加上政府的重视，希腊运动员和团队在这几年的国际赛事中也取得突出的成绩。尤其在2004年雅典奥运会上，希腊获得了6金、6银、4铜，共计16块金牌，在参赛的200余个国家中排名第15的优异战绩。

## 一　足球

在希腊，足球一直是最受欢迎的运动。以前，在国际足球赛事上，国家足球队的战绩并不十分突出。其在国际比赛中取得的最好成绩是：1951年在埃及亚历山大举行的地中海足球锦标赛中获得冠军，40年后在1991年又捧回金杯。并分别于 1980 年在意大利举行的欧洲国家杯（欧洲足球锦标赛）、1994 年在美国举行的世界杯中杀入决赛圈。但这一局面在 2004 年葡萄牙举行的欧洲足球锦标赛上得到了戏剧性的扭转。在这次决赛中，被称为最大黑马的希腊国家队以 1∶0 战胜了东道主葡萄牙队，首次捧起德劳内杯，由此成为欧洲杯历史上第 9 个冠军队，在足球赛场上上演了一出"希腊神话"。

希腊国内有三支顶级球队——帕纳辛奈科斯（Panathinaikos）、雅典 AEK 和奥林匹亚科斯足球队（Olympiakos）。来自雅典的帕纳辛奈科斯足球队是希腊在国际赛事中表现最好的球队。它曾在 1971 年的欧洲冠军联赛中进入决赛，以 0∶2 的比分不敌于荷兰的阿贾克斯队（Ajax），与冠军失之交臂。在 1985 年的欧洲冠军杯中进入半决赛，在 1988 年的世界杯（UEFA）中进入 1/4 决赛。近来，在 1996 年和 2002 年的足球联赛（Champions League）中分别进入半决赛和 1/4 决赛。雅典的 AEK 队是帕纳辛奈科斯队强有力的竞争对手，曾于 1974 年进入世界杯的半决赛。而来自萨罗尼卡的保科队（PAOK）、塞萨利的拉里萨队（larissa）以及比雷埃夫斯的奥林匹亚科斯队（Olympiakos）分别进入 1974、1985 和 1993 年欧洲冠军杯的 1/4 决赛。可以说，希腊最好的足球队云集于大雅典地区，国内最有实力的奥林匹亚科斯足球队、帕纳辛奈科斯足球队和 AEK 足球队都汇集此地。和其他欧洲小国一样，希腊许多顶尖的足球队员都效力于国外足球俱乐部，在事实上推动了国内足球联赛的水平。但近年来，这种趋势有所减缓。

二　篮球

希腊是欧洲的篮球强国，希腊人对于篮球的喜爱仅次于足球。篮球运动是 1918 年由希腊基督教青年会（YMCA）引入，当时，篮球发明人奈史密斯（Naismith）博士的学生斯泰约蒂斯（Mike Stergiadis）和他的朋友们用两个椅子倒挂在相对

的两面墙上,用一个足球举行了国内第一场篮球比赛。而正式的篮球锦标赛开始于1928年。1932年,希腊加入国际篮球协会(FIBA)。1936年,希腊国家队成立。1949年,首次获得国际赛事的奖项——欧洲篮球锦标赛的铜牌。1987年,希腊获得欧洲篮球锦标赛冠军后,举国同庆,也正是从此时起,篮球成为全国性的运动。篮球场地如雨后春笋般涌现,篮球运动的风头之劲一时间令一向居为老大的足球也退避三分。所有大型的篮球俱乐部纷纷为企业界大亨招致麾下,电视台斥巨金购买篮球赛事直播权。之后的10年被称为篮球的黄金时代。随后,当希腊人将对篮球的狂热"移情"足球后,18年后的2005年,国家篮球队重新捧回了欧洲篮球锦标赛的金杯。属于篮球的新时代又悄悄来临。

相对于足球而言,篮球运动为希腊赢得了更多的国际荣誉:1987年,希腊国家篮球队获得欧洲篮球锦标赛冠军,这是第二次世界大战后取得该项荣誉的第二支西欧球队。1989年获得欧洲篮球锦标赛亚军,后分别于1993年、1995年和1997年获得第四名。1998年在希腊举行的世界篮球锦标赛上进入四强。1996年在亚特兰大奥运会获得第五名。1995年获得世界青少年篮球赛冠军,2002年,捧回欧洲青年杯冠军。国内最好的篮球队是和帕纳辛奈科斯足球队同属一个俱乐部的帕纳辛奈科斯篮球队,它分别于1996年、2000年和2002年三次摘取欧洲篮球联赛冠军、23次希腊篮球锦标赛冠军和6次希腊杯冠军。其次是艾列斯篮球队(Aris),曾获得1次欧洲优胜者杯、1次欧洲科拉奇杯、10次国内联赛冠军和7次希腊杯冠军。奥林匹亚科斯篮球队位居第三,曾获1997年欧洲篮球联赛冠军、9次国内联赛冠军和6次希腊杯冠军。

希腊女子国家篮球队的表现也同样出色,它曾于1991年获得地中海篮球赛的铜牌。运动篮球队(Sporting)在1991年在巴塞罗那举行的欧洲锦标赛上获得第三名;1992年在意大利巴里举行的欧洲锦标赛上获得第四名。希腊篮球运动的发展也得益于在国外打球的球员。他们回国效力不仅带来了丰富的球场经验,还有在国外历练的高超球艺。1996年经历"博斯曼"(Bosman)事件之后,不仅是欧洲球队的球员可以参加希腊国内联赛,希腊的球员也同样可以参加欧洲的联赛。现加入美国职业篮球联赛的希腊运动员就有伦兹亚斯(Efthimios Rentzias)和察卡里蒂斯(Lakovos Tsakalidis)。

三 排球

排球是希腊人最喜爱的第三大运动。希腊排球队曾获得1987年欧洲锦标赛的铜牌,在1994年世界锦标赛上排名第6。国内最有实力的奥林匹亚科斯排球队曾获得1996年在雅典举行的欧洲杯比赛冠军和2002年的亚军。

四 其他项目

其他一些运动项目,虽然受欢迎的程度远不如足球和篮球,但在奥运会等国际比赛中也取得骄人的成绩,典型的例子是水球和举重。国家水球队在1997年于雅典举行的世界杯和1996年亚特兰大奥运会上分获亚军和第六名,在2002年欧洲锦标赛和欧洲超级杯上荣膺桂冠。近年来举重队在教练拉科沃(Christos Lakovou)的精心指导下,获得了巨大的成功。国内最为优秀的选手迪马斯(Pyrros Dimas)获得1992年、1996年和2000年奥运会的举重金牌,在1993年、1995年和1998年的世界锦标赛上获得世界冠军。

近年来,希腊的田径运动发展也很快,尤其是女运动员的成绩令人刮目相看。如赛跑名将帕图利杜(voula patoulidou)在1992年巴塞罗那奥运会上,一举获得100米跨栏赛跑的冠军,由此开创了国内田径运动的新历史。欧洲田径运动领域最伟大的三

## 希腊

名希腊籍女运动员的业绩同样值得称道：萨诺（Katerina Thanou）摘取了 2000 年奥林匹克运动会 100 米短跑的银牌和 2002 年欧洲田径锦标赛的金牌。跳远运动员克桑索（Niki Xanthou）在 1996 年的奥运会上获得跳远比赛的第四名，在 1997 年的世界田径锦标赛上获银牌，2002 年的欧洲室内田径锦标赛上（closed track）获得金牌。马尼亚妮（Mirella Maniani）在 2000 年奥运会上获得标枪比赛的亚军，在 1999 年的世界锦标赛和 2002 年的欧洲锦标赛上获得两枚金牌。在 2004 年奥运会上，年轻运动员哈尔基亚一举获得女子 400 米栏的金牌，特索米勒卡摘走了 20 公里竞走金牌。而在 2000 年奥运会上，女子体操队获得团体的铜牌。

领军国内田径界的男运动员为肯特里斯（Konstantinos Kenteris），他在 2000 年奥运会上、2001 年世界锦标赛和 2002 年欧洲锦标赛上都获得了金牌。此外，标枪运动员考科蒂默斯（Kostas Koukodimos）、跳远运动员帕帕科斯塔斯（Lambros Papakostas）在国际赛事上也都取得了不俗的成绩。而在体操方面，梅利山尼迪斯（Ioannis Melissanidis）被誉为希腊的天才运动员，他在 1996 年奥运会自由体操比赛中获得金牌。后继者塔姆帕科斯（Dimosthenis Tampakos）于 2000 年和 2004 年奥运会上两次摘取吊环桂冠。马拉斯（Vlassis Maras）则获得 2001 年世界锦标赛和 2002 年欧洲锦标赛的单杠冠军。伊利亚迪斯获 2004 年奥运会男子柔道 81 公斤级的冠军。

### 第六节　新闻出版

希腊国土虽小，媒体出版物却相当多。确切地说，在媒体市场上，供过于求。这个特点的形成是在 19 世纪初叶国家独立之后。17、18 世纪当报纸等媒体出版物出现于其他欧洲国家时，希腊仍处于奥斯曼帝国的统治之下，第一份希腊

## 第五章　教育、科学、文艺和卫生

语报纸诞生于维也纳的希腊移民聚居地，时间为 1784 年。1821 年 8 月 1 日，独立革命爆发之时，卡拉马塔地区出版了本地刊印的第一份报纸。19 世纪 30 年代初，希腊摆脱了奥斯曼土耳其人的统治，成立独立的民族国家后，在首都雅典成立了多家报社，在各个省区发行多种地方报纸。1873 年，在希腊诞生了第一份日报。进入 20 世纪后，希腊的报业的发展更为规范。1936 年，梅塔克萨斯将军实施独裁后，对各大媒体进行严格的管制，导致报纸的发行量下降了 40%。

第二次世界大战结束后，内战接踵而至，各个政治派别相互倾轧，国内的各大报纸对自己的政治立场纷纷表态，一时间，造成了报纸数量众多、力量分散的局面。50 年代末，国内发行 60 家日报，只有两家具有全国性影响，大批报纸依靠政府和政党的资助维持营生。20 世纪 80 年代，政府放松对媒体的管制后，希腊的媒体业出现了三次扩张期：第一次是 80 年代中期发端于报纸市场；第二次是 80 年代末广电业的扩张，政府取消对广播频率的控制后，导致私人、国家和地方的电视和电台的泛滥。至 2002 年，国内运营的有 160 家私营电视频道和 1200 家私人电台。第三次是 90 年代中期，杂志业的膨胀，从 400 家杂志社发展为 900 家。

与此同时，媒体业进入商业化时代。例如，广电业从政府控制转由市场导向，频道、广告以及从国外引进的节目日渐增多，出版集团、商业集团也纷纷进入广电业。虽然国内媒体业的发展，并没有完全反映市场和社会的需求，但整个体制面对种种新的变化，仍然体现了它的适应性和灵活性。毕竟整个媒体业在稳定的民主体制中仅仅运转了 20 多年。

一　报纸

传统上，希腊的新闻报纸主要关注国内的政治生活，并且在国内的政治舞台上发挥了相当重要的作用。1974

## 希腊

年独裁政权倒台后，希腊进入民主政治时代，新闻报纸真正开始了现代化的进程。其一，广告收入成为报纸营生的主要经济来源，在20世纪60年代广告收入仅仅是报纸选择政治立场的参考指数。其二，在80年代引进了新的印刷技术，企业家和商人开始介入媒体领域。媒体业的竞争变得异常激烈。为了打开读者面，扩大发行量，媒体单位对报纸的内容作了重要的调整：首先，新闻报道更为客观；其次，报纸改变了和某个政党或个人建立亲密联系的传统，更乐意突出自己所属的政治阵营，比如右翼、左翼或中间路线。当然和其他西方资本主义国家一样，希腊报纸的政治立场一直存在，在大选或政治气氛特别浓郁的场合更是如此。

虽然，国内识字率高达97.3%，但是报纸拥有的读者量相对较少，部分原因是私人电视台和广播、杂志影响力日益扩大。据2000年统计，平均1000人中大约有63人每天购买一份日报。2002年，国内共拥有280份日报。在全国发行而销量较大的有23种，总社都设在雅典。一般而言，星期日报发行量比较大，几乎所有的日报都开辟星期天副刊。为了迎合大范围读者的趣味，星期日报都附有增刊或者增加页数，使栏目和主题变得更为丰富多彩。

近年来，为了应对电子媒体的挑战，希腊的报纸采取了更换报纸名称或创办新报纸的方式，更有甚者推出了有奖订阅的方式，奖品从书籍、轿车到房子不一而足、花样百出。即便如此，仍然遏制不住发行量下降的趋势。1989年，影响力较大的日报有13种，平均总发行量为127万份，至2001年，日报种类增加为23种，而平均总发行量跌至5万份。同期报纸的广告收入占媒体广告收入总额的比重下降了3%。

据2001年统计，影响力较大的全国性报纸，多数集中于雅典。发行量最大的日报为：亲泛希社运党的《新闻报》（*Ta*

Nea），1944年创刊，年均发行量84586份。立场保守的《自由新闻报》（*Eleftherotypia*），1986年创刊，年均发行量79296份。亲泛希社运党的《民族报》（*Ethnos*），1981年创刊，年均发行量53644份。倾向新民主党的《每日报》（*Kathimerini*），1919年创刊，年均发行量40431份。

## 二　杂志

希腊拥有名目繁多的杂志，通俗读物加上专业期刊共有900多种。其中较有影响的月刊有50种。从销售量来排名，电视游戏和节目类杂志位居第一，紧随其后的依次为女性类杂志（月刊）、消费者杂志（月刊）和生活类杂志等。杂志的总销售量呈上升势头。近10年来，希腊杂志行业呈现了以下几个特点。

（1）老周刊的发展呈现萎缩状态——这种信息类的周刊，以前曾是杂志的龙头老大，现在的销售量急剧下滑，主要原因是星期日报抢占杂志市场，他们通过增加版面、页数的方式，将自己装扮成杂志的形式，从老杂志手中抢走了读者；

（2）专业类杂志发行量上升。从1992年以来，为了吸引更多的年轻读者，许许多多杂志以崭新的面目出现在读者面前，有女性阅读的杂志、男性阅读的杂志，还有音乐、电脑、运动、商业和金融、汽车摩托车、科学技术、历史、家庭装饰类，等等、门类形形色色、五花八门；

（3）电视节目类杂志的销售量稳居第一；

（4）轻松娱乐类杂志销售也有增长，其主要内容不外乎名人的趣闻轶事，以及他们的私生活，等等；

（5）关注年轻人的生活方式，以及年轻人关心的政治、社会话题的月刊销售量增长势头迅猛。

## 三 广播电视

希腊的广播电视事业起步于20世纪60~70年代的军人独裁时期。如同多数欧洲国家一样，政府一开始便完全垄断了全国的广播电视的经营，国家电视台播放的新闻一律由政府审定。这种状况一直持续到80年代后期，由于受到全球化的影响和迫于国内利益集团压力，从1987年开始，希腊政府着手开放广播电台的频道，随后于1989年放松对电视台的管制。同年，著名出版集团"现代印刷"（Teletypos）成立了第一家私营电视台——"美格"（Mega），随之又有"天线"（Antenna）电视台跟随成为第二家私营电视台。这两家电视台很快占领了国内的一半市场，将国营电视台挤下了龙头老大的宝座。而市场的竞争永远是残酷的，未隔几年，"美格"和"天线"电视台又遭到后来者，如"阿尔法"（Alpha）和"明星"（Star）私营电视台的挑战。1996~1997年，"美格"和"天线"电视台每月的市场占有率首次低于45%，2001~2002年，更是下降为42%，同期，"阿尔法"和"明星"加上新成立的"变化"（Alter）电视台，其市场份额上升到31%。

自希腊出现私营电视台以来，国营电视台遭受了前所未有的冲击。国营电视台的收视率和广告收入直线下降，2001~2002年，收视率仅为11%，几乎低于所有的私营电视台，广告收入仅占电视广告总收入的4%。此种惨况，是其他欧洲国家电视台所未曾经历的。目前，希腊国营电视台拥有如下3个频道，归希腊广播电视有限公司所有。

（1）希腊电视一台（ET1），覆盖全国，自1997年10月后改为综合性电视频道，更加侧重娱乐性；

（2）新希腊电视台（NET），原名希腊电视二台（ET2），也属于全国性的电视频道，每天24小时播报新闻、访谈节目和文

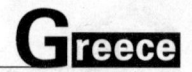

献纪录片；

（3）希腊电视三台（ET3），建在萨洛尼卡，覆盖希腊北部地区，实际上属于希腊国家电视台的地方频道，侧重播放希腊北部地区的新闻、艺术、文化和其他节目。2001～2002年，希腊电视一台的收视率为5.6%，新希腊电视台为4.5%。

规模较大的私营电视台有5家。最大的一家是"美格"电视台，东家是财力雄厚的"现代印刷"出版集团。实力和它不相上下的是"天线"电视台，这两家电视台一直是国内传媒业中的领军人物，其收视率占全国市场的2/5。2001～2002年，"美格"的收视率为20.0%，"天线"的收视率达到了22.5%。其他4家私营电视台"阿尔法"、"明星"和"变化"的收视率分别为13.4%、11.0%和7.4%。这些私营电视台以播放情景喜剧、肥皂剧、电影、电视片、电视游戏、非主流的新闻类节目见长。而且，近年来的趋向是娱乐性节目逐渐占据主导地位，教育类和文献纪录片相应减少。起初，这些私营频道依靠大量进口低成本的电视节目，在市场上获一席之地，在站稳脚跟之后，它们转向当地和室内节目的制作。目前，本土节目所占的比例已超过进口片子，而且大多在黄金时段播出。

## （一）收费电视

希腊没有有线电视，只有1家"多重选择"（Multichoice Hellas）公司经营收费电视，主要从其姐妹公司"希腊网络媒体"（NetMed Hellas）购买有偿节目。"希腊网络媒体"公司主要经营"电影之网"（FilmNet）、K-TV和"超级体育"（Supersport）频道。"电影之网"每月收费22欧元，"超级体育"每月收费26.7欧元，如果将这3个频道打包，只需付费33欧元。"电影之网"开通于1994年10月，主要播放电影大片和实况直播足球联赛。2001年，该频道拥有订户29万。1996年8月，"希腊网络媒体"公司租用了广播电视有限公司的频道，开播了"超级

体育"和 K-TV 节目。到 2001 年,"超级体育"购买了国内足球和篮球重大赛事的独家播映权,几乎垄断了国内体育类节目的市场。"希腊网络媒体"公司也是国内唯一推出美国好莱坞制作的重要节目的公司。目前,这家公司面临的一个挑战,就是如何争夺数字卫星电视市场。

### (二) 数字电视

希腊的数字卫星电视最早出现于 1998 年 3 月,"多重选择"公司宣布开发数字卫星电视业务,旨在推动希腊尽快进入数字化时代,并于 2000 年初推出"新星"(Nova)计划。2001 年 10 月随着"阿尔法数码公司"(Alpha Digital)的数字卫星电视频道的开通,两家公司展开了激烈竞争,尤其在争夺足球赛的电视播映权上。仅仅相隔一年后,"阿尔法数码频道"宣布由于经济债务原因,暂时停止开发数字电视业务。显然,数字卫星电视在希腊仍然处于发展状态,而且由于市场小和资金不足,无法容纳两个数字卫星电视平台的竞争。虽然足球赛的电视播映被视为发展数字电视的主要动力,但调查显示,只有 3.5 万个用户愿意在"新星"之外安装第二个数字信号解码器。因为,希腊足球的电视播映权之昂贵在欧洲仅次于英国,对此,希腊人也是心知肚明,作为一项娱乐产品,足球的价值被估计过高了。

### (三) 广播

在希腊有 3 种类型的电台:国家电台、地方电台和私营电台,共有 270 家。大部分设在雅典。自国家放开电台管制后,私营电台在收听率和广告收入上占据了绝对优势,国营电台和地方电台的市场份额急剧下降。目前,收听率排在前 9 名的有"天空"(Sky)、"天线"(Antenna)、"塞菲拉"(Sfera)、"笛音"(Melodia)、"乡村"(Village)、"超级体育"(Supersport)、"爱之音"(Love)、"闪光"(Flash)、"再见"(Ciao)电台,其中"天空"、"天线"、"塞菲拉"、"笛音"4 家电台的收听率都在

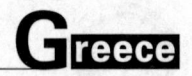

10%以上。挤入第 10 名的唯一一家国家电台是体育台。国家电台共有两个，最为重要的是希腊电台（ERA），设在雅典，并通过中继站向全国广播，它拥有 5 个频道：一台"NET 105.8"，是新闻和信息台；二台是音乐台（ERA2），主要播放希腊音乐和国际流行音乐；三台也是音乐台（ERA3），主要播放古典音乐；四台是体育台（ERA4/Sports）；五台是"希腊之声"（"Voice of Greece"），主要面向海外的希腊人，播放本地节目。此外，还有一个国家电台名为"费里亚"（Filia），用 12 种语言（英、法、阿拉伯语等）为生活和工作在希腊的外国人播报新闻和其他节目。希腊人每天收听广播的时间大约为 4 个小时，而且以 25~54 岁年龄段的人居多。

四　图书出版

自 70 年代中期进入民主时代以来，希腊图书出版业呈现了持续增长的势头。如今在出版界崭露头角的出版社，大多是在独裁政权下台后诞生的。20 世纪 90 年代，国内图书出版增长的趋势更为强劲，从而改变了 80 年代后半期的虚弱状态。以现价比，1974 年，家庭购买图书开支总额为 31 万欧元，1988 年上升为 3900 万欧元，1999 年达到 3.99 亿欧元。1974~1999 年，希腊家庭在购买图书的开支上增长了 129 倍（以现价比），以不变的价格比，则增长了 4 倍。1999 年，图书销售总额达到 4.49 亿欧元。每年新书出版量从 1990 年的 3000 册上升为 2000 年的 7000 余册。许多传媒集团开始涉足书籍出版行业，书籍的销售网络逐步扩大，一种新兴的行业开始形成。但和欧洲其他国家相比，希腊图书的出版和销售总量、人均指标仍然在低水平徘徊。

国家图书中心和 V - PRC 研究所联合开展的一项调查表明，15 岁以上的人群中，有 37.8% 认为自己是"读书人"，而一年阅

## 希腊

读 10 本书以上的人只有 8.5%。2001 年欧盟"晴雨表"调查（Eurobarometer，2001）发现，就图书阅读量来看，希腊在欧盟成员国中排名靠后。据专家预测，希腊需要等上 27~28 年的时间才能建立一个成熟的图书市场，培育一个相对稳定的读者群。从希腊图书出版机构公布的数字来看，2000 年，全国共出版图书 7590 种，其中 90% 为新书，10% 为修订版。在 1998~2000 年出版的新书中，名列榜首的是成人和儿童的文学类书，占总量的 59.9%；其次为社会科学类，占 16.6%；再次是历史和地理类，占 7.6%。

国内图书出版业也面临着国际图书市场渗透的压力。希腊出版的小说类大概有 64.2% 是译著，其中一半是从英语翻译过来的。而从国外引进的戏剧和诗歌类图书，分别占了同类图书出版总量的 41% 和 9%。从 20 世纪 80 年代到 90 年代，希腊共出版了 7 万册图书，其中英语语言类就占了 2.8%，而且这个数字还在继续攀升。2000 年，希腊从国外进口的图书总额为 5370 万欧元，最大的进口国为英国，其次分别是以色列、德国和荷兰。而出口量不到进口总额的 1/3，一半以上的图书销往塞浦路斯，还有一部分是运往希腊移民聚居的英国和美国，还有新开辟的市场——波兰、土耳其等国。自 2000 年以来，图书出口量每年以 28% 的速度递增，有望弥补图书贸易的逆差。

根据图书出版数据库的资料，全国大约有 480 个出版社，每年出版 10 种以上图书的出版社有 80 个。全国最大的 5 个出版社如下：Patakis、Ellinika、Grammata、Modern Times 和 Kastaniotis。它们发行的图书占据图书总量的 28%。全国有 2000 个销售商、还有 1500 个零售点（包括超市、报亭），形成一个图书销售网络。最大的两家零售商只有 20~22 家连锁店，可见，在希腊并不存在图书的垄断销售。但在国外供应商的要求下，国内书商开始建立网上书店，利用网络技术开展订阅、查询和读者服务，以满足网络时代的服务需求。

# 第六章

# 军　事

## 第一节　防务政策的演变

**希**腊的地理位置十分重要，它位于连接欧洲、亚洲和非洲三大洲的十字路口，身处被称为欧洲"火药桶"的巴尔干半岛南端，接近于盛产石油的中东和高加索地区，邻近作为能源运输的交通要道的爱琴海。因为海运业的发达，希腊也是地中海商业和文化的交流中心。因此，在历史上即是大国势力渗透和控制的对象。冷战期间，作为地中海的门户，是北约防御华沙军事集团威胁的战略要地。冷战之后，作为巴尔干半岛上唯一具有欧盟、西欧联盟和北约多重身份的国家，依然是西方国家防御巴尔干、东南欧和东部地中海危机和冲突的前哨基地。与此同时，面对频繁的巴尔干危机，希腊通过参与巴尔干地区的国际维和行动，提升了自身的防务地位和自主性。

为一个国力弱小的国家，希腊主张从现实主义的角度来看待自身的安全和防务。第二次世界大战结束后，其制定的国防战略一直是基于"制衡"（内部和外部的平衡）的原则。相较于一个大国而言，小国的选择具有相当的局限性。因此，希腊往往将自身的防务立场和政策与北约、欧盟合为一体，依托北约和欧盟实

现本国安全利益的最大化。

20世纪40年代末至50年代初冷战开始，尽管国内的各大政党在国家安全和加入北约的问题上存在不小的分歧，但是对于国家面临的最大外部威胁是来自华沙军事集团这一点上有着高度的共识。因此，政府制定的国防政策，重点是仰仗北约、依靠美国，对内防范共产党势力，对外防御东方阵营的军事威胁。对于希腊而言，美国是其天然盟友和保护人，不仅在经济上需要美国的援助，在国家防务上也愿意听从这个大国的安排。希腊的陆海空三军，全部使用美国的装备，成百上千的军官在美国接受高级军事培训。直到60年代中期，希腊国防政策都是基于美国的主张：即主要的安全威胁来自于国内而不是国外，军队的建设是为了对付国内共产主义势力的威胁。希腊在北约承担的任务是，一旦美苏两个超级大国发生世界大战，其职责就是拖延苏联及其卫星国的军事进攻。

60年代末，东西方紧张局势趋于缓和，一直担心相邻社会主义国家支持国内共产党势力的希腊感到威胁大为减弱。另外，由于塞浦路斯问题，希腊加强了对土耳其的警觉，但其防务政策的重心并没有转移。在1974年土耳其入侵塞浦路斯以前，希腊军队的主要任务有两项：一是加强军事防御力量，以免遭到苏联及其巴尔干卫星国的进攻；二是一旦发生东西方阵营冲突，支持西方在地中海东部的军事布控。1974年，土耳其对塞浦路斯的入侵，戏剧性地改变了国内对于首要威胁的认识：即真正的威胁并非来自东方社会主义阵营，而是来自土耳其。据此，其国防战略重心从北约的防务安排以及预防国内的冲突上，转向防范土耳其的威胁。1974年是当代史上的一个分水岭，国内政体从军人独裁转向民主政治，不仅防务安全政策的方向发生了转变，其对外关系也开始向欧洲共同体倾斜。

1974年之后，希腊制定了新的国防战略，其首要目标是在军事力量上和土耳其保持平衡，重点是保护国家利益和主权完整,防止土耳其向塞浦路斯希族区发动进攻。其次,作为北约的一员,在军事上阻挡来自东欧、巴尔干以及地中海地区的威胁。按照北约的计划,希腊国防政策在战略层面上以防御为主,目标是阻止任何针对希腊的军事进攻和威胁,保护希腊的国家利益。在战术层面,根据形势需要,以防卫或反攻为主。

苏联解体、冷战结束后,来自东方阵营的军事威胁消失了,对于希腊而言,其安全威胁,首先来自东部邻国土耳其。尽管希腊和土耳其关系得到改善,但由于爱琴海领海争端和塞浦路斯等问题仍未解决,来自东部的危险依然存在。其次来自巴尔干和地中海地区的潜在的冲突危险也需要积极应对。为此,希腊制定的防务政策是依靠内外平衡,对内增强军事实力,对外依靠所加入的欧洲重要的安全和政治组织,比如北约、欧盟和西欧联盟等。特别是在防御土耳其威胁上,主要依靠国际法和国际协定,以及美国、北约和联合国的调停作用。然而这项政策证明并不十分有效,由此,希腊将重点转向内部的平衡,即增强自身军事力量与土耳其抗衡。近几年来,随着欧盟共同安全和防务政策的推进,希腊侧重于打"欧洲牌",对于北约和美国的依赖有所减弱。

总体而言,进入21世纪后,希腊制定的新防务政策具有三方面的重要内容。

(1) 继续依靠北约,维护国家安全利益。希腊在地缘政治中具有重要的战略价值,但因国力弱小,无力独自应对可能的外来侵略,因此应坚持依靠北约集体防务,来维护本国的独立和安全。

(2) 积极推动欧洲防务联合,努力改善与邻近国家的关系。在欧洲防务问题上,积极主张欧盟建立独立防务、推动欧洲防务一体化。同时,积极加强同周边国家的防务合作关系,努力营造有利的安全环境。

(3) 增强军事实力,提高军队现代化水平。从本国三面临海、岛屿众多的地理特点和视土耳其为潜在对手的作战方针出

发，希腊制订了建设一支规模小、质量高、机动灵活的现代化军队的改革计划，重点发展海、空军力量，同时改革陆军编制体制，减少指挥层次，提高部队的灵活反应和机动作战能力。

## 第二节　国防体制与国防开支

希腊现行的国防体制是由 1975 宪法所确立，整个设计是为了保障文官对军队的领导，以防止军人夺权上台的历史重演。现行宪法规定，发展武装力量的主要目标，是保护国家领土完整、维护独立与主权、保护公民免受任何外来威胁和维护国家利益。简而言之，军队的作用是保家卫国，服从政府的指挥，所有重要的国家安全事务由政府决定。

### 一　国防领导体制

根据 1975 年宪法（1986 年后再次修订）规定，总统为武装力量的最高统帅，但他的权力在很大程度上只具有象征意义。军事决策权掌握在总理和政府外交与防务委员会手上。从具体的职能划分来看，政府外交与防务委员会是国防事务的最高决策机构，由总理任主席，成员包括外交、国防、国民经济、内政和公共管理、权力下放和公共秩序部长以及国防总参谋长等。除发生紧急情况之外，一般每年召开一次会议。该委员会有权任命总参谋长和陆海空三军参谋长。总参谋长为军队的最高统帅，在国家发生危机或爆发战争时，由他直接指挥军队。在和平时期，三军参谋长直接向国防部长汇报工作。总参谋长的职位由陆海空三军高级军官轮流担任，任期两年。三军参谋长任期也为两年，如果情势需要，可以适当延长。国防部是最高军事行政机关，负责国防政策的制定和实施、军队的建设和管理。国防部设立了国防委员会，作为自己的高级咨询机构，它由国防部长、副部长、国防参谋长和各军种参谋长组成。国防部下设办公厅、财务计划与防务投资总局和联合行政部。议会也设有国防和外交事务常设委员会,但它主要负责与国防事务有关的规划和立法。

希腊宪法规定,国防部长统一指挥武装力量,而作战指挥则是由总参谋长通过国防参谋部和各军种司令部来实施。

## 二 军队指挥机构

### (一) 国防参谋部

国防参谋部,为最高军事指挥机构,由国防总参谋长领导,下辖陆、海、空军参谋部。

2002年,希腊军队进行了重要的改革,扩大了国防总参谋长的指挥权限。重组后的国防参谋部,直接领导五个联合作战司令部,即陆军第4军司令部、内陆与岛屿司令部、快速反应与支援司令部、海军舰队司令部和战术空军司令部。国防参谋部设有作战部、情报与安全部、后勤部、通信与信息部和防务政策部。

### (二) 参谋长委员会

参谋长委员会,系最高军事咨询机构,负责就防务政策、军事形势、军队指挥结构和作战指导原则等问题,向国防部长提出建议。

该委员会由国防总参谋长任主席,成员包括陆、海、空三军参谋长。

### (三) 各军种参谋部

自2002年军队实行改革后,各军种参谋部的指挥职能被削弱,其现行职权主要是负责本军种部队的预算、规划、训练、管理和后勤等。例如,由陆军参谋部负责陆军的预算、规划、训练、管理和后勤。陆军参谋部下辖动员部队、低戒备盟军司令部和雅典军区,对第4军司令部、快速反应和支援部队司令部,以及内陆与岛屿司令部三个联合作战司令部所属的部队实施行政控制,但不具有作战指挥权。海军参谋部负责海军的预算、规划、

训练、管理和后勤。海军参谋部下辖海军训练司令部、海军后勤支援司令部、海军地区司令部，对海军舰队实施行政控制，但不具有作战指挥权。空军参谋部负责空军的预算、规划、训练、管理和后勤。空军参谋部下辖空军支援司令部和空军训练司令部，对战术空军司令部所属部队实施行政控制，也不具有作战指挥权。

三 国防开支

自从1974年土耳其入侵塞浦路斯并侵占了37%的领土以来，希腊一直保持了高额的国防开支。1974~2000年间，平均每年的国防开支占国民生产总值（GNP）的5.5%（参见表6-1），在北约国家中位居第一。巨额的军费投入和强化的军事训练，也是为了应对土耳其在军备和人力上的优势。虽然国内各大政党和民众都认为这种"牺牲"为了国防事业是值得的，但是国内的军事开支已成为经济上的沉重负担。为了完成欧洲货币联盟第二阶段的指标，希腊曾一度执行紧缩开支的计划。但是1996年，伊米亚危机发生后，土耳其声称在25年内增加1500亿美元的军备开支，希腊也不甘示弱，马上宣布在5年内投入140亿美元的军费开支。1998年，希腊的国防开支占国内生产总值的4.8%，而欧盟的平均值仅为1.7%。

20世纪90年代初期，尽管苏联东欧的剧变使许多西方国家享受了"和平红利"，但希腊认为，本国不仅没有享受到国际格局变化带来的好处，反而面临来自前南斯拉夫联盟和其他前共产党邻国局势动荡不安所带来的更大威胁，因此，维持高额军费开支，加强本国的军事实力，以应对各种冲突和不对称威胁仍是现实的选择。进入21世纪以来，其国防开支占国内生产总值的比例有所降低，但希腊仍然是北约军费比例最高的成员国之一。2003年，国防开支达到35.86亿欧元，2004年为39.14亿欧元，2005年开支增至49.02亿欧元，约占国内生产总值的3.26%。

表 6-1　希腊的国防开支

单位：%

| 年　代 | 占国民生产总值的比例 | 年　代 | 占国民生产总值的比例 |
|---|---|---|---|
| 1985~1988 | 6.3 | 1993 | 5.4 |
| 1989 | 5.7 | 1994 | 4.5 |
| 1990 | 5.8 | 1995 | 4.6 |
| 1991 | 5.4 | 1996 | 4.5 |
| 1992 | 5.5 | 1997 | 4.6 |

资料来源：Thanos P. Dokos, "Greek Security Policy in the Twenty First Century", in Christodoulos K. Yiallourides and Panayotis J. Tsakonas, *Greece and Turkey after the End of the Cold War*, Aristide D. Caratzas, 2001, p.91.

## 第三节　军种与兵种

希腊的武装力量由正规军、准军事部队和预备役部队组成，主要担负保卫国家的独立与完整、捍卫国家领土、保障实现国家政策目标的使命，并为之作出决定性的贡献。在和平时期，武装力量承担的主要任务是：时刻提高警惕，保障国家领土的安全；确保军队的快速反应能力，预防和有效应对各种危险和威胁，保持高水平的作战能力；为维护国际和平与安全作出自己的贡献。

国内正规军分为陆军、海军和空军三个军种，军衔分为 5 等 17 级：将官 4 级，分为上将、中将、少将和准将；校官 3 级，分为上校、中校和少校；尉官 3 级，分为上尉、中尉和少尉；士官 5 级，分为准尉、军士长、上士、中士和下士；兵分 2 级，上等兵和列兵。

自 20 世纪 70 年代以来，为了应对土耳其的威胁，希腊一直强调依靠本国发展防务力量，直至 80 年代，三军总人数保持在

希腊

20万人左右，90年代下降为16万人左右。目前，现有总兵力大约为16万人，其中义务兵接近10万人。

## 一　陆军

**陆**军兵力大约有11万人，集中部署在北部边境一带，其主要编队为旅、师、军团和野战军，具体构成如下：3个军区、1个集团军司令部、5个军区司令部、5个师部、5个独立装甲旅、7个机械化旅、5个步兵旅、1个陆航旅、1个两栖作战营、4个侦察营、5个野战炮兵营、1个独立空中补给连、10个高炮营、2个地空导弹营。主要装备有：各型坦克2088辆、装甲侦察车167辆、步兵战车500辆、装甲运输车1977辆、各类火炮近10000门、地空导弹1083枚、U-17型飞机43架、直升机150架（其中"阿帕奇"AH-64A型武装直升机20架）等。

为提高部队的联合作战能力，陆军参谋部下设3个联合作战司令部，即以驻维里亚的第2军为基础组建的快速反应和支援部队司令部、驻色雷斯的第4军司令部和负责爱琴海地区防务的内陆和岛屿司令部。

## 二　海军

**海**军兵力大约近2万人，主要部署在中南部沿海和克里特岛地区，其主要组织包括海军总参谋部、舰队司令部、海军训练司令部、海军后勤司令部和各类海军指挥部和兵种。具体构成如下：1个舰队司令部、1个训练司令部、1个后勤司令部和4个本土海区司令部。海军舰队根据舰种编成驱（逐舰）护（卫舰）支队、潜艇支队、快艇支队、登陆舰支队、扫布雷支队和直升机支队。按照2002年希腊军队重组计划，舰队司令部成为隶属国防参谋部的五个联合作战司令部之一。此外，通过合并组建了一支强大的舰队，主要由护卫舰、驱逐舰、发射导弹的护卫舰和潜艇组成的突击部队和后勤支援舰只构成。海军航空兵共有250人,编成两个中队,配备P-3B海上巡逻机6架、直升机17架,其中反潜直升机15架、电子战直升机两架。

海军主要装备有8艘潜艇、4艘驱逐舰、18艘护卫舰、17艘导弹快艇、8艘巡逻艇、8艘鱼雷快艇、2艘布雷舰、14艘扫雷艇、10艘两栖登陆舰、57艘小型登陆艇、20艘支援舰船等。

### 三 空军

**空**军兵力约3万人,集中部署在首都雅典附近及中部地区,编有1个作战司令部、1个训练司令部、10个攻击战斗机中队、8个战斗机中队、1个侦察机中队、3个运输机中队、4个联络机中队、4个教练机中队、1个直升机中队、1个防空营等。军队重组改革之后,作战司令部成为隶属于国防参谋部的5个联合作战司令部之一。与此同时,合并组成了一支现代化空军编队,将战斗、运输和训练连为一体,设置了现代化的空中管制系统,与分布广泛的防空网络有效地连接起来。空军的组成包括空军总参谋部、常备军司令部、空军支持司令部、空军训练司令部,以及许多相关兵种。空军主要装备有各型飞机1000余架,其中作战飞机418架、攻击战斗机204架、战斗机230架、联络运输机30架、教练机94架、直升机35架。

在武装力量中,有些兵种除了履行其军事职能之外,还为国家的经济和社会的发展作出了重大贡献。这些兵种包括:陆军的地形兵、海军的水文地理(水道测量)兵、海军的灯塔兵,以及隶属空军的国家气象办公室,等等。

### 四 准军事部队和驻外兵力

**希**腊的准军事部队约有3.5万人左右,由国民警卫队、公安警察和海港警察等构成。其中国民警卫队占据多

数,约计3.45万人。预备役部队大约有32.5万人,其中陆军23.45万人、海军2.4万人、空军3.2万人。

希腊的驻外兵力主要集中于塞浦路斯,共驻有1250人、1个机械化旅。参加联合国维持和平行动的士兵有800余名,其中波黑维和部队250人、北约军事一体化空军部队C-130运输机1架、格鲁吉亚军事观察员4人、伊拉克/科威特边境军事观察员5人、西撒哈拉军事观察员1人、南斯拉夫维和部队430人。外国驻军以美国驻军为主,共计310人,其中海军240人、空军70人。境内设有北约海上封锁训练中心和空军联合作战中心,以及北约中南欧次地区联合司令部总部。

五 武装力量的现代化

自20世纪90年代后期和进入21世纪以来,希腊对于地区冲突和非对称威胁有了更为清晰的认识。2000年,政府在其发布的《战略防务评估》报告中宣称,虽然世界大战的威胁已经消除,但是国际安全环境更趋复杂。在21世纪新的战略环境下,主要的威胁是地区冲突、前共产党邻国的不稳定局势和不对称威胁。安全防务环境的变化,加上军事技术的快速发展、作战方式的变革,以及北约的要求,使希腊军队现代化转型的任务显得尤为迫切。据此,面对新时期的要求和环境变化,国防部计划在陆海空三军的结构、组织和作战方式上实施重要的改革,以此保持强大、灵活而有效的战斗力,以应对新安全环境所面临的威胁。这项改革涉及防务力量的三个基本要素:军队指挥结构、武器系统和人员。具体来说,在军队结构方面,扩大总参谋长的指挥权力,按照新的安全标准,部署境内的武装力量,如马其顿地区的驻军,不仅承担着保护边境的任务,同时需要应对新的不对称威胁,如国际恐怖主义、有组织的犯罪、非法移民和其他威胁国家安全的危机等。在武器系统方面,正在推进国内防务工业的改革和现代化，使其最大可能地参与实施军备供应规划，并确保武器投资开发拥有良好的竞争环境。在人员方面，推动职业军队的建设，在边境地区引入高度准备状态下的预备役部队制度，改进最高军事训练学院、国防学院和联合战争学院的军事教育和训练，并将其毕业文凭提升为研究生级别。

在21世纪伊始，按照新的国防规划以及北约的军事转型目标，国防部对武装力量设置的目标是，通过改革和转型，建设一支维护国家安全的基本力量和一支有效的危机管理的力量。实现这一目标需要重组武装力量，使它们能够适应现代军事技术标准，提高三军部队反应的速度和效率，同时减少其成本。既要发展灵活、快速和有战斗力的陆军，使其具有稳固的防护力量、有效的火力以及适当的组织和结构，保障国家内陆和岛屿的领土安全，并为塞浦路斯的防务作出贡献；也要发展海军力量，使其能够在海上保护国家主权，保卫沿海海岸和海岛，保持海上交通线的畅通，并在所有希腊海域和东地中海最大范围内，加强海军力量的存在。发展空军，使其能够保障希腊的领空安全，给予陆军和海军强大的支持，并在东地中海范围内保证其作战能力。与此同时，促使武装力量的所有部队联合作战的能力达到最大化，以实现防务战略新目标。

## 第四节 军事训练和兵役制度

一　兵役制度

希腊实行义务兵役制。宪法规定，自1月1日起年满19岁至12月31日前为45岁的男性公民都有服兵役的义务。义务兵役有两种类型：一种是现役，即征召年轻士兵入伍；另一种是预备役，指服完现役后转入国内的后备军队。现役

期限有两种，其一是完全役，原为 24 个月，按照 2004 年国防部的最新决议，将它缩短为 12 个月；其二是非完全役，有 9 个月、6 个月和 3 个月，视入伍士兵的社会和家庭状况的不同给予缩减。在特殊的情况下，如果士兵服完义务兵役的一半期限，可以由国防部发布命令解除军职。预备役的期限则按照军队人员配备的需要，由国防部发布命令决定。自 2004 年 1 月 1 日开始，预备军官的服役年限缩短为 17 个月。

如果有严重的健康问题，或者在某些特殊情况下，可以免服兵役或缩短服役年限。如 2004 年第 3257 号法令规定，需要抚养 3 个以上孩子的父亲可以免服兵役。如果是家中独子，服兵役期限缩短为 9 个月。如果家中有 6 个兄弟，前三位兄长兵役期为 6 个月，后三位兵役期为 9 个月，以此类推。如果家中有两个孩子需要抚养，或者因为各种原因还无法适应军队生活的，可以延缓 3 年入伍。牧师、修道士和其他宗教人士，还有法庭宣判的罪犯，或被剥夺军事能力的人，如果是在校的（包括登记入学的）学生，或者有意前往海船从事相关商贸或其他实习事务的学生、在国外享有永久居留权、或是国内或欧洲议会、省市镇村的行政官员的候选人、联合国组织、分支机构的雇员等，都暂缓征召。

妇女不属于征兵对象，可自愿入伍为国效力。从 1980 年开始，因为社会的老龄化以及征兵对象年龄组人群的缩小，国内的新兵人数锐减。1994 年，符合征兵年龄的人员只有 37 万。为此，国防部宣布，妇女将应召接受国民警卫队的军事训练。

一般而言，自愿应召入伍的最低年龄放宽为 17 岁。但每位新兵人选是否符合条件，都需地方征兵局进行评估，并由其决定是否录取，决定适合人选的军种、专业和级别。对于新兵的分类和分级，都由电脑根据他的资格和条件进行派位。入选的军官将被送到预备军官学校进行 4 个月的培训，然后出任预备军官。在退役前几个月，一般会被授予"二等中尉"。

征召的人数由各军种人数的缺口、军队的运作需求、本国对于国际组织（比如联合国、北约和欧洲安全与合作组织）派兵的承诺，以及出于维护在巴尔干、东地中海战略地位的考虑等多种因素决定。

二　服役训练

**新**入伍的士兵一般要受训三个周期。初训期为两个月，主要进行体能训练、学习基本军事技能。然后按照所分配的兵种和专业，进入特殊训练中心，学习战地生存、专业知识和如何执行任务等实际技能。结束特殊训练后，转入边防部队，服役6个月。一般服完3个月后，也可以提出申请转入自己选择的单位，可以填报三个志愿。而预备役军人主要进行阶段性的训练，更新军事知识和技能、熟悉新的武器装备，等等。志愿入伍的士官先要在新兵训练中心接受基础训练，之后进行专业训练，周期的长短依据专业的性质而定。最后，他们将被指派到各自的军事单位，接受在职训练。如果是特种部队，将按照山地突袭队、水陆装备突击队、伞兵、海上快速反应部队、水下爆破队特殊兵种的要求，进行非常严格和特殊的训练。

希腊军官培训一般在3所军事院校进行。陆军军官学院每年招收250名学生，空军每年入学的人员为130名，海军每年新注册的学院则为75名。这三所院校提供4年学习计划。因为入学名额有限，所以竞争非常激烈，一般只有10%~15%的申请者入选。军官军事学校的学制为4年和6年，入读的专业为医学和行政管理等，每年招收100人。除此之外，每个军种都有自己的培训学校，提供两年制的学习课程。

除了现役军人，国内还有30余万预备役军人，按照年龄，被分为A、B、C三类：A类为40岁以下，B类为40~50岁，C类为50岁以上。每年，预备役军人将会接受1~2个星期的军事

训练。预备军官入选必须符合以下资格：取得高中学历，拥有大学、技术教育学院文凭和在校大学生获优先考虑。身体健康，须达到I1或I2级标准，身高1.65米以上。服完兵役，无犯罪记录。必须在训练中心通过相关的心理和体能测试，经过特殊的军事训练后，经评估合格，才能获得预备军官的任命书，享受这一级的特殊待遇。凡是服完兵役，拥有高中文凭，身体合格的都可以成为预备军士。但他们不享有和预备军官一样的特权和福利。

## 第五节　国防科技和国防工业

希腊是从20世纪70年代中期开始发展国防工业，在此之前仅有几个分散的国防工业基地。至90年代中期，其国防工业已经为军队输送大量的装备，并在对外出口上取得了不小的进展。最初，发展国防工业的政策目标是为了满足国内军事需求，带动国内的制造业，减少对国外武器供应商的严重依赖。由国防部下设国防工业司，负责制定和执行有关国防制造业的总政策。作为联系军队和国防工业的中间桥梁，该机构的职能是推动军事装备生产能力的发展，管理国防工业的新的特殊项目、推动国防工业的现代化以及军用材料的标准化和规范化。

20世纪70年代起，国内已开始生产军用车辆、飞机零件、枪支和船舰。80年代初，国防工业进入发展阶段，并开始对外出口武器。然而，由于国内出现严重的经济问题和科技的滞后发展，使国防工业无法适应军队需求的变化。和美国签订的防务和经济合作协定中的军事援助项目，也没有得到有效利用，一些国有国防工业财政状况欠佳，国内武器供应主要依赖美国和欧洲大国的出口。90年代，特别是1996年伊米亚危机发生后，对新武器的采购需求大大增加，从而导致了供应成本的迅速增长。国防部意识到，国防工业的改革和现代化势在必行，由此制定了一系列的规划,包括:国防工业应最大可能参与军备规划,将其产品全面应用于基础设施和其他领域,将其技术与国内高附加值产品结合起来;在严格遵守军队采购法律框架的基础上,积极参加军队"武器和装备采购"计划。

与此同时,国防部认为,和国外企业合作生产将是希腊国防工业迅速成长的捷径。2004年7月1日,欧盟成立了欧洲防务局(EDA),意在加强成员国之间在防务武器领域的合作。即日起,希腊也成为这个机构的创始成员国。希腊对此显示的积极态度,原因在于:希望通过和欧盟国家的共同研发,为自己分担国防工业产品开发的高成本,使国内的国防产业在获得技术知识、发展经验以及扩大国外市场的同时,可以更积极有效地参与和投资北约和欧盟的防务伙伴关系项目,国家和私人工业企业之间借此可以达成战略性的联合生产或合作计划,以便能全面、协调地利用和发展本国的生产力。

作为工业生产能力有限的小国,希腊的军火生产规模较小,但地位重要。近年来,国防部采取了防务工业多样化的战略,鼓励出口产品,通过各种激励手段,推动国内企业参与大型军工项目的研制与生产,以此来增强防务工业的竞争力。目前,国防工业已形成10大门类:(1)弹药。如迫击炮、中等和小口径的枪支、坦克、反坦克高爆弹、火箭、手榴弹、烟幕弹的弹药以及炸药等。(2)武器。如轻武器、机枪、迫击炮、手枪、防空武器系统、多管火箭发射系统、反坦克武器系统等。(3)军用舰船。(4)装甲车辆。如人员运输装甲车辆、军用吉普车、坦克运输装甲车等。(5)航空设备。为直升机、航空器的发动机和电子设备提供生产和维护服务。(6)通信和电子设备。包括无线电和移动通讯设备,等等。(7)光电子装置。如夜视瞄准仪、夜视探测仪、坦克潜望镜等。(8)电气设备。如电力发动机、军用电池、电缆等。(9)军用设备的零部件。(10)其他多种多样

的军用辅助产品。如伪装网、充气型军用船、防生化面罩、防弹衣、防弹车，等等。一般而言，国内的军火工厂主要生产火炮和轻型武器弹药、轻武器、电子装备和支援车辆，以及航空设备。造船厂生产海军舰艇，特别是支援性舰艇和小型战斗舰艇。但高技术武器装备仍需从美国、俄罗斯大量进口，由此造成了防务工业产品贸易的巨大赤字。

国内从事国防生产的单位以国有企业为主。1994年，希腊国防工业的就业总人数为2.2万人，年产量2.5亿美元。2003年，年产量为2.4亿欧元，就业人数为1.5万人左右，参见表6-2。

表6-2 希腊国防工业

单位：千欧元

| 年代 | 营业额 | 出口总额 | 金融结算 | 国防企业职工总数（人） |
| --- | --- | --- | --- | --- |
| 1999 | 122832 | 21472 | -10414 | 2939 |
| 2000 | 156316 | 39541 | -2153 | 2864 |
| 2001 | 209061 | 44102 | 1120 | 3020 |
| 2002 | 201655 | 48519 | 575 | 2974 |
| 2003 | 236135 | 61287 | 672 | 2883 |
| 2004 | 221859 | 60473 | -6882 | 2872 |

资料来源：希腊国防部网站，http://www.mod.gr。

## 第六节 对外军事关系

### 一 对外军事关系概述

冷战结束后，巴尔干半岛上频频发生的战乱和危机，让希腊切实感受到国际安全环境的复杂和多变性。与此同时，作为在这个战略位置重要而又敏感的地区中唯一拥有北约、欧盟和欧安组织多重身份的国家，希腊认为，加强本国在东

## 第六章 军事

南欧地区的稳定与和平的作用是十分必要的，而达到这个目的的主要途径，是积极参与各个国际组织的维护安全和稳定的行动，以及签署多边和双边的防务军事合作协定。这种集体安全观念，在国防部制定的防务外交总目标中的表述为：促进、保持和其他国家的良好关系，建立建设性的军事合作，通过和平手段解决各种问题和冲突。通过追求促进和支持有关维护和平、重建互信、销毁武器以及发展国家间合作等的倡议和行动，发挥希腊在东南欧的稳定性作用，从而保障该地区的稳定与安全。

作为一个国力弱小的防御型国家，希腊历来重视国际组织在维护世界和平稳定上发挥的作用，遵守它所加入的国际法和国际条约的各项义务。首先，希腊主张联合国应在维护世界和地区的和平稳定上发挥核心作用。即使对美国干预巴尔干危机的行动表示支持，也先要声明是符合联合国的宪章和相关决议。其次，支持北约发挥保障欧洲集体安全的职能和作用。再次，积极推动欧洲共同防务的建设。1995年，经过多年的努力，希腊终于成为西欧联盟的第10个成员。它认为，加强西欧联盟的安全防务作用，可以在北约框架内强化欧洲防务的特性。

近年来，尤其是在科索沃战争后，欧盟建立了共同安全与防务政策，希腊更为强调欧盟必须拥有冲突预防、危机处理和维和的自主能力。和一些欧盟老成员国不同的是，希腊认为，在巴尔干危机管理上，尽管北约发挥了重要作用，但它的职能和作用也有其局限性。因为北约原本是一个军事组织，不能很好地结合非军事手段，以整体的方式处理危机。而欧盟可以通过政治、经济和外交的途径，来提高处理危机的能力，而且其机制框架也适合协调一致的行动。进一步说，在安全领域发挥更大的作用也符合欧盟的利益。欧盟在国际安全事务中之所以没有担任领导者的角色，是因为让位于北约的缘故，是担心和北约平起平坐，将有损于跨大西洋关系，甚至有可能使美国退出欧洲安全体系。但希腊

### 希腊

的观点是,这种担心是不必要的,欧盟发展安全防务能力,不会造成和北约的竞争。欧盟和北约之间的关系有必要进行重新定位:其一,在当代国际安全体系中,重新分配资源和调整职能。可以按照危机的类型(也不排除按照地理位置的划分),进行分工。在平等的基础上,建立两个组织的协商机制;其二,在符合北约目标和要求的前提下,发展欧盟独立自主的防务机构和能力。就目前而言,欧盟安全和防务政策的目标,不是发展和北约相同的军事能力,而是通过统一的军事和民事手段,发展处理特殊类型危机的能力;其三,加强欧盟在北约内"分担的责任"。2004年欧盟首脑会议上通过的欧盟宪法,提出推动欧洲防务一体化的问题,希腊表示愿意成为加快结构性防务合作的核心成员国。除此之外,希腊还是其他许多重要的国际组织的成员,并且几乎签订了所有相关的多边武器禁止条约,同时也是所有国际武器输出组织的成员。

#### (一) 希腊和北约的关系

希腊并非北约的创始国,1949年北约成立之时,正值内战接近尾声。时隔3年,在政局稳定之后,希腊与土耳其同年加入北约。长期以来,希腊将北约视为国家安全的保障、欧洲安全的基石。1974年,土耳其入侵塞浦路斯之后,北约在希腊的抗议下未作表态,显然是默许土耳其的"既成事实"。希腊一气之下退出了北约军事组织。经过6年的漫长谈判,最后于1980年重新加入北约军事机构。

按照北约的部署规划,希腊属于其在巴尔干和近东地区的前沿防区,战时可以此为据地,封锁俄罗斯黑海舰队的出口,平时是推进北约国家在中、近东地区的政治经济利益的基地。目前属于南欧盟军司令部防区,其下辖的中南欧次地区联合司令部总部设于希腊的拉里萨(Larissa),已开始运行。同样设于拉里萨的空军联合作战中心,由于土耳其的阻挠,至今没有开始运作，这在北约军事防御的南翼形成了一个缺口。

在对北约武装力量的贡献方面，希腊加入了地中海海军常备军（STANAVFORMED），并提供了多艘驱逐舰和护卫舰，在作战时可形成欧洲盟军司令部（SACEUR）辖下的多国海军部队的核心。此外，希腊还为盟军作战司令部（ACE）的欧洲盟军快速反应军团（ARRC）提供了第二机械化师，并且将为南欧多国师提供兵力。在北约空中预警部队的 E-3A 型飞机上，同样可以寻觅到希腊机组人员的身影。E-3A 空中预警分队在希腊普雷维扎（Preveza）等地设有前沿基地，其他许多地区还安装了北约防空地面环境网（NADGE）设施。

随着 20 世纪 90 年代华沙组织的解体和冷战结束，北约开始寻求新的职能和特性，其战略从"前沿防御战略"转向"全方位应付危机"。2001 年"9·11"事件的发生，更成为北约转型的催化剂。北约在维持强大的一体化军事力量的同时，侧重建设具有高度机动性和远程投放能力的现代化部队，以便在传统防区之外进行军事行动。作为北约的正式成员，希腊积极支持其军事转型，它在国内推行的武装力量改革，也是和北约的要求相一致的。2004 年，在伊斯坦布尔峰会上，北约强调其当前任务之一是加强伙伴国的合作，严厉打击国际恐怖主义。希腊对此表示支持，但同时主张要基于国际法，和联合国的决议相一致。

雅典奥运会期间，应希腊政府的请求，北约协助希腊开展了"卓越竞赛"的行动，为此出动了空中预警部队的飞机、地中海舰队和常备海军为奥运会提供安全保护。这也是迄今为止北约规模最大的一次民事安全保护行动。

（二）积极推动欧洲防务联合

1999 年，科索沃危机的爆发使欧盟意识到加快欧洲防务建设的迫切性和重要性。同年 6 月，欧盟科隆首脑会议首次提出了"欧洲共同安全和防务政策"的概念，并作为共同外交和安全政策的一个不可分割的部分,纳入欧盟第二支柱。12月,举行了欧盟赫尔辛基首脑会议,决定设立欧盟防务决策指挥机构。据此,希腊加入了所有按照赫尔辛基协议成立的军事决策指挥机构,如于2000年和2001年先后成立的欧盟政治和安全委员会、欧盟军事委员会和欧盟军事参谋部。与此同时,积极参与欧盟的军工联合建设,成为2004年启动的欧洲防务局的正式一员。

同样,对于欧盟军事力量的建设和部署,希腊也尽其所能作出了重要贡献。例如,为欧盟快速反应部队贡献了一个旅级的司令部和一支地形支持分队,为民用通信基础设施的使用和作战手段的分析等提供专业化的支持。在海军方面,希腊派遣了两艘护卫舰、4艘导弹舰艇、1艘油轮、1艘海洋测量船、两艘两栖战舰、1艘扫雷艇、1艘支援舰、1艘潜艇等。在空军方面,支援了30架F-16和米格2000飞机、6架RF-4侦察机和4架C-130运输机,以及1个爱国者空中大队、两个防空大队、1个搜索和空中营救分队。考虑到欧盟军队的组建目前是建立在自愿的基础上,其军事力量和手段还很有限,希腊仍然主张依靠本国的力量加强防务建设,这意味着,不会因为依靠欧盟或对其安全和防务政策的重要支持和投入,而削减本国的国防预算。而且,希腊认为,参与欧洲防务局的军工合作计划将大大增强本国的防务能力,从长期来说,也会起到缩减国防开支、促进经济和科技水平增长的作用。

(三) 和欧美国家的军事关系

希腊和美国曾经在军事合作上建立了密切的关系。第二次世界大战结束后,希腊不仅在政治经济上长期依靠美国,在军事上也仰仗美国的援助。1953年,希腊和美国签订了第一个《防务合作协定》,允许美国在希腊境内设立军事基地。90年代,在泛希社运党政府的要求下,美国关闭了其中的3个。目前只在克里特岛的苏扎湾(Souda Bay)深水港和机场保留了一个军事基地,为美国第六舰队提供所需的后勤和地面支持。至今,美国每年向希腊提供3亿美元的军事援助,主要用于购买军事装备等。

除美国之外,希腊还和英国、法国、德国、西班牙、挪威签有双边防务合作协定。最近和东欧国家在"和平伙伴"倡议框架下,签订了相关的防务协议。希腊的武器装备主要从美国进口,近年来,从其欧盟伙伴国的进口数额在逐步增长,法国、德国是其主要的进口供应国,特殊的武器则从英国和瑞典进口。而俄罗斯和以色列是欧洲之外的主要武器供应国。

二 希腊维和行动

过去10年来,希腊在促进和平、反恐以及帮助许多遭受战乱的国家恢复和巩固和平的国际行动中发挥了积极作用。特别是通过参与多国维和部队(主要在巴尔干地区)的维和行动,希腊进一步加强了在这一地区的稳定器作用,与此同时也促进了国内军事力量的建设,维护了本国追求和平、繁荣的外交目标。目前,希腊军队主要参与了阿尔巴尼亚、波斯尼亚、科索沃、阿富汗等国家和地区的维和行动,与此同时,还通过派遣观察员参与较小规模的国际维和行动。

(一)阿尔巴尼亚维和行动

1997年,希腊向阿尔巴尼亚派遣了维和小分队,负责协调人道主义援助的安全运输任务,保障全国大选的平稳进行,同时应付可能发生的政治危机。选举结束后,又接受了协助阿尔巴尼亚军队进行重组的任务。这支部队包括1个连、33辆车和91名人员,还有4名联络-顾问军官。

(二)波斯尼亚维和行动

1995年,在北约的统一指挥下,希腊向波斯尼亚派遣了小分队,负责在波斯尼亚的各机场和港口运输供应品和各种物资。目前它由1个司令部连、1个运输连和1个医疗排,共有155人

和119辆车辆组成。至今,波斯尼亚小分队已经执行了约2000项使命,跨越了1900多万公里,没有发生任何事故。其最重要使命,是支持欧安组织监督波黑1996年和1997年的民主选举,以及塞尔维亚共和国1997年的议会选举。为此动用了105辆车辆,行程达到3万公里,运输物资325吨。此外,其活动还扩展到运输来自希腊、奥地利和匈牙利的人道主义援助物资,将其转交至波黑的几个城镇。在人道主义援助方面,希腊维和部队还向当地难民分发食品、教学设备等物品和资金。同时,还与希腊驻萨拉热窝大使馆以及"世界医生"组织进行合作,从波黑和塞尔维亚的几个城镇收容了因战争致残的22名儿童。

### (三)科索沃维和行动

1999年,根据多国维和部队在科索沃的部署,希腊向科索沃派遣了一个旅,其使命是保障科索沃的居民、难民和被驱逐人员的安全返回。该维和部队由第34机械化旅的1162名士兵、1架C-130运输机(含10名机组人员),以及在国内司令部的参谋部和指挥部执行相关任务的30名军官和士兵组成。驻科索沃分遣队已经执行了上百项使命,例如,侦察、护卫、保障安全和交通管制使命等。包括守卫、运送和摧毁某些特殊的武器和弹药,承担当地运输和护卫人道主义援助、医疗物资援助和人员援助的任务。

### (四)希腊驻阿富汗分遣队

塔利班政权倒台并退出首都喀布尔之后,希腊派遣小分队参加了多国维和部队,其目的在于帮助维护喀布尔的安全,使阿富汗临时政府成为一个被广泛接受的、多种族的、具有完全代表性的政府。希腊驻阿富汗分遣队包括:

(1)一个维和工程连,由122名军官和非正式的军官、57辆车辆、23台机器和操作人员组成,以协助阿富汗国家重建;

(2)一架C-130军事运输机和25名士兵、机组以及地面人员,以执行人道主义援助的空中服务。

# 第七章

# 对外关系

## 第一节 外交政策沿革

希腊位于世界三大陆——欧洲、亚洲和非洲交汇的十字路口，地理位置非常重要。在巴尔干半岛上，在欧盟新一轮东扩之前，它是唯一具有欧盟和北约成员双重身份的国家。希腊不仅和盛产石油、政治上极为敏感的中东地区接近，在地中海中又处于南方国家和北方国家的交界处，如此非同寻常的战略位置使希腊早在1952年就被北约组织吸收为成员国。冷战期间，它又成为北约连接东南要塞的重要纽带。这种交通枢纽的重要性又体现为希腊和土耳其的接壤，在冷战期间，土耳其和苏联、中东地区有着共同的边界，西方盟国认为通过希腊制约土耳其，对保护西方的安全有着重要的意义。作为一个战略位置如此重要，而国力又相当弱小的国家，希腊在外交上一直采取现实主义的平衡或者说追随的政策，在对外目标上，它是一个维持现状的防御型国家：即强调国家主权和领土的不可侵犯，并重视国际法和国际条约的作用。希腊一向是联合国的坚定的支持者，主张联合国在维护世界和地区的和平稳定上发挥核心作用。在地区组织中，支持北约发挥保障欧洲集体安全的职能和作用。

## 希腊

在后冷战时代的新地缘政治背景下,积极支持欧洲一体化,依托欧盟维护民族独立和国家安全成为希腊外交政策的基本出发点。同时,希腊积极发展同美国和北约的关系,主张北约与欧盟在维护和平与安全上共同发挥作用,支持欧盟建立共同安全和防务政策、组建欧洲多国快速反应部队,以及欧盟和国际社会在巴尔干与中东和平进程中所发挥的作用。进入21世纪后,随着巴尔干地区安全局势的愈益复杂化,希腊的外交舞台变得更加宽广,它相信随着自己的外交作用日趋活跃,希腊作为东南欧地区最主要的稳定器的潜能正在发挥,且在某些领域中已得到证实。

### 一 1974年以前的外交政策

1974年是当代希腊史的一个分水岭。在此之前,希腊的现代历史几乎可以用内外冲突不断这个特征来概括,这使希腊的内政外交不得不屈服于外来势力的干涉,或者说是控制。由于身处地中海和巴尔干半岛的要冲,战略位置十分重要,长期以来,希腊是大国势力竞相渗透的目标。又由于其疆域直接面向海洋,不易防守,这个小国一直处于大国的保护之下。这些大国对于希腊的政策和行为,主要是为了获取对该地区的影响力,并非对其本身事务有着浓厚的兴趣。虽然对大国的干涉心怀不满,但是,希腊人出于本国安全和民族独立考虑,通常会默认这种现实。自19世纪初期建立民族国家以来,外交政策的取向,特别是在对待外国势力影响这个问题上,一直是辨别各个政党政策的重要标志。

从18世纪末期到20世纪50年代,英国是希腊的主要保护国。第二次世界大战和内战结束后,美国取代英国与希腊建立了特殊关系。战后重建时期,希腊无论在军事上还是经济上都严重依赖于美国的援助。对于这种依附地位,国内各个政党反应不一,与美国的特殊关系受到右翼政党的欢迎,但遭到共产党和左翼政党的严厉抨击。

20世纪60年代初，温和的中间立场观点逐渐占据主流。持此观点的党派认为希腊在外交政策上要争取更大的独立性，但是不能损害和西方盟友特别是和美国的亲密关系。

1967年，上校军团上台后，美国被指责和军人政府共同策划，致使1974年塞浦路斯遭到土耳其的军事入侵。虽然军人独裁政府和美国继续保持亲密的外交关系，但是整个70年代，美国和北约因为支持上校政权和偏袒土耳其，受到希腊社会的严厉谴责，希腊民众要求政府和美国重新谈判军事基地协议，并重新考虑和北约的关系。

二　1974年后的民主改革和欧洲政策的出台

希腊在1974年上校军团下台后，迎来一个重建民主政体、争取自主外交的新时代。卡拉曼斯利上台后推行的民主改革使希腊平稳过渡到民主政体。他以自己特有的政治才能和远见卓识，妥善处理了希腊共产党、君主制和派别政治斗争等问题，减少了代理人政治以及国外势力对内政和外交的干涉。但他的外交政策仍然遵循1974年前的温和路线，只是在土耳其事务上持强硬立场。因为当时塞浦路斯和爱琴海争端尚未解决，希腊和土耳其关系仍处于紧张对立状态。1974年塞浦路斯危机发生后，卡拉曼利斯政府宣布退出北约军事组织，以表示对北约在土耳其入侵塞浦路斯问题上所持立场的不满，同时表达了希腊要摆脱在经济和军事上依附美国的决心。

此后不久，希腊和美国开始就撤除美国驻希军事基地举行会谈。但从1976年开始，希腊和美国的关系又逐渐升温，两国签订了一系列关于防务和经济合作的双边协定。对于卡拉曼斯利这样务实的外交家来说，美国的军事援助和军事存在，对于维护希腊的安全是不可或缺的。

也正是卡拉曼利斯,第一次着手改变希腊和土耳其力量的不对称发展。一方面增加军事开支,尤其是重点发展空军力量;另一方面通过加入欧共体以增强希腊在国际事务中的地位和作用。卡拉曼利斯认为如果离开欧洲统一塑造的政治环境,希腊的未来将是暗淡无光的。希腊要以欧共体创始国——德国和法国为榜样,放弃领土要求,去接受经济上相互依赖和政治功能一体化的新挑战——这正是第二次世界大战后欧洲联合试验的本质。

### 三　20世纪80和90年代关于加入欧共体的争论

1976~1979年,国内对希腊是否加入欧共体的争论仍在继续。在这一过程中,卡拉曼斯利领导的新民主党势力逐渐减弱,泛希社运党迅速崛起于希腊政坛。出于左翼政党的身份认同和竞选考虑,它从一开始便反对希腊加入欧共体。1980年代,泛希社运党上台后,改变了卡拉曼利斯的温和立场,在对外政策上强化"反西方"色彩,并且表示和阿拉伯与中东欧社会主义国家建立友好关系。帕潘德里欧总理宣称希腊将实行新的"独立和多元"外交政策:反对一切军事集团,谴责美国支持土耳其和拉美国家的独裁军政府;呼吁美国撤除驻希军事基地,并考虑在适当时候让希腊退出北约。西方观察家和国内希腊反对党指责这一外交政策给人以亲苏联之嫌。对此,帕潘德里欧的解释是正在尝试让希腊摆脱对美国的完全依赖,希望结束对单个阵营一边倒的对外政策。

但是,事实上,在与欧共体和北约关系上,希腊外交的亲西方本质并没有改变。1981年1月,希腊正式获得欧共体成员国身份后,发展与欧共体的关系成为泛希社运党政府对外政策的重心。

此后,欧共体成员身份成为希腊对付外来威胁的重要外交工具。当土耳其试图走近欧盟时,希腊利用其欧盟成员身份尝试说服土耳其结束对塞浦路斯的占领。80年代后期，希腊对东方邻国的热情渐渐淡化，首先，是因为帕潘德里欧的亲苏联、阿拉伯以及地中海国家的外交政策，并没有为希腊赢得那些国家对土耳其事务的支持。土耳其仍然继续占领塞浦路斯北部领土。其次，比这更为重要的，是希腊加入欧共体为它带来实实在在的经济利益，而且，这对希腊产品打入邻国正在缓慢苏醒的市场非常有利。与此同时，泛希社党宣称，它所领导的政府已经兑现竞选时许下的诺言，美国设在希腊的大部分军事基地已经撤除。民族自豪感又回到希腊人心中。

1989年，泛希社运党竞选失败后，中右翼和保守党联盟第一次联合执政，一致推行亲西方外交政策。在此期间，希腊签署了《马斯特里赫特条约》，并且积极致力于自己向欧盟成员身份的转换。1992年，希腊作为欧盟成员国和前南斯拉夫马其顿共和国谈判，意图阻止后者使用古希腊马其顿王国的名称。但是另一方面，欧盟的制度化框架在一定程度上也约束了希腊的外交政策。它有效地阻止了希腊对前南斯拉夫采取敌对的立场，避免希腊卷入巴尔干纷争，而且使希腊致力于在欧盟和北约的框架下寻求集体解决的政治方案。

1994年夏，希腊第三次担任欧盟轮值主席国，并出色地履行了它的职责。此后，泛希社运党政府在外交政策的优先目标上取得广泛的认同：土耳其被一致认为是希腊的头号威胁和地区对手，欧盟和北约成员国身份是希腊开展对外政策的基本支柱，同样，维持和美国的关系也是希腊重要的外交目标之一。

四 后冷战时代外交政策的欧洲化

在1996年，泛希社运党主席西米蒂斯出任总理，他的内阁被称为入盟以来最为亲西方的政府。他的外交政策有着最为浓郁的"欧洲化"色彩。自西米蒂斯开始，希腊的

外交政策定位非常明确，可以用三个同心圆来形象地说明。最里层的圆是欧盟，希腊无论在组织上还是制度上都属于欧盟的一个成员，这是希腊在国际体系中所处的基本位置。中间的圆是东南欧地区组织，这是希腊归属的地理和文化区域。最外层的同心圆是更为宽泛的国际体系，这里指希腊作为欧盟正式成员参加的各种国际组织，比如联合国等。这种定位使今日希腊在外交政策上追求如下两个基本目标。

（1）使本国的外交政策有助于实现和促进希腊作为欧盟成员和一个东南欧国家应得的利益；

（2）致力于旨在巴尔干和地中海东部地区乃至整个世界实现以"和平、稳定"为原则的合作型外交模式。

无疑，欧盟是形成希腊外交政策框架的基础。它是希腊寻求自己的地区和国际地位及作用的出发点。欧盟成员国的身份最终使希腊摆脱了长期困扰的问题：即希腊究竟属于东方还是西方？它明确了希腊属于欧洲，从这个定位出发，希腊对外关系的方向变得更为明晰。

从客观上看，希腊外交政策的欧洲化转向是欧盟制度渗透的结果。它的变化存在以下四个促成因素。

（1）来自欧盟的持续增长的经济利益，尤其是财政补贴。欧盟的财政转移支付给希腊人带来实实在在的经济利益，使希腊公众对欧盟一体化抱有很高的热情。这些年来，希腊选民对欧洲一体化的支持率在成员国中位居前列。

（2）冷战的终结。苏联和东欧阵营的解散以及东西方对立的消失，使希腊意识到寻求非美国领导的西方联盟有了可能。显然欧盟是希腊最好的选择，进入这个制度框架，不仅可以为希腊带来更大的利益，而且可以帮助希腊融入更为宽广的国际体系。

（3）加入经济货币联盟。欧元的成功发行使希腊意识到，如果希腊仍然坚持早期的消极对待一体化的政策，拒绝按照经货

## 第七章 对外关系

联盟的要求调整本国的经济、社会政策，那么，希腊将不仅在经济上被边缘化，还将蔓延到政治和制度领域。因此，希腊将经货联盟的趋同标准视为本国最为重要的目标，而希腊的欧洲化也最终跨越了经济领域。

(4) 欧盟的新一轮扩大。这些新加入的国家或者希望入盟的候选国多为希腊的邻国，其中就有土耳其，这突出了希腊作为欧盟成员国的重要性，同时也要求希腊在外交领域更为活跃、发挥更大的影响。

希腊外交政策的欧洲化主要表现在以下四个层面。

(1) 对欧政策。希腊改变了60年代中期对于欧盟共同外交优先目标的消极态度。1987年，积极谋求成为西欧联盟的完全成员国。更为重要的是，在起草《欧盟条约》的政府间会议上，希腊积极宣传和支持欧共体的共同外交政策，并强调如果没有共同的防务目标，共同外交政策将缺乏效率和可行性。自《马斯特里赫特条约》签订后，希腊一直热情推动欧盟的政治一体化，其中包括安全和防务领域的一体化。

自1992年之后，除了在前南斯拉夫问题上，希腊在欧盟共同外交和安全政策议案中没有动用过否决权。在1996年政府间会议上，希腊提出的关于在安全和防务领域推动一体化的深化建议，使它的亲一体化立场表露无遗。希腊甚至认为，应该撤销支柱框架中的共同外交和安全政策，将它推向整个共同体。同时，它还支持西欧联盟并入欧盟。

(2) 外交政策目标。希腊加入欧盟共同外交和安全政策框架之后，其外交政策的议题逐渐扩大。首先，传统上希腊外交政策关注的是处理"高级政治事务"，比如与土耳其、塞浦路斯和北约的关系。现在其外交议程增加了经济和"低端政治"议题，如贸易、环境、文化和农业等。其次，除了议题增加外，希腊外交的地理范围也在扩大。在欧盟共同外交和防务政策框架内，希

腊有史以来第一次涉入偏远地区和国家的事务中，如拉丁美洲、亚洲和非洲等，并在欧盟的各种论坛上陈述精心拟定的政策和战略。希腊的外交政策已经超出原来设定的有关"国家利益"的"国家事务"。

（3）外交决策层面（包括决策机构和决策程序）。欧盟对于共同外交政策的要求与压力，导致希腊外交部进行了机构改革。1998年重组后，该机构的职能变为"为了迎接希腊作为欧盟成员国所要面对的挑战，希腊的外交政策正逐渐与欧盟的政策目标相互交织"。外交部机构改革的重要内容是以欧盟为模式，建立政策分析和计划中心、危机管理中心和决策部门，使希腊适应加入欧盟后带来的外交议题和范围的变化。并且借鉴欧盟经验，将原先独立的经济、政治司按照地理管辖范围合并成一个综合司。其中新建的欧盟事务总司已成为国内外交决策框架的中心，被称为外交部决策机构的代表。

（4）政策工具和风格。欧盟的共同外交和安全框架，也迫使希腊运用新的外交工具，将原来注重民族主义、富于形式和象征性的外交转变为风格更加务实、以解决问题为导向的外交。

最能反映外交政策变化的例子是希腊对土耳其政策的转变。几十年来，土耳其一直是希腊的宿敌，希腊的国防预算就是为平衡土耳其的军事力量而制定的。双方为塞浦路斯和爱琴海岛屿的主权问题冲突不断、互不相让。但随着土耳其申请加入欧盟以及欧盟对土耳其关系的改善，希腊在欧盟外交和政策的压力下，或者说希腊在融入一体化过程中，逐渐改变对自己的民族国家单一身份的认同，从而改变了对土耳其的态度，并在1999年的赫尔辛基首脑会议上同意支持土耳其加入欧盟，将希土关系纳入到欧盟的共同外交框架中。此后，希土关系开始缓和。

在外交政策越来越欧洲化的同时，希美双边关系也在健康发展。对于希腊人来说，美国的驻希军事基地已不是美希关系的中心，希腊关心的是如何靠美国来维护东南欧的安全，而美国则越来越看重希腊的地缘和政治价值，将它视为东南欧事务的重要伙伴和对话者。美国对希腊的政策是其整个对欧政策的一部分，而欧盟一致表决的对外政策框架，使希腊对美政策更有底气，也更有雄心，希美合作基石比以往的双边基础更为扎实。

进入21世纪后，欧盟和北约的新一轮扩大，使希腊从欧盟的边缘转入中心位置，其地缘战略价值随之得到提升。《申根协定》和欧盟第三支柱的发展，也使欧盟控制边界安全的重担落到欧盟的外围国家如希腊手中。其外交政策的目标将会因欧盟和美国的不同诉求而变得更为复杂，其外交议题将更多地从"高级政治"转向"低端政治"，比如难民问题等，而高级政治的重心也将从领土防御转向维和与危机管理。

## 第二节 希腊同欧盟的关系

### 一 希腊的欧洲政策及其入盟

第二次世界大战后，当法国、德国在为"欧洲联合"的伟大计划而奔忙的时候，希腊由于自身经济发展相对落后，无法和这些欧洲国家并驾齐驱，加上身陷"塞浦路斯争端"不能自拔，没有机会积极参与欧洲最初的一体化进程。20世纪50年代中期，当经济逐渐好转，希腊开始把眼光投向身边的世界。1955年秋，卡拉曼利斯上台后，开辟了希腊通往欧盟的通道。卡拉曼利斯深信欧洲联合是维护欧洲和平、稳定和发展的保障。而且，他深信欧洲联合进程发生的结构性变化，将为希腊的经济和政治带来重要影响。首先，国内经济与高度发达的西欧经济接轨给希腊带来的挑战，将促进国内经济的发展，从而摆脱对外部经济援助和政府贸易保护行为的依赖，这是医治欠发

达经济的良药。其次,卡拉曼利斯政府担心希腊经济会依赖于对苏联的出口贸易,而和西方越走越远。与此相对的是,如果希腊加入欧洲经济共同体,将在真正意义上治愈内战留下的后遗症:即政治派别斗争的极端化,而和欧洲民主国家的互动发展,将使希腊政治走向正常化,国家走向民主化和现代化。

因此,卡拉曼利斯政府将希腊融入欧洲的一体化措施视为政治议程的头等大事。这是希腊早期欧洲政策的由来,但是,与大多数西欧国家的经历相似,欧洲化政策并没有得到国内全部政党的支持。保守派和中右翼结成欧洲派联盟,而左翼政党不仅强烈反对加入欧洲经济共同体,还指责欧洲联合计划是"帝国主义"的伎俩。

1958年希腊和欧盟开始非正式会谈,到1959年7月24日,希腊正式申请成为欧共体的联系国。在随后的两年中,除了偶尔提及希腊的正式成员身份问题,几乎所有支持希腊的欧共体成员国都倾向于先确立其联系国地位,主要原因是希腊据此可以拥有缓冲的时间和空间,来对国内经济进行调整,从而避免加入欧共体后受到突如其来的冲击。

1961年7月9日,希腊和欧共体在雅典正式签署《联系国协定》(又称《雅典协定》),希腊成了第一个正式提出申请并得到批准的欧共体联系国。协定给希腊加入关税同盟设定的最后期限为22年,在这期间,希腊必须取消包括最为敏感的出口产品在内的一系列关税。与此同时,欧共体将为希腊提供1.25亿美元的贷款,以支持其国内经济与欧共体标准趋同。1962年11月1日,《雅典协定》正式生效,它对希腊的经济带来积极的影响,公众也开始对进入欧共体产生乐观看法。眼看希腊和欧共体的距离越来越近,1967年上台的上校军团却意外地变成发展与欧盟关系的拦路虎。军人政府摈弃了欧洲化政策,转而重点发展和美国的关系。《雅典协定》被冻结,希腊的一体化进程被迫中断。

# 第七章 对外关系

1974年7月24日,卡拉曼利斯重新执政,立即宣布"加快进入欧共体的进程是希腊外交政策的最优先目标"。8月22日,希腊政府正式向欧共体部长理事会主席提出解冻《雅典协定》的请求。1975年6月12日,希腊递交加入欧共体的正式申请。1974~1975年间,希腊政治制度的成功转型给欧共体留下良好印象。趁热打铁,希腊政府全力投入到"欧共体成员国"的竞争之中。当时面临的一个良机是挪威退出候选国之列,希腊有可能填补空缺,它也希望赶在葡萄牙和西班牙之前加入"欧共体",从而避免与这两个国家展开竞争。1978年1月29日,欧共体委员会第一次作出正式回应。对希腊的申请,欧共体委员会首先表示热烈欢迎,并对它递交的申请书给予积极的评价。但是,欧委会拒绝同意让希腊马上加入欧共体,理由是有两个问题尚未解决:一是希腊和土耳其的关系,需要双方达成妥协;二是希腊经济,需要按欧共体的标准和准则进行调整。

对此,雅典政府作出积极反应。卡拉曼利斯展开私人外交,和西欧国家领导人进行多次面谈,最终使欧共体撤销了保留意见。欧共体成员国态度改变的另一个重要原因,是卡拉曼利斯保证不将希腊与土耳其问题带入欧共体,他的申明平息了来自英国、丹麦和荷兰的不同意见。1976~1980年,卡拉曼利斯促使希腊与土耳其重新进行双边会谈。与土耳其的对话改变了欧共体对希腊申请所持的态度,也挫败了土耳其阻挠希腊入盟的策略。1976年7月27日,在布鲁塞尔召开的欧共体部长理事会正式讨论希腊入盟的问题。1979年4月谈判结束,5月24日,希腊在雅典签署《欧洲煤钢共同体条约》;5月28日,签署《欧洲经济共同体条约》和《欧洲原子能共同体联营条约》。

1981年1月1日起,希腊成为欧共体第10个正式成员,而且是当时唯一一个单独申请又取得成功的国家。希腊议会以绝对多数票批准了入盟条约,而帕潘德里欧领导的泛希社运党仍持反对意见。

1981年10月希腊大选，泛希社运党获胜，帕潘德里欧出任总理并组阁。从外交政策理念的角度看，泛希社运党和卡拉曼利斯领导的新民主党有着截然不同的观点。泛希社运党的立场基本上是反西方和反欧洲化，希腊加入欧共体一直被该党谴责，认为是服从西方超级大国的利益。泛希社运党甚至支持"南斯拉夫式"趋向中立化的"第三条道路"。但是，泛希社运党执政后，其反欧洲化的口号并没有兑现为政府政策，其外交态度也转向务实，并逐渐减少了对欧洲一体化目标的抵制，甚至越来越为欧共体提供的财政资助所吸引。

20世纪80年代中期，泛希社运党政府外交政策开始重点转向欧洲化目标。欧共体委员会对希腊也采取了一系列积极政策，包括对希腊经济结构趋同问题采取灵活姿态，对其政府在经济领域的保护行为和机构改革的延期表现出宽容态度，还为希腊，包括西班牙和葡萄牙，制订了地中海计划（Integrated Mediterranean Programmes）。1983年下半年，希腊在担任欧共体部长理事会主席国期间，制订了《欧洲－地中海对话》和《人民的欧洲》两个计划。

从入盟到1985年前，希腊在对欧盟关系上还存在两个障碍：一是泛希社运党缺乏参与一体化的经验；二是政府对一些重要的政策框架，如欧洲政治合作等，缺乏足够的兴趣。为了让自己不受集体决策的约束，泛希社运党政府甚至会阻挠政治合作机制的发展。如1983年希腊担任部长理事会主席国时，曾拒绝谴责苏联击落误闯领空的韩国客运飞机。希腊的做法，使欧共体一致表决的机制变得更加困难，也被其他成员国认为，是以牺牲欧共体的团结为代价来坚持它的民族国家立场。不言而喻，在其他欧盟国家眼中，希腊是一个"异端、难于驾驭"的伙伴。

奉行中立的外交政策、制定自由化措施以及与欧共体维持亲近关系，成为泛希社运党政府颇具矛盾性的目标，显示出它在外交上缺乏明确指向。1981～1985年，希腊在对欧共体关系上缺少强有力的决策和行动，使其无法在实质上融入欧洲一体化的进程。但是，它又说服了国内舆论，使之相信融入欧洲一体化符合国家利益，在事实上削弱了国内的反欧洲化势力。

二　冷战后期的希腊与欧盟

20世纪80年代后期，攸关希腊和欧共体的关系发展的有两件大事：一是1985年颁布了《单一欧洲法令》，欧共体开始实行机构改革；二是希腊经济部长西米蒂斯推行新经济政策，内政的变化使希腊和欧共体的关系出现积极倾向。

泛希社运党政府一改以往的冷漠态度，开始积极参与欧共体的机构改革。泛希社运党以欧共体欠发达国家的保护人形象出现，提议欧共体支持这些国家的现代化。希腊政府将如何推动希腊与欧共体的社会经济融合提上重点议程，它不仅放弃反欧洲化的立场，而且在欧共体机构改革会谈中，努力使自己成为统一进程中弱势方（如爱尔兰、葡萄牙）利益的代言人。通过这种方式的参与，希腊和欧共体之间的隔阂逐渐弥合。1985年11月，在讨论《单一欧洲法令》前的几个星期，希腊政府和欧共体就希腊经济向欧共体标准趋同的问题达成新协议。1988年，随着欧共体首批结构基金流入希腊，双方关系进一步改善。自加入欧共体以来，希腊作为最贫穷的一个成员国，在承受了多年的压力之后，第一次品尝收获的甘美。

80年代末期，泛希社运党政府和欧共体的合作更为密切。希腊积极参与了欧洲政治和机构未来设想的讨论，特别是在东西方阵营对峙消失之后。1989年4月，希腊议会向欧盟递交一份关于欧洲联邦化的备忘录。在此期间，泛希社运政府和欧共体对话的一个重要议题是加强本国的防务安全。在商议《单一欧洲

法令》期间,希腊政府提出欧共体引入防务和安全一体化的原则。虽然成员国都支持寻求共同防务和安全政策,并且就涉及他们利益的国际问题进行了共同磋商,但最后的结果没有达到希腊的预期。

希腊当时急于建立一个集体安全框架,主要是因为周边国家和地区存在不安全因素。首先,是希腊和土耳其的紧张关系。1987年,两国几乎处于交战边缘。其次,是东欧突如其来的变化导致周边地区局势的混乱。拥护超国家机制的作用,建立一个强有力的欧洲议会,倡议欧共体的共同防务和安全政策,这些目标的形成和追求使泛希社运党政府最终远离反欧洲化的论争,并积极参与到欧洲的一体化事业中。

希腊欧洲政策的转向,受到其他欧洲国家特别是结构基金受援国的欢迎。希腊通过积极参与欧洲一体化的构建,例如,久已忽略的欧洲政治合作,在欧共体中为自己谋求利益。然而,希腊加入欧共体后,虽然最终消除了国民对欧洲一体化的敌意,但国内经济的发展并不理想,大型企业国有化、鼓励增加实际收入以及增加预算赤字等措施带来相当糟糕的后果,使希腊和欧共体其他成员国的差距越来越大,甚至落后于西班牙和葡萄牙这些新伙伴。西米蒂斯推行的削减公共开支的经济政策没能维持多久,却最终导致了帕潘德里欧政府的下台。

### 三 1990~1995年进入欧盟时代

20世纪90年代初,希腊回到欧洲发展的中心舞台。与此同时,国际局势发生巨大变化:华约解散,苏联解体,东西德实现统一。这些变化带来的直接影响是,欧共体/欧盟在认同和对外战略上发生变化,在推动一体化向深处发展的同时,欧盟开始东扩进程。欧共体在经济和货币联盟正式成立之后,开始修改创始条约。这一时期希腊在讨论《马斯特里赫特条约》，以及执行第二次欧共体支持框架计划（1994~1999年）过程中进一步巩固和欧盟的关系。该项计划为希腊带来170亿埃居的资金。除了为加入经济货币联盟做好准备之外，希腊通过努力，促使塞浦路斯的入盟问题被欧盟提上议事日程。1994年上半年，希腊第三次担任欧盟部长理事会主席国。其时前南斯拉夫联邦解体不久，巴尔干局势动荡不安，希腊必须应对这些新的挑战。因为国名、象征和宪法等问题，希腊和前南斯拉夫共和国马其顿的关系一度紧张。1995年9月，两国签订了临时双边协定。前南斯拉夫的共和国独立之后，在转型中产生许多不确定因素，阻碍了巴尔干地区的合作和发展。这些问题迫使希腊放弃优先考虑欧洲化的政策，转而与周边国家进行谈判。

这个后冷战时代来临之际，国内政坛也发生了重要变化。1990年春，新民主党重新入主总理府，到1993年为止，米佐塔基斯（Mitsotakis）政府的欧洲政策在1990年5月递交的关于推动欧洲政治联盟发展的备忘录中有较好的表述，既反映希腊的政治重心在欧盟，也表达希腊要摘除"欧盟资金的完全消费者"这顶帽子的愿望。备忘录建议推动欧洲的联邦模式，建立共同的外交和安全政策，促进经济和社会的融合。

在政治合作和安全一体化问题上，米佐塔基斯将希望寄托于西欧联盟，但是，1992年11月20日希腊加入西欧联盟的申请没有得到批准，与此同时，《马斯特里赫特条约》受到公众欢迎，并于1992年7月得到议会认可。随后，希腊致力于使本国经济向经济货币联盟的标准趋同。1993年3月，部长理事会批准第一份趋同计划。10月，泛希社运党重掌政权，对该项计划作了调整。马斯特里赫特会议之后，欧共体向希腊提供22亿埃居的贷款，帮助稳定其经济。

1990~1993年和1993~1996年，两届希腊政府，都将经济货币联盟标准趋同计划作为施政的重点内容。

## 希腊

1994年1月至6月，希腊在担任部长理事会主席国期间，还积极推动塞浦路斯加入欧共体。6月举行的欧盟理事会科孚（Corfu）会议决定，塞浦路斯和马耳他一起成为第一批南扩的对象国。在希腊的倡议下，欧盟开始就新候选国和地中海国家进行商谈。1995年第一届"欧洲－地中海会议"在巴塞罗那召开。在主席国任期结束前，希腊还致力于《马斯特里赫特条约》的修改，最后促成1997年10月《阿姆斯特丹条约》的诞生。此外，希腊还批准土耳其加入关税同盟，条件是在政府间会议结束后，马上开始塞浦路斯入盟谈判。

希腊在目标和政策上向欧盟靠拢，并不能掩盖双方在重大问题上的分歧。事实上，希腊常常发现自己与其他成员国处于对立状态，比如其与前南斯拉夫共和国的紧张关系，以及对塞尔维亚共和国及其总统米洛舍维奇的单方面支持，使希腊在欧共体决策中遭到孤立。

在1995年以前，希腊一直被认为几乎无法将自己的政策措施纳入到欧盟的政策目标中。正如1994年9月号《经济学家》杂志所描述的：尽管呆在欧盟已有13个年头，而且每年享受6亿美元的资助，希腊看上去更像一个不稳定的巴尔干国家，而不是西欧的一分子。它的种种表现常常会激怒自己的欧盟伙伴，首先是它对欧洲义务漫不经心的态度，其次是执行欧盟指令时行动迟缓，还有对欧盟改善与土耳其关系充满敌意。一度沮丧的欧盟委员会主席德洛尔曾经放言，他将乐于看到希腊离开欧盟。

但是，自1996年西米蒂斯担任总理后，希腊和欧盟的关系进入一个新的活跃期。上任伊始，西米蒂斯即宣布希腊的目标是通过训练有素的趋同政策，使希腊成功加入经济货币联盟。2000年6月在葡萄牙举行的欧盟理事会会议上，希腊正式被批准成为经济货币联盟的第12个成员国。

从2001年1月1日开始，欧元成为希腊的官方货币。2002

年1月1日起,欧元在希腊开始正式流通。从当年3月开始,欧元成为希腊唯一的流通货币。始于1996年的加入经济货币联盟的努力,几乎倾尽了希腊的财力和人力。但毋庸置疑的是,希腊在一体化进程中迈出了关键的一步。

然而,向经货联盟的经济趋同并不能解决全部问题,其经济结构改革的滞后招致社会各阶层的严厉批评。在加入经济货币联盟的过程中,地方上许多严重经济问题并未触及。事实上,为了安抚工会及公务员们的抵触情绪,许多贸易保护和中央控制经济的政策仍在继续。2000年4月,泛希社运党以微弱优势获胜连任,也与民众要求在加入经济货币联盟前完成未竟的改革有关。按照连任政府的稳定性计划,经济政策的目标是满足基础结构的改革需要,如通过私有化提高产品竞争力,改革税收制度,调整社会保障体制,电信能源等市场自由化,保持长期稳定的财政、高经济增长率和降低失业率等。

新一轮改革的拥护者们认识到只有深化机制改革,才能保证希腊的经货联盟的成员资格。希腊的努力,再次得到欧共体的财政支持,在2000~2006年欧共体支持框架下,希腊将获得500亿欧元的援助。与此相对应的条件是,希腊必须摆脱欧洲发展中国家的身份,并且,一体化的深化要求其更加积极地参与新欧洲的建设。

2000年尼斯会议后,希腊开始积极推动更为紧密的欧洲一体化,特别是在共同安全和防务政策领域,因为这符合希腊的本国利益。它希望通过欧盟共同安全和防务框架的实现,将自己的安全牢牢地绑在欧盟这驾"和平号"马车上,通过欧盟来保障希腊边界的安全。

2001年,希腊成功加入欧元区后,近5年时间里希腊向经济货币联盟标准的经济趋同努力,使其政治、经济和社会发生不小的变化,希腊对外政策的"欧洲化"色彩愈益浓厚。

希腊

## 第三节　同美国、俄罗斯大国的关系

一　与美国的关系

希美两国关系的渊源可以追溯至19世纪早期，在希腊进行民族解放的独立运动中，美国给予了热情的支持。双方之间的友好合作关系一直持续到19世纪后期和20世纪初期。两次大战期间，两国同为盟友，在同一战壕并肩作战。

第二次世界大战结束后，美国通过马歇尔计划向希腊提供经济援助，并且成为希腊最大的军事援助国。当时，美国是希腊关系最为密切也是最强大的盟友，但希腊对美国的动机始终存有疑虑。希腊确实需要美国的经济援助来进行战后经济重建，但美国人帮助希腊重组军队，目的是要阻止希腊共产党上台，是要将希腊归入西方势力范围。许多希腊人认为，美国对希腊的政策更多是为了遏止苏联的扩张，而不是真正支持希腊的发展。到20世纪60年代和70年代，当土耳其问题成为希美关系的一个重要变量时，绝大多数希腊人相信，美国对希腊的政策只是其保障北约在地中海东翼稳定性战略的一部分。

20世纪70年代，希美关系经历第一次波折，起因是美国对1967年希腊军人独裁政权的暗中支持。虽然美国表面上对军人政府施加压力，要求其恢复民主政体，并于1967~1970年停止对希腊出售重型武器。但美国的安全政策没有作出重要调整，并继续将轻型武器运往希腊，还建议其他西方盟国不要对军政府实施经济制裁。鉴于希腊的战略位置十分重要，美国希望依托它保障巴尔干南部的稳定，因此宁愿容忍独裁政权的存在，而不希望看到希腊发生内乱导致无法控制的局势。华盛顿的这种态度显然加深了希腊人对美国是军政府同谋的猜疑。

第七章 对外关系

希美关系的第二次波折起源于1974年的塞浦路斯危机,对两国关系造成的消极影响一直持续到90年代中期。当时希腊认为美国应该对土耳其施加强大的压力,以阻止这场危机的发生,美国可以迫使土耳其退兵,至少也能保障土耳其占领区内希族难民的安全,使他们得到良好的待遇。但是,美国在土耳其的利益使它力图避免作出伤害美土关系的决策,虽然迫于国会的压力,美国不久即停止向土耳其输送武器,但美国与希腊的关系不可避免地受到损害。

1974年,卡拉曼利斯政府退出北约军事组织,以示对北约在土耳其入侵塞浦路斯问题上所持立场的不满,并且表达希腊要摆脱在经济和军事上依附美国的决心。不久,希腊和美国开始就撤除美国驻希军事基地举行会谈。从1976年开始一直到苏联解体,两国签订了一系列防务和经济合作双边协定,这些协定的内容在很大程度上反映了两国关系的变化。例如,1978年美国撤销对土耳其的武器禁运之后,希腊立即和美国进行协商,希望美国和土耳其签订的防务合作条约不会导致希土军事力量的失衡,最后双方达成非正式谅解,即美国同意将对希腊和土耳其的援助比例定为7:10。

许多民众认为在安全事务上美国更为器重土耳其,但在卡拉曼利斯主政后期,希腊和美国的关系逐渐升温。1980年两国就经济、科学技术、教育和文化领域达成合作协定。在80年代,泛希社运党上台后改变了新民主党政府的立场,增加了"反西方"色彩,宣称希腊将实行新的外交政策,反对一切军事集团,谴责美国支持独裁军政府如土耳其和拉美国家等。帕潘德里欧总理还呼吁美国撤出希腊军事基地,并考虑在适当时候让希腊退出北约,希美关系再度紧张。1983年,帕潘德里欧政府恢复和美国谈判并签署新的防务和经济合作协定,其主要内容是允许美国的4个军事基地的使用期限延长到1988年,要求美国对希腊国

## 希腊

防力量的给养和现代化给予援助,并要求美国按照7:10的援助比例保持希腊和土耳其的军事平衡,如果发现美国的天平朝土耳其倾斜,希腊有权单方面终止防务和经济合作协定。该协定还确认了双方在国家安全及社会保障和工业、科技等领域进行合作。

1987年,泛希社运党政府的总体对外战略转向理性外交。1989年世界格局发生剧变后,希腊和美国的关系出现转机,因帕潘德里欧政府对美国政策的批评而导致的紧张关系开始缓解。1990年,新民主党领袖米佐塔基斯上台后,马上着手修复同美国的关系。1990年7月,米佐塔基斯总理对华盛顿进行礼节性访问,这是几十年来第一位造访美国的希腊高级领导人,两国签署了新的希美防务和经济合作协定。按照协定,希腊允许美国使用克里特岛上的防御设施、伊拉克利翁的通信网络、雅典周围的二级通讯站,以及伊奥尼亚海上莱夫卡斯岛的设施,美国关闭伊拉克利翁的空军基地,并撤除 Nea Makri 海军通讯站。

实际上,美国从希腊本土缩减军事设施的行动从1950年代早期即已开始。对美国来说,这与其缩减国外军事基地的战略相一致,而对希腊来说,该协议达到了两个重要目的:第一,美国军事设施的削减满足了希腊公众维护国家主权的要求;第二,美国对其军事援助维持在对土耳其援助总额的70%。尽管其时苏联的威胁已经消失,但是希腊让美国相信,因为土耳其的不妥协立场,这个援助比例仍是必要的。按照希腊人的理解,美国不应只将希腊看做是实现其军事战略的一枚棋子,还应该是希腊利益的保护人。

1991年,为了对海湾战争表示道义上的支持,希腊向科威特海湾派出一艘护卫舰。1992年老布什总统访问克里特岛,对希腊为海湾战争作出的贡献表示赞许,同时举行美军撤出希腊的庆贺活动,80年代以来的希美紧张关系从此画上了一个完满的句号。希美双方维护了各自的尊严,并签署新的希美防务和经济

## 第七章 对外关系

合作协定，美国重申对希腊的现有军事援助。

1993年10月，泛希社运党重新上台。显然，在野4年使该党具有充裕的时间来重新思考后冷战时期希腊的地理政治环境及其长期利益。因此，泛希社运党政府对美国的态度来了个180度大转弯。帕潘德里欧上任不久，即向克林顿政府求教解决前南斯拉夫、塞浦路斯和希土关系等问题的方案，并寻求美国支持。1994年4月，帕潘德里欧和克林顿在华盛顿会晤，宣告两国关系发展顺利。

1996年，希腊总统斯特法诺普洛斯和总理西米蒂斯分别正式访问美国。1999年11月，美国总统克林顿访问希腊。2001年6月，希腊总理安德烈亚斯·帕潘德里欧访问美国，双方签署了《全面技术协定》，进一步巩固了希美的防务关系。这个协定连同1990年签署的双边防务合作协定，为希美的新防务合作提供了制度性的框架，该协议因其防务合作向来是希美双边关系的基石而显得格外重要。2004年5月，卡拉曼利斯总理访美，双方就进一步促进希美关系、加强经贸、军事和反恐合作等问题达成一致意见。2005年，卡拉曼利斯总理再次访美，双方就马其顿国名问题、塞浦路斯问题、希土关系、巴尔干局势、反恐合作等共同关心的问题交换了意见，表示将加强伙伴关系、深化合作。自冷战结束后，希腊始终对美国在东南欧的安全政策给予了有力的支持。在希腊政府看来，只有美国有实力动用军事力量干预危机，保护东南欧和地中海东部的安全。但希腊同时认为，美国的军事行动必须符合联合国宪章，并且应该和俄罗斯与中国等大国进行合作。而美国同样对希腊在该地区，尤其是在维护科索沃和塞黑地区的安全与稳定方面发挥的建设性作用表示赞许。

长期以来，防务合作是希美关系的重要基石。因此相对而言，其经济关系没有像军事防务关系那样占据核心地位。希腊和美国的外贸存在巨额逆差，希腊主要向美国进口机械产品、交通

设备和大量的制造业产品,美国则从希腊主要进口少量的工业产品和食品。2003年,希腊与美国的进口贸易总额达到22.42亿美元;出口贸易总额为8.73亿美元,贸易赤字达到13.69亿美元。与此同时,美国对希腊的投资比例也非常低,2003年,其对希腊的直接投资为11亿美元,仅占对外投资总额的0.05%。同期,希腊在美国的投资为5.73亿美元。

历史上希腊和美国的紧密联系,还在于美国国内存在一个较为庞大的希腊裔社区。据官方保守统计,目前在美国生活的希腊裔大约有250万,大多居住在各大城市,其中纽约有50万人、芝加哥有40万人、波士顿有25万人。其他聚居的地区有佛罗里达州、旧金山、洛杉矶,以及得克萨斯州的休斯敦。至今,这些希腊人社区仍然保留了自己的种族文化。值得一提的是,有许多希腊裔人活跃在美国的政坛上,在其他领域也有相当数量的杰出人才。目前,希腊在美国设有9个领事馆。

二 同俄罗斯的关系

公元1830年,刚刚获得独立的希腊即和俄罗斯建立了正式的外交关系,而双方的交流和良好关系的形成,可以回溯至公元10世纪。至今,两国都保持了亲密的合作和友好的关系。这种关系有着深厚的历史文化基础,例如两国都信奉东正教、拥有相同文化价值观和历史背景。此外,相当一部分的俄罗斯人拥有希腊血统。这也是两国保持信任和亲近关系的不可忽视的因素。据俄罗斯最新人口统计表明,共有10万人具有希腊血统的俄罗斯公民,大部分生活在俄罗斯的南部,其余的主要分布于莫斯科及其郊区。其中70%说希腊语的希腊裔俄罗斯人来自黑海一带,29%说土耳其语的希腊裔人聚居于乔治亚地区,另有1%讲希腊语的希腊裔人来自乌克兰地区。但据俄罗斯当地希腊人社团领袖声称,实际人数是官方公布的两倍。

# 第七章　对外关系

虽然两国一直保持着传统的友好关系,但无论是19世纪的沙皇俄国,还是成立于1921年的苏联,在对希腊的外交政策上,尤其是在土耳其问题上,没有起到和西方大国一样重要的作用。因为过度关注其内政以及同西方主要是美国的关系,他们或多或少无暇顾及希苏关系的建设。而且,因为冷战的开启、东西方阵营的对立,希腊的外交政策自然是听从于美国和北约的安排,主要以防范苏联为主。

20世纪70年代初,卡拉曼利斯上台后,开始推动民主进程,其中对外的一个重要目标是逐步改善和苏联的关系。在此期间,希苏两国签订了双边经济合作协定,其中包含一些敏感项目如建立能源工厂和希腊承接苏联船舰的维修等。由卡拉曼利斯倡议的两国定期高层会晤一直延续到80年代。此后上台的泛希社运党政府奉行"独立和多元"的外交政策,主张加强和中东欧社会主义国家的关系,被西方观察家和国内反对党视为向苏联倾斜。也正是从泛希社运党主政的80年代起,希腊和苏联的关系开始正常化,而且其良好关系,没有随着苏东剧变而瓦解。

1993年,俄罗斯总统叶利钦对雅典进行了成功访问,为希俄关系的发展铺垫了新的基石。1994年7月,希腊国防部的高层官员组成代表团对俄罗斯进行正式访问。随后的10年来,希俄关系发展迅速,两国高层领导人频繁接触,使希俄在攸关希腊特殊利益的国际问题和国际社会共同关注的事务上,找到越来越多的共同点。希俄两国在许多外交事务上达成一致观点,有时甚至提出共同的外交倡议。

此种情形耐人寻味,也反映出希腊在某些国际事务上和西方伙伴国——欧盟或是美国都存在分歧,但和俄罗斯拥有相似的立场。俄罗斯以及至今没有加入西方体系的一些邻国,和希腊享有共同的地缘政治利益。这些国家比希腊的西方伙伴国更了解希腊的需要,更认同希腊的政策。例如,在土耳其问题上,美国奉行

的是希腊和土耳其"等距离"外交政策。而俄罗斯的立场更为清晰，即更加支持希腊的利益。俄罗斯和希腊的亲近，同样也因为俄罗斯和土耳其存在利益冲突。1994年以来希俄两国在双边会谈公报中多次提及这一点，比如在对待南斯拉夫联盟危机上，特别是波斯尼亚危机和科索沃战争。在对博斯普鲁斯－达达尼尔海峡一带航海控制权的争夺上等不一而足。

还有一点对于希腊来说特别重要，就是在根据《国际海洋法》规定的希腊享有的领海权益（根据该条约，其领海范围扩大为12海里）和塞浦路斯问题上，俄罗斯是希腊的支持者。此外，俄罗斯和希腊在很多问题上不乏共识，俄罗斯外长科济列夫（Andrei Kozyrev）甚至宣称，希俄两国在几乎所有的地区问题上都持有相同观点。在波斯尼亚问题上，希俄两国都主张国际社会考虑波斯尼亚塞族的需要，并认为如果谈判失败，冲突各方都应受到经济制裁。希腊和俄罗斯都强烈反对轰炸波斯尼亚塞族，主张用外交谈判代替军事手段。它们的立场显然和西方大国，特别是美国迥然有别。

在1996年1月的伊米亚危机中，俄罗斯立刻发表声明，虽然只是外交性宣言，但它的态度明显偏向希腊。美国的暧昧态度和欧盟的迟缓反应，与之形成鲜明的对照。

在后冷战时期，希腊和俄罗斯的关系发展很快，除了因为这两个国家有着相似的宗教文化以及历史上的渊源，以及在一些国际问题上的共同利益和立场，经济也是一个重要因素。希腊的能源严重依赖进口，俄罗斯丰富的石油和天然气资源对它有很大的吸引力。目前，两国的经济合作已围绕铺设布尔加斯－亚历山德鲁波利斯（Burgas-Alexandroupolis）石油管道、从中东欧到希腊的天然气管道，以及在中部希腊建立铝炼厂三个核心项目紧密展开。在能源领域，两国所建立的亲密合作，堪称为东南欧国家合作的典范。2005年4月，希腊、俄罗斯和保加利亚在索非亚签订三国跨境石油管线建设的政治协议。该管线造价7.5至8亿美元，每年可运送原油3500万吨。

近12年来，希腊和俄罗斯的经济关系进一步密切起来，这从双边贸易额的增加上可见一斑。2004年，双边贸易额已达到31.78亿美元，其中希腊从俄罗斯进口总额为28.52亿美元，主要用于购买原油、天然气等能源和钢、铁、铝、铜、木材等工业材料。俄罗斯从希腊的进口额为3.264亿美元，主要产品为毛皮、水果蔬菜、橄榄油、酒、铝土和大理石等。有41家希腊企业在俄罗斯投资了6920万美元，有130家希俄合资的企业活跃在俄罗斯的贸易、工农、旅游、建筑、能源等行业。

进入21世纪后，希腊和俄罗斯在反恐和安全事务方面的交流与合作也日益密切。继2000年希腊总统斯特法诺普洛斯访俄后，2001年12月，俄罗斯总统普京访问希腊，双方签署了司法、能源、航空、海运、警务合作和互设文化中心等6项协议。2004年，卡拉曼利斯上任不久，即对莫斯科进行正式访问，这是12年以来希腊总理第一次正式访问俄罗斯联邦国家，高层的政治良好关系再次得到肯定。与此同时，双方在进一步加强经济和能源方面的合作上的兴趣也在增加。2005年9月，俄罗斯联邦总统普京访问希腊，两国领导人对双边关系及快速发展的经贸及能源合作都表示满意。

## 第四节　希腊与邻近国家和地区的关系

### 一　与土耳其的关系

希腊和土耳其的不和由来已久。在奥斯曼帝国时期，土耳其人曾统治希腊近400年，直到1821年希腊爆发民族解放战争，经过7年的艰苦斗争，于19世纪30年代初正式获得独立。此后,因为领土的归属问题,希土两国数次交战。第二次世界大战结束后,希腊和土耳其同为北大西洋公约组织成员国,双方关系进入了新的合作阶段。然而好景不长,1955年9月6日,在伊斯坦布尔发生土耳其人袭击希腊族人的流血事件。1964年,土耳其政府开始大规模驱赶居住在境内的希腊公民,甚至殃及希腊裔的土耳其公民。再加上1974年爆发的塞浦路斯危机,双方再次交恶。这两个北约盟国几乎在所有领域都有争端,包括爱琴海的石油勘探权、大陆架和领海、领空的划分、土耳其境内的希腊族人以及希腊色雷斯地区穆斯林人口的地位问题。安卡拉指责雅典虐待生活在色雷斯以西地区的12万土耳其少数民族,雅典则指责安卡拉迫害生活在伊斯坦布尔的信奉东正教的少数民族,致使他们人数剧减。尤其在塞浦路斯问题及爱琴海部分岛礁的主权归属上,双方立场尖锐对立、积怨很深。

自1974年以来,两国曾3次处于战争边缘:1974年的塞浦路斯争端;1987年,两国为争夺爱琴海的石油勘探权,险些发生武装冲突;最近的一次是1996年初发生的伊米亚岛危机。20世纪下半叶以来的希土关系甚至被喻为"小型的冷战",紧张与缓和成周期循环,有些类似于1947~1989年的美苏关系模式。1995年,土耳其更是指出,如果希腊采取任何扩大领海的行动,那便是战争行动。

希腊和土耳其之间存在的各种争端,将长期影响两国关系的正常化。对希腊来说,与土耳其的关系是本国面临的最为棘手的国际问题。双方发生争执甚至兵戎相见的焦点主要有两个:即塞浦路斯问题和爱琴海争端。对于希腊而言,塞浦路斯问题更是一个至关重要的民族问题,也是检验土耳其的意图及其对希腊政策的试金石。

(一) 塞浦路斯问题

塞浦路斯是一个拥有86万人口的岛国。岛上83.2%是希腊族人，12.3%是土耳其族人。希、土两族分别把希腊和土耳其看做各自的"母国"。1878年，英国占领塞岛，开始长达82年的统治。20世纪50年代，英国决定将主权交还塞浦路斯，从此埋下了塞浦路斯问题的隐患。1959年2月19日，英国、希腊、土耳其和塞浦路斯的希、土两族签订《苏黎世-伦敦协定》，协定规定希、土、英三国保证塞浦路斯独立，但要允许英国在塞岛设立军事基地，并允许希、土两国在塞岛驻军。1960年8月16日，塞浦路斯宣布独立并成立塞浦路斯共和国，希、土两族组成联合政府，并由宪法规定，总统由希族人担任，副总统由土族人担任，总统和副总统均享有否决权，希、土两族在军队中的人数比例为6:4。塞浦路斯虽然成为一个独立国家，但希、土两族的矛盾并未得到化解，反而成为日后冲突的诱因。

20世纪60年代，塞浦路斯问题演变为希土危机。1963年底，由于塞浦路斯马卡里奥斯总统提出修改宪法，希、土两族发生大规模武装冲突。冲突中，希腊和土耳其两国分别支持塞岛的希族和土族，并相继增派驻军。此后，塞浦路斯土族开始抵制议会，也不参加政府。希族完全取而代之，而土族也相应成立自己的"行政当局"，希、土族两个政权并立的局面从此形成。1974年7月15日，希腊军人政府在塞浦路斯策动政变，推翻马卡里奥斯政权，企图使塞浦路斯与希腊合并。同年7月19日，土耳其以保护岛上土族居民为由，以"保护国"身份出兵塞岛，侵占其36%的北部领土。导致原居北部的一部分希族人南迁和南部土族人北移。塞浦路斯国自此被希土两族分而治之：希族人聚居南方，拥有全国领土的62%，土族人控制北方，拥有全国领土的38%，双方在岛屿中部由东向西划出一条狭窄的无人地带，称为"绿线"，由联合国维和部队控制。

当时，卡拉曼利斯政府面临三种选择：第一是立即与土耳其交战。但是由于前任独裁政权在爱琴海岛屿未曾设防，一旦交战

很容易遭到土耳其的军事攻击。第二是和土耳其达成和解协议以争取时间，同时重整军备、重振军威，寻找有利时机迫使土耳其从塞浦路斯退兵。但这也可能导致日后希腊和土耳其频繁发生战争，类似于以色列和周围阿拉伯国家的纠葛，而且引发的紧张局势很可能使希腊无法成为欧共体成员。第三是武装自己，使希腊有足够的威慑能力来阻止土耳其在塞浦路斯、爱琴海和色雷斯的军事扩张。同时，在政治、经济和外交上对土耳其施加压力，最终与其就塞浦路斯和爱琴海问题达成可行的解决方法。卡拉曼利斯最后选择了第三种方案，因为他深信，希腊的未来和欧洲一体化连在一起。

1975年2月13日，土族宣布建立"塞浦路斯共和国土族邦"。1983年，又宣布成立"北塞浦路斯土耳其共和国"。至此，塞浦路斯南部成为得到国际社会承认的塞浦路斯共和国，北部只是得到土耳其一国承认的"北塞浦路斯土耳其共和国"。后者在经济上依赖土耳其，在政治和军事上依附土耳其。从1974年开始，土耳其在塞岛北部一直驻扎着一支约3.5万人的军队。

塞浦路斯问题的久拖不决，使南部希族人希望进一步密切和希腊的防务合作关系。1993年，塞浦路斯和希腊签署了一项共同防务协议，申明希腊将在塞浦路斯遭受土耳其进攻时向塞提供海陆空军事支援。1996年8月，塞浦路斯发生希族示威者冲击绿线缓冲区的事件，而两名希族人被土方杀害后又引发希土危机。1997年1月，塞浦路斯共和国向俄罗斯购买S-300地对空导弹，导致希土两国关系再度紧张。7月，在谈判塞浦路斯加入欧盟问题时，两国关系进一步恶化。土耳其正式发布与北塞合并的联合声明。

为结束塞浦路斯的分裂状态，近30年来联合国和国际社会不断对希、土两族领导人施加压力，推动双方举行谈判。1998年8月，土族领导人建议在塞浦路斯建立由"两个主权国家"组成的邦联，作为永久解决塞问题的途径，但这一建议遭到希族方面的拒绝。2002年11月,联合国秘书长安南提出塞浦路斯建立由"希族州"和"土族州"平等组成的"共同国家"政府的建议。2004年4月24日,塞浦路斯希腊族和土耳其族就安南的统一方案同时举行全民公决。两族的表决结果截然相反,土族以64.91%的高支持率通过该方案,而希族则以75.83%的压倒多数予以否决。统一方案遂告失败。

**(二) 爱琴海问题**

根据1923年7月24日在瑞士签订的《洛桑条约》,爱琴海上2000余个岛屿几乎全部划归希腊。土耳其建立共和国以后,在一段时间内与希腊保持和平共处、睦邻友好的关系。两国在爱琴海问题上并没有发生严重的争执。

然而,在20世纪80年代初,通过军事政变上台的土耳其总参谋长埃夫伦主席表示,在爱琴海问题上,土耳其不会作出以下方面的让步。

(1) 不接受希腊将其在爱琴海的领海扩大到12海里;

(2) 希腊在爱琴海的领空不得超过6海里;

(3) 希腊不得在爱琴海岛屿上部署武装力量等。

对此,希腊政府也发表如下声明。

(1) 按照1958年《日内瓦海洋法公约》、1982年《联合国海洋法公约》规定,希腊的领海宽度应为12海里。虽然,到目前为止,希腊在爱琴海上实际享有的领海宽度为6海里。而土耳其在黑海以及爱琴海上临近塞浦路斯岛的南部海域的领海宽度为12海里;

(2) 早在1931年希腊通过的第6/18号总统法令宣布,希腊在爱琴海上的领空为10海里。而且按照相关的国际法规定,希腊的要求是合法的。

(3) 按照1923年签订的《洛桑条约》、1936年签署的《蒙特勒公约》(Montreux Convention)、1947年的和约规定,希腊有

## 希腊

权在某些岛屿上部署武装力量。

1987年3月,希腊和土耳其就爱琴海大陆架石油开采权问题发生争执,几乎爆发一场战争。

时隔9年,两国再度爆发伊米亚岛危机。那是1995年12月26日,一艘土耳其的货船在距本国海岸不到4海里的爱琴海伊米亚岛附近搁浅,视伊米亚岛为本国领土的希腊收到求救信号后,迅速派出船只前往救援,但遇险船只获救后,船长却拒绝希方提供的拖船将船拖走,并声称是在本国海域,要求希方不要干涉,双方险些发生冲突。此事后来通过外交途径,总算得以化解。然而事隔1个月后风波又起。1996年1月25日,位于伊米亚岛附近希腊卡利姆诺斯岛的行政长官率众登上伊米亚岛,在这个荒岛上升起希腊国旗。1月28日,土耳其《自由报》的三名记者乘直升机来到伊米亚岛,降下了岛上的希腊国旗,升起土耳其国旗。接着,希腊海军又将土耳其国旗换成希腊国旗。1月30日,希腊指责土耳其军舰和直升机侵犯其爱琴海东部的领海和领空,并宣布希腊武装部队进入"高度戒备状态"。随后,希土两国军舰在伊米亚岛附近海域紧张对峙。

伊米亚岛换旗事件发生后,联合国敦促两国立即从伊米亚岛撤军。在美国政府的调停下,希腊和土耳其1月31日就伊米亚岛问题达成《脱离战争协议》。在国际社会的呼吁和调解下土耳其和希腊开始各自撤军,但伊米亚岛的归属问题仍悬而未决,两国都宣称对此岛拥有主权。

一直到20世纪末期,希土和解前景仍然不明朗。对于希腊而言,两极格局的改变并没有改变其与土耳其的长期纠葛和争端。相反,华沙条约的解除使希腊和土耳其的资源争夺比冷战时期更为剧烈,其中包括争取双方共同的军事保护国美国的支持。而希腊在欧盟中的有利地位更是加深了土耳其的嫉恨。但是,随着欧盟"稳定与联系进程"政策的出台,东南欧也被纳入其中,

第七章 对外关系

在该地区加速融入欧盟一体化的大背景下，土耳其寻求入盟步伐正在加快，欧盟对土耳其关系也在改善。据此希腊也逐渐改变了解决希土争端的方式，力图将这个问题纳入欧盟的共同安全和防务的政策框架。

缓和的转机出现于1999年12月举行的赫尔辛基首脑会议。在会上，希腊同意欧盟与土耳其进行入盟谈判。希腊希望不仅从本国安全的角度，而且在欧盟的共同外交与安全框架下发展与土耳其的关系。自此双边关系开始出现缓和迹象。2000年两国外长开始互访，并就发展经贸、旅游、文化交流等问题达成一系列协议。2004年土耳其总理埃尔多安对希腊进行了历史性访问，标志着这两个长期敌对国家的关系正在解冻。随后希腊总理对土耳其进行访问就进一步扩大双边合作进行了会谈，希土关系取得一定进展。但希腊表示支持土耳其加入欧盟，同时强调它应在人权、少数民族权益和塞浦路斯问题上首先取得进展。这意味着争端的解决和两国的修好仍有好长的路要走。

二　与前南斯拉夫马其顿共和国的关系

南联盟的解体使希腊与巴尔干邻国关系变得更为错综复杂。1991年11月，前南联盟共和国马其顿宣布独立，国名定为"马其顿共和国"。对此，希腊表示强烈反对。第一，是这个名称篡夺了希腊马其顿帝国的荣耀。马其顿帝国是希腊北部地区人民引以为豪的历史遗产，2000年来，该地区一直以"马其顿"闻名。希腊认为，1913年马其顿地区被划定，意味着从此不会再有建立独立马其顿民族国家的诉求，而这个马其顿国家的独立含有这种民族统一和扩张的意图，这种企图是针对邻国，特别是希腊的。第二，马其顿共和国的国旗使用"弗吉纳之星"图案（Star of Vergina），这是希腊人珍爱的马其顿王朝的象征。第三，最具有实质意义的是，马其顿共和国的宪法序言

号召世界各地的马其顿人在马其顿旗帜下联合团结起来。这在希腊人看来是煽风点火的战斗口号。由此,希腊和马其顿的关系走向紧张对峙。

1994年2月,希腊对马其顿共和国实施经济制裁。从1991年9月开始,希腊两届政府一直没有放弃将此事提交联合国讨论的努力,以使国际社会认识到马其顿共和国问题的严重性。与此同时,希腊的新民主党政府试图和马其顿共和国总统举行会谈。但是,无论是联合国还是希腊政府的努力,都未能使希马关系走向正常化。

1993年希腊大选之前,国内党派在前南斯拉夫马其顿共和国的态度上变得强硬起来。1993年4月,马其顿以"前南斯拉夫马其顿共和国"的临时国名加入联合国。1994年,长达几个月的谈判无果而终后,希腊在担任欧盟轮值主席国期间,泛希社运党新政府宣布对马其顿共和国实行贸易禁运。虽然国内政治力量和大部分民众在这个问题上立场一致,但是国外的反应,尤其是北约和大部分欧盟成员国对希腊的做法表示不满。而国内也出现了不同的声音。希腊的强硬立场遭到欧洲伙伴国的指责,而且有可能使充满火药味的巴尔干地区冲突进一步蔓延,但这些争论未能改变希腊的官方立场。

两个月后,欧盟委员会要求欧洲法院发布命令,指责希腊的贸易禁运违反欧盟法。虽然希腊成功地履行了1994年欧盟轮值主席国的使命,但没有在马其顿问题上为自己争取到有利形势。由美国谈判代表万斯(Cyrus Vance)以及随后克林顿总统特使出面的调解,也仅仅解决将双方的矛盾限定在国名问题上,但此国名的内涵仍然是达成任何协议的主要障碍。

1994年6月,欧洲法院拒绝了欧盟就希腊禁运提出的要求,这使希腊在马其顿问题上恢复了信心。11月,马其顿总统格利戈罗夫(Kiro Gligorov)连任后,重新开启双边谈判。1995年9

月，在美国等西方国家斡旋下，希腊和马其顿两国外长签署互相承认的谅解与合作协议，使持续将近4年的希马关系僵局得以化解。协议声明：希马两国互相承认对方为独立主权国家；马其顿宣布其宪法中有关条款不能也不会成为向希腊提出领土要求的依据；马其顿取消其国旗上的古马其顿徽记；希腊则宣布取消对马其顿的经济制裁，向马其顿开放萨洛尼卡港口，并不再反对马其顿以"前南斯拉夫马其顿共和国"的称谓加入各类国际组织。2001年2月，希腊和马其顿就马其顿国名问题再次进行谈判，希腊以给马其顿提供经济援助、对马其顿公民免签证入境和支持其加入欧盟为条件，要求马其顿改名为"北马其顿"。

在希腊和马其顿关系从对立走向缓和的过程中，美国在其中的斡旋和压力起了关键作用。美国在希腊和马其顿问题上的战略意图是非常明显的：即是要削弱欧盟和俄罗斯在巴尔干地区的作用和影响，从而确保美国在该地区的战略利益，并维护北约南翼的稳定。

### 三 与阿尔巴尼亚的关系

冷战期间，希腊和西北邻国阿尔巴尼亚的关系比较紧张，不仅是因为身处两个对立的东西方阵营，其中一个重要原因是希腊认为阿境内的希腊裔少数民族（据估计有10余万人）在霍查的专制统治下被剥夺了基本人权。1978年，阿尔巴尼亚向希腊发出"改善关系、友好相处"的信号，希阿两国的贸易合作取得稳步发展。1985年1月，两国边境互相开放，这是40年来的首次。这标志着希阿双边关系开始书写新的篇章。两年后，希腊和阿尔巴尼亚宣布两国关系正常化。

1990年，继苏联解体后，阿尔巴尼亚也放弃了社会主义制度，向西方制度转型，国内经济陷于崩溃境地，希阿两国的关系再次紧张起来。成千上万的阿尔巴尼亚人和希腊裔阿尔巴尼亚难

民涌向希腊,有时一天就超过900人,其中不乏犯罪分子。希腊一时找不到合适有效的办法来遏止这股移民大潮。

1991年,希腊企图通过改善阿国经济来达到限制移民入境的目的。为此,米佐塔基斯政府签署银行间协议,向阿尔巴尼亚提供贷款2000万美元,这些资金却被阿尔巴尼亚政府大肆挥霍。阿尔巴尼亚加入欧安会后,一些国际组织要求终止对阿尔巴尼亚的救济性援助,阿尔巴尼亚总统贝利沙被指控贪污和盗用世界银行贷款,再加上阿尔巴尼亚的人权问题,欧盟轮值主席国希腊支持欧盟财政部长理事会(ECOFIN),推迟向阿尔巴尼亚提供3500万埃居的援助。

阿国的经济形势恶化之后,贝利沙企图将公众注意力转向人权活动分子,包括代表阿尔巴尼亚南部希腊少数民族的反对党奥马尼亚(Omonia)的领袖。该反对党在1991年阿议会选举中获得5个议席。在此期间,涌向希腊边界的难民越来越多,1993年底,阿境内的希族人只剩下原来的35%。希阿边境上小冲突时有发生,双方的矛盾越积越深。1994年4月,两名阿尔巴尼亚人在希腊边境军营附近被枪杀。阿尔巴尼亚政府怀疑是希裔阿族人所为。5月,6名奥马尼亚领导人以叛国罪被捕,并于8月开始受到审判。为了表示对阿境内希腊少数民族的支持,希腊政府下令遣返大批阿尔巴尼亚非法移民。虽然希腊总理帕潘德里欧提出,如果阿政府终止审判,希腊可以放松对阿援助的限制,但是奥马尼亚领导人仍被判处监禁。于是希腊提出抗议并要求阿给予赔偿,希阿关系陷入低谷。

随着阿尔巴尼亚外交政策向西方的倾斜。希腊和阿巴尼亚的关系趋向缓和。1996年3月,希腊和阿尔巴尼亚签署了睦邻友好合作协定,为两国关系的发展奠定了坚实的基础,也为促使阿尔巴尼亚融入欧洲-大西洋的关系结构提供了制度性框架。希腊支持阿尔巴尼亚为加入欧盟和北约组织付诸的努力。同样,作为对阿尔巴尼亚支持的一部分，希腊参与了欧洲治安力量和海关援助任务，并向阿提供了大量的经济和发展援助。目前，希腊已成为阿尔巴尼亚第四大援助国，其提供的援助金额已达到7380万欧元。希腊和阿尔巴尼亚经济合作比较密切，并已成阿尔巴尼亚第二大贸易伙伴，希腊的出口产品大约占阿尔巴尼亚进口总额的21%，对阿的投资额已达到4亿美元，是阿尔巴尼亚的主要外商投资国家。

早在公元前7世纪，阿尔巴尼亚地区已有希腊族人生活的足迹。如今，在当地居住的希腊少数民族究竟有多少人，还没有确切的数据。根据1919年巴黎和会上提供的数据，希腊少数民族有12万人。1989年，阿尔巴尼亚的官方统计为6万人。

四 与保加利亚的关系

公元20世纪80年代冷战缓和与90年代初冷战终结时期，希腊和保加利亚一直保持着友好和卓有成效的关系。自1991年以来，希腊和保加利亚双边贸易往来活跃，并签订了军事合作协定，通过两国总理的一系列会谈，最终签署20年睦邻友好条约。15年内，两国已签署了十余项双边协定，如避免双重征税、关于打击非法移民和恐怖主义以及有组织犯罪的警务合作协定、军事和科技协定、科学教育和文化协定、环境保护协定等，其合作范围扩大至各个领域。在保加利亚进行经济和政治制度的转型之后，希腊一直积极支持其加入欧盟和北约，并认为这是保持该地区稳定和繁荣的有效方式。

在巴尔干地区问题中，两国进行了紧密的合作。它们认为，巴尔干的问题，需要巴尔干国家和人民自己进行妥善的处理，同样，东南欧合作进程是达成地区合作的有效的途径。在黑海经济合作组织中，两国也进行了密切的合作。通过1998年启动的希腊、保加利亚和罗马尼亚三方首脑会晤机制中，加强了两国的经济关系，推动了该地区的基础设施项目、打击恐怖主义和有组织

的犯罪等领域的合作，为促进巴尔干地区的安全和稳定做出了自己积极的贡献。

如今，保加利亚已成为希腊的重要贸易伙伴，而且这种重要性正与日俱增。据希腊国家统计局统计，2005年上半年，希腊和保加利亚的双边贸易额增加了30%。希腊向保加利亚的出口总额已达到4.5亿美元，进口总额为3.3亿美元，全年双边贸易额在16亿美元左右。

目前，在希腊的出口对象国中，保加利亚位列第四，保加利亚从希腊进口的800多种产品，占希腊出口总额的6.4%。而且，希腊公司对保加利亚的投资兴趣日益浓厚。2005年的一、二、三个季度，希腊对保加利亚的投资总额已达到1.26亿美元，其中，工业领域占40%，服务业占32%，贸易占24%，建筑业占4%，已成为保加利亚的第二大外商投资国，排名仅次于奥地利。在旅游业领域，保加利亚也已成为希腊游客的主要目的地。2005年上半年，希腊人入境旅游已达到30万人次，占同期保加利亚国外游客总人次的19.5%。保加利亚人则成为希腊第二大外国游客团体，在2005年上半年，达到4万人次，占同期希腊外国游客总人次的7%。

2005年4月，希腊、俄罗斯和保加利亚在索非亚签订政治协议，计划铺设三国跨境石油管线布尔加斯—亚历山德鲁波利斯，每年可运送原油3500万吨。在与其接壤的巴尔干邻国关系中，希腊和保加利亚关系的发展最为稳定，其经济合作的密切程度也可见一斑。目前，共有2.85万希腊裔和希腊公民生活在保加利亚。其中有2000名希腊留学生和1000名商人及其家属。

## 五　与其他巴尔干邻国的关系

在历史上，希腊一直积极推动巴尔干地区的稳定和繁荣的建设。第二次世界大战结束后，希腊国内的形势并不稳定，无暇分心巴尔干事务。直到 70 年代中期，恢复稳定的民主制后，开始推动巴尔干国家的合作。整个 80 年代和冷战终结时期，希腊和它的巴尔干邻国保加利亚、南斯拉夫和罗马尼亚保持着友好的关系。1991 年，希腊和罗马尼亚领导人签订了商业和投资协定，以及防务合作条约。在罗马尼亚进行经济和政治制度的转型之后，希腊积极支持该国加入欧盟和北约，并视之为保持巴尔干地区稳定和繁荣的有效方式。如果保加利亚、罗马尼亚包括克罗地亚加入欧盟，这意味着希腊在地理位置上和欧盟国家连为一体，如果保加利亚等国也被北约吸纳，这就意味着希腊处于统一的跨大西洋的政治和军事安全结构之中。

南斯拉夫联邦解体后，希腊不仅丢失一个重要市场和一个友好邻邦，也失去了从陆路进入其他欧洲国家的便道，1990 年希腊有将近 40% 的出口货物，是经过南斯拉夫运往西欧的。更为重要的是，南斯拉夫危机再次揭开了巴尔干政治转轨中未曾愈合的伤疤，这个地区的不稳定因素，为希腊的安全和繁荣带来隐忧。

1992 年，波黑内战爆发，塞尔维亚为波黑境内的塞族武装提供了大量的资金和武器，联合国由此宣布对塞尔维亚实施贸易禁运和经济制裁，这无疑使希腊陷入尴尬境地。长期以来，塞尔维亚是希腊重要的贸易伙伴，而且两国具有深厚的宗教、历史渊源，在一些重大国际问题上拥有相近的立场，塞尔维亚也一向支持希腊在马其顿共和国问题上的立场。米佐塔基斯和帕潘德里欧政府担心波斯尼亚危机将在巴尔干半岛蔓延，最终会将土耳其、阿尔巴尼亚和希腊卷入。因此，希腊政府和塞尔维亚共和国总统米洛舍维奇、波斯尼亚塞族领导人卡拉季奇以及波斯尼亚政府代表进行长时间的和平会谈，但是最终没有取得进展。

与此同时，希腊不顾联合国的禁令，将食品和药品等物资运往塞尔维亚。即使在 1994 年希腊担任欧盟主席国期间，希腊仍然力排众议，支持塞尔维亚。在北约对塞尔维亚实施空中打击的

## 希腊

投票表决中,希腊投了否决票,并且拒绝北约使用伊奥尼亚海普雷维扎空军基地,拒绝将希腊士兵派往波斯尼亚执行联合国维和行动。希腊的态度和举动遭来北约成员国的不满,并和土耳其的立场严重对立,土耳其是坚决支持波斯尼亚穆斯林的北约盟国。1994年12月,帕潘德里欧和米洛舍维奇在雅典举行官方正式会谈时,重申在波斯尼亚问题上两国立场一致。米洛舍维奇更提议组成希腊、塞尔维亚和马其顿共和国联邦,但遭到希腊国内许多政党的反对。由于单方面对塞尔维亚的支持,使希腊政府在欧共体前南斯拉夫事务决策中遭到孤立。

1996年随着西米蒂斯的上台,这种状况有了很大的改观。希腊在欧盟外交与安全事务协调一致的立场上,态度更为积极。尤其当科索沃战争结束后,欧盟加快了防务联合的步伐。希腊也成为欧洲共同安全防务的积极推动者,并将对塞尔维亚的外交政策纳入欧盟统一的"东南欧合作进程",积极支持塞尔维亚申请加入欧盟和北约。

在后冷战时代,希腊所处的地缘政治环境日趋复杂。北部巴尔干邻国危机频发,原南联邦共和国和自治省的独立和分裂,交叉着复杂的种族和宗教矛盾和冲突。同时又必须面对这些动荡地区时时可能溢出的恐怖主义、有组织犯罪、政治暴力等的危险,希腊由此感到更为沉重的责任。作为唯一具有欧盟和北约双重身份的国家,希腊认为自己的利益是和巴尔干地区的稳定和繁荣联系在一起。而且作为该地区经济水平最高、局势又最为稳定的国家,也有能力在巴尔干事务中发挥主导性作用。为此,希腊制定的巴尔干政策的目标是,采用多边主义方式,和欧盟、西欧联盟、欧安组织和北约一起推动其北部邻国向西方民主制度和市场经济成功转型。

在缓和了与阿尔巴尼亚、前南斯拉夫国家之间的紧张关系之后,继续和保加利亚、罗马尼亚发展友好关系,在波斯尼亚和科索沃问题上，对塞尔维亚、克罗地亚和阿尔巴尼亚采取平等的立场。在实践中，尽自己所能参与所有为该地区的稳定采取的联合行动。近10年来，希腊几乎参与了所有西方在这些冲突地区执行的维和行动，包括1997年5月在前南斯拉夫地区的"和平伙伴"军事行动、1998年北约在阿尔巴尼亚的维和行动等。在科索沃和前南斯拉夫地区，希腊提出了一系列外交和人道主义倡议，以帮助恢复该地区的和平和稳定。

作为欧洲犯罪率最低的国家之一，希腊在打击有组织犯罪，维护巴尔干地区的安全上也作出了自己突出的贡献。与此同时，希腊和邻国进一步深化了在地区安全上的合作。除了通过双边和多边的会议达成共识之外，为阿尔巴尼亚政府提供了后勤支持和军备援助，捐助了装甲车运输设备、巡逻车、防弹衣等。也为他们提供了各种安全培训，诸如调查经济犯罪，防止警界腐败，等等。

随着希腊成功加入经济货币联盟，国内经济呈现快速增长的势头，它对自己在推动巴尔干地区经济增长上所起的作用和地位有了更多的信心，其设定的目标也更为远大。为了成为崛起之中的巴尔干经济的中心国家，希腊制定的政策是：其一，和所有巴尔干国家建立更为紧密的经济联系，通过贸易、投资和发展援助计划重建巴尔干经济；其二，通过更大区域内稳定和繁荣的实现来推动地区合作；其三，促使这些国家加入欧盟。

长期以来，希腊在欧盟对巴尔干地区的政策、关于巴尔干国家的政治经济改革和机构建设等的倡议上发挥了积极的作用，其中包括东南欧合作倡议（SECI）等。科索沃战争结束后，又签署了东南欧稳定协议。不同于北欧、波罗的海和中欧的是，巴尔干地区一向缺少多边合作。直到1997年希腊提议召开第一届东南欧合作进程会议后，才拉开了多边地区合作的帷幕。1998年，在土耳其安卡拉召开的第二届会议上，将一年一度的巴尔干首脑会晤机制固定下来。

## 希腊

### 六  与中东的关系

希腊和中东阿拉伯国家和以色列的关系建立在三个层面之上:第一,双边关系。就此而言,希腊和这些国家的关系具有很深的渊源;第二,欧盟-地中海关系的框架;第三,地中海论坛的多边关系的框架。就双边关系而言,希腊政府传统上一直追求与阿拉伯国家和以色列的"睦邻友好"的外交政策,这种做法既有历史也有现实原因。希腊和阿拉伯国家都曾为奥斯曼土耳其人所征服和统治,他们拥有共同的历史记忆。而且,有相当一部分的阿拉伯人信仰希腊东正教,很多阿拉伯国家境内有规模不小、相当活跃的希腊人社团。

1967年阿以战争爆发后,中东政治变得更加复杂。希腊呼吁以色列归还所有被占领的阿拉伯国家领土,并支持巴勒斯坦人的建国计划。与此同时,希腊也支持以色列在国际公认的边界内拥有生存权。70年代中期相继发生石油危机和土耳其入侵塞浦路斯事件之后,希腊的中东政策开始明显向阿拉伯国家倾斜。这种变化源自两种需要:一是要赢得阿拉伯国家对希腊塞浦路斯政策的支持,二是要获得阿拉伯国家石油的稳定供应。

20世纪80年代,泛希社运党政府采取更为积极的亲阿拉伯政策,在外交上承认巴勒斯坦解放组织,该组织当时因为采取恐怖主义行动而被西方绝大多数国家所排斥。泛希社运党政府不仅是巴解组织的坚定支持者,而且与采取强硬路线的阿拉伯国家如阿尔及利亚、伊拉克、叙利亚、利比亚等国接触增多。与此同时,为了维持中东力量的平衡,希腊政府对以色列仍然实行宽容和友好的政策。

80年代末,希腊的中东政策发生重大改变。原因是亲阿拉伯政策在解决塞浦路斯问题上,效果微乎其微。再加上冷战结束和两极格局的终结使希腊在安全事务上对美国和北约的依赖大为减轻,自主性增强。因此,无论哪个政党上台,都执行了温和中立的中东政策。1990年,希腊正式承认以色列。与此同时,希腊继续和东地中海阿拉伯国家保持密切的双边关系和经济往来。目前,希腊和中东阿拉伯国家和以色列良好的外交关系,已通过一系列广泛的条约和协定固定下来。

作为欧盟的一员,希腊同样遵从欧盟关于维护中东地区的和平、安全和繁荣的外交目标。并且积极参与欧洲-地中海伙伴关系的建设。在多边关系层面上,希腊注重发挥地中海论坛的作用。该论坛成立于1994年,目前已成为一个地中海政策的讨论机构和智囊团,希腊同时也是地中海论坛的创始国,并成为2002年的论坛东道国。

在历史上,希腊一直重视和地中海邻国发展友好的关系,尤其重视在不同文化传统之间人民的对话,在它看来,这同时也是建立和平关系的基础。

## 第五节 与中国的关系

### 一 双边政治关系的良好发展

希腊和中国于1972年6月5日正式建立外交关系,一直以来两国关系发展顺利。中希两国同为历史悠久的文明古国,为人类文化和社会进步作出过重大贡献,在许多重大国际问题上有着相同或相似的看法,在一些重要国际组织中双方一直相互支持。在国际关系方面,希腊主张国家不论大小、一律平等;反对单极世界,主张世界应向多极化发展。坚持一个中国的原则立场,不与台湾发展官方关系。在人权问题上,希中两国均反对以人权为借口干涉别国内政,主张以对话代替对抗。希腊曾多次在人权问题上给予中国坚决的支持。所有这些都为中希两国关系的不断发展打下了坚实的基础。30年来,希腊和中国已

# 希腊

签订了10多项重要的双边协议,如《中希贸易支付协定》、《中希海运协定》、《中希文化交流与合作协定》、《中希科技交流与合作协定》、《中希经济技术合作协定》、《中希旅游合作协定》、《中希避免双重征税和防止偷漏税的协定》等。

20世纪80年代,两国总理进行了互访,希腊总统和议长先后访华。90年代以来,高层互访增加,两国在政治领域的友好合作关系得到进一步发展。1997年3月,阿尔巴尼亚局势动荡时,希腊曾应中方请求,派军舰协助撤离中国驻阿人员。

90年代期间,中国先后出访希腊的重要领导人有:国务委员兼外交部长钱其琛、朱镕基副总理、乔石委员长、全国政协主席李瑞环、李鹏委员长等。2000年4月,江泽民主席应希腊总统斯特凡诺普洛斯的邀请,对希腊进行国事访问,这是中国国家元首自中希建交以来首次访问希腊。同期,希腊来华访问的重要人士有:外交部长帕普利亚斯、海运部长卡齐法拉斯、最高检察长迪莫普洛斯、国防部长措哈佐普洛斯、内政部长帕帕多普洛斯、议长卡克拉马尼斯等。其中,外交部长帕潘德里欧曾于1999年和2002年两次访问中国。2002年,希腊总理西米蒂斯正式访华。

进入21世纪后,两国高层互访频繁,双边关系进一步发展。2005年4月,应希腊议会邀请,全国人大常委会副委员长何鲁丽访问希腊。6月,国务委员陈至立访希,双方签署了《中希体育合作协定》和《中希教育合作谅解备忘录》。2006年上半年,双边关系进入新的发展阶段。1月,希腊总理卡拉曼利斯访华,两国总理签署了《中华人民共和国和希腊共和国关于建立全面战略伙伴关系的联合声明》。中国国家主席胡锦涛在会见卡拉曼利斯时说,中希关系正处在建交以来最好的时期。中希两国没有根本的利害冲突,也不存在任何悬而未决的问题。在新的历史条件下,把两国关系提升为全面战略伙伴关系,对两国关系的发展将产生重要而深远的影响。

第七章 对外关系

## 二 双边经贸关系的发展

中国和希腊在历史上早有贸易往来。新中国成立之后,双边贸易曾一度中断。1955年中希恢复了民间贸易往来。1972年两国建交之后,签订了双边贸易协定,自此,两国贸易额增长迅速。据中国统计数据表明,建交初期,双边贸易额仅为170万美元,1979年即超过2000万美元,1989年首次突破1亿美元。1995年超过2亿美元,1997年超过3亿美元,1998年达4亿美元,1999年中希贸易曾出现了下滑态势。进入新世纪后,随着政治关系的良好发展,中希贸易进入了新的高速增长期。2000年中希贸易额已经达到6.27亿美元。2001年中希贸易额达到了7.52亿美元。2002年中希双边贸易额为7.87亿美元。2002年中希贸易额和中国对希出口额均比1999年翻了一番。2003年,中希双边贸易已突破9亿美元大关,接近10亿美元。中国已成为希腊在亚洲的重要贸易伙伴。

中国对希出口的商品主要有:机械电子、轻工产品、纺织服装、船舶等,从希腊进口的商品主要有:机电产品、化肥、大理石、棉花、金属等。由于两国经济互补性不强,再加上希腊对华出口商品品种比较单一,且价格偏高,缺乏竞争力。而我国对希腊的市场、产品的技术水平也缺乏了解,因此造成了中希之间存在着较大贸易逆差。据中国海关统计,2002年中国对希出口总额为7.3亿美元,从希腊进口总额为5505万美元,希腊贸易逆差达6.75亿美元。为了平衡双边贸易长期存在的逆差,近年来,双方政府高层逐步把目光从货物贸易转向服务贸易,尤其是希腊政府计划以服务贸易的顺差来弥补货物贸易的逆差,希望在今后的几年里,中国游客成为希腊旅游新的增长点。

进入21世纪以来,希腊企业对华投资呈现快速增长的趋势。其特点主要有如下表现。

（1）增长速度加快。希腊在华投资项目由1999年的21个增加到2002年的41个,三年时间内翻了一番。协议投资金额由过去的4742万美元增加到1.067亿美元,增加了1.3倍。实际投资金额由210万美元增加到2853万美元,猛增了12.6倍。

（2）对华投资以大型企业为主导。在华投资的希腊企业过去以中小企业为主,近年来变为以大型企业为主导。

（3）以带动出口为导向。近年来启动的新投资项目并不是以短期盈利为目的,而是以带动该公司的出口为长远目标。从投资建厂加工希腊本土的原材料,到开采中国的原材料,就地加工,然后向第三国出口。

中希两国的经济技术合作最初主要集中在海运业,造船、修船和海员劳务也是中国与希腊合作的重要领域。希腊统计数据表明,目前希腊10%的船只为中国制造。希腊船舶公司在华修理的船只每年平均为100余艘,订购的新船数量逐年增加。目前在海运领域的合作也得到了加强。早期以中国租用希腊船只为主的局面正在改变,而且在船舶注册等方面也取得了新的进展。希腊现已就承认中国海员证书一事达成协议。2005年6月,希腊海运部部长凯法洛尼亚斯访华,双方签署《加强港口发展与海上贸易合作备忘录》。目前,中国在希腊承揽的海上货运年营业额为400万美元,向希腊船运公司输送劳务500余人次。

目前,中希合作范围已扩展到各个领域。而且从中希经贸混委会开始,中希定期举行会议,两国企业界人士往来日益频繁。在中国成功经受住亚洲金融风暴考验后,希腊更加看好中国市场,相继在国内成立了中国—东南亚经济合作中心和亚洲论坛。两国已签订多项科技合作协定,涉及农业、化工、生物、能源、地质等领域。当前,奥林匹克运动会、国际旅游成为两国合作亮点。2005年6月,希腊旅游部部长阿乌拉莫普洛斯率团来华参加"2005北京国际旅游博览会",并出席希腊国家旅游组织驻北京办事处剪彩仪式。7月,希腊文化部代部长佩特拉里亚访华,双方同意成立中希奥运合作联席委员会。11月,希腊公共秩序部部长沃尔伽拉基斯访华,双方签订了《2008年奥运会及残奥会安全合作谅解备忘录》。

### 三 在文化、科技、军事等方面的双边交往与合作

据两国文化协定,从1985年起双方连续签订为期3年或4年的文化交流协定执行计划。中国文化团体经常赴希腊进行文艺演出或参加文化研讨会,两国新闻界定期互访。这些文化交流大大增进了两国人民的相互了解。自1979年两国签订科技合作协定以来,已召开8次科技合作混委会,执行合作项目涉及农业、能源、地学、海洋学、生物、医学、基础科学领域等,有些已取得较好研究成果和经济社会效益。

中希两国地方城市间友好交流活跃。1985年,上海市与希腊比雷埃夫斯市结为友好城市。1997年,陕西咸阳市与希腊纳夫普利翁市结为友好城市。2005年,沈阳市与萨洛尼卡市,北京市与雅典市分别结为友好城市。

20世纪90年代以来,中希两军交往也在增加。希腊国防部部长措哈佐普洛斯于1997年11月正式访问中国。中国中央军委副主席兼国防部部长迟浩田也于2002年3月访问希腊。2002年7月,中国海军环球航行舰艇编队首次访希。2003年9月,中国副总参谋长张黎访希。10月,希腊国防部总参谋长安塔纳科普洛斯率团访华。2005年8月,希腊国防部部长斯彼里奥托普洛斯率团访华。中希两军间其他级别的交往也日益增多,双边军事合作关系发展良好。

目前,中国和希腊正致力于在"建立全面战略伙伴关系"声明框架下,进一步深化政治对话,促进各个领域的合作。

当前,希腊正同中国合作在华举办"中国的希腊文化年活动(2007~2008)",其活动内容,详见附录。

# 附 录

## 中国的希腊文化年活动一览表（2007~2008）
## CULTURAL YEAR OF GREECE IN CHINA 2007–2008

### 一 戏剧（THEATRE）

《鸟》——阿里斯托芬著，由艺术剧院（ART THEATRE）演出

导演：卡罗洛斯·贡（Karolos Koun）

《鸟》由三位伟大的希腊艺术家创作于20世纪60年代，是最具历史意义的古代喜剧之一。该剧由卡罗洛·贡（Carolos Koun）导演；舞台布景与服装由雅尼·刹罗西斯（Yannis Tsarouhis）负责；音乐由马诺·哈齐扎基斯（Manos Hadjidakis）创作。

北京：国家大剧院，2008年2月27日上演

《埃阿斯》——索福克勒斯（SOPHOCLES）著，阿提斯剧院（ATTIS THEATRE）演出

导演：特奥多罗·特尔左普罗斯（Theodoros Terzopoulos）

该剧由国际知名的希腊戏剧导演特尔特奥多罗·特尔左普罗斯执导，已在全世界演出了1500多场。《埃阿斯》现已成为全世界30多所大学的教材，索福克勒斯的这部悲剧主要包含四个

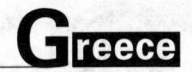

主题：叛逆、疯狂、复仇与自杀。

北京：中央戏剧学院，2008年5月30日上演

《安德洛玛刻》（ANDROMACHE）——拉辛（RACINE）著，希腊国家剧院演出

导演：季米特里·玛福里基奥斯（Dimitris Mavrikios）

安德洛玛刻——这位赫克托的寡妇——是荷马（Homer）与欧里庇得斯（Euripides）笔下最高贵的形象之一，也是法国剧作家拉辛（1630～1699）戏剧中的女主人公。该剧以古代希腊故事为基础，讲述一个令人震惊的希腊神话故事。它于1687年由莫里哀的戏剧小组首次搬上舞台，被誉为法国戏剧创作中最流行的经典剧作。

北京："相约北京"艺术节，2008年5月～6月上演

"《穆萨伊》（MOUSSAIS）——阿里斯托芬作品展演"——希腊艺术节节目。

导演：瓦西里·帕帕瓦西里欧（Vassilis Papavassiliou）

该剧本根据阿里斯托芬的古典原著进行改编创作，在表演上将阿里斯托芬的古典批判手法与现代的、国际化的现实相结合。希腊导演瓦西里·帕帕瓦西柳将以自己的视角重新解读古典作品。

北京：国家大剧院，2008年9月11日上演

## 二 歌剧（OPERA）

《社会支柱》——马诺利斯·卡洛米里斯（MANOLIS KALOMIRIS）著，希腊国家歌剧院演出

这部歌剧是马诺利斯·卡洛米里斯根据尼科斯·卡赞特扎基斯（Nikos Kazantzakis）的同名悲剧改编而成。这部希腊音乐的

代表作由希腊最著名的作曲家之一创作。

北京:"相约北京"艺术节,2008年5月~6月上演

## 三 舞蹈（DANCE）

**LYKEION ELLHNIDON 舞团**

多彩的希腊服装、多姿的传统舞蹈与独特的传统音乐,是希腊莱森女子戏院舞蹈团表演的特色。它将为中国和其他国家的观众提供一个了解丰富的希腊传统舞蹈的机会。

上海国际艺术节,2007年10月25~29日上演

**希腊舞团——都拉史特拉朵（DORA STRATOU）**

这是一部由希腊舞蹈家、音乐家以及歌唱家共同出演的希腊经典舞蹈,展现了希腊各地的传统。舞蹈家身着希腊传统服装,音乐家则演奏传统器乐,演出当地的传统音乐和舞蹈。

上海国际艺术节,2007年11月14~18日上演

**《神秘晚餐》——西恩·夸·农（SINE QUA NON）联合执导**

导演:西恩·夸·农

由希腊当代著名的舞蹈团体之一演出,该团长期以来在国际艺术节中表现不俗。八个舞者以聚餐为由齐聚到一张桌旁,以各自自创的仪式与"自我-自大"所表现的丑陋行为作斗争。

北京:中央戏剧学院,2008年1月18日上演

上海:上海音乐厅,2008年1月21日上演

**舞剧《美狄亚》**

导演:季米特里·帕派约安努（Dimitris Papaioannou）

神话作品《美狄亚》,由希腊著名舞美设计师和导演、2004

年雅典奥运会开幕式和闭幕式的艺术导演季米特里·帕派约安努执导。这部舞剧以曼妙的肢体语言代替文字,将杰出的古希腊文学作品以戏剧舞蹈的形式表现了出来。

北京:"相约北京"艺术节,2008年5月~6月上演

## 四 音乐(MUSIC)

### 玛丽亚·卡拉斯献礼音乐会

在"2007卡拉斯年"之际献给玛丽亚·卡拉斯(Maria Kallas)的音乐会。希腊著名女中音阿格尼·巴尔恰(Agni Baltsa)专程赶赴北京纪念这位伟大的歌剧天才。希腊著名男高音安杰罗·西莫斯(Angelo Simos)与其同台演出。阿格尼·巴尔恰将演唱威尔第(Verdi)、罗西尼(Rossini)、玛斯卡尼(Mascani)、比才(Bizet)、普契尼(Puccini)和米基斯·提奥多拉基斯(Mikis Theodorakis)的著名咏叹调。由尼科斯·阿提奈奥斯(Nikos Athinaios)担任指挥的北京交响乐团将为这两位著名歌唱家伴奏。

北京:保利剧院,2007年9月27日(北京国际音乐节)上演

### 斯塔马蒂·斯帕奴达吉斯专题音乐会:《亚历山大——你从未走过的路》,希腊文化年正式开幕式

乐队指挥:安德烈斯·皮拉雷诺斯(Andreas Pylarinos)

合唱指挥:安东尼·康托吉尔吉欧(Antonis Kontogeorgiou)

在创作了《亚历山德罗》之后13年,斯塔马蒂·斯帕奴达吉斯(Stamatis Spanoudakis)带着他最爱的主人公,沿着他的音乐之路深入亚洲。作曲家将在中国演出他的新作《亚历山大——你从未走过的路》(Alexander: Roads you have never walked)。斯塔马蒂·斯帕奴达吉斯的乐曲包含了交响乐、希腊

和中国的通俗乐器演奏及合唱。参与演出的还有 ERT（希腊国家广播组织）乐团及合唱团。

北京：保利剧院，2007 年 10 月 19 日上演

**北京交响乐团赫里斯图、克塞纳基斯、斯卡尔科塔斯、库门塔吉斯及拉赫曼尼诺夫作品音乐会**

独奏：季米特里·斯古洛斯（Dimitris Sgouros）

乐队指挥：谭利华

北京交响乐团将演奏尼科斯·斯卡尔科塔斯（Nikos Skalkotas）的《希腊舞蹈》（*Greek Dances*）、詹尼·赫里斯图（Giannis Christou）的《T. S. 艾略特歌曲六首》（*Six T. S. Eliot Songs*）、扬尼·克塞纳基斯（Iannis Xenakis）的《乔契斯》（*Jonchaies*）以及乔治·库门塔吉斯（Giorgos Koumentakis）的《走向深夜》。季米特里·斯古罗斯将演奏谢尔盖·拉赫玛尼诺夫（Sergei Rachmaninoff）的第三协奏曲。本场音乐会将由北京交响乐团团长谭利华先生担任指挥。这是一次非常重要的中希合作，旨在向中国推广希腊现代音乐。

北京：中央音乐学院音乐厅，2007 年 11 月 16 日上演

**卡麦拉塔音乐之友乐团阿陪尔吉斯、藏塔吉斯、库鲁坡斯及哈齐斯作品音乐会**

乐队指挥：尼科斯·楚赫罗斯（Nikos Tsouhlos）

卡麦拉塔音乐之友乐团将演奏希腊当代作曲家的作品。演出曲目包括：乔治·阿陪尔吉斯（Giorgos Apergis）保留曲目、乔治·藏塔吉斯（Giorgos Tsontakis）保留曲目、乔治·库鲁坡斯（Giorgos Kouroupos）的由雅典音乐厅组织委托制作的作品（首次国际公演，由弦乐及女高音组成），以及克里斯托·哈齐斯（Christos Hatzis）保留曲目。

附录　中国的希腊文化年活动一览表（2007~2008）

北京：中央音乐学院音乐厅，2007年11月17日上演

**尼科斯·卡赞特扎基斯献礼音乐会——萨洛尼卡国家交响乐团**
乐队指挥：米隆·米哈伊利迪（Miron Mihailidis）

　　萨洛尼卡国家交响乐团（Thessaloniki State Symphony Orchestra），将演奏希腊以及外国重要作曲家的作品，这些作品都是从尼科斯·卡赞特扎基斯（Nikos Kazantzakis）的多元创作中汲取了灵感。在这些作品中，戏剧由马·哈齐扎基斯（M. Hatzidakis）及彼得·加百利（Peter Gabriel）创作；歌剧由马·卡罗米里斯（M. Kalomiris）和鲍里斯拉夫·马丁努（Borislav Martinu）创作。此外，由乔治·库门塔吉斯创作、由萨洛尼卡国家交响乐团演奏的《爱神丘比特·法蒂》（*AMOR FATI*），将在这里进行首次世界公演，该作品专为纪念尼科斯·卡赞特扎基斯诞辰一百周年而作。与此同时，一部关于该音乐会的纪录片也将作为舞台背景放映。

北京：中山音乐堂，2007年12月14日上演

**雅典国家管弦乐团中国行**
乐队指挥：瓦伊伦·菲德茨斯（Viron Fidetzis）

　　希腊最具实力的管弦乐团将在中国的六座城市巡回演出，包括北京和上海。演出曲目有马·塞奥佐拉基斯（M. Theodorakis）、马·卡罗米里斯（M. Kalomiris）、约翰·施特劳斯（J. Strauss）、勃拉姆斯（J. Brahms）等人的作品。

北京、上海、武汉、深圳、广州、天津，2007年12月27日~2008年1月7日上演

**纪念希腊音乐2500年音乐会**
艺术指导：兰布罗·里亚瓦斯（Lambros Liavas）

通俗乐器博物馆：菲沃斯·阿诺吉亚纳克斯（Foivos Anogeianakis）

这是一场为纪念具有2500年悠久历史的希腊音乐而举办的音乐会。包括代表希腊传统音乐的各种音乐：民间音乐、希腊岛音乐、小亚细亚音乐、克利特岛音乐、蓬托音乐（Pontos）、通俗音乐，等等。七个不同的演奏组将把希腊通俗音乐的风采和神韵带给中国听众。

北京："相约北京"文化节，2008年5月~6月上演

上海：上海音乐厅，2008年5月~6月上演

**希腊音乐国立乐团音乐会——希腊文化年正式闭幕式**

乐队指挥：斯塔夫罗·哈尔哈科斯（Stavros Xarhakos）

独唱：玛丽亚·法兰图里（Maria Farantouri）、迪米特拉·加拉尼（Dimitra Galani）、马诺利·米齐亚斯（Manolis Mitsias）

这是一场盛大的音乐会，由三位著名希腊音乐家演唱马诺·哈齐扎基斯、米基斯·提奥多拉基斯和斯塔夫罗·夏尔哈科斯（Stavros Xarhakos）创作的希腊著名歌曲。文化年这一压轴大戏将在北京市中心的中华世纪坛大广场举行。

北京：中华世纪坛广场，2008年9月19日上演

## 五 展览（EXHIBITIONS）

**"现代希腊艺术的经典回忆"——希腊国家美术馆**

这个展览展出的是深受古希腊文化影响的当代希腊作品。作品出自多位艺术家之手，包括巴尔德尼斯（Parthenis）、察鲁西斯（Tsarouhis）、恩格诺普罗斯（Engonopoulos）、莫拉里斯（Moralis）、吉卡斯（Gkikas）、米塔拉斯（Mytaras）、瓦西列奥（Vassileiou），等等。它是现代希腊艺术创造与古代希腊文化艺

术遗产之间的迷人对话。

北京：首都博物馆，2007年10月18日~11月16日展出

### "迷宫"（Labyrinths）——巴别塔（Babel）漫画展览

虽然各种文化都可以找到迷宫的主题，但是人们通常认为迷宫是希腊文化的象征。来自希腊的15名顶级漫画师将参与以"迷宫"为主题的巴别塔漫画展览，他们将创作一系列没有任何文字说明的图像，使观众在欣赏时不会有语言的障碍。展区将安装各种设备，营造出迷宫的感觉和氛围。同时还将安装多媒体设备。10位最优秀的插图画家和10位最优秀的街头艺术家将根据此次展览进行创作。

北京：798时态空间，2008年1月12日~2月15日展出

### 苏菲亚·娃丽（Sophia Vari）作品展

这个展览将在北京孔庙内举办，展出希腊杰出的雕刻家和画家苏菲亚·娃丽的雕刻和绘画作品。娃丽的雕塑造诣达到了动静之间的完美平衡。这些表面光滑的雕像允许来访者触摸。她的雕塑代表作被安放在巴黎、伦敦、雅典、纽约、蒙特利尔、慕尼黑和加拉加斯等地，享誉全世界。

北京：孔庙，2008年3月14日~4月20日展出

### 2004年奥林匹克运动会开幕式、闭幕式和道具服装展

艺术指导：2004年奥林匹克运动会开幕式、闭幕式创意团队

该展览将展出2004年奥林匹克运动会开幕式、闭幕式所使用的道具和服装。2004年雅典奥运会被国际媒体誉为拥有近年来最成功的开幕式和闭幕式的奥运会，这次盛大的展览是雅典奥运会对北京奥运会的献礼。本次展览还将展出开幕式及闭幕式"制作"过程的照片和录像。

北京：首都博物馆，2008年3月25日~6月25日展出

## 希腊

### 雅尼·库奈里斯（Yannis Kounelis）作品展

此次展览是世界著名的希腊艺术家雅尼·库奈里斯的个人作品展。雅尼·库奈里斯是20世纪60年代末创造"贫穷艺术"（Arte Povera）运动的先锋派艺术的历史核心人物。其作品和理论的深远影响使战后的欧洲艺术具有国际意义。他曾参与各种重要的国际展览，其作品曾在世界上最著名的各个现代艺术博物馆展出。

北京：798时态空间，2008年5月31日~2008年6月30日展出

### "竞技"——希腊国立考古博物馆

这是2004年奥运会期间在雅典首次举办的举世瞩目的考古展览。内容涉及古代奥林匹克运动会的各项体育赛事，以及希腊各主要神庙的诗歌、戏剧和艺术活动的全貌。同时展出的还有从远古直至罗马时期的雕塑作品、无名艺术家绘制的黑色图案风格的花瓶、微型艺术品和古代钱币。

北京：首都博物馆，2008年7月22日~10月22日展出

### 古代戏剧对歌剧和京剧的影响

戏剧服饰展——MELINA MERKOURI基金会

这次展览将展出戏剧服饰，包括古希腊戏剧以及中国京剧的服饰。它将通过戏剧艺术在中国文化与希腊文化间搭建友谊桥梁，建立密切的友好关系。

北京：国家大剧院，2008年9月展出

## 六 电影（CINEMA）

### 希腊现代电影献礼——萨洛尼卡国际电影节

这是对现代希腊电影的献礼。主题为"雅典及其市郊：现实

与虚幻的再现"。献礼影片包括过去48年来电影节的参展影片。

北京：北京电影学院，2008年2月放映

上海：2008年2月放映

**2004年雅典奥林匹克运动会开幕式和闭幕式筹备工作纪录片**

导演：阿西纳·拉切尔·察卡里斯（ATHINA RACHEL TSAGKARIS）

在中国希腊文化年活动中，由阿西纳·拉切尔·察卡里斯执导的这部纪录片，将首次披露2004年奥运会开幕式和闭幕式筹备过程中的一些珍贵镜头。

北京，2008年7月放映

## 七 书展（BOOKS）

**希腊：2008年北京国际图书博览会的主宾国**

希腊将成为第15届北京国际图书博览会的主宾国，此次书展将于2008年9月初举行。该书展由全球业内人士参加。希腊是继法国（2005年）、俄罗斯（2006年）和德国（2007年）之后，第四个获此殊荣受邀参加此项盛会的国家。中国也将相应成为2010年希腊萨洛尼卡国际书展的主宾国。

北京：2008年9月开幕

## 八 会议（CONFERENCES）

**2007年北京论坛——与北京大学合作**

这是一场名为"从古希腊哲学思想到北京奥运会"的研讨会。会议将邀请来自中国和希腊的大学教授、翻译家、作家以及学者演讲。

北京：北京大学，2008年11月2日~4日举行

**雅典卫城与中国长城修复学术会议**

会议内容为讨论希腊文化和中国文化最重要的两座丰碑——雅典卫城和中国长城的修复，由两国科学家和考古学家参加。会议由卫城遗迹保护委员会与中国文化部相关部门联合主办。

北京：2008年4月举行

**"荷马"学术研讨会——与中国社会科学院合作**

由中国和希腊两国有关人士（大学教授、翻译人员、作家、学者）参加的会议，讨论荷马的作品及其对西方思想的影响。

北京：中国社会科学院，2008年春季举行

## 九 讲习班（WORKSHOP）

**在北京中央戏剧学院举办讲习班**
- 古希腊戏剧表演摄影展
- 古希腊戏剧研讨会

艺术指导：托多罗斯·特尔左普罗斯（Thodoros Terzopoulos）

2008年5月，将在北京中央戏剧学院举办为期40天的戏剧讲习班，由希腊导演托多罗斯·特尔左普罗斯，向该学院学生传授古希腊戏剧的技巧和主题方面的知识。2008年5月31日将演出埃斯库罗斯的《被缚的普罗米修斯》，汇报学习成果。

北京：中央戏剧学院，2008年4月~5月举行

# 希腊中心

希腊中心是"希腊文化年"的信息中心。希腊中心举办的

活动包括：
- 配合主要活动举办有关交替展览
- 演讲
- 会议
- 小型歌舞团演出
- 希腊各部委的展示活动
- 希腊外贸部的"Kerasma"计划
- 希腊旅游机构展的展示活动

北京奥运会期间，希腊中心还将举办希腊奥林匹克委员会组织的活动。

## 希腊中心活动计划

**摄影展："透过雅尼·普斯拉克斯（YANNIS PSILAKIS）的眼睛看希腊"**

希腊最杰出的摄影师雅尼·普斯拉克斯拍摄的希腊风光照片的展览。通过摄影艺术的形式向人们展示希腊风景与希腊民众。

地点：希腊中心（文化年开幕式举办地点）

时间：2007年10月19日~11月30日举行

**由马科斯·豪利威斯（MARKOS HOLEVAS）拍摄的"古希腊奥运会"纪录片**

该纪录片展示的是从史前时代到最后一次古代奥运会的古希腊奥运会历史。希腊和国外大型博物馆珍藏的鲜为人知的有关古代奥运文化遗物，揭示古代奥运会召开方式以及对远古世界产生影响的大量资料，是该记录片的核心内容。其中还包括拍摄的考古遗址，例如，奥林匹亚、特尔斐、尼米亚、伊斯米亚、雅典、迪奥、克诺索斯、迈锡尼和圣托里尼岛等诸多珍贵的镜头。该记

录片曾在包括洛杉矶电影节在内的五个国际电影节中获奖。

时间：2007 年 11 月放映

### 尼科斯·卡赞特扎基斯（NIKOS KAZANTZAKIS）纪念周

在为期一周的纪念尼科斯·卡赞特扎基斯活动中，将展示包括照片、视听资料以及教授、学者与翻译的座谈和演讲。纪念周活动是萨洛尼卡国家交响乐团音乐会的补充，该音乐会演奏的是受卡赞特扎基斯作品启发而创作的音乐作品（计划于 2007 年 12 月 14 日在中山音乐堂举办）。

时间：2007 年 12 月举行

### 奥德修斯·埃利蒂斯（ODYSSEAS ELYTIS）作品展

借奥德修斯·埃利蒂斯作品被译为中文的时机，展览将用照片和纪录片展示这位伟大的希腊诗人与诺贝尔奖得主的生活和工作。

时间：2008 年 3 月展出

### "重建雅典卫城"摄影展

展出对象是有关联合国教科文组织最重要的两项世界文化遗产丰碑：雅典卫城与中国长城的图片。此次展览是就文化遗产的科学管理与保护问题进行的学术交流中范畴更广的一部分。对于可能不太熟悉雅典卫城历史遗迹和古代希腊建筑的中国大众，将是一次难得的了解机会，展览前将播放由文化部制作的电影。

时间：2008 年 4 月~5 月举办

### 乔治·赛菲里斯（GIORGOS SEFERIS）作品展

该展览将展出诺贝尔奖得主——诗人乔治·赛菲里斯生活与工作的图片、音像等材料。此展览曾在雅典获得圆满成功，并在希腊各地举办过。

时间：2008年4月至5月举办

**"橄榄颂"展览**

这次展览将展示橄榄在文化、体育、宗教、艺术、象征与营养上的重要性，对一个国家的整体性影响以及与希腊地区和几千年来居住在此的人民的联系。2004年，该展览曾在雅典、沃洛斯以及纽约联合国大楼内举办。

时间：2008年7月举办

**国际奥林匹克休战中心展**

该展览由希腊与中国当代艺术家举办，主题是奥林匹克休战、和平与运动会。展览的标题为："从奥林匹亚到2008年的北京：40名希腊艺术家与40名中国艺术家论述奥林匹克休战"。

时间：2008年8月举办

说明：《中国的希腊文化年活动一览表》由希腊驻华使馆的高菲女士提供，有关希腊文化年活动安排的最新消息，请查询网站 http://www.greece-china.com。

# 主要参考文献

## 一　中文文献

1. 世界经济年鉴编辑委员会编《世界经济年鉴》（历年），经济科学出版社。
2. 张宏喜主编《世界知识年鉴 2005/2006》，世界知识出版社，2006。
3. 世界军事年鉴编委会：《世界军事年鉴 2006》，解放军出版社。
4. 《中国大百科全书》，中国大百科全书出版社，1982。
5. 〔英〕李察·克罗格：《错过进化的国度——希腊的现代化之路》，台北左岸文化出版社，2003。
6. 〔英〕休特利、达比等：《希腊简史》，商务印书馆，1974。
7. 《外国税制概览》，中国税务出版社，2004。
8. 程大雁：《西方文明的摇篮：希腊》，希腊新艺术出版公司，2004。
9. 《万国博览：欧洲卷》，新华出版社，1999。
10. 〔英〕梅利萨·德维利尔斯等：《希腊》（异域风情丛书），中国水利水电出版社，2001。
11. 〔日〕大宝石出版社编《走遍全球：希腊、塞浦路斯》，中国旅游出版社，2002。
12. 赵匡为主编《世界宗教总览》，东方出版社，1993。

13. 姜士林、陈玮主编《世界宪法大全》，中国广播电视出版社，1989。
14. 吴锡山主编《世界首脑大典》，当代世界出版社，2003。
15. 米辰峰主编《世界古代史》，中国人民大学出版社，2001。
16. 陈志强等编《中外文学系年要览》，辽宁人民出版社，1988。
17. 张英伦等主编《外国名作家大词典》，漓江出版社，1989。
18. 董礼胜：《欧盟成员国中央与地方关系比较研究》，中国政法大学出版社，2000。
19. 韩振乾、张双鼓主编《世界风情大全》，书海出版社，1991。

## 二 英文文献

1. Anthony J. Bacaloumis ed., *About Greece*, Koryfi Publications S. A., 2004.
2. Ralph C. Bryant and et al. ed., *Greece's Economic Performance and Prospects*, Bank of Greece and the Brookings Institution, 2001.
3. Secretariat General of Information, *Greece in the European Union: The New Role & the New Agenda*, Fotounika Ltd., 2002.
4. *Greece: A Country Study*, The Library of Congress, 1995.
5. *Country Profile: Greece*, The Economist Intelligence Unit, 2003, 2005.
6. Ricard Clogg, *A Concise History of Greece*, Cambridge University Press, 2002.
7. Achilleas Mitsos and Elias Mossialos eds., *Contemporary Greece and Europe*, Ashgate Publishing Ltd., 2000.
8. Christodoulos K. Yiallourides and Panayotis J. Tsakonas, *Greece and Turkey After the End of the Cold War*, Aristide D. Caratzas, 2001.
9. Theodore A. Couloumbis and et al. eds., *Greece in the Twentieth Century*, Frank Cass Publishers, 2003.

10. Carlos Otero Hidalgo ed., *Science and Technology in Southern Europe*, Cartermill Pub., 1997.
11. E. P. Spiliotopoulos and A. Makrydemetres eds., *Public Administration in Greece*, Ant. N. Sakkoulas Publishers, 2001.
12. Dimitris. Constas ed., *The Greek-Turkish Conflict in the 1990s*, St. Martin's Press, 1991.
13. Yorgos A. Kourvetaris and Betty A. Dobratz, *A Profile of Modern Greece in Search of Identity*, Oxford University Press, 1987.

## 三 网站

1. 中华人民共和国商务部网站：http://www.mofcom.gov.cn。
2. 中华人民共和国外交部网站：http://www.fmprc.gov.cn。
3. 经济合作与发展组织官方网站：http://www.oecd.org。
4. 国际粮农组织官方网站：http://www.fao.org。
5. 欧洲联盟官方网站：http://www.europa.eu.int。
6. 希腊国家统计局网站：http://www.statistics.gr。
7. 希腊外交部网站：http://www.mfa.gr。
8. 希腊国民经济和财政部网站：http://www.ypetho.gr。
9. 希腊农业发展和食品部网站：http://www.minagric.gr。
10. 希腊国防部网站：http://www.mod.gr。
11. 希腊卫生和社会互助部网站：http://www.mohaw.gr。
12. 希腊教育和宗教事务部网站：http://ypepth.gr。
13. 希腊司法部网站：http://www.ministryofjustice.gr。
14. 希腊驻华使馆新闻办公室网站：http://www.grpressbeijing.com。
15. 德国曼海姆大学网站：http://www.mzes.uni-mannheim.de。
16. 中国学术期刊网：http://www.cnki.net。

# 《列国志》已出书书目

**2003 年度**

吴国庆编著《法国》

张健雄编著《荷兰》

孙士海、葛维钧主编《印度》

杨鲁萍、林庆春编著《突尼斯》

王振华编著《英国》

黄振编著《阿拉伯联合酋长国》

沈永兴、张秋生、高国荣编著《澳大利亚》

李兴汉编著《波罗的海三国》

徐世澄编著《古巴》

马贵友主编《乌克兰》

卢国学编著《国际刑警组织》

**2004 年度**

顾志红编著《摩尔多瓦》

赵常庆编著《哈萨克斯坦》
张林初、于平安、王瑞华编著《科特迪瓦》
鲁虎编著《新加坡》
王宏纬主编《尼泊尔》
王兰编著《斯里兰卡》
孙壮志、苏畅、吴宏伟编著《乌兹别克斯坦》
徐宝华编著《哥伦比亚》
高晋元编著《肯尼亚》
王晓燕编著《智利》
王景祺编著《科威特》
吕银春、周俊南编著《巴西》
张宏明编著《贝宁》
杨会军编著《美国》
王德迅、张金杰编著《国际货币基金组织》
何曼青、马仁真编著《世界银行集团》
马细谱、郑恩波编著《阿尔巴尼亚》
朱在明主编《马尔代夫》
马树洪、方芸编著《老挝》
马胜利编著《比利时》
朱在明、唐明超、宋旭如编著《不丹》
李智彪编著《刚果民主共和国》
杨翠柏、刘成琼编著《巴基斯坦》
施玉宇编著《土库曼斯坦》
陈广嗣、姜俐编著《捷克》

**2005 年度**

田禾、周方冶编著《泰国》

高德平编著《波兰》

刘军编著《加拿大》

张象、车效梅编著《刚果》

徐绍丽、利国、张训常编著《越南》

刘庚岑、徐小云编著《吉尔吉斯斯坦》

刘新生、潘正秀编著《文莱》

孙壮志、赵会荣、包毅、靳芳编著《阿塞拜疆》

孙叔林、韩铁英主编《日本》

吴清和编著《几内亚》

李允华、农雪梅编著《白俄罗斯》

潘德礼主编《俄罗斯》

郑羽主编《独联体（1991～2002）》

安春英编著《加蓬》

苏畅主编《格鲁吉亚》

曾昭耀编著《玻利维亚》

杨建民编著《巴拉圭》

贺双荣编著《乌拉圭》

李晨阳、瞿健文、卢光盛、韦德星编著《柬埔寨》

焦震衡编著《委内瑞拉》

彭姝祎编著《卢森堡》

宋晓平编著《阿根廷》

## 希腊

张铁伟编著《伊朗》
贺圣达、李晨阳编著《缅甸》
施玉宇、高歌、王鸣野编著《亚美尼亚》
董向荣编著《韩国》

### 2006 年度

章永勇编著《塞尔维亚和黑山》
李东燕编著《联合国》
杨灏城、许林根编著《埃及》
李文刚编著《利比里亚》
李秀环编著《罗马尼亚》
任丁秋、杨解朴等编著《瑞士》
王受业、梁敏和、刘新生编著《印度尼西亚》
李靖堃编著《葡萄牙》
钟伟云编著《埃塞俄比亚　厄立特里亚》
赵慧杰编著《阿尔及利亚》
王章辉编著《新西兰》
张颖编著《保加利亚》
刘启芸编著《塔吉克斯坦》
陈晓红编著《莱索托　斯威士兰》
汪丽敏编著《斯洛文尼亚》
张健雄编著《欧洲联盟》

图书在版编目（CIP）数据

希腊/宋晓敏编著．－北京：社会科学文献出版社，2008.1
（列国志）
ISBN 978－7－80230－934－0

Ⅰ.希… Ⅱ.宋… Ⅲ.希腊-概况 Ⅳ.K954.5

中国版本图书馆 CIP 数据核字（2007）第 184170 号

## 希腊（Greece） ·列国志·

| | |
|---|---|
| 编 著 者／宋晓敏 | |
| 审 定 人／刘立群　吴国庆 | |
| 出 版 人／谢寿光 | |
| 出 版 者／社会科学文献出版社 | |
| 地　　　址／北京市东城区先晓胡同 10 号　（邮政编码：100005） | |
| 网　　　址／http：//www.ssap.com.cn | |
| 网站支持／(010) 65269967 | |
| 责任部门／《列国志》工作室　(010) 65232637 | |
| 电子信箱／bianjibu@ssap.cn | |
| 项目经理／宋月华 | |
| 责任编辑／赵慧芝 | |
| 责任校对／单蔚蔚 | |
| 责任印制／盖永东 | |
| 总 经 销／社会科学文献出版社发行部 | |
| 　　　　　(010) 65139961　65139963 | |
| 经　　销／各地书店 | |
| 读者服务／市场部　(010) 65285539 | |
| 排　　版／北京中文天地文化艺术有限公司 | |
| 印　　刷／三河市尚艺印装有限公司 | |
| 开　　本／880×1230 毫米　1/32 | |
| 印　　张／14.25 | |
| 字　　数／345 千字 | |
| 版　　次／2008 年 1 月第 1 版　2008 年 1 月第 1 次印刷 | |
| 书　　号／ISBN 978－7－80230－934－0/K·116 | |
| 定　　价／35.00 元 | |

本书如有破损、缺页、装订错误，
请与本社市场部联系更换

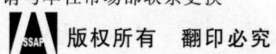

版权所有　翻印必究

# 《列国志》主要编辑出版发行人

| | |
|---|---|
| 出 版 人 | 谢寿光 |
| 总 编 辑 | 邹东涛 |
| 项目负责人 | 杨　群 |
| 发 行 人 | 王　菲 |
| 编 辑 主 任 | 宋月华 |
| 编　　辑 | （按姓名笔画排序） |
| | 孙以年　朱希淦　宋月华 |
| | 宋　娜　李正乐　周志宽 |
| | 范　迎　范明礼　赵慧芝 |
| | 薛铭洁　魏小薇 |
| 封 面 设 计 | 孙元明 |
| 内 文 设 计 | 熠　菲 |
| 责 任 印 制 | 盖永东 |
| 编　　务 | 杨春花 |
| 编 辑 中 心 | 电话：65232637 |
| | 网址：ssdphzh_cn@sohu.com |